Marianne
est aussi noire

Sous la direction de
SILYANE LARCHER
FÉLIX GERMAIN

Marianne est aussi noire

Luttes occultées pour l'égalité

ÉDITIONS DU SEUIL
57, rue Gaston-Tessier, Paris XIXe

Cet ouvrage est publié dans la collection
« La Couleur des idées »,
fondée par Jean-Luc Giribone, Jean-Pierre Dupuy
et Jean-Claude Guillebaud.

ISBN 978-2-02-150066-0

www.seuil.com

Sommaire

Deuxième partie
FÉMINISMES POSTCOLONIAUX EN PRATIQUE

Troisième partie
RESPECTABILITÉ, RÉSISTANCES ET IDENTITÉS TRANSNATIONALES

Quatrième partie

CORPS, NATION ET REPRÉSENTATIONS SYMBOLIQUES EN TENSION

Cinquième partie

FEMMES NOIRES ET CRITIQUES DE L'EMPIRE

INTRODUCTION

Un récit cousu de fil blanc

Femmes noires et histoire des luttes d'émancipation en France

*Silyane Larcher, Félix Germain**

« Joséphine Baker ne défendait pas une couleur de peau, elle portait une certaine idée de l'homme, et militait pour la liberté de chacun. Sa cause était l'universalisme, l'unité du genre humain, l'égalité de tous, avant l'identité de chacun. L'Hospitalité pour toutes les différences réunies par une même volonté, une même dignité. L'Émancipation contre l'Assignation. [...] C'est tout cela, Joséphine. Un combat pour la France libre. Sans calcul. Sans quête de gloire. Dévouée à nos idéaux. » Ainsi Emmanuel Macron rendait-il hommage à Joséphine Baker, icône de l'entre-deux-guerres, danseuse et résistante, Africaine-Américaine naturalisée française, sixième femme et première femme noire à entrer au Panthéon le 30 novembre 2021[1]. L'événement fut partout acclamé, en France d'abord, bien sûr, mais aussi aux États-Unis et en particulier parmi les Africains-Américains[2]. Il consacrait aux yeux du monde l'antiracisme universaliste de la nation française. L'appétit farouche de liberté, les luttes et hauts faits qui marquèrent la vie hors norme de Joséphine Baker lui valent sans conteste cette reconnaissance solennelle. Toutefois, comme d'autres l'ont noté avant nous[3], resitués dans leur contexte français l'événement et le discours présidentiel ne sont pas sans ambiguïté. À la fois discours de la vertu républicaine et discours de l'antiracisme vertueux, les déclarations d'Emmanuel Macron formulent un cadrage de l'appartenance à la nation et du rapport à l'identité – en l'occurrence ethno-raciale et sexuelle – acceptables dans la cité[4]. À une période où la lutte contre les discriminations et l'antiracisme en France divisent, les mots présidentiels dessinent les contours officiels de la différence respectable et légitime dans la République : celle qui place la loyauté patriotique à la nation choisie au-dessus de l'appartenance au groupe, celui-ci posé d'emblée comme son irréductible obstacle. L'événement marque ainsi une externalisation symbolique du combat antiraciste, le vrai racisme, le racisme dur, étant supposé tout entier dans la ségrégation étatsunienne. De plus, il relègue le racisme colonial français à une pure conjoncture historique, à un passé de préjugés révolus. Ce faisant, il signe encore la silenciation des mobilisations antiracistes contemporaines, réduites dans la narration présidentielle à de vulgaires luttes identitaires, en somme communautaires, en même temps que l'effacement des luttes émancipatrices passées conduites en France au nom des mêmes idéaux que ceux qui inspirèrent Joséphine Baker, notamment par des femmes qui comme elle furent racialisées comme noires et furent ses contemporaines, les intellectuelles martiniquaises Jane et Paulette Nardal. En préférant Joséphine Baker à cette dernière dont d'aucuns réclament activement depuis 2016 qu'elle entre au Panthéon, le discours d'Emmanuel Macron laisse apparaître, comme l'a résumé en une mordante ironie Maboula Soumahoro, des critères tacites de l'identité noire valorisée, digne d'être reconnue par l'État : « danser avec une ceinture de bananes, être Américaine, être une actrice, être une performeuse ; telle est l'identité noire acceptable[5] ! » Le président louera d'ailleurs celle qui mena « tant de combats avec liberté, légèreté, gaieté », celle à propos de qui Régis Debray, premier à proposer la panthéonisation de Joséphine Baker en 2013, affirma qu'elle mettrait « de la turbulence et du soleil dans cette crypte froide », car « l'esprit des hauteurs a trop censuré le corps, grand absent des annales homologuées républicaines[6] ».

En 2018 nous entamions l'introduction à l'édition américaine du présent ouvrage en rappelant en effet cette autre image accolée au souvenir de Joséphine Baker, celle plus frivole de la femme noire mi-érotisée, mi-exotisée de *La Revue nègre* (1925) arborant une ceinture de bananes dans un spectacle ovationné par le Paris des Années folles[7]. La modernité identifiée à ses origines américaines lui avait offert l'espace étroit d'agentivité l'autorisant à se jouer des attentes d'un public blanc étranger. Cependant, sa performance avait nourri chez les élites urbaines françaises l'association des corps noirs (masculins et féminins) à la lascivité, à la sensualité et surtout à la primitivité, signes de proximité avec le « règne animal[8] », en définitive à l'altérité. En 1928, dans son article « Pantins exotiques » paru dans *La Dépêche africaine*, Jane Nardal conspuait le stéréotype colonial de la femme noire gaiement offerte au divertissement et au désir des spectateurs blancs (généralement masculins), c'est-à-dire la « doudou », terme créole entré au dictionnaire français l'année suivante[9]. Joséphine Baker était à ses yeux l'incarnation vivante de ce stéréotype. Sous les traits d'une Africaine-Américaine « vêtue de plumes ou de feuilles de bananes », elle accomplissait et rendait « tangible », écrivait l'autrice, « la transition entre le passé et le présent, la soudure entre la forêt vierge et le modernisme[10] ». Pour Nardal, cet enfermement dans le corps ou « assignation », selon le mot d'Emmanuel Macron, barrait aux Noir·e·s de France, Antillais·es et Africain·e·s colonisé·e·s, l'espace d'une reconnaissance sociale de leur pleine subjectivité, d'abord comme sujets politiques mais surtout comme sujets pensants. Elle dénonçait autant la vision hiérarchisée des Africains-Américains, Antillais et Africains, que les préjugés racistes associant l'identité noire aux « instincts de superstition ou de magie », bref à un état sauvage atavique, alors répandus parmi les élites françaises blanches cultivées. Si grâce aux succès du charleston, du jazz ou de la biguine du Bal Blomet, « la vogue des nègres » avait assuré aux Noir·e·s « la conquête de l'artiste », elle les avait « surtout fait considérer comme des gens destinés à servir à l'amusement, voire au plaisir artistique ou sensuel du blanc ». Mais lorsqu'il s'agissait, précisait encore Nardal, implacable, « de ne plus être leur bouffon, mais leur égal par l'intelligence, cela dérange[ait] le plan de la nature et les vues de la providence ». Sorte de mise en garde, ce texte d'une femme noire interpellait son époque pour rappeler que selon leur nationalité, leur histoire et leur culture, les personnes racialisées comme noires ne faisaient pas l'objet du même traitement en France. Plus encore, par-delà les succès de façade, un même déficit d'égalité les maintenant à l'écart de « la communion des humains » restait leur lot commun[11].

C'est cet espace de subjectivation, politique et historique, réel, inscrivant les femmes noires dans l'égale communauté des femmes de France et du monde que ce livre, près d'un siècle après les mots incisifs de Jane Nardal, s'est donné pour tâche de rendre visible et pensable. À travers ce titre, *Marianne est aussi noire*, titre initial de l'introduction de l'ouvrage paru en anglais, il s'agissait moins pour nous de rappeler un « oubli » de la nation, que d'inviter sous la forme de la provocation et de l'ironie à élargir l'imagination scientifique des incarnations sociales et politiques de l'histoire des femmes et des savoirs sociaux sur le genre en France. À l'origine de ce livre, un constat et une frustration nés d'une conversation amicale loin du « centre » hexagonal français, à Fort-de-France en juin 2015, entre deux chercheur·e·s martiniquais·e·s, une femme et un homme, tous deux en poste dans des capitales occidentales, l'une politiste formée à Paris, l'autre spécialiste en études diasporiques formé à Berkeley, durant laquelle nous évoquions le type de représentations de la société que produisent l'histoire des femmes et les études de genre en France. Nous faisions ce constat de l'implicite criant qui traverse la production de ces deux sous-champs des sciences sociales : telle une évidence, un sujet féminin hégémonique, la Française d'ascendance européenne de l'Hexagone, la « femme blanche », y est conçue en sujet cardinal de l'Histoire. Sans doute par « habitus républicain[12] » les travaux ne mentionnent bien sûr jamais en termes de couleur les individus ou les groupes, c'est-à-dire les sujets sociaux dont ils traitent. En raison de l'impensé de leur propre naturalisation du sujet et loin de l'ambition affichée d'inclusivité ou d'égalitarisme, ils contribuent, dans leur écrasante majorité, à produire des récits ou des discours sociaux exclusifs. Ils occultent l'existence et l'expérience sociale de toutes celles qui ne coïncident pas avec cette norme eurocentrée et hexagonalocentrée, en somme racialisée, de la subjectivité politique et historique. Or, l'histoire de la France moderne et l'histoire de la construction républicaine plongent, avec leurs tensions propres, dans celle des colonies de plantation que furent les Antilles, la Guyane et La Réunion[13], puis celle de l'Afrique coloniale et postcoloniale[14]. Si l'objet du livre trahit nos propres positions situées de Caribéen·ne·s français·e·s, sa démarche est toutefois légitimée par le fait que c'est aux Amériques et en Afrique que le fait national français s'est le plus anciennement projeté hors de ses frontières européennes. Comme nous le signalions en 2018, cette relation politico-historique ancienne entre la France, les pays des Caraïbes et d'Afrique a accordé à la France une place majeure dans l'histoire de l'Atlantique noir[15], même si les universitaires français continuent d'en retenir en priorité la genèse britannique et étatsunienne. Au XXIe siècle, en raison de son histoire sociale étroitement liée à l'immigration postcoloniale, la France, et en particulier l'Île-de-France, est désormais avec Londres et sa banlieue, la région la plus multiethnique d'Europe[16]. Dès lors, une frustration, à la fois scientifique et politique, à l'égard de savoirs sociaux qui effacent en bloc l'expérience longue, plurielle et complexe de toute une partie des femmes de France et des Françaises, en l'occurrence les afrodescendantes, mais aussi, comme le montre ce livre, les Africaines francophones et les Françaises subsahariennes, situées au carrefour de la France et de l'Afrique. Leur situation intrinsèquement transnationale et leur « identité frontalière[17] » complexifient en effet les conceptions étriquées et univoques de l'appartenance à la nation. En plaçant les « femmes noires » au centre de la scène sociale et de la narration historique, ce livre entend combler un manque scientifique, mais aussi contribuer modestement à corriger une carence démocratique.

À l'aube des années 1980, les travaux importants d'historiennes, de sociologues, de politistes et de philosophes à l'origine des premières études féministes en France[18] ont enrichi la connaissance de la société française en ouvrant les champs de l'histoire des femmes et de l'analyse théorique et sociologique à l'aune des rapports sociaux de sexe ou de la catégorie de genre[19]. En déconstruisant l'androcentrisme des sciences sociales, constitués d'emblée dans une perspective critique et émancipatrice, ces travaux ont plus largement bouleversé l'analyse des faits sociaux. Toutefois, malgré cette portée progressiste ou démocratique, ils ont bien souvent arrimé la compréhension du sujet politique au cadre étroit de l'État-nation hexagonal et européen. Ils se sont de la sorte interdits d'explorer, ainsi que le signalaient déjà Jane et Paulette Nardal[20], comment le colonialisme et le racisme qui le sous-tend, les migrations transnationales et la xénophobie qui ont durablement façonné la société française – parce qu'elle fut une « société impériale[21] » – avaient aussi affecté le devenir sujet des femmes comme individus, l'individuation sociohistorique des femmes. Par ce geste épistémologique, resté un impensé, les femmes propulsées hors de la nation, le plus souvent d'ascendance non européenne, autrement dit racialisées comme « de couleur », furent constituées en point aveugle, bref en *non-objet de pensée* d'un pan entier des sciences sociales françaises. Pour le dire plus simplement, ces travaux novateurs ont donné l'impression que toutes les femmes françaises étaient métropolitaines et blanches. Par là, ils révélaient en creux leur puissance de normalisation intellectuelle et sociale, avec sa violence symbolique pour toutes les exclues de l'ordre du pensable et du connaissable. Donné aujourd'hui à lire – par la voie de la traduction – à un lectorat francophone sous une forme actualisée et enrichie de sept contributions inédites[22], *Marianne est aussi noire* se propose de mettre à mal cette force normalisatrice de l'eurocentrisme muet d'un sujet féminin blanc caché de l'histoire. En dépit des limites inévitables de notre projet, il s'agit ici pour nous de faire sens de la vocation démocratique et critique intrinsèque des sciences sociales qui est de contribuer à l'intelligibilité du monde social dans son hétérogénéité, toute sa complexité et son ampleur.

Quand ont émergé en France les études sur les femmes et les rapports sociaux de sexe comme domaine autonome des sciences sociales, de bien rares travaux – sans doute en raison de la structuration de ce sous-champ[23] – ont tenté de contourner cet eurocentrisme épistémique. C'est d'abord en vue de déconstruire dans le féminisme matérialiste l'assimilation, hâtive et erronée, de l'oppression des femmes (occidentales) à l'esclavage que l'historienne et démographe Arlette Gautier consacre un dossier complet de la jeune revue *Nouvelles Questions féministes* aux « Antillaises » en 1985, année de parution de son ouvrage *Les Sœurs de Solitude. La condition féminine pendant l'esclavage. XVIIe-XIXe siècle*, encore à ce jour l'une des très rares synthèses disponibles en français sur les femmes esclaves dans les Antilles françaises[24]. Loin de se cantonner au problème du « patriarcat sous l'esclavage » comme l'écrit l'historienne, les articles abordent depuis le terrain martiniquais ou guadeloupéen un certain nombre de débats scientifiques et politiques en cours à l'époque en France hexagonale sur « la condition des femmes », la famille conjugale et l'hétérosexualité, ou encore la contribution des femmes aux luttes d'émancipation postesclavagiste[25]. Ces questionnements prolongent aussi des débats et publications, à la lisière des champs scientifiques et militants, émergés localement à pareille période[26]. Dans le sillage du courant historiographique initié par Michelle Perrot ou Françoise Thébaud, quelques rares historiennes publient à partir des années 1990 des travaux remarquables sur les femmes en Afrique francophone[27]. Cependant, en se concentrant sur des expériences strictement africaines, leurs récits maintiennent souvent une barrière étanche entre la France et ses anciennes colonies d'Afrique subsaharienne[28]. Un peu plus tard, au tournant des années 2000, sous l'influence du renouveau de l'histoire atlantique et de l'histoire impériale, et dans la continuité de deux numéros consacrés aux « Femmes du Maghreb » (1999) et aux « Amériques métisses » (2008), des historien·ne·s de la revue *Clio*, spécialisée en histoire des femmes et du genre, affirment leur « envie de voir et de penser large, d'ouvrir davantage la revue à des espaces non occidentaux[29] ». Mais là encore, si la perspective adoptée exhume les femmes des interprétations alors dominantes de la colonisation, elle situe les femmes étudiées en dehors des frontières de la « francité[30] ». En résumé, la dispersion et parfois la forte marginalisation des travaux susmentionnés, mais aussi les logiques internes aux différents champs en présence, ont tout à la fois contribué, à rebours des évolutions de la société, à concevoir les expériences des Françaises « non blanches » comme étant nécessairement exogènes à la nation, indignes d'un récit à la fois pluriel et commun[31].

Lorsqu'à la fin des années 1970 des sociologues et anthropologues ont cherché à comprendre les différents processus d'insertion sociale dans la société française et comment la mondialisation reliait la France au Sud global, c'est prioritairement au prisme de l'immigration que la condition des femmes et de leur famille a été abordée. Ce paradigme que l'on pourrait dire « intégrationniste » a durablement marqué les recherches françaises sur les discriminations et les relations interethniques[32] en même temps qu'il a stimulé le domaine toujours dynamique des recherches sur « genre et migrations[33] ». Cependant, il a eu pour effet paradoxal – et sans doute bien involontaire – de contribuer à renforcer l'idée que les Français·e·s descendant·e·s d'immigrés postcoloniaux seraient seul·e·s, ou plus que d'autres, associé·e·s à l'immigration, les condamnant du même coup à « l'altérité de l'intérieur[34] ».

La prégnance de ce régime théorique invite en effet à se demander à partir de quand cesse le fait d'être « femmes de l'immigration » ou « issu·e·s de l'immigration ». Plus encore, combien de générations faut-il pour n'être plus réinscrit·e dans le parcours migratoire de ses parents, grands-parents, voire arrière-grands-parents ? Derrière la relation à l'immigration des ascendant·e·s, ce sont dans le fond autant d'usages du vieux schème généalogique qui font jouer à l'immigration – en vérité à l'origine ethnique – le rôle de la race en révélant le lien actif, dans le langage, entre les personnes et la sujétion coloniale ancienne de leurs ascendant·e·s. De ce point de vue, la recherche ne fait guère différemment des institutions publiques qui masquent la race sous les habits respectables d'une altérité se voulant conforme au discours public républicain[35]. Ainsi, le mort colonial saisit le vif racial dans l'assignation du présent à l'origine…

On aurait pu penser que les vents communs de l'intersectionnalité et du *Black feminism* étatsuniens au début des années 2000 auraient ébranlé ce paradigme ou infléchi l'appréhension dominante de ces questions au sein des études de genre en particulier[36]. Or il n'en a rien été. La réception et les usages de l'intersectionnalité en France révèlent plutôt un tableau troublant. Quand elle n'est pas vilipendée pour être une notion « identitaire », sorte d'infamie conceptuelle importée des États-Unis, elle est portée aux nues tel un emblème de radicalité théorique et politique. Enfermée dans la querelle franco-française de « la classe *versus* la race[37] », et réduite à sa dimension d'outil ou de lentille analytique, la notion est bien souvent abordée comme le principe d'un raisonnement par concaténation ou combinatoire de caractéristiques sociales (genre, classe, race, ethnicité, religion, âge, sexualité, etc.) dont l'élucidation permettrait de rendre compte de la domination dans toute son ampleur[38]. Or l'analyse intersectionnelle a d'abord pour intérêt heuristique d'exhiber les angles morts du droit de la non-discrimination, et plus largement de dévoiler les effets sociaux invisibles de la domination. Force est de constater que l'appropriation de l'intersectionnalité en France n'a guère entraîné de débat sur les effets de domination des savoirs hégémoniques dans l'étude des discriminations et l'analyse sociologique du racisme. De surcroît, les pratiques savantes elles-mêmes ont tendu à expulser toute perspective minoritaire de l'espace légitime de la discussion scientifique. Les voix des sociologues Fatima Aït Ben Lmadani et Nasima Moujoud, qui tôt dénoncèrent ce problème scientifique et politique, sont restées inaudibles des fracas de la bataille académique pour l'institutionnalisation des études de genre[39]. En outre, la fascination paresseuse pour l'intersectionnalité et le *Black feminism* a eu pour effets majeurs d'évacuer de l'agenda scientifique toute discussion sur l'historicité de l'imbrication des catégories mêmes de race et de genre dans le contexte français en même temps que d'absolutiser et *in fine* de réifier l'identité féminine africaine-américaine posée en référence incontournable et interchangeable. Les expériences féminines noires propres à la société française s'en sont trouvées quant à elles une nouvelle fois reléguées dans l'ombre.

Bien sûr quelques travaux faisant exception et souvent à l'écart de ces débats démentent cette tendance lourde[40]. Depuis la parution de l'édition américaine de notre livre en 2018, il faut s'en réjouir, des publications historiennes ont aussi proposé des récits transnationaux plus attentifs aux formes plurielles de subjectivation politique féminine en France. Sans prétendre à l'exhaustivité, notons cependant la volumineuse histoire des féminismes, parue en 2020, de Florence Rochefort, Bibia Pavard et Michelle Zancarini-Fournel, véritable tour de force dont la narration inclut plusieurs des protagonistes présentées ici[41]. La même année, dans la continuité de notre ouvrage et en vue de stimuler l'émergence d'un domaine de recherches, un colloque international associait une soixantaine d'universitaires et d'actrices de la société civile (femmes politiques, artistes, militantes) venu·e·s d'Afrique, de la Caraïbe, d'Amérique du Nord et d'Europe, qui interrogeaient les conditions de possibilité historiques, sociales et théoriques de « féminismes noirs en contexte (post)impérial français[42] ». Malgré quelques films documentaires remarqués[43], la multiplication d'ouvrages sur les femmes noires en France ces dernières années sous l'effet du mouvement #MeToo, ou encore la diffusion du terme « afroféminisme » dans le vocabulaire politique et médiatique, une telle publication, au-delà des contraintes de coûts de traduction, ne fut pas sans difficulté. En témoigne l'écart entre l'édition publiée aux États-Unis et la présente parution. La désoccidentalisation des regards et le décentrement historiographique, confinant parfois à l'insularité épistémique, restent en effet un long chemin à parcourir. Aujourd'hui encore, deux colloques pluridisciplinaires sur la caractérisation comme féministe et les transformations des féminismes en France peuvent ainsi se concevoir à partir d'une coopération scientifique presque exclusivement hexagonale, voire parisienne (tout en affichant une attention aux territoires postcoloniaux) pour l'un, et pour l'autre, d'une bibliographie occidentalocentrée ; l'unique expérience féminine noire évoquée y étant, sans surprise, étatsunienne[44].

Fruit d'une collaboration transatlantique qui associe historien·ne·s, politistes, sociologues et spécialistes de littérature et des arts de la scène, le présent ouvrage propose de prendre au sérieux l'expérience féminine noire dans le contexte français entre la France et ses anciennes colonies. *Marianne est aussi noire* vient perturber l'appréhension courante des frontières nationales en questionnant la manière dont les femmes noires sont devenues partie intégrante de la nation française tout en participant d'entités sociales, culturelles et politiques (post)coloniales spécifiques des Amériques, de l'océan Indien et de l'Afrique francophone. Il s'agit par là de désensevelir et documenter, dans une perspective résolument transnationale et diasporique, l'histoire négligée de l'expérience sociale et politique des femmes noires en France, ainsi que celle de leurs contributions aux luttes d'émancipation sociale, politique, et féministes. Dans quelle mesure l'action des femmes des anciennes colonies françaises d'Afrique (ici le Sénégal et le Cameroun), des Amériques (Antilles et Guyane) et de l'océan Indien (La Réunion et Mayotte) dans leurs territoires et en France hexagonale élargit-elle la cartographie, donc la compréhension, des luttes d'émancipation, mais aussi de l'histoire des féminismes en France ? Comment les femmes de ces territoires (post) coloniaux, en fonction de leur classe, leur appartenance religieuse, de leur contexte historique et culturel spécifique, façonnèrent l'histoire politique, sociale et culturelle de leurs sociétés et de la France plus largement ? Jusqu'à quel point la relation coloniale et ses legs façonnent-ils l'expérience des femmes noires, marquée des rapports sociaux de classe, de race, de genre, ou de religion dans les territoires (anciennement) colonisés et en France ? Surtout, comment au-delà de la confrontation au colonialisme, au racisme, au sexisme et aux inégalités sociales et politiques, ces femmes produisent-elles des ressources d'agentivité propres ? Ce sont là quelques-unes des questions au cœur de ce projet.

À travers les dix-neuf articles qui le composent, l'ouvrage porte un récit pluriel, polyphonique et multisitué de l'expérience féminine noire dans l'histoire de la France, ici abordée comme un ancien empire et une démocratie postcoloniale profondément liée à l'Afrique et aux Amériques. Le livre est divisé en cinq sections chrono-thématiques allant de la fin du XIXe siècle à nos jours qui présentent les « femmes noires de France » comme un sujet politique composite, inscrit dans une histoire qui connecte puissamment la France à ses anciennes colonies. La première partie lève le voile sur l'action et l'influence politiques des femmes africaines et caribéennes en France et dans leurs sociétés respectives. On y découvre la manière dont des femmes, célèbres ou ordinaires, en fonction de leurs ressources sociales ou culturelles, s'imposèrent en actrices politiques centrales, voire en *leaders* de transformations majeures de leurs sociétés en étendant les limites nationales de la citoyenneté et de la justice sociale. La deuxième partie ouvre de nouvelles perspectives de recherche en démontant les idées fausses associées à l'expérience politique noire française, notamment celle – qui fit couler beaucoup d'encre parmi de jeunes chercheuses – selon laquelle il n'y aurait pas eu de féminisme noir en France[45]. Abordés à partir de leurs pratiques, les féminismes postcoloniaux français illustrent une cartographie politique hétérogène du féminisme noir français. Si les Caribéennes et les Réunionnaises, selon des contextes et des logiques propres, imposèrent leurs visions de la citoyenneté française pour jouir des qualités qui s'y rattachent, en France hexagonale, comme on le découvre dans l'un des articles venus enrichir la présente édition, la Coordination des femmes noires, précédant le collectif afroféministe Mwasi, portait un féminisme noir internationaliste, inspiré du marxisme de son temps, et résolument autonomiste, rejetant tout assimilationnisme. La troisième partie, « Respectabilité, résistances et identités transnationales », montre les visages multiples de la notion de respectabilité dans la vie des femmes tant à Mayotte que dans les Antilles et dans l'Hexagone. En plus d'explorer les contraintes locales et personnelles de la respectabilité pour les afrodescendantes, les autrices invitent aussi à penser la notion au croisement de la subjectivité des femmes, de la nation, des normes de genre et des rapports de pouvoir hérités du passé. Cette partie ouvre aussi à une réflexion sur les normes morales et racialisées attachées à l'identité française en montrant notamment comment l'activisme de Jean McNair, Africaine-Américaine, ancienne membre des Black Panthers, invita les institutions publiques françaises à questionner leurs notions de respectabilité et de citoyenneté. La quatrième partie explore sur le plan culturel la dialectique entre le corps, la nation et la représentation. On y découvre comment le corps des femmes noires fut constitué en enjeu de régénération politique, dépositaire symbolique des hiérarchies de genre et de race, après la perte de Saint-Domingue, devenue Haïti. Si les autrices soulignent la prégnance de ces préjugés encore aujourd'hui, en examinant des pratiques littéraires et artistiques, elles mettent en lumière la façon dont autrices et metteuses en scène parviennent à définir un langage propre pour à la fois représenter le corps des femmes noires à l'écart des injonctions dominantes patriarcales et racistes, qu'elles soient en métropole ou dans les régions (post)colonisées. Enfin, la dernière partie trace le fil d'un imaginaire anticolonial et émancipateur, entre passé et présent, en revenant sur les manières dont Africaines et Antillaises contrèrent le colonialisme et l'impérialisme depuis l'entre-deux-guerres jusqu'au XXIe siècle, lorsque par exemple l'écrivaine sénégalaise Fatou Diome invite la République française à se montrer à la hauteur de ses principes de liberté, d'égalité et de fraternité.

Comme on s'en rendra compte, l'ouvrage explore les facettes multiples de l'expérience féminine noire dans le contexte français, en en soulignant la dimension transnationale, mais surtout l'hétérogénéité profonde. Les auteur·ice·s font de l'espace et du temps des éléments cruciaux de leur approche de l'expérience des femmes noires, soulignant à chaque fois les paramètres situationnels ou les limites contextuelles de leurs conditions, distinctes comme on s'en rendra compte en France hexagonale, en Afrique, dans l'océan Indien ou dans les Amériques. Comme les lecteur·ice·s l'observeront, en élargissant l'étude des sujets historiquement marginalisés et minorisés, *Marianne est aussi noire* montre que les fondements sociaux de l'appartenance à la République furent ancrés dans des normes genrées et racialisées qui façonnèrent durablement les inégalités et les hiérarchies politiques sociales, tout en donnant sa dimension globale et mosaïque à l'identité française. Ainsi, le livre offre des repères inédits pour mieux penser la société française.

* Nous tenons particulièrement à remercier Julie Clarini pour le soutien qu'elle a accordé à ce projet. Nous remercions aussi très chaleureusement Séverine Nikel et Hugues Jallon pour leur confiance, ainsi que Marie Lemelle et Lara Benattar intervenues à des étapes clés de l'avancement éditorial du livre, sans oublier les autrices et auteurs qui y ont contribué en anglais et en français, avec le même enthousiasme. Nous saluons enfin le travail efficace d'Arianne Dorval et Bernard Müller, les traducteur·ice·s.

PREMIÈRE PARTIE

Femmes noires en politique et dans la sphère publique

CHAPITRE I

Femmes *originaires* et vie politique dans les Quatre Communes du Sénégal

Hilary Jones
Traduit de l'anglais par Arianne Dorval

Le 28 mai 2010, le président de la République sénégalaise Abdoulaye Wade promulguait la loi sur la parité, selon laquelle les femmes doivent représenter au moins la moitié des candidats sur chaque liste aux élections locales et nationales. En 2012, 65 femmes ont pu intégrer l'Assemblée nationale du Sénégal[1]. Par la suite, la loi a alimenté les débats et engendré des controverses autour de la lutte pour l'égalité des sexes dans le pays, l'héritage de la colonisation française et le rôle des femmes au gouvernement. La présente étude sur les femmes *originaires* du Sénégal offre une perspective unique sur la fabrication d'une citoyenneté africaine dans les villes coloniales françaises[2]. Elle met en lumière les notions genrées de pouvoir et de politique introduites par les citadins sénégalais dans la sphère publique au début de la période coloniale, ainsi que les liens entre genre et colonialisme dans les domaines de la gouvernance et de la politique. Bien que non exhaustive, cette étude propose un nouvel éclairage sur l'intersection entre la vie urbaine, la citoyenneté et le genre en Afrique-Occidentale française.

Au tournant du XXe siècle, ni les Africaines ni les Françaises n'avaient le droit de voter. Pour autant, les femmes des villes coloniales du Sénégal exerçaient une réelle influence dans l'univers masculin de la politique électorale. Un examen approfondi des conceptions africaines du pouvoir féminin et de la manière dont les femmes abordaient la politique dans les villes coloniales permet de mettre en évidence, dans les récits sur l'Afrique sous domination française, le rôle joué par les filles, les mères, les épouses et les sœurs en politique.

Avant la période coloniale formelle, les femmes des villes et des campagnes avaient accès au pouvoir, même si leur autorité était limitée par les systèmes patrilinéaires et les normes patriarcales. L'avènement de la colonisation a entraîné la subordination, dans le domaine public, des femmes de l'élite à l'autorité des chefs et des officiers masculins ainsi qu'à celle des hommes notables des villes qui occupaient des fonctions électives. Les femmes *originaires* du Sénégal se sont alors retirées de la politique et ont concentré leurs efforts sur les réseaux de la société civile, mobilisant ceux-ci pour protéger la réputation de leurs familles, assurer les services essentiels dans leurs quartiers et influencer le débat politique à des moments critiques. Cet essai s'intéresse aux compétences et aux stratégies spécifiques que les femmes africaines ont apportées à la construction de la citoyenneté urbaine et à l'art de la politique au cours de la première phase de la colonisation française au Sénégal.

Vers une perspective de genre sur la citoyenneté coloniale en Afrique-Occidentale française

Les travaux sur la politique en Afrique-Occidentale française se sont intéressés à la notion de citoyenneté du fait de sa centralité dans la rhétorique assimilationniste de l'Empire colonial français, mais aussi parce que les Africains, notamment après la Seconde Guerre mondiale, ont fondé leurs revendications d'égalité des droits sur cette notion considérée de longue date comme étant au fondement de la « mission civilisatrice » de la France[3]. Dans ses recherches sur les dockers sénégalais à l'apogée du colonialisme, l'historien Frederick Cooper a découvert que même les syndicalistes mobilisaient la notion de citoyenneté au moment d'adresser des demandes à l'État français ou de revendiquer l'égalité avec les autres citoyens français[4]. Comme l'a montré Mamadou Diouf, les origines des concepts africains de citoyenneté remontent au milieu du XIXe siècle : les *Originaires* du Sénégal ont alors remodelé la notion française de citoyenneté en luttant pour obtenir le droit de vote en tant que « citoyens » des villes sans avoir à renoncer à leur statut personnel ou islamique, renoncement qui était la condition imposée par l'État français pour l'obtention de la citoyenneté coloniale[5]. De fait, l'histoire politique moderne du Sénégal ne peut être comprise sans référence à la manière dont la notion de citoyenneté coloniale a été déployée dans les zones urbaines des Quatre Communes, servant de modèle pour d'autres revendications de droits en Afrique-Occidentale française.

Si de nombreuses études ont montré l'importance de la notion de citoyenneté pour les habitants de l'Afrique-Occidentale française, aucune ne tient compte des aspects genrés de la citoyenneté coloniale ou de la manière dont les femmes concevaient et défendaient le droit des Africains sous domination française à être traités comme des citoyens plutôt que comme des sujets coloniaux[6]. Cette lacune s'explique en partie par le fait que les femmes françaises n'ont obtenu le droit de vote qu'en 1944, sous la Quatrième République. Si la France a octroyé, avec la loi Diagne de 1916, le statut juridique de citoyen aux *Originaires* du Sénégal, seuls les hommes adultes ont obtenu le droit de vote. Blaise Diagne avait en effet lié sa proposition de loi visant à reconnaître les résidents des Quatre Communes comme citoyens français à part entière au fait que les hommes sénégalais avaient fait preuve, comme tous les autres hommes français, de loyauté en combattant et en mourant pour la France durant la Grande Guerre[7]. Les historiens ont généralement considéré que la politique électorale était une affaire d'hommes, les archives ne mentionnant aucune femme comme figure clé de la vie politique urbaine au Sénégal au début de la période coloniale. De même, jusqu'à récemment, les chercheurs ont essentiellement abordé le nationalisme africain comme l'œuvre d'acteurs masculins[8]. Parmi les personnalités sénégalaises les plus connues de l'ère « moderne » figurent François Carpot, Blaise Diagne, Lamine Guèye, Modibo Keita et Léopold Senghor. Les noms de Soukeyna Konaré (cousine du politicien *originaire* Lamine Guèye), Constance Devès (fille de Gaspard Devès et sœur de Justin Devès, tous deux maires de Saint-Louis), Ndate Yalla Fall (cousine du politicien *originaire* Galandou Diouf) et Caroline Faye Diop (première femme sénégalaise élue à l'Assemblée nationale) sont bien moins familiers. La documentation produite par l'administration coloniale et les hypothèses des chercheurs concernant le rôle de la politique ou l'histoire du nationalisme reflètent la prégnance des préjugés masculins dans la production de connaissances sur l'Afrique coloniale.

Toute étude du rôle des femmes dans la vie politique des villes coloniales au Sénégal doit tenir compte de l'intersection entre les structures françaises de gouvernance et les conceptions africaines du pouvoir et de la politique. Comme le soulignent les spécialistes du féminisme africain, la quête d'égalité des femmes africaines ne peut être appréhendée de la même manière que les préoccupations des mouvements féministes occidentaux[9]. L'étude d'Elizabeth Schmidt sur l'entrée des femmes guinéennes dans la politique partisane à l'ère de la décolonisation montre que les femmes africaines ont intégré la sphère politique, non pas en vue de lutter pour l'égalité des sexes ou de faire valoir leur droit à diriger des partis politiques, mais pour réparer les torts de la société et traiter des réalités sociales et économiques auxquelles elles, leurs familles et leurs communautés étaient confrontées. Schmidt soutient que, pour les femmes guinéennes engagées en politique, « la conscience féminine l'emportait sur la conscience féministe[10] ». L'absence des femmes *originaires* dans les récits sur la politique urbaine au Sénégal a engendré des lacunes dans notre compréhension de la dynamique du genre sous le colonialisme. Pour bien comprendre la citoyenneté coloniale et l'émergence de la politique électorale au Sénégal sous domination française, il convient d'interroger ces silences et de faire avancer la recherche sur le sujet.

Identité urbaine et politique *originaire* dans les villes du Sénégal

L'actuelle République du Sénégal se situe à l'extrémité ouest de l'Afrique subsaharienne. Au confluent du fleuve Sénégal et de l'océan Atlantique, le Sénégal a longtemps servi de point d'entrée naturel aux Nord-Africains et aux Sahariens qui traversaient les frontières méridionales du désert et aux Européens qui abordaient le continent par la mer. La création des Quatre Communes par la France s'explique en partie par la longue histoire de Saint-Louis et de Gorée comme sièges des intérêts commerciaux français et comme base d'expansion impériale. Au milieu du XVIIe siècle, les Français ont construit des forts sur les îles côtières afin de faciliter le commerce des esclaves et d'autres marchandises. Au XIXe siècle, Saint-Louis était le port le plus favorable aux intérêts du « commerce légitime » français. La ville jouait également le rôle de capitale culturelle française dans la région et de base pour les guerres de conquête dans l'intérieur du pays[11]. Pendant une courte période, de 1895 à 1902, les Français ont fait de Saint-Louis la capitale de l'Afrique-Occidentale française, avant de déplacer le siège de la fédération à Dakar.

La longue histoire des relations entre Français et Africains sur la côte sénégalaise a fait émerger une population de Noirs convertis au catholicisme qui travaillaient à proximité des forts français (les gourmets), ainsi qu'une population de métis conscients de leur identité, nés de femmes africaines ou afro-européennes et de marchands ou de soldats européens (les signares). En particulier, les villes de Gorée et de Saint-Louis ont vu se développer une communauté de citadins liés de longue date à la France, qui servaient d'intermédiaires commerciaux et cherchaient à s'intégrer dans les réseaux familiaux, commerciaux et politiques français[12]. Dès le milieu du XVIIIe siècle, les citadins ont pu élire un maire choisi parmi les notables de la ville, lequel avait pour fonction de représenter la communauté, gérer les affaires de la ville et appeler les catholiques à la messe et aux fêtes religieuses en l'absence d'un clergé permanent. Saint-Louis, où l'islam avait été introduit par les migrants de la haute et de la basse vallée du Sénégal, a également vu l'essor d'une communauté musulmane influente. À partir de 1830, les commerçants musulmans libres ont intégré le commerce intermédiaire dans les postes de traite situés en amont du fleuve[13]. Ces commerçants possédaient des propriétés sur l'île et, de manière stratégique, envoyaient leurs fils étudier dans des écoles françaises et des écoles coraniques locales. Ainsi, la population de Saint-Louis au XIXe siècle reflétait l'hétérogénéité et le cosmopolitisme d'un port dynamique situé à la croisée des mondes africain et français.

Les historiens ne s'accordent pas sur la date exacte à laquelle le mot « *originaire* » a été employé pour la première fois afin de désigner la population urbaine du Sénégal sous domination coloniale[14]. Or, quelle que soit la date de son apparition, le terme est devenu synonyme du combat mené par les Africains noirs résidant dans les villes sénégalaises pour obtenir le statut de citoyens français à part entière. L'arrêté du 5 novembre 1830 énonçait que tout homme libre né et habitant le Sénégal jouissait des droits accordés par le Code civil aux citoyens français. La Deuxième République a précisé les droits juridiques des habitants du Sénégal en créant le Conseil général du Sénégal, lequel s'apparentait aux assemblées départementales de la France métropolitaine[15]. Cette disposition a clarifié le statut des citadins : ceux-ci n'avaient plus besoin d'être naturalisés ni de renoncer à leur statut personnel islamique ou « coutumier » pour pouvoir voter, seulement de justifier de cinq années de résidence permanente. Les lois électorales ont ainsi créé une ouverture qui a permis aux *Originaires* d'exercer les mêmes fonctions que les citoyens français sans avoir à se conformer aux exigences du Code civil français.

Les fonctions de représentation locale mises en place au Sénégal sous la Deuxième République ont été suspendues par Napoléon III. En 1871, la Troisième République a accordé le statut d'électeur aux citadins et développé des institutions républicaines dans les villes sénégalaises. La loi de 1871 a institué les communes de Gorée, Saint-Louis, Dakar et Rufisque et précisé que leur gestion serait assurée par un conseil municipal élu avec à sa tête un maire et un adjoint sélectionnés parmi les premiers de la liste de candidats retenue[16]. La Troisième République a également remis en place le Conseil général, à la demande des métis et des Français de Saint-Louis. En 1879, elle a complété les institutions électorales de la colonie en rétablissant le siège du Sénégal à la Chambre des députés.

Entre 1871 et 1900, les campagnes électorales ont été marquées par l'opposition entre les candidats proches des intérêts militaires, commerciaux ou administratifs français et ceux qui contestaient ces intérêts impériaux. Tout au long de cette période, les hommes français et métis ont dominé la politique électorale en s'appuyant sur des réseaux clientélistes afin de mobiliser le vote africain en faveur de leurs listes de candidats. Après 1900, le vent politique a commencé à tourner, les citadins africains exigeant une meilleure représentation au sein des institutions républicaines. Avec la consolidation de la domination française dans l'intérieur du pays, les autorités ont restreint le vote des citadins noirs et contesté la légitimité de leurs revendications à être considérés comme des « citoyens » et non comme des sujets coloniaux[17]. Les institutions électorales posaient en effet problème aux autorités coloniales car elles les empêchaient de mettre en œuvre des politiques arbitraires et d'imposer des pratiques brutales à la population du Protectorat sans être surveillées par Paris ou Saint-Louis. Aux yeux des officiers français, certains citadins influents agissaient comme une « élite inquisitrice », utilisant les institutions républicaines pour contrôler les abus de pouvoir dans la colonie[18]. Le statut spécial accordé aux résidents des villes avait une signification particulière pour les *Originaires* qui travaillaient comme commis pour l'administration coloniale dans les campagnes ou alors comme commerçants dans le bassin arachidier ou les dépôts commerciaux du fleuve Sénégal, où ils étaient souvent confondus avec les Africains soumis au Protectorat et où ils subissaient parfois le même traitement qu'eux. Au début des années 1900, les Jeunes Sénégalais, un groupe de citadins africains formés à l'école française, ont commencé à défendre les intérêts des *Originaires* dans leurs journaux et à s'organiser pour soutenir activement les candidats noirs aux fonctions électives.

L'émergence de la politique noire, selon la formule employée par l'historien G. Wesley Johnson pour désigner la lutte pour l'égalité politique dans les villes coloniales du Sénégal, a été expliquée à la fois par les luttes intestines entre « clans électoraux » et par la politique raciale du régime colonial français qui excluait *de facto* de la fonction publique la majorité des électeurs noirs de sexe masculin. Or, les historiens se sont peu intéressés à la nature genrée de la vie politique ou à la manière dont les femmes ont pris part au débat politique malgré le fait qu'elles ne pouvaient ni voter ni exercer des fonctions publiques. Où et quand les femmes ont-elles participé à la politique de la colonie sénégalaise ? Quelles conceptions de l'art politique y ont-elles déployées ? La section suivante aborde ces questions à travers l'étude des notions de pouvoir féminin qui circulaient dans les villes et les campagnes de la Sénégambie précoloniale.

Les femmes et le pouvoir politique avant la colonisation française

Si les notions de pouvoir et de politique chez les femmes *originaires* étaient en partie issues du système colonial français, elles étaient aussi ancrées dans les conceptions africaines du pouvoir féminin et de l'art de la politique qui avaient contribué à façonner les États et les sociétés de la Sénégambie précoloniale. Au sein des royaumes wolofs, la succession royale était à la fois patrilinéaire et matrilinéaire. Dans le cas des royaumes de Waalo et de Kajoor, la filiation matrilinéaire était représentée par la Linguère (princesse ou reine)[19]. En tant que mère ou sœur du roi, la Linguère était à la tête de la communauté des femmes du pays. Elle contrôlait les territoires clés du royaume et présidait aux questions judiciaires liées au mariage et au châtiment des jeunes femmes qui avaient des relations sexuelles hors mariage. Bien que le royaume ait été dirigé par les hommes, les Linguères jouaient un rôle clé dans l'établissement de la succession. Gardiennes du *meen* (matrilignage), elles menaient les négociations entre les lignages nobles en vue de déterminer le futur souverain du royaume. Boubacar Barry rapporte que les Linguères donnaient des festins somptueux et offraient des cadeaux raffinés afin de convaincre les nobles de voter pour leur candidat[20]. Les deux dernières Linguères du Waalo, Njömbot et Ndate Yalla Fall, ont fort bien compris l'importance du patronage à des fins politiques. Au milieu du XIXe siècle, elles ont mobilisé des alliances matrimoniales stratégiques et développé des réseaux de patronage pour parvenir au pouvoir et pour défendre la souveraineté du Waalo à la fois contre les menaces des Maures sur la rive droite du Sénégal et contre l'invasion française en provenance de Saint-Louis. Elles ont ainsi pris la place de rois affaiblis, devenant des souverains *de facto* et transformant par là même la fonction royale[21].

Peuple de pêcheurs et de cultivateurs, Les Lébous de Ndakaru (Dakar) organisaient la politique au sein de leurs douze villages sur la base d'une assemblée communautaire appelée *peñc*. Chez les Lébous, le chef (*seriñ*) était un homme et la politique se pratiquait à travers des discussions entre les anciens et les habitants du village. Bien que les hommes aient joué un rôle dominant dans les réunions communautaires, les femmes âgées y occupaient, elles aussi, une place particulière. Comme l'explique Aissatou Diop-Hashim, les femmes les plus âgées de la communauté avaient le droit de s'exprimer en dernier lors de ces réunions communautaires ou lors des débats autour d'un mariage entre familles[22] – une pratique qui pourrait avoir vu le jour chez les premiers locuteurs wolofs des villages lébous de la presqu'île du Cap-Vert. Cette prise de parole par les femmes était désignée par le terme wolof *saani ci sa kaadu*, qui signifie « lancer le dernier mot ». Sans surprise, Blaise Diagne (lébou du côté de son père) a reconnu l'importance de faire campagne en wolof en s'adressant aux assemblées communautaires lébous et en abordant des questions clés de bien-être communautaire, ces dernières trouvant certainement un écho auprès des femmes lébous de Dakar et de Rufisque[23].

Enfin, avant la colonisation formelle, les signares de Saint-Louis et de Gorée constituaient une classe puissante d'acteurs politiques. Ces femmes propriétaires « de rang social élevé » avaient émergé au début du XVIIIe siècle en tant que compagnes et épouses de marchands et de soldats européens résidant temporairement au Sénégal[24]. Selon les historiens, les signares ont acquis une certaine notoriété grâce aux récits de voyage qui décrivaient leur beauté et leur habileté en affaires. Elles ont tiré parti de leur position intermédiaire pour capitaliser sur les marchés de l'or et des esclaves en amont du fleuve et sur le marché des produits de luxe importés sur la rive atlantique. En outre, elles ont acquis la majorité des biens immobiliers (maisons et bateaux) des villes insulaires. Au milieu du XVIIIe siècle, les signares louaient leurs esclaves aux forts français et britanniques pour les travaux publics et le commerce en amont du fleuve. Bien qu'elles aient coopéré avec les institutions bureaucratiques françaises des villes, elles ne siégeaient pas au conseil consultatif du gouverneur et n'occupaient pas de fonctions publiques. L'administration les considérait comme des notables en dépit du fait qu'elles étaient privées du droit de vote. Les plus habiles faisaient valoir leur statut de propriétaires et leur réputation en tant que membres respectés de la communauté afin d'influencer la politique administrative ou les débats politiques entre les citadins.

L'art de la politique chez les femmes *originaires*

Comment la conception que se faisaient les électeurs *originaires* du pouvoir féminin a-t-elle influencé la politique électorale dans les Quatre Communes du Sénégal ? Par quels moyens les femmes *originaires* ont-elles mobilisé le système administratif français et les conceptions sénégambiennes de la politique pour faire entendre leur voix dans la sphère publique ? De manière générale, les historiens divisent l'histoire de la politique urbaine dans les Quatre Communes en deux périodes : la période de la domination française et créole (1872-1900) et la période du « réveil » africain (1900-1920) qui a abouti à l'élection de Blaise Diagne à l'Assemblée nationale française[25]. Pendant ces deux périodes, la politique électorale était une affaire d'hommes, les femmes ne pouvant ni faire campagne ni occuper des fonctions électives. Les documents produits par l'administration coloniale mentionnent rarement le rôle joué par les femmes dans la vie politique des communes. Or, en réalité, cette absence reflète les préjugés de l'époque. Au Sénégal, les quelques voies ouvertes aux femmes issues (principalement) de l'élite pour accéder au pouvoir étaient fermées aux chefs et aux élus de sexe masculins. Ces derniers n'en sont pas moins devenus les principaux représentants des intérêts africains au sein de l'État colonial. En 1920, le ministère des Colonies a approuvé la création d'une nouvelle assemblée, le Conseil colonial, pour remplacer le Conseil général. Les chefs sous l'autorité du Protectorat désignaient des hommes chargés d'y défendre les intérêts de leurs villages, tandis que les citadins élisaient des hommes notables pour les y représenter.

Malgré la nette séparation entre l'espace féminin et l'espace masculin, les femmes des villes coloniales utilisaient parfois leur réputation de bonnes épouses ou de bonnes mères pour remettre en cause le *statu quo* ou pour exprimer leur soutien à un candidat particulier. Ainsi, à la mi-mars 1887, des Françaises et des femmes de l'élite métisse de Saint-Louis se sont plaintes dans la presse locale du « caractère vindicatif » du discours politique en adressant une lettre publique au gouverneur de la colonie, puis une autre au ministre de la Marine

Jean Jauréguiberry[26]. Elles accusaient *Le Réveil du Sénégal*, seul journal non affilié à l'administration, de mettre en péril la paix publique et l'ordre établi en publiant des récits scandaleux sur le clergé, les officiers et les hommes notables de la communauté. Ce groupe de femmes, connu sous le nom de Mères de famille, était composé d'épouses, de mères et de sœurs de l'élite française et métisse de la ville. Lors de la campagne électorale de 1887, elles s'étaient généralement rangées du côté du clan électoral qui entretenait des liens étroits avec l'administration et le clergé et qui s'opposait au clan des Devès, lequel contestait publiquement les abus du pouvoir colonial. Le clan des Devès prônait l'anticléricalisme à une époque où les débats sur la laïcité, la liberté de la presse et les manifestations des francs-maçons dominaient le débat politique en France et dans la capitale de la colonie sénégalaise. La lettre des Mères de famille est l'un des rares exemples documentés de femmes qui se sont constituées en groupe d'intérêt pour intervenir dans un événement clé affectant leurs familles et qui se sont ainsi insérées dans le débat sur la liberté de la presse sous la Troisième République.

Au début des années 1900, alors que la vie politique dans les communes évoluait dans le sens des intérêts des citadins noirs, les hommes politiques se sont efforcés de mieux répondre aux préoccupations des habitants des villes. Les candidats aux élections ont commencé à traiter de questions qui intéressaient particulièrement les femmes. Ainsi, François Carpot a fait campagne pour le poste de député à l'Assemblée nationale française en affirmant qu'il veillerait à ce que chaque communauté dispose de l'eau courante ; il a d'ailleurs gagné le surnom de *Borom Robinets*, ou « chef des robinets », pour ses efforts. Comme le rapporte l'écrivaine Fatou Niang Siga, des femmes de Saint-Louis ont créé une nouvelle coiffure, le *Pilimu Karpo*, pour exprimer leur soutien au candidat de leur parti[27]. De même, une informatrice explique que, dans tous les quartiers de Saint-Louis, les épouses et les filles des hommes de l'élite organisaient régulièrement des réunions dans leurs maisons pour soutenir les candidats à la mairie et au conseil municipal, malgré le fait qu'elles ne pouvaient pas voter aux élections. Comme le montrent ces exemples, les femmes *originaires* ne restaient pas à l'écart, mais participaient activement aux campagnes électorales en dépit de leur exclusion du processus formel.

En plaçant la focale sur la période du nationalisme et de la décolonisation, il devient possible d'éclairer la façon dont les citadines appréhendaient la sphère politique et dont elles intégraient cette sphère à la fois en tant que femmes et en tant que « citoyennes ». Ainsi, en 1945, Soukeyna Konaré, cousine de Lamine Guèye, s'est associée à Ndate Yalla Fall, cousine de Galandou Diouf, pour protester contre le fait que les réformes françaises étendaient le droit de vote aux femmes métropolitaines des Quatre Communes mais pas aux femmes africaines[28]. Konaré et Fall ont soutenu leurs cousins à la tête de partis politiques adverses, mais elles ont joint leurs forces pour convaincre la France de revenir sur l'arrêté. La sociologue Fatou Sarr Sow fait valoir que ces femmes « ont ouvert cette longue marche de la bataille de la parité, comprise comme l'égal accès aux fonctions politiques dans la politique sénégalaise »[29]. Si, après la proclamation de l'indépendance le 4 avril 1960, la politique est restée en grande partie une affaire d'hommes, les femmes ont pu accéder au processus politique formel. En 1963, la socialiste Caroline Faye Diop a été la première femme élue députée à l'Assemblée nationale du Sénégal. À la fin des années 1970, Marie-Angélique Savané a joué un rôle de premier plan dans la politique partisane, tout en s'imposant comme une voix féministe du journalisme et de la société civile féminine[30].

Ces exemples montrent que les femmes *originaires* ont participé à la politique au Sénégal en dépit de leur exclusion du processus électoral. Rétrospectivement, il apparaît que la colonisation française a renforcé le patriarcat des systèmes politiques et de gouvernance dans le pays. Les citadines ont certes bénéficié de l'éducation et de la proximité du pouvoir français, mais elles ont dû, comme les femmes des campagnes, concentrer leurs efforts sur la famille, la communauté et la société plutôt que sur la politique électorale.

***

Les femmes *originaires* occupent une place ambivalente dans l'histoire de la citoyenneté coloniale en Afrique-Occidentale française.

D'une part, les femmes des Quatre Communes du Sénégal appartenaient à la communauté de citadins, qui avait une longue tradition de politique électorale et une connaissance intime des institutions républicaines françaises. D'autre part, la politique est restée une affaire d'hommes pendant toute la période coloniale. Contrairement aux hommes adultes résidant de manière permanente dans les villes, les femmes ne pouvaient ni voter ni exercer des fonctions électives. En outre, les officiers masculins de l'armée ou de l'administration traitaient principalement avec des hommes, qu'ils fussent clercs, marchands, commis, chefs, soldats ou membres de l'assemblée. La première phase de la politique urbaine dans la colonie sénégalaise a été marquée par la monopolisation des institutions électorales par les hommes européens et métis. Au cours de la seconde phase, des hommes noirs tels que Galandou Diouf ou Blaise Diagne ont franchi la barrière de couleur dans la vie publique en mobilisant l'électorat urbain sénégalais. Dans ce contexte, les femmes *originaires* ont été exclues de la sphère publique. Comme le faisait valoir une informatrice, cette exclusion a amené les femmes *originaires* à se concentrer sur des questions plus directement liées à la famille et à la société.

Bien que des limites aient été imposées aux femmes *originaires* pendant la période coloniale, celles-ci ne peuvent être simplement considérées comme des non-acteurs. Il est fort probable que les électeurs *originaires* de la fin du XIXe et du début du XXe siècle comprenaient et mobilisaient les notions de pouvoir féminin qui circulaient au sein des sociétés wolof et lébou. On peut aussi supposer qu'ils avaient observé ou entendu parler de l'influence exercée par des femmes – telles que Njömbot, Ndate Yalla Fall ou les signares de Saint-Louis et de Gorée – au sein des systèmes de gouvernance des royaumes et des villes wolofs qui se trouvaient à proximité. La participation des citadines aux campagnes électorales et aux rassemblements politiques de même que le soutien qu'elles apportaient à certains candidats à travers la création de nouvelles coiffures ou de nouveaux vêtements suggèrent que les femmes *originaires* comprenaient l'art de la politique communale et s'y adonnaient activement. En plaçant la focale sur la politique communale à l'époque de la décolonisation et du nationalisme, il est possible d'éclairer le rôle joué par les femmes *originaires* dans la politique électorale, rôle qui avait été jusqu'ici largement ignoré par les historiens.

La colonisation française a eu tendance à consolider les systèmes patriarcaux qui assuraient le pouvoir politique des hommes au détriment des femmes dans la société sénégalaise. Le retrait des femmes de la sphère publique pendant la période coloniale pourrait être un facteur explicatif de la force des organisations de femmes de la société civile au Sénégal aujourd'hui. Le débat sur l'égalité des sexes dans la politique partisane soulève des questions quant à la monopolisation du pouvoir par les hommes dans la société sénégalaise, l'héritage de la colonisation ou encore le néocolonialisme comme réponse de l'État à la domination masculine. Si l'on veut comprendre la lutte pour l'égalité des sexes menée par les femmes noires dans le monde francophone, il convient de prendre en compte le rôle qu'y ont joué les femmes *originaires* du Sénégal.

CHAPITRE 2

Les femmes sénégalaises et le suffrage français

Jennifer Anne Boittin

Le 21 avril 1944, les femmes françaises obtiennent, après des décennies de luttes féministes, le droit de voter et d'être élues. C'est en tout cas ce que la plupart des livres d'histoire et manuels de droit nous enseignent. Mais en vérité cette ordonnance n'affecte que les métropolitaines au départ, puis en novembre 1944 les Martiniquaises, les Guadeloupéennes et les Réunionnaises. En février 1945 c'est au tour des Guyanaises et des Malgaches[1]. Et c'est ainsi qu'en mars 1945, furieuses d'être parmi les seules Françaises à ne pas pouvoir voter, les Sénégalaises des Quatre Communes (Dakar, Saint-Louis, île de Gorée, et Rufisque) organisent un mouvement pour le suffrage des femmes, chez elles autour du thé, sur le marché, et jusque dans les rues de Dakar et Saint-Louis. Pendant longtemps, ce mouvement de femmes a été analysé par les historien·ne·s comme un bras de fer politique avec la France mené principalement par les hommes sénégalais *originaires* des Quatre Communes, ce qui est certainement, comme nous le verrons, un aspect important de la question du suffrage féminin au Sénégal[2]. Mais récemment, plusieurs historien·ne·s ont commencé à revisiter ce mouvement populaire plus précisément du point de vue des électrices concernées[3]. Ce chapitre contribuera à cette analyse du rôle décisif des Sénégalaises, qui apprennent le 18 avril 1945 qu'elles auront bientôt le droit d'élire, soit un an après les continentales. Elles voteront pour la première fois en juillet 1945.

On examinera ici ce mouvement féminin dans la colonie du Sénégal du point de vue des électrices, dont certaines, comme Soukeyna Konaré, une Sénégalaise propriétaire qui s'impliquait dans les élections locales, s'étaient engagées politiquement dans la région depuis plus d'une décennie. Toutefois, on ne négligera pas les hommes impliqués, y compris les Sénégalais et les administrateurs coloniaux français qui devaient subitement trouver les mots justes pour expliquer la décision d'interdire au Sénégal le vote aux femmes souvent appelées « indigènes », même lorsqu'elles étaient citoyennes. En particulier, nous explorerons les raisons d'un revirement des hommes sénégalais et français, opposés puis favorables au vote des femmes. Dans le fond, ce débat n'était pas qu'un débat sur les droits des femmes en situation coloniale, mais aussi un référendum houleux sur les inégalités de race et de sexe/ou de genre dans ce contexte, avec des références au racisme sous la colonisation et sous Vichy, à l'Internationalisme noir, et aux perceptions qu'avaient les Français de l'islam et des femmes musulmanes en particulier. Ces thématiques ont en effet influencé et complexifié ce mouvement féminin pour le droit de vote tout en le menant à son succès.

Le 7 mars 1945, quartier Sud, 26, rue Bancal : la séance est ouverte à 18 h 15. Gnagna Sène, une des deux personnes qui président la réunion, est la première à prendre la parole devant environ 300 femmes et 200 hommes. Sène résume la situation : après s'être « longuement entretenue avec ses voisines », toutes s'accordent sur l'importance « d'obtenir le droit de vote aux femmes citoyennes indigènes »[4]. Puis, c'est au tour d'Anta Gaye, elle aussi déléguée par ses voisines, qui confirme les propos de son « amie » Sène et rajoute qu'elles sont prêtes à agir : « Et nous barrerons aux jours des élections [les urnes] aux femmes européennes si toutefois on nous interdit de voter comme elles. » La foule approuve cette déclaration, qui est renforcée par dix discours de soutien prononcés par des hommes, dont celui du président de groupe, François Mbaye Salzmann, qui encourage les femmes à rester unies. Il enjoint la salle à « [se] battre comme cela s'est passé le 4 mai (référence à des incidents lors des élections à Saint-Louis le 4 mai 1930, à la suite desquels Salzmann est condamné) » car « à la violence, on répondrait par la violence »[5]. Ces paroles ne sont pas lancées en français, pour la plupart, mais en wolof, langue parlée dans la région. Gnagna Sène, par exemple, se fait traduire par une jeune infirmière du nom de Tony Diouf (dite Bangoura)[6]. Dans la foule, un indicateur note les présences de Sylvain Charles-Cros, un socialiste blanc, ainsi que de « l'imam de la Grande Mosquée ». Cette dernière est une présence particulièrement symbolique puisque le gouverneur général Pierre Cournarie semble penser que les musulmans s'opposent au vote des femmes. Les femmes du quartier Sud veulent dans l'idéal l'« égalité entre l'Européenne et la femme indigène », mais sont prêtes aussi à forcer le maintien du *statu quo* par un blocage, si besoin violent, de l'accès aux urnes par les Européennes. L'administrateur rédigeant le compte-rendu conclut qu'il faudrait rapidement résoudre cette question, et dans l'idéal en adoptant « la solution du "statu-quo" [*sic*], car la majorité des femmes européennes n'ira pas aux urnes, la plupart préfèrent rester chez elles ». Ainsi, il propose d'interdire le vote à toutes les femmes, même les Européennes.

Cette réunion de la population de Saint-Louis se plaçait dans le cadre d'une série d'au moins sept réunions de quartier, suivi d'un grand meeting « de plus de deux mille personnes » le 11 mars[7]. Comment expliquer que la solution de l'administration française aux revendications exprimées lors de la réunion du 7 mars – ayant attiré au moins 300 femmes depuis le seul quartier Sud – fut de proposer l'interdiction de vote à toutes les Françaises, de toute origine, au Sénégal ? Comment expliquer encore ce fait alors que Salzmann qualifiait cette interdiction de « violence » faite aux femmes, appelant comme réponse une autre « violence », si besoin physique ? Pour comprendre cette recommandation, alors que les Sénégalaises se trouvaient déjà en situation d'exception dans le contexte plus général du vote féminin dans la France d'outre-mer de 1945, il nous faut faire un détour par l'histoire des *Originaires* du Sénégal, puis revenir sur les interventions masculines en amont de et pendant cette tempête politique de mars et avril 1945, avant de conclure par les actions sociopolitiques des Sénégalaises.

Les Sénégalais et le gouverneur général : du contre au pour le vote des Sénégalaises

Lorsqu'on parlait du suffrage des femmes en 1945, ce n'était pas un droit potentiellement octroyé à toutes les Sénégalaises de la colonie, mais, de manière plus restreinte, réservé aux Sénégalaises françaises, c'est-à-dire aux *Originaires* et aux métisses. Le statut d'*Originaire*, dont les subtilités en matière de droits exercés ont été beaucoup étudiées, était attribué par la naissance (*jus soli*) dans l'une des Quatre Communes (communes de plein exercice créées au XIXe siècle par la France), ou la filiation (*jus sanguinis*), soit comme progéniture d'un *Originaire*[8]. Les métis avaient un parent dit « indigène » (généralement la mère), et un parent français (fréquemment le père)[9]. Dans la pratique il leur fallait prouver leur appartenance à l'une de ces deux catégories (*Originaire* ou métis), un processus particulièrement compliqué pour les enfants non reconnus. Parallèlement, les droits associés aux deux catégories étaient historiquement, bureaucratiquement et juridiquement ambigus, et irrégulièrement appliqués avec des débats autour de la distinction entre nationalité et citoyenneté françaises. L'autre moyen d'accéder au statut légal de citoyen français, et ainsi d'échapper au statut de sujet et, par la même occasion, au Code de l'indigénat, un régime parfois très violent de sanctions administratives, était de faire une demande de citoyenneté. Le demandeur devait prouver, entre autres, une appartenance culturelle à la France, dans l'éducation et les mœurs (la polygynie, par exemple, était un élément disqualificateur)[10]. D'après l'historien Frederick Cooper, entre 1937 et 1943, 30 demandeurs sur 43 accédèrent à la citoyenneté de « plein droit », c'est-à-dire après avoir reçu la Légion d'honneur ou à la suite d'un mariage avec une Française. Sur 233 demandes « volontaires » d'accès à la citoyenneté, 43 furent acceptées, 63 rejetées, et 127 dossiers furent classés sans suite[11]. Il y eut donc peu de réussite. Ceci souligne aussitôt que le vote au cœur du débat n'était pas celui de toutes les Sénégalaises, mais surtout de celles ayant le statut d'*Originaire* ou ayant acquis la citoyenneté française par filiation.

Que les Sénégalais *originaires* présents à la réunion du 7 mars 1945 se soient émus que les Sénégalaises de ces communes ne puissent pas voter n'est guère étonnant étant donné leur propre parcours. Eux-mêmes avaient peiné à faire reconnaître leurs droits politiques entre 1848 et 1916 avant que la loi Blaise Diagne leur permît d'obtenir tous les droits et obligations de citoyen français, notamment celle de la conscription militaire. Mais leur émoi vint tardivement. En effet, un élément était absent des réunions houleuses de mars 1945 : le fait que les notables sénégalais, y compris en provenance des Quatre Communes, ne s'étaient pas tous prononcés clairement pour le suffrage féminin pendant les discussions de 1944, en amont de la décision d'interdire le vote aux femmes. Certains s'y étaient fermement opposés. Par exemple, dans un télégramme envoyé à Paris en octobre 1944, Pierre Cournarie, alors le gouverneur général de l'A.-O.F., transmit que « Sujets français musulmans Sénégal sont émus par nouvelle que vote serait accordé aux femmes pour prochaines élections – stop – ils déclarent la loi coranique ne le permet pas... ils empêcheraient par tous moyens femmes de voter[12] ». L'utilisation du mot « sujet » est importante : Cournarie aurait posé la question du vote des femmes à des Sénégalais non *originaires*, n'ayant pas eux-mêmes la possibilité de voter, une exception politique à laquelle d'ailleurs peu d'*Originaires* s'intéressaient. Pourtant, la réaction des non *originaires* fut explicitée uniquement par leur statut de musulmans, sans tenir compte de leur autre statut : celui de sujets[13].

D'autres Sénégalais semblaient osciller entre indifférence et rejet du vote des femmes en amont de la décision fatidique de Cournarie. Ce fut le cas de Lamine Guèye. Le 1er mars 1945, Guèye, homme politique socialiste reconnu, *originaire*, écrivit à Cournarie en s'émouvant de sa décision de refuser le vote aux Sénégalaises. Guèye expliqua dans sa missive que s'il était vrai que le gouverneur général l'avait contacté en 1944 pour lui demander son avis sur le vote des femmes au Sénégal, il ne s'était pas empressé de lui répondre, la question ne semblant pas urgente. Désormais, Guèye tenait absolument à ce que Cournarie sache que contester le vote aux femmes revenait à « frapper les Sénégalais d'une humiliation aussi injustifiée qu'exorbitante du droit commun en régime démocratique[14] ». Cournarie, visiblement contrarié par cette lettre que Guèye menaçait de publier dans son journal (*L'AOF*), lui répondit rapidement : « Je crois devoir cependant vous affirmer que j'ai gardé le souvenir très précis d'un avis que vous m'avez donné il y a quelques mois et qui, tel qu'il était exprimé, était fort différent de celui que vous énoncez aujourd'hui. Sans doute vous avais-je mal entendu. » D'après Cournarie, Lamine Guèye n'avait pas, comme il l'écrivit, été lent à répondre à la question posée quelques mois auparavant. Il s'était prononcé contre le vote féminin[15]. En février 1945, Cournarie le dit nettement au ministre des Colonies à Paris : « Vous signale LAMINE GUÈYE commence campagne en faveur vote femmes sénégalaises bien que m'ait déclaré il y a plusieurs mois qu'il désirerait extension à leur profit droit vote incompatible avec conditions locales[16]. » Par cette lettre du 1er mars 1945, Guèye avait donc déclaré son passage du contre au pour. Ce qui soulève deux questions : 1° Est-ce que Cournarie avait sous-estimé les nuances des positions politiques, en particulier musulmanes, au Sénégal ? 2° Comment expliquer le revirement de Guèye, ainsi que celui d'autres notables politiques, musulmans, lébous et autres, du rejet au soutien du vote au féminin ? En effet, les positions publiques de ces notables avaient évolué. S'y ajoutaient des Français métropolitains et antillais, politiques ou patriotes, qui vinrent à la défense des femmes en mars 1945, surtout via l'argument de l'égalité raciale, et moins souvent, selon l'historienne Pascale Barthélémy, celui du progrès social[17].

Le réajustement des notables sénégalais s'expliquait en partie par le fait que la décision avait été communiquée publiquement depuis peu, le décret n'ayant été signé que le 19 février 1945[18]. En interdisant aux Sénégalaises de voter, ce décret marqua en effet plus qu'une lacune en matière de droits, mais bien un acte de discrimination intentionnelle. Des conseillers élus sénégalais le précisèrent dans une lettre adressée à Cournarie : « Vous êtes au courant de l'émotion considérable provoquée dans tous les milieux sénégalais par la parution du Texte n'accordant pas le Droit de Vote aux Citoyennes Françaises Indigènes du Sénégal[19]. » Alors que Lamine Guèye avait tergiversé auprès de Cournarie, invoquant sa surprise devant la rapidité de la décision alors même qu'en 1944 il s'était prononcé, comme les musulmans consultés, contre le vote des femmes, pour beaucoup de Sénégalais·e·s c'est la décision elle-même qui les surprit. Elle semblait surgir de nulle part.

Pourtant, Cournarie s'était engagé dans des conversations informelles auprès des notables sénégalais dès 1944. Ainsi lorsque l'indignation surgit en mars 1945, lui-même fut pris de court. En vue de se prémunir contre les troubles suscités par le décret du 19 février 1945, il revint sur plusieurs éléments clés de son processus afin d'expliciter ses réticences à accorder les droits électoraux aux femmes. Mais sa correspondance avec Paris révéla du même coup les hésitations des hommes sénégalais. Il rappela d'abord qu'avant mars 1945 « l'élément musulman se montrait nettement hostile à l'extension du droit de vote » et que « d'autre part, la majorité de la population, en dehors de toute préoccupation religieuse, demeurait indifférente. En particulier Lamine Guèye [...] avait émis un avis qui ne laissait subsister aucune ambiguïté à cet égard »[20]. Pour Cournarie le revirement de Guèye et d'autres notables tenait au fait que « des préoccupations électorales se soient fait jour » : le vote féminin pouvait favoriser une victoire aux prochaines élections. Cournarie tentait aussi d'expliquer pourquoi des organismes de résistance et de justice comme Combat, France-URSS, le Comité international contre le racisme et l'antisémitisme, et le Front national de lutte pour la libération et l'indépendance de la France de l'A.-O.F. (représenté par Mme Charlier, une des rares Françaises à Dakar à soutenir les Sénégalaises) apportèrent leur soutien au mouvement[21]. Selon Cournarie il ne s'agissait que « d'attachement par principe », c'est-à-dire que ces groupes se désintéressaient du suffrage des femmes, mais avaient l'habitude de prendre le parti de ce type de causes. Il évoqua enfin une propagande étrangère, notamment « les hommes de couleur d'origine américaine qui résident ici comme auxiliaires du détachement d'aviation chargé du service du terrain de Yoff », hommes qui prenaient « de très nombreux contacts » avec la population locale.

Pour le gouverneur général, tous ces remous dépendaient des hommes sénégalais, musulmans, ou Africains-Américains dans la région. Leurs motivations résidaient dans leurs principes ou dans leur désir de rallier la population locale à un autre pays (les États-Unis), voire de promulguer un mouvement d'Internationalisme noir, ou encore d'inciter la population locale à soutenir un candidat ou parti aux prochaines élections. Ainsi il conclut « que la grande majorité, pour ne pas dire la quasi-totalité des femmes sénégalaises se désintéresse totalement de la question ». Malgré tout, en vue de faire baisser les tensions, il proposa à Paris de leur étendre le vote, et ce, bien que le ministre des Colonies trouvât « difficile de revenir sur une position prise aussi récemment[22] ».

Concernant les hommes musulmans, un imam assista à la réunion du 7 mars, mais déjà le 3 mars Amadou (Mamadou) Assane N'Doye précisa combien il était problématique de donner « le droit de vote aux femmes blanches tandis qu'il est refusé à nos femmes qui, elles aussi, sont des citoyennes françaises » alors que d'autres membres du public clamaient « l'égalité des droits entre les Blancs et les Noirs[23] ». Musulman de statut personnel, venant d'une grande famille de Lébous, fils d'imam ainsi que fils et petit-fils de marabouts, la parole de N'Doye contredisait l'idée que les musulmans aient été tous opposés au vote des femmes. Ainsi, la question des musulmanes et du vote était plus complexe que ce qu'en expliquait Cournarie. Un rapport français sur la question dégagea, par exemple, que si l'administration française tentait d'argumenter que « les femmes du fait de leur religion [musulmane] sont diminuées », et que pour cette raison elles ne voteraient pas, ce serait un désastre car « l'on ne peut, sans être taxé de racisme par l'élément indigène, lui refuser le droit de vote à l'égal de l'homme [musulman] »[24]. L'administration française savait que les musulmans trouvaient raciste l'idée que leur croyance puisse limiter l'accès des musulmanes aux droits français.

De tous les notables commentant le vote des Sénégalaises, le gouverneur général Cournarie avait été le plus lent dans son revirement. Lamine Guèye et Charles-Cros avaient effectué plusieurs voyages à Paris pour rallier l'opinion publique à la cause des Sénégalaises, rencontrant le ministre de la Justice et le ministre des Colonies (Paul Giacobbi), et ralliant Combat. Le déplacement de Lamine Guèye à Paris doit être souligné au passage. Homme politique aguerri, il s'était résolu au fait que les conditions étaient propices au vote des femmes[25]. Depuis Paris, Charles-Cros partagea cette nouvelle relayée par télégramme : « sur ma proposition, congrès Combat adopta hier unanimité 179 motions faveur égalité droits citoyennes sénégalaises ; opinion républicaine française tout entière avec nous ; serai entendu par commission colonies assemblée consultative vendredi 6 avril[26] ». Quelques jours plus tard, Charles-Cros apprit que Paris n'attendait plus que l'accord de Cournarie pour renverser le décret. Charles-Cros indiqua à ses contacts à Dakar que Cournarie était alors la seule autorité bloquant le vote des Sénégalaises ; on pouvait donc le bousculer. Le gouverneur général renonça à contester le vote des femmes.

Les tactiques sociopolitiques des Sénégalaises

Aussi en venons-nous à l'explication du rôle des Sénégalaises dans le revirement des hommes sénégalais et français et par là dans leur conquête du droit de vote. D'abord, pourquoi Cournarie affirma-t-il que la quasi-totalité des femmes se désintéressait de la question ? Deux choses l'influencèrent : ses idées reçues sur le degré d'« évolution » des Sénégalaises et musulmanes, et les rapports qu'il lisait. Lors des premières réunions de 1945, en réponse à un tract invitant à participer à une grande manifestation à la mosquée de Yakh Djeuf (lieu de rassemblement) le 4 mars au matin, sur les 1 500 personnes qui s'étaient déplacées, seule une dizaine de femmes étaient remarquées. Cournarie n'avait pas anticipé la réunion du 11 mars 1945 ayant rassemblé 300 femmes et 500 hommes ou « jeunes gens ». Les femmes présentes comprenaient Soukeyna Konaré, décrite comme la cousine de Lamine Guèye, et Ndate Yalla Fall, cousine du défunt Galandou Diouf, également homme politique. Konaré, Yalla Fall, Fama Cissé, Awa Nague, Fatou Diop, et Lissa Mody Fall, « prirent successivement la parole pour encourager leurs compatriotes à venir nombreuses » à une réunion devant avoir lieu le lendemain. Dans la mesure où Konaré et Fall venaient de familles politiques rivales, leur présence ensemble signalait une unité singulière sur la question[27]. Ce 11 mars deux réunions s'étaient tenues au cours desquelles les organisateurs et organisatrices encouragèrent les participant·e·s à venir nombreux au cinéma Rex le lendemain 12 mars. Là, se retrouvaient 2 000 personnes dont environ 700 femmes et dix femmes assesseures parmi lesquelles une seule ne prit pas la parole[28].

Par ailleurs, l'engagement de certaines femmes « évoluées » s'exprimait par des articles dans le journal de Lamine Guèye, *L'AOF*. Par exemple, Fatou Diop expliqua au gouverneur général que les musulmanes des colonies n'étaient pas toutes les mêmes, et surtout que les Sénégalaises ne correspondaient pas au stéréotype rattaché à celles d'Afrique du Nord : « ici nous ne sommes pas voilées, nous allons librement ; il n'y a ni harem, ni gynécée[29]. » Les Sénégalaises se présentaient posément en recourant à une stratégie de distinction. L'islam n'était pas uniforme et les musulmanes n'étaient pas la masse stéréotypique à laquelle les autorités françaises, et même certains *Originaires*, semblaient s'attendre. Des distinctions existaient entre les musulmanes subsahariennes et maghrébines, et parmi les musulmanes sénégalaises.

Plus généralement, si l'administration coloniale française décrivit les Sénégalaises qui participaient à ce mouvement féminin comme « violentes » ou « exaltées », ces militantes s'organisaient de manière ordonnée. Elles formaient par exemple un groupement et sélectionnaient des déléguées pour représenter chaque quartier. Des femmes prenaient ainsi les rôles d'assesseures, d'autres aidaient à la collecte de fonds ou s'adressaient aux autorités coloniales. Elles n'avaient rien de l'image de « poissardes » dont certains observateurs les accusaient. En août 1944, cette image fut renforcée par le gouverneur général, qui affirma que : « Les femmes jouent à Dakar un rôle politique important au moment des élections… Elles font la claque, les soutiennent de leurs acclamations ou couvrent les adversaires de leurs huées… Il est certain que la femme indigène a tout à apprendre [en matière d'éducation politique][30]. » Au contraire, elles avaient des leçons à donner, car depuis toujours elles s'inséraient dans la vie politique, s'organisant en amont des élections de manière réfléchie.

De plus, si la surveillance les identifiait à leurs liens familiaux masculins, souvent ces femmes dépassaient ou menaient les engagements politiques de ces hommes. Certaines exerçaient une influence politique remontant au moins aux années 1930. C'est ainsi qu'en juin 1930 on retrouve la trace de Konaré, qui, à l'époque, se déclarait pro-Diouf, ou plutôt anti-Blaise Diagne. Diagne était en effet un ancien administrateur colonial devenu républicain-socialiste et député du Sénégal à l'Assemblée nationale à Paris. Il était également connu pour la loi de 1916 portant son nom qui renforça le statut des *Originaires* en leur octroyant la citoyenneté de plein exercice. Mais cette loi restait liée à la conscription des « A.-O. Fiens », troupes dites « indigènes » envoyées en France durant la Grande Guerre (ainsi que vers d'autres lieux et conflits) et qui subirent de lourdes pertes[31]. Diagne resta au pouvoir de 1914 jusqu'à sa mort en 1934, malgré l'opposition d'autres partis politiques et des anti-impérialistes qui le firent passer pour un allié problématique de la France, opposé à l'émancipation politique africaine. C'est d'ailleurs afin de le faire échouer qu'en 1930 Galandou Diouf (républicain-nationaliste) et Lamine Guèye (le socialiste toujours présent en 1945) mirent de côté leurs différends politiques[32]. Pendant les élections au Conseil colonial du 4 mai 1930, la police et l'armée furent déployées à Dakar et Saint-Louis. Menés par Télémaque Sow et François Mbaye Salzmann (aussi présent en 1945), ces pro-Dioufistes se battirent contre les pro-Diagnistes dans une sorte de mêlée, qui comprenait la destruction d'urnes. Si le parti de Diagne sortit vainqueur de ces élections, c'est Soukeyna Konaré qui fit parler d'elle. Le 17 juin 1930 un rapport des Renseignements affirma qu'elle « se fait appeler "la 2e Jeanne d'Arc" », nom qu'elle donna à une association qu'elle dirigeait afin de signaler qu'elle mènerait les Sénégalais jusqu'aux urnes et les anti-Diagnistes à la victoire, telle Jeanne d'Arc menant son armée, par la violence si nécessaire[33].

D'après le rapport, « c'est [Konaré] qui, le jour des élections du 4 mai, fournissait aux hommes des bâtons et des cravaches, et leur disait : "Si vous avez peur de frapper et de tuer, passez-nous vos culottes et nous ferons ce que 'Jeanne d'Arc' pouvait faire"[34]. » Elle provoquait son cousin Lamine Guèye et sa famille en disant : « Tu ne devrais pas avoir peur, car moi qui suis femme [...], je n'ai pas peur, si tu recules donne ton pantalon et tu verras comment une femme se conduit[35]. » Les femmes qui rejoignirent Konaré dans cette association étaient décrites comme « exaltées », mot d'ailleurs repris en 1945. En 1930, l'administration française leur reprochait de motiver les jeunes hommes pro-Diagne à rejoindre le mouvement anti-Diagne en transformant un local de réunion politique où elles servaient le thé en un espace fonctionnant « comme les maisons de mœurs ». Les allégations de prostitution en échange de votes étaient une tentative de les délégitimer en tant qu'agentes politiques. À l'inverse, Konaré, s'exprimant aussi au nom de ses collègues Lala Guèye (une griotte), Magatte Bathiely (la tante par son mariage de Lamine Guèye) et Fatou Malado (présentée comme la « maîtresse » de Mbaye Salzmann) déclara : « Pour nous femmes, rien ne nous est impossible. » À quoi Lala Guèye ajouta : « Jeunes gens n'ayez nullement peur, frappez, tuez, Lamine Guèye sera là pour vous défendre au tribunal » (il était avocat). Autour d'un thé et d'une soirée dansante, loin des habitudes « d'une maison de mœurs », l'association levait des fonds pour ceux, comme Mbaye Salzmann, qui devaient se présenter devant le tribunal à la suite de leur arrestation lors des troubles électoraux de mai 1930.

Les Sénégalaises ne faisaient pas que soutenir les hommes politiques pendant des élections auxquelles elles ne pouvaient directement participer. Elles menaient le combat politique et remettaient en question le dévouement des hommes de leurs entourages. La virilité de Lamine Guèye, déjà contestée en 1930 à travers des phrases telles que « passez-nous vos culottes, » ou « donne ton pantalon », ou encore « moi qui suis femme… je n'ai pas peur », la présence encore de certaines des actrices de 1945 distribuant des bâtons et cravaches dès mai 1930, ou incitant à la violence à cette époque-là, éclairent ce que Pierre Cournarie et ses collègues avaient mal jaugé. De longue date les femmes *originaires* au Sénégal (dont des musulmanes) avaient une forte influence politique autonome, y compris pendant les élections. C'est ce pouvoir social et sa pression émasculatrice qu'elles avaient déjà exercés sur Lamine Guèye en particulier[36]. Leurs insultes flottaient peut-être encore dans sa mémoire lorsque ce dernier se lança, dans ce que Cournarie perçut comme un revirement, dans la défense du vote des femmes en 1945. Mais même à cette heure, Thioumbe Samb, socialiste, future fondatrice de l'Union des femmes du Sénégal, se plaignait de « l'apathie des hommes » au sujet de ce droit. Comme Konaré et ses collègues, elle préférait passer à l'acte[37].

***

Le passé d'engagement politique des Sénégalaises, y compris de celles présentes en 1930 qui organisèrent à nouveau des manifestations en 1945, éclaire le revirement de Lamine Guèye et d'autres Sénégalais, mais aussi le déroulement des élections de 1945. Car le 1er juillet des centaines de Sénégalaises des Quatre Communes y participèrent pour la première fois, et cinq femmes se présentèrent comme candidates :

quatre Sénégalaises et une Française[38]. Fatou Diop dans son article du 1er juillet 1945 parla au nom de ses sœurs : « Il nous avait été dit et redit que la politique, c'est-à-dire que la vie publique ne nous intéressait pas [...] Du reste Sénégalais et Sénégalaises, et j'entends par là tout habitant même non *originaire* de ce pays savent que ces questions ne nous ont jamais laissées indifférentes[39]. » Les Sénégalaises s'étaient inscrites au nombre de 3 066, et deux (Amsatou Diop et Marie-Louise Gaspard Kâ) furent élues, avec une majorité dès le premier tour[40]. Si nombre de Sénégalais et Sénégalaises votèrent, sur les 485 femmes inscrites, aucune Française ne participa[41]. La majorité des Français·e·s se désintéressèrent ou étaient ouvertement hostiles à l'idée que les Sénégalaises puissent voter. Ce refus de participer au scrutin révéla un clivage racial qui reflétait des tensions post-Vichy entre Français·e·s et Sénégalais·e·s, c'est-à-dire entre Blancs et Noirs[42]. Toutes trois éduquées à l'école française, Rose Sow (déléguée d'un quartier de Dakar), Aminata Diagne (déléguée du quartier de Sor), et Anna Diop (une griotte) le dirent franchement : « toutes les femmes citoyennes doivent voter sans distinction de couleur car sur le front [pendant la Seconde Guerre mondiale] la balle ennemie frappe aussi bien le Noir que le Blanc[43]. » Un autre rapport français expliqua que les Sénégalaises « invoquent même la question du racisme » pour rendre compte du refus de leur accorder le vote[44].

Le rôle des femmes *originaires* aux élections de 1930 et 1945, et surtout dans ce combat pour le vote féminin, est aussi révélateur d'une volonté de reprendre un pouvoir en partie perdu. Ceci était vrai de toutes les Sénégalaises de la région, après 1848, mais particulièrement de celles dont les ascendantes furent les signares qui, au XIXe siècle, avaient un fort pouvoir socio-économique et une influence recherchée des Français. À cette date les hommes des Quatre Communes, comme les affranchis des Antilles, de Guyane et de La Réunion, se virent octroyer des droits électoraux par la République française. Mais les signares, elles, perdirent en autonomie, obligées de s'assurer des mariages leur permettant de maintenir un pouvoir social relatif, mais qui leur firent perdre une part de leur influence économique et sociopolitique ancienne[45]. En participant activement au mouvement d'affirmation des droits français, en 1930 comme en 1945, les descendantes de ces signares et de ces *Originaires* cherchaient aussi à regagner du pouvoir politique : « Les Citoyens et Citoyennes du Sénégal souhaitent et veulent de tout leur cœur de Français, ÊTRE et RESTER FRANÇAIS, sans restrictions ni réserves. Ils sont profondément affectés, voire humiliés, de cette mesure d'exception qui les "blesse" dans leurs sentiments de profonde loyauté française[46]. » La différence notable avec le XIXe siècle est qu'en 1945, même les femmes qui n'étaient pas considérées comme « évoluées » (éduquées à l'école française et culturellement françaises, c'est-à-dire « assimilées ») participaient aux réunions politiques. Le mouvement électoral dépassait d'ailleurs les seules Quatre Communes. Ainsi, on vit des associations, par exemple à Kaolack ou à Sine-Saloum, soutenir le suffrage féminin[47]. Surtout, l'horizon politique s'était élargi, démontrant une volonté des Sénégalaises élues de participer à l'avenir de leur pays et dans certains cas de leur région. Déjà en 1930, Konaré était perçue par l'administration française, voire par son cousin Lamine Guèye, comme dangereuse. En 1945, ses compagnes et elle pensaient autant à leur avenir en tant qu'*Originaires* qu'à celui de leur pays, toujours colonisé. L'A.-O.F. plus largement joua aussi un rôle. Le suffrage des femmes fut ainsi discuté en Mauritanie, en Guinée française et dans le Soudan français en termes d'égalité avec les autres régions outre-mer, mais aussi comme moyen d'étendre le pouvoir politique des indigènes en ralliant des électrices aux espaces de luttes dans lesquels on remettait en question l'Empire colonial français[48].

Il y a donc une certaine continuité entre l'entre-deux-guerres, les années 1940 et les mouvements féminins des années 1950, alors que la décolonisation et l'émancipation devenaient des idées de plus en plus importantes dans la région. Les femmes sénégalaises, et plus généralement africaines dans les capitales des deux Congo, belge et français, et en Côte d'Ivoire, se lançaient dans des mouvements, souvent complémentaires avec ceux des hommes, et parfois aussi en partie indépendants de ceux-ci[49]. Le déploiement de tactiques émasculatrices, afin d'humilier certains hommes, était aussi commun dans la région[50]. Le débat autour du vote des femmes en 1945 fut plus précisément un mouvement féminin avec des caractéristiques rappelant d'autres mouvements nationaux et internationaux des femmes africaines des années 1950 et 1960. Par exemple, les Sénégalaises parlaient souvent de droits universaux et donc neutres, certainement un moyen aussi pour elles de rallier les hommes sénégalais et musulmans à leur mouvement. Au lieu de mettre en avant la seule question des droits des femmes, elles parlaient des droits des colonisé·e·s et des indigènes à travers le prisme de l'égalité de race. Soukeyna Konaré avança avec subtilité le 11 mars 1945 que « Nos pères et nos fils ont donné leur sang pour le salut de la Patrie, nous voulons voter, c'est notre droit », parlant des hommes pour avancer la cause des femmes[51]. L'égalité des droits entre Français et Africains ou musulmans valait l'« égalité des droits entre les Blancs et les Noirs ». Néanmoins, certaines affirmaient les droits des femmes. Lors de cette réunion du 11 mars, Anta Gaye précisa : « Ce qui nous a réunis aujourd'hui encore, intéresse tout d'abord les femmes. Donc nous avancerons jusqu'au bout. » Gaye le fit avec dextérité, dans le contexte d'un dialogue universel de coopération, mais elle le fit.

La question du vote français des femmes sénégalaises nous rappelle que toutes les Françaises n'obtinrent pas le droit de vote en 1944. Certaines, outre-mer, devaient continuer à se battre pour le conquérir, soulignant le poids de l'inégalité raciale dans l'Empire colonial français, en même temps que l'essor d'un mouvement vers une indépendance politique des colonies du continent africain. En outre les Sénégalaises n'avaient pas besoin des Africains-Américains pour percevoir le racisme imbriqué dans le colonialisme français, ni pour saisir l'infériorisation des musulmans, des femmes musulmanes en particulier. Enfin, pour comprendre le suffrage français au Sénégal, il faut comprendre la place et les rôles autonomes des femmes dans le monde politique sénégalais. Elles ont toujours su participer à la vie politique de leur pays : il s'agissait surtout pour elles d'ajouter celle du vote à leurs autres tactiques politiques déjà disponibles.

CHAPITRE 3

Rendre justice dans la Martinique des années 1930 : le rôle des femmes dans l'affaire Aliker

Monique Milia-Marie-Luce

La mort d'André Aliker est un événement majeur, commémoré chaque année à la Martinique. Le 12 janvier 1934, son corps sans vie gît sur la plage de Fond Bourlet à Case-Pilote. Cette mort requalifiée d'assassinat et admise comme telle par la justice, suscite une vive émotion dans l'île en raison de la personnalité de la victime et des circonstances de son décès. En effet, André Aliker, *mulâtre*, commerçant foyalais, retrouvé ligoté, se trouve être par ailleurs « le gérant, l'administrateur et le trésorier[1] » de l'hebdomadaire *Justice*. Ce journal fondé en 1920 par Jules Monnerot, constitue un outil de propagande du groupe communiste Jean-Jaurès. Ce mouvement n'a pas encore en 1934 réalisé de percée politique. Les résultats des élections cantonales du 21 octobre 1928 montrent par exemple, que sur le canton de Fort-de-France où il s'est présenté, André Aliker obtient seulement 22 voix contre 1 518 pour Victor Sévère le premier élu[2]. Mais le journal gagne en audience et gêne certains milieux par son contenu.

Dès 1933, une série d'articles dénoncent en effet, la collusion entre personnalités du monde de l'usine, et des mondes politique et judiciaire à la Martinique. Les papiers visent particulièrement l'industriel et homme politique, Eugène Aubéry. Ils mettent au grand jour une affaire de fraude fiscale et de corruption dans laquelle *via* son épouse celui-ci est impliqué. Le 14 novembre 1924, Mme Louis Paul Eugène Aubéry née Marie Joséphine Berthe Hayot, issue d'une des plus riches et influentes familles *béké* de l'île, devient « seule propriétaire des soixante actions nominatives de dix mille francs chacune, entièrement libérées, de la Société anonyme par actions de l'usine de Lareinty[3] ». Le couple est désormais à la tête d'un domaine de plus de 2 000 hectares. À la suite d'investigations menées par l'inspecteur de l'Enregistrement au sujet de la liquidation et l'évaluation de l'entreprise, ainsi que du non-acquittement de la taxe sur les revenus des valeurs mobilières, il y a une condamnation le 15 octobre 1929 par le tribunal de première instance de Fort-de-France à payer à la Colonie 7 millions de francs. La famille Aubéry qui fait appel de cette décision mais qui « avait eu à verser la somme de 82 500 francs pour frais de transcription de droit d'enregistrement[4] », obtient le 9 avril 1930 de la cour d'appel de Fort-de-France l'annulation du précédent jugement et le remboursement du montant précité. Le Gouverneur, représentant de la métropole coloniale, se pourvoit en cassation dans un premier temps avant de changer radicalement de position : la Colonie doit rembourser les époux Aubéry. Le scandale provient aussi et certainement de la publication d'informations données par un ancien proche de l'industriel, Emmanuel de Lacoste, qui « fait de graves et publiques révélations : il dénonce [le fait] que les magistrats de la Cour ont été corrompus par le millionnaire justiciable. Et il diffuse la photocopie du chèque corrupteur, qui a été transmis par son propre intermédiaire[5] ».

À partir de juillet 1933, André Aliker reçoit des menaces, avant d'être victime de violences physiques. Ce drame constitue avant tout une tragédie familiale, incarnée dans la mémoire collective martiniquaise par ses frères cadets : Marcel dit « Souloute » qui par vengeance tire en 1936 sur celui qu'il estime responsable de l'assassinat, et Pierre, docteur et homme politique, qui a porté tout au long de sa longue vie[6] des vêtements blancs comme signe extérieur de deuil. Pour autant, sa mort ne touche pas seulement les membres masculins de la famille. Les mentions de son épouse Émilie Aliker née Ténitri, sa mère Louise-Anne Aliker ou sa sœur Renée Aliker, sont quasiment inexistantes dans l'historiographie et les commémorations liées à l'affaire. Dans cet article, il s'agit de souligner la place tenue par l'entourage féminin d'André Aliker[7]. Nous verrons dans un premier temps comment ces femmes interviennent avant l'assassinat puis l'engagement de sa veuve Émilie Aliker dans la procédure pénale.

Des compagnes de lutte

La parution dans *Justice*, le 11 juillet 1933, d'une « édition spéciale avec les gros titres : "Alerte ! Le Panama de Lareinty. Les chéquards de la fraude fiscale. Magistrats pris la main dans le sac"[8] », ouvre une période où la famille d'André Aliker jusqu'à son décès vit constamment sous pression. Il s'agit en effet par divers moyens de faire cesser la publication par l'hebdomadaire des écrits contre des personnalités de premier plan à la Martinique. Les procédés employés visent l'outil de diffusion. « Les détracteurs décident de fermer l'imprimerie coopérative qui édite le journal[9] », mais « l'imprimerie qui appartenait à des militants socialistes est rachetée par souscription et *Justice* peut continuer à paraître[10] ». Plus que tout autre membre du journal, c'est André Aliker qui devient la cible des attaques, même si tous les articles ne sont pas signés de son nom ou plutôt de son pseudonyme « l'œil de Moscou ». Par exemple, son frère aîné, Emmanuel, rapporte dans une déposition que « le 6 juillet 1933, M. de Lavigne a été au magasin d'André pour demander à celui-ci de faire cesser la campagne que le journal dont mon frère était le gérant menait contre son beau-père Aubéry et contre Plassiart, et lui a proposé une somme de 100 000 francs pour son silence. Proposition que mon frère a rejetée et dénoncée dans son journal. J'ajoute que M. de Lavigne n'a jamais démenti cette information[11] ». Les intimidations subies par André Aliker touchent aussi ses proches, en premier lieu son épouse, Émilie[12], et leurs enfants en bas âge, à savoir un garçon de trois ans, Alexandre, et une fillette de deux ans, Andrée, surnommée Mirette. Tout un réseau familial et amical dans lequel les femmes jouent un rôle important fait alors bloc autour d'eux. La sœur d'André Aliker, Renée, vient par exemple dormir chez eux à Fort-de-France, afin qu'Émilie ne se retrouve pas seule avec les enfants, car régulièrement, on frappe à la nuit tombée des coups à leur porte.

Le couple Aliker est par ailleurs confronté à un processus d'asphyxie financière, avec pour objectif d'affaiblir leur position sociale. Leurs principaux revenus proviennent du « magasin de vente en gros de spiritueux importés et logés en bouteille[13] » ouvert par André

Aliker, rue Ernest Deproges, sur autorisation du Gouverneur en date du 27 novembre 1929, progressivement transformé en petite épicerie. Tout est mis en œuvre pour faire péricliter le commerce. Renée Aliker a raconté, entre autres, à sa petite-nièce Christine, qu'il est arrivé que son frère retrouve les marchandises achetées volontairement souillées sur le port et donc invendables. L'attaque la plus significative touche le financement même de l'entreprise. « Petit commerçant comme tous les gens de sa profession, il avait de grosses difficultés et, pour tenir, avait dû solliciter des avances de la banque, en l'occurrence la Banque de la Martinique et la Banque royale du Canada. Celles-ci lui réclamèrent le remboursement immédiat des fonds avancés[14] ». Les parents permettent de pallier les nouvelles difficultés financières, particulièrement une tante d'Émilie qui l'a élevée à Fort-de-France et qui est connue dans le milieu du commerce. Camille Vandam, surnommée Doudou, possède un magasin rue Garnier-Pagès. Électrice à la chambre de commerce, elle se porte garante pour les affaires d'André Aliker. Rien n'empêche néanmoins, sur une courte période entre novembre 1933 et janvier 1934, une escalade dans la violence, qui convainc André Aliker et sa famille que l'on veut désormais attenter à sa vie.

De fait, deux événements antérieurs à son assassinat sont importants pour mesurer le traumatisme psychologique.

Émilie et les enfants sont présents lors de l'agression physique subie par André Aliker pendant la représentation du cirque Dunbar et Schweyer le 6 novembre 1933[15]. Il est frappé par des individus dont deux ont un lien avec Eugène Aubéry. Le choc est tel qu'André Aliker dépose plainte avec un certificat médical à l'appui. Il évoque publiquement dans un article de *Justice* du 9 novembre 1933 l'intention de le supprimer : « Monsieur Aubery s'y connaît dans ce mode d'assassinat[16]. » Ce nouvel écrit contribue à alourdir la situation financière du couple Aliker. Eugène Aubéry en effet porte plainte pour « délit d'injure[17] » et obtient un jugement qui condamne André Aliker à une amende de 200 francs et à verser à Aubéry 1 000 francs en dommage et intérêts[18].

Ensuite, le 1er janvier 1934, André Aliker échappe à une tentative de meurtre perpétrée en début de soirée à Fort-de-France. Enlevé, bâillonné et jeté à la mer, il est déposé à son domicile, après avoir réussi à regagner le rivage, par un chauffeur de taxi, Darcy Moffat, ultérieurement inculpé dans l'affaire Aliker. Émilie, qui juge l'acte important, appelle un de ses oncles, décision qui a un réel impact. En effet, Fernand Tenitri pousse André Aliker à immédiatement faire une déclaration à la police. Dans sa déposition, on peut lire que :

> « Le 1er janvier courant vers 9 h ½ du soir, étant chez moi, Mme Aliker, ma nièce, m'a fait appeler par une de ses bonnes. [Je me suis] [r]endu à son appel à l'effet de savoir ce qui lui était arrivé, elle m'a déclaré que son mari était absent et qu'à sa rentrée, il était tout mouillé. Sur sa demande, il lui a répondu qu'il se trouvait en ville près de la Française, trois individus l'ont abordé, l'ont saisi, ont bouché sa bouche avec une toile, puis ils l'ont pris, l'ont déposé dans un canot qu'ils ont amené au large et l'ont jeté à la mer. Après avoir appris cette nouvelle, je me suis rendu dans la chambre d'Aliker, je l'ai trouvé couché et grelottant. Je l'ai interrogé et il m'a fait le même récit. Je lui ai alors demandé s'il n'avait pas fait sa déclaration à la police ou à la gendarmerie. Il m'a répondu qu'il comptait aller faire sa déclaration à M. le Procureur de la République lui-même, mais ne sachant pas s'il allait le trouver chez lui, il s'était réservé pour le lendemain, surtout il était tard, et il était aussi très fatigué au point de ne pouvoir entreprendre ces démarches. Malgré son état, je lui ai conseillé de se rendre à la police sans délai pour faire sa déclaration et de porter les vêtements mouillés, comme pièce à conviction. Ce qu'il a fait. Comme il est mon neveu par alliance et que nous vivons en très bons termes, je l'ai accompagné dans cette démarche[19]. »

A posteriori cette date du 1er janvier 1934 apparaît comme un tournant décisif dans la préméditation du meurtre d'André Aliker. La phrase « après l'attentat du jour de l'an je suis convaincu qu'Aubery a mis ma tête à prix [...][20] », tirée d'une lettre envoyée à son frère Ernest cinq jours après l'événement, est d'ailleurs souvent citée dans les publications sur l'affaire. Cette date marque également un moment de choix nouveaux pour André Aliker. Il vient de faire appel de la décision de justice qui l'oblige à indemniser Eugène Aubéry et envisage de changer de vie. La suite de cette lettre, significative du drame qui se noue, montre la primauté de son attachement à son épouse, à sa famille éprouvée par la perte de son frère, Evrard, mort en 1932. André Aliker écrit : « Je suis allé voir le procureur de la République, à qui j'ai tout raconté et j'ai demandé un port d'arme. Il me l'a refusé. Depuis, je vis dans la plus grande inquiétude, car je n'ai pas pu mettre la main sur un poignard. Malheureusement je suis marié, père de famille et Evrard n'est plus là […] P.-S. : je ne m'occuperai plus de politique et laisserai l'administration et la gérance de *Justice* sitôt la fin de mon procès avec Aubéry[21]. » Sa mort ne lui en laisse pas le temps. Elle ouvre un chapitre singulier de l'histoire judiciaire martiniquaise, dans lequel son épouse joue un rôle dans la manifestation de la vérité.

Émilie Aliker : une veuve au plus près de la procédure

Le 12 janvier 1934, « vers six heures trente, un homme mort et ligoté avec des cordes vient d'être retiré de la mer au lieu-dit Fond Bourlet[22] ». Il s'agit d'André Aliker. Son décès, à quelques jours de son quarantième anniversaire[23], frappe de stupeur sa famille, ses amis, mais aussi une très grande partie de la population martiniquaise. Lors de ses obsèques le lendemain, « le cortège funèbre a emprunté la rue Brithmer (l'actuelle avenue Jean-Jaurès), puis le boulevard de la Levée et enfin la rue Schoelcher, jusqu'à la maison d'André Aliker. Il y avait des milliers de gens tout le long du parcours, une foule endeuillée et silencieuse. On lisait la tristesse ou la colère sur les visages de ces ouvriers, de ces employés, de ces jeunes. La femme d'Aliker était infirme des jambes. Elle avait du mal à marcher[24]. » Pour la toute jeune veuve de vingt-neuf ans commence, de surcroît, un long parcours pour connaître les circonstances de la mort de son mari, et faire valoir ses droits et ceux de leurs enfants.

Dès la découverte du corps d'André Aliker se pose la question des causes de sa mort. De nombreuses hypothèses circulent autour de cette disparition singulière, du règlement de comptes sur fond de trafic d'armes au crime crapuleux. Celle d'un suicide persiste pendant plusieurs mois, propagée notamment par une brochure anonyme intitulée « À la recherche de la vérité dans l'affaire Aliker : histoire d'une légende, les dessous d'un drame[25] ». L'expertise concernant la mort d'André Aliker s'avère essentielle pour sa veuve Émilie, en raison premièrement du règlement d'un contrat d'assurance vie. André Aliker a en effet souscrit une assurance vie auprès de la compagnie La Nationale pour un montant de 200 000 francs. C'est d'ailleurs un élément à charge pour ceux qui soutiennent la thèse du suicide contre celle d'un homicide. André Aliker se serait donné la mort, et aurait travesti son acte en meurtre, afin de permettre à son épouse de toucher la prime d'assurance vie. « Les preuves du suicide ? Elles se trouvent dans les agissements significatifs d'André Aliker, dans l'état de ses affaires, dans le désarroi moral de ses derniers jours, traqué par le spectre de la mort, dans la mise en scène pour préparer et maquiller le suicide[26]. » Dans sa situation financière difficile, l'obtention du capital dont elle est bénéficiaire, est cruciale pour Émilie Aliker. Le versement de la prime est néanmoins exclu en cas de suicide de l'assuré. La compagnie d'assurances s'enquiert donc très rapidement auprès des instances judiciaires de l'état des recherches sur les circonstances de la mort d'André Aliker. Il s'agit de vérifier « 1° que M. Aliker ne s'est pas [*sic*] suicidé, 2° que Mme Aliker, bénéficiaire du contrat, n'est pas l'objet d'aucune inculpation relativement à l'assassinat de M. Aliker[27] ».

Bien que la thèse d'un suicide soit largement et d'emblée diffusée, le mot « assassinat » se trouve déjà dans le procès-verbal de la gendarmerie constatant le décès d'André Aliker le 12 janvier 1934. Il a son importance pour sa veuve, en raison de l'orientation à donner à l'enquête judiciaire, avec la qualification d'un crime. La piste de l'assassinat est immédiatement suivie par le juge d'instruction en charge de l'information judiciaire, Adolphe Duchemin, alors qu'un décès suspect n'est pas encore confirmé par l'autopsie. En outre, les conclusions des médecins-experts, qui lui sont remises le 19 janvier 1934, rejettent la possibilité d'un suicide. Le rapport d'autopsie révèle en effet : une « mort par submersion » et « une hypothèse du suicide à écarter en raison de la disposition du ligotage[28] ». Le paiement de la prime d'assurance à la veuve d'André Aliker n'intervient pourtant qu'en avril 1934. Il est l'objet d'une campagne de presse menée par *Justice*. Les informations en contre-attaque fournies par la compagnie d'assurances sont édifiantes. Elles confirment la situation de précarité des époux Aliker et renseignent sur l'état d'avancée de l'instruction. Le lecteur apprend d'abord que le décaissement vient juste d'intervenir, malgré l'absence de justificatifs et du non-respect par l'assuré d'un délai de paiement, en raison des problèmes d'argent du couple Aliker. Effectivement, « un terme de la prime d'assurance, échu depuis le 24 novembre 1933, était impayé au moment de la mort de M. Aliker[29] ». Puis, il se rend compte des difficultés rencontrées par Émilie Aliker pour accomplir des démarches administratives après le décès brutal de son mari. Bien qu'il soit mort en janvier, « Madame Aliker n'est pas en mesure de produire le certificat médical post-mortem exigé[30] ». Le fait est que l'information judiciaire commencée le jour même du décès d'André Aliker, connaît de multiples rebondissements. Derrière les interrogations sur l'assurance lancée dans la presse au mois d'avril par le journal *Justice*, il est question de la façon dont évolue l'enquête : alors même que l'hypothèse du suicide a été écartée et l'assassinat confirmé, il n'y a toujours pas de coupable(s) désigné(s). La famille d'André Aliker met tout en œuvre pour que l'instruction aboutisse à la condamnation de celui qu'ils tiennent pour responsable de son assassinat : Eugène Aubéry.

Les conclusions du juge d'instruction, Adolphe Duchemin, avec les précautions qui s'imposent dans une affaire des plus complexes, s'orientent vers un homicide avec préméditation, lié aux activités journalistiques d'André Aliker. Dès son premier rapport en date du 15 janvier 1934, il écrit « à raison de la personnalité d'André Aliker, gérant du journal *Justice* qui a mené récemment certaines campagnes de presse et qui fut même condamné de ce chef, il ne serait pas impossible qu'une relation de cause à effet puisse être envisagée[31] ». Les témoignages, les lettres anonymes, les faits qui ont précédé la mort d'André Aliker ont pour conséquence de faire dans un premier temps rapidement avancer l'enquête. Le juge d'instruction fait en effet procéder dès janvier à l'arrestation de quatre hommes et deux femmes « tous les six, détenus et inculpés d'assassinat et de complicité d'assassinat[32] ». La qualification de l'infraction « complicité d'assassinat » laisse cependant supposer qu'il y a un ou plusieurs autres auteurs principaux à identifier, mais aucune autre personne n'est inculpée. Malgré de rapides développements au début de l'enquête, on assiste en fait à un enlisement de celle-ci. La possibilité pour la famille Aliker d'être informée de la procédure, d'apporter des informations complémentaires, d'avoir éventuellement une prise sur les décisions, vient d'Émilie Aliker, qui joue un rôle actif dans la procédure pénale en se portant partie civile, le 19 mars 1934. Comme le souligne l'historien Hervé Piant : « La partie civile n'est pas une victime ; elle est une victime qui réclame[33]. »

Il s'agit donc pour la veuve d'André Aliker de demander réparation en son nom et celui de ses enfants mineurs dont elle a légalement la tutelle pour le préjudice subi. Émilie Aliker souhaite par ailleurs vivement que les individus ayant fait du tort à son mari dans les mois qui précèdent son assassinat soient entendus par la justice. Elle s'adresse au juge d'instruction afin qu'il mène des « investigations sur les agissements des sieurs Aubéry, de Lavigne et Maugée et leurs relations avec les inculpés de l'affaire[34] ». Avec l'accès au dossier d'instruction, Émilie Aliker peut relayer des informations au reste de la famille, particulièrement à ses beaux-frères résidant en France. Au moment où elle se constitue partie civile, un nouveau juge d'instruction, Albert Pouzoulet, est désigné le 25 mars 1934, en remplacement d'Adolphe Duchemin[35]. Ce dernier doit rendre compte à Paris de sa façon de procéder en général dans les enquêtes, et de sa position en particulier dans l'affaire Aliker. Pour le procureur de la République, « M. le juge d'instruction Duchemin, négligeant de parti pris de s'arrêter à d'autres hypothèses, continue à n'en envisager qu'une seule, celle du crime politique exécuté par des individus aux ordres et aux gages d'Aubery ou de son entourage[36]. » Au changement de juge d'instruction correspond une volonté manifeste de clore rapidement l'information judiciaire. Une ordonnance de non-lieu est rendue le 25 mai 1934 pour les six suspects, à laquelle s'opposent immédiatement le procureur de la République et la partie civile. Finalement quatre des six individus initialement inculpés sont libérés, et seuls Mellon et Cephinis dit « Darcy-Moffat » sont accusés de complicité d'assassinat et renvoyés par la chambre des mises en accusation de la Martinique, le 11 juin 1934, devant la cour d'assises de la Martinique.

L'information judiciaire ouverte le 12 janvier 1934 est donc close sans avoir abouti à désigner un auteur présumé ni le mobile de l'acte.

Le dépaysement judiciaire contribue en outre à donner le sentiment d'une affaire qui dérange. Les deux inculpés ont demandé comme il leur est légalement possible, pour suspicion légitime, de ne pas être jugés en Martinique. Le procureur général, qui approuve, formule lui aussi un renvoi pour cause de trouble à l'ordre public. Ainsi pour lui, « ne seront pas envenimées, les questions de race, de classe et de nationalité qui, malgré tout le soin qu'on apporte pour en nier l'existence et l'importance, sont à la base de tout, et qui, en l'espèce, ont été nettement posées au point de donner dès l'origine à cette affaire un caractère politique[37] ». La décision est prise par la Cour de cassation (arrêt du 21 décembre 1934)[38] de traduire Cephinis et Mellon devant la cour d'assises de la Gironde. En dépit d'une combativité dont témoignent les archives sur l'information judiciaire (elle va jusqu'à écrire au ministre des Colonies), Émilie Aliker se confronte à une administration judiciaire sans doute encore marquée par les préjugés de caste, de race, à quoi s'ajoutent ceux de genre. Le préjudice est néanmoins considérable, d'une part, en raison de l'attente – le procès s'ouvre à Bordeaux le 21 janvier 1936, deux ans après la mort d'André Aliker –, d'autre part, à cause des frais très importants engendrés par l'éloignement géographique : pour chaque témoin martiniquais qu'elle veut produire la partie civile doit débourser 5 000 francs. Les Aliker sont pauvres. Ils n'ont pu réussir à réunir 10 000 francs, là où il en aurait fallu 100 000[39]. Pour la jeune veuve qui assiste au procès, c'est probablement aussi le déchirement d'avoir dû laisser ses enfants en Martinique. En outre, Émilie Aliker n'obtient pas comme elle l'avait souhaité que vienne témoigner à la barre[40] Eugène Aubéry qu'elle tient pour responsable de l'assassinat de son mari André Aliker. À cela s'ajoute le fait que le jury de la cour d'assises de la Gironde, qui reconnaît l'homicide avec préméditation et guet-apens, acquitte pour complicité d'assassinat Darcy-Moffat et Mellon. En conclusion, « la veuve du malheureux Aliker se voit refuser le franc symbolique de dommages-intérêts[41] ». Déboutée, la partie civile est d'ailleurs condamnée à payer « tous les frais et dépens de l'instance civile occasionnée par son intervention[42] ». Malgré le verdict, la famille d'André Aliker ne renonce pas à sa quête de vérité et de justice.

Épilogue : survivre au drame

Plusieurs événements interviennent après le procès de Bordeaux. Un fait retient particulièrement l'attention de l'opinion publique : la vengeance du frère d'André Aliker, Marcel dit « Souloute » qui tire sur Eugène Aubéry et le blesse, le 31 janvier 1936. Un autre frère Pierre, étudiant en médecine à Paris, mobilise la presse, interpelle les parlementaires et les membres du gouvernement à la suite de la requête du jury de Bordeaux de rouvrir une information judiciaire pour trouver le ou les coupable(s) de l'assassinat d'André Aliker. Il est très actif à Paris, appuyé notamment par le « comité Aliker » fondé en 1935 dont il est membre et la Ligue pour la défense des droits de l'homme et du citoyen. Le principal objectif est de pouvoir entendre Eugène Aubéry. Émilie Aliker est désormais plus en retrait[43]. Elle n'envisage pas, pour des raisons financières, de se porter à nouveau partie civile. En revanche, une autre femme est prête à mener le combat, Louise-Anne Aliker (1872-1952) surnommée « Fanfanm » (écrit aussi à l'état-civil « Fenfemme »), la mère d'André Aliker. Elle adresse le 9 mai 1936, en son nom, un long courrier de quatre pages au ministre des Colonies. Louise-Anne Aliker s'y déclare prête à se constituer partie civile quand il ouvrira une nouvelle information judiciaire, et met directement en cause Eugène Aubéry. On peut ainsi lire : « puisqu'il est maintenant établi, par une décision de justice, qui doit revêtir aux yeux de tous l'autorité de la chose jugée, que mon fils a été assassiné avec préméditation et guet-apens, je vous demande de poursuivre le ou les assassins et leurs complices. Un nom entre autres apparaît devoir s'imposer ; c'est pourquoi je dépose entre vos mains une plainte formelle en assassinat contre M. Eugène Aubéry, industriel de la Martinique, que j'accuse d'être l'instigateur du crime[44]. » Cette lettre, outre l'aspect d'une démarche officielle, est des plus intéressantes. Elle montre une famille qui utilise tous les moyens en sa possession. Georges Aliker dans une présentation généalogique de sa famille paternelle souligne que « la première génération non esclave est celle de ma grand-mère paternelle Louise-Anne. Elle ne savait ni lire ni écrire[45] ».

La mère d'André Aliker est donc analphabète, mais si elle avait pu écrire, aurait-elle trouvé les mots pour exprimer une situation aussi poignante ? C'est une femme véritablement éprouvée, qui a eu le malheur de perdre en l'espace de quatre ans trois de ses garçons : Evrard (1932), André (1934), Ernest (1936)[46] ; et qui se trouve au mois de mai 1936 dans l'attente du procès d'un autre de ses fils, Marcel[47]. Alexandre Aliker se souvient que chaque fois que sa grand-mère « Fanfanm » voyait un homme d'Église, elle l'injuriait ou crachait en disant « *Sa Bon Dié ni an ko mwen kon sa ? Dépi an ich pé endé mwen, i ka pran*[48] ». Louise-Anne Aliker est une grand-mère qui entretient le souvenir de son fils André jusqu'à son décès auprès de ses petits-enfants, Alexandre et Mirette, en les emmenant à chaque Toussaint nettoyer la tombe de leur père. Continuer à faire vivre la mémoire du père est tout aussi douloureux pour Émilie Aliker, qui a très rarement parlé de l'affaire à ses enfants. Sa situation de veuve précoce constitue un tournant dans sa vie. Émilie Aliker, jusqu'en 1934 femme au foyer, devient le chef de famille qui doit assurer la situation matérielle de ses enfants. Elle qui n'a pas d'autres revenus reprend pendant quelques mois, aidée par son oncle Fernand Tenitri, le commerce de son défunt mari, mais, faute de pouvoir réellement s'investir, elle cesse cette activité. Des années 1940 aux années 1950, Émilie Aliker ouvre une pension de famille où logent des jeunes filles venues à Fort-de-France faire leurs études et s'occupe de l'hôtel de la Paix. C'est toute une vie à réorganiser. Elle a pu bénéficier d'un réseau d'aide familial : grâce à l'aide financière de sa tante Camille Vandam, Émilie Aliker a pu devenir propriétaire de sa maison, et sa mère, Marie-Joséphine Ténitri, est venue vivre avec elle pour s'occuper des enfants. Bien qu'ayant eu un compagnon, Émilie Aliker ne s'est jamais remariée. Elle est décédée le 27 septembre 1997. Selon Georges E. Mauvois, le Docteur Pierre Aliker, frère du défunt, a déclaré, « chaque fois qu'il en a l'occasion, que cet assassinat sans aucun coupable condamné est le plus grand déni de justice et le plus grand scandale du XXe siècle en Martinique[49] ». Il convient aussi d'observer que dans la mémoire collective, il y a aussi peu de place pour l'entourage féminin immédiat de la victime. L'histoire d'Émilie Aliker symbolise ce relatif oubli de la société, et une histoire des femmes en friche à la Martinique, bien que ce soit un « champ de recherche à part entière[50] ».

CHAPITRE 4

Gerty Archimède et la lutte pour une citoyenneté décoloniale aux Antilles (1946-1951)

Annette K. Joseph-Gabriel
Traduit de l'anglais par Arianne Dorval

L'histoire des relations conflictuelles entre la France et ses anciennes colonies est revenue au cœur du débat international avec la démission, en janvier 2016, de la ministre de la Justice, Christiane Taubira, à la suite d'une proposition de loi visant à déchoir de la nationalité française les binationaux reconnus coupables de terrorisme. En affirmant que « parfois résister c'est rester, parfois résister c'est partir », la députée de Guyane s'inscrivait alors dans une longue lignée de femmes noires ayant publiquement exprimé leur opposition aux modèles exclusifs de la citoyenneté en vigueur en France et dans le monde francophone[1]. Que ce soit dans les couloirs d'institutions politiques comme l'Assemblée nationale ou le Sénat, ou encore dans des textes destinés à un public transatlantique, les femmes noires ont contesté, façonné et défini les notions d'appartenance à divers moments du débat sur l'identité nationale française.

Or, à quelques exceptions près, les récits historiques mettent encore en avant une généalogie masculine de la construction discursive de la citoyenneté dans le monde francophone. Ainsi, les analyses rétrospectives de la loi de départementalisation de 1946, qui a érigé les vieilles colonies françaises en départements d'outre-mer, présentent le poète et homme politique martiniquais Aimé Césaire comme le principal architecte de cette transformation politique[2]. Si les contributions intellectuelles de femmes noires françaises telles que Suzanne Césaire ou les sœurs Nardal ont gagné en reconnaissance et fait l'objet d'un nombre croissant d'études au cours des dernières années, le travail de mobilisation et les activités de plaidoyer de femmes antillaises et guyanaises, dont notamment Gerty Archimède, Eugénie Éboué-Tell et Jane Léro, sont des épisodes encore peu connus de l'histoire politique du monde francophone[3]. Cette omission conduit à une compréhension partielle des notions d'appartenance qui ont constitué ce dernier et entrave les possibilités d'imaginer des formes plus inclusives d'affiliation et de participation politiques. Faire entendre les voix des femmes noires dans ce débat permet ainsi de repenser radicalement la citoyenneté, de la considérer non plus comme une allégeance singulière à un État-nation, mais comme un ensemble de pratiques qui mettent en avant l'humanité, la présence et les revendications égalitaires de groupes jadis marginalisés.

Les années d'après-guerre, en tant qu'elles constituent une période charnière dans l'histoire entremêlée de la France et des Antilles, offrent un terrain particulièrement fertile pour l'étude de la citoyenneté et de ses contestations. La promulgation de la Constitution de la Quatrième République en 1946 a entraîné la reconfiguration des relations entre la métropole et les colonies, notamment à travers la création de l'Union française – fédération inégalitaire composée de la France métropolitaine, qui conservait le pouvoir de gouverner, la Martinique, la Guadeloupe, la Guyane et La Réunion, devenues départements d'outre-mer, et des nouvelles colonies d'Afrique, érigées en territoires d'outre-mer. En somme, la Constitution a aboli le statut colonial et fait des populations d'outre-mer des citoyens français, du moins sur le papier. Or, la promesse de citoyenneté ne s'est pas toujours traduite par des changements concrets dans le vécu des colonisés. De larges pans de la population africaine ont été laissés de côté en raison d'une application inégale du droit de vote. Aux Antilles, la France a tardé à étendre la Sécurité sociale et les prestations connexes mises en place dans l'Hexagone. Bon nombre d'anciens sujets coloniaux ont rapidement compris qu'ils demeuraient assimilés à des étrangers dans le système politique français. Leur citoyenneté, comparée à celle de leurs homologues métropolitains, était, pour reprendre la formule de Homi Bhabha, « presque [la] même, mais pas tout à fait[4] ». Au moment même où elle négociait les modalités de ses relations avec ses colonies, la France s'est efforcée de redéfinir les femmes comme citoyennes, notamment en leur accordant le droit de vote en 1944. Dans ce moment historique, la population des femmes noires d'outre-mer s'est retrouvée à l'intersection de deux transformations majeures : l'extension du droit de vote aux femmes et l'octroi des droits de citoyenneté aux anciens sujets coloniaux.

Comme l'a montré Clara Palmiste, ces changements de statut politique ont eu des conséquences importantes pour les femmes guadeloupéennes et martiniquaises. Dès le départ, les femmes se sont inscrites en plus grand nombre que les hommes sur les listes électorales pour les élections municipales et législatives. Les partis politiques ont ainsi rapidement pris conscience de l'importance du vote féminin : « Dans la plupart des tracts en Guadeloupe et Martinique, les partis "courtisaient" le vote féminin, conscients de son poids sur l'avenir des colonies[5]. » Les femmes antillaises constituaient une force de plus en plus puissante, capable d'élire des représentantes qui allaient défendre leurs intérêts au sein des instances dirigeantes de la métropole. Archimède était l'une de ces représentantes.

Gerty Marie Bernadette Archimède est née à Morne-à-l'Eau, en Guadeloupe, le 26 avril 1909[6]. Sa mère était téléphoniste et son père a été maire de Morne-à-l'Eau de 1912 à 1947. Archimède a d'abord travaillé dans une banque coloniale en Guadeloupe – expérience dont elle allait plus tard s'inspirer pour dénoncer, en tant que députée, la perpétuation de la politique fiscale coloniale aux Antilles – avant de se rendre à Paris pour y étudier le droit. En 1939, elle s'est inscrite au barreau de Pointe-à-Pitre. Membre du Parti communiste, elle a été élue en 1946 sur les listes de ce parti à l'Assemblée nationale, où elle a représenté la Guadeloupe jusqu'en 1951. Tout au long de son mandat de députée, Archimède a défendu avec force les laissés-pour-compte des Antilles. Aux côtés d'autres députés antillais, dont Césaire et Rosan Girard, elle a plaidé en faveur de lois et de réformes favorables aux travailleurs agricoles, aux femmes et aux enfants antillais, se heurtant fréquemment à l'opposition farouche de ses collègues métropolitains.

Si les activités de plaidoyer d'Archimède visaient essentiellement à améliorer les conditions sociales et économiques des Guadeloupéens, ses activités juridiques s'étendaient à une part plus importante de la diaspora africaine. Archimède s'est tout particulièrement consacrée à la défense des libertés politiques, tant en France qu'à l'étranger. Elle a entamé sa carrière juridique par la défense de Guadeloupéens accusés de subversion par le régime collaborationniste de Vichy[7], puis s'est jointe à l'équipe juridique qui a défendu les 16 ouvriers agricoles martiniquais accusés d'avoir tué leur employeur *béké* dans la tristement célèbre « affaire des 16 de Basse-Pointe[8] ». En juillet 1950, Archimède a découvert le sort des détenus politiques sous l'administration coloniale française en Côte d'Ivoire. Dans la foulée, elle a proposé ses services juridiques à Félix Houphouët-Boigny, alors député à l'Assemblée nationale et secrétaire du parti anticolonialiste nommé Rassemblement démocratique africain, en lui griffonnant sur un bout de papier : « Je suis meilleure avocate que députée, j'aimerais aller défendre mes frères d'Afrique[9]. » Ce message bref mais puissant reflétait clairement l'engagement d'Archimède en faveur du panafricanisme, de même que son sens de la solidarité, nourri par des années de travail avec les députés de Guyane, de Madagascar et d'Afrique de l'Ouest dans le but commun de faire adopter par l'Assemblée nationale une législation qui assurerait une protection juridique aux populations des départements et des territoires d'outre-mer.

Quelques jours plus tard, Archimède a quitté Paris avec une liste de noms de 150 prisonniers. Dès son arrivée à Abidjan, elle a appris que 3 000 hommes, femmes et enfants avaient été incarcérés par l'administration coloniale française pour des chefs d'accusation aussi vagues que « [d']avoir tenu des propos de nature à troubler le moral des populations[10] ». Une école voisine avait été fermée et transformée en centre de détention pour accueillir le surplus de prisonniers. De nombreux détenus avaient été blessés par balle lors de raids policiers menés dans les villages, et certains d'entre eux avaient succombé à leurs blessures pendant leur incarcération. Dans cette atmosphère de violence et de répression coloniale, Archimède a préparé son plaidoyer pour une série de batailles juridiques qui allaient la retenir à Abidjan pour une période de quatre mois. En plus d'obtenir l'acquittement de plusieurs détenus, elle a passé un certain temps à enseigner la fabrication de la confiture de goyaves à des femmes qui cherchaient à subvenir à leurs besoins pendant que leurs maris étaient en prison[11]. Trois jours après son retour à Paris, Archimède a écrit une lettre dénonçant l'oppression coloniale en Côte d'Ivoire qui allait être lue à l'Assemblée nationale. Elle y donnait une série d'exemples accablants du refus de l'administration coloniale de faire appliquer les principes de liberté, d'égalité et de fraternité, et demandait à l'Assemblée nationale d'agir de manière décisive pour remédier à ces injustices[12].

Plus d'une décennie plus tard, Archimède a offert une assistance juridique à la militante des droits civiques Angela Davis, alors en Guadeloupe, après l'arrestation de celle-ci pour possession de livres marxistes et propagande anticolonialiste. Dans son autobiographie, Davis décrit avec force le respect qu'inspirait Archimède à ses collègues et la passion avec laquelle elle défendait ses dossiers :

> Archimède était une grande femme à la peau sombre, aux yeux vifs et au courage indomptable. Je n'oublierai jamais notre première rencontre. Je sentis que j'étais en présence d'une très grande dame. Pas un instant je ne doutai qu'elle allait nous sortir de notre mauvaise posture. Mais j'étais tellement impressionnée par sa personnalité, le respect qu'elle attirait à elle en tant que communiste, même de la part des colonialistes que, pendant un certain temps, notre problème me parut secondaire. Si je n'avais écouté que mes désirs, je serais restée sur cette île pour tout apprendre de cette femme. Les jours suivants, elle négocia opiniâtrement avec les douaniers, la police, les juges[13].

Selon la description qu'en donne Davis, la ténacité d'Archimède et son habileté à négocier le départ de la militante de l'île étaient celles d'une avocate et d'une politicienne avisée, qui savait faire preuve de détermination et de conciliation lorsque nécessaire. Les activités juridiques d'Archimède et sa collaboration avec certaines des figures de proue des mouvements anticoloniaux du XXe siècle la placent à l'avant-garde de la lutte pour la liberté et l'égalité dans le monde francophone. Dans tous les dossiers qu'elle a défendus, Archimède a souligné l'arbitraire et l'illégitimité de la domination coloniale. Elle a résisté de l'intérieur au colonialisme, mobilisant le système juridique pour contrer un État oppressif. Ainsi, à l'Assemblée nationale, elle s'est régulièrement élevée contre la pratique qui consistait à inclure, dans toute nouvelle loi votée en France, une clause qui en limitait l'application dans les départements d'outre-mer en la soumettant aux décrets du chef de l'État et à une application par le ministère des Colonies. Elle a notamment qualifié ces clauses de « formule anticonstitutionnelle » et rappelé à ses collègues que « La législation est cependant formelle : Désormais, les départements d'outre-mer ont les mêmes statuts juridique et législatif que ceux de la métropole[14]. » Archimède croyait fermement au pouvoir du recours juridique pour les Antillais privés de leurs droits. Aussi a-t-elle plaidé pour la départementalisation en tant que structure politique devant permettre aux Guadeloupéens, autrefois à la merci de décrets coloniaux arbitraires, de participer démocratiquement au processus législatif par l'intermédiaire de leurs représentants élus.

L'héritage légué par Archimède est celui d'une résistance aux oppressions croisées de race, de genre et de classe. Fidèle au Parti communiste même après la chute de l'URSS, défenseuse acharnée de l'égalité de traitement des Antillais devant la loi ainsi que de l'égalité d'accès des femmes noires aux soins de santé et à l'emploi, elle était, selon plusieurs commentateurs guadeloupéens, « la candidate du peuple[15] ». L'étude de cet héritage permet de proposer un autre récit de la départementalisation des Antilles. Plutôt que de décrire une transformation politique pensée et mise en œuvre par Césaire et certains de ses collègues masculins de l'Assemblée nationale, ce récit porte la voix de femmes noires telles qu'Archimède qui ont joué un rôle déterminant dans cette transformation. Comme le montre la lecture des contributions d'Archimède aux débats de l'Assemblée nationale au cours des cinq années de son mandat de députée, la départementalisation selon Archimède était bien plus qu'une simple extension aux départements d'outre-mer des droits et des protections accordés aux Français de métropole. Il s'agissait essentiellement pour elle d'un moyen de revendiquer une citoyenneté décoloniale susceptible de mettre en cause et, *in fine*, de remplacer les structures coloniales qui continuaient de déterminer et de façonner les réalités économiques, sociales et politiques des nouveaux départements français. Faire entendre la voix d'Archimède dans les débats houleux autour de ce que signifiait être français au lendemain d'une guerre qui avait ébranlé l'ordre mondial met en lumière les possibilités offertes par la départementalisation, et ce, notamment pour les femmes noires françaises, qui, en tant que sujets coloniaux, avaient été marginalisées de multiples manières sur la base de leur race, de leur genre et de leur classe sociale. Aux yeux d'Archimède, la citoyenneté ne pouvait être un addendum, une intégration des femmes antillaises comme citoyennes de seconde zone dans les structures de pouvoir instituées par l'État colonial. Cette citoyenneté devait être radicale : elle exigeait de mettre en œuvre le démantèlement des systèmes de pouvoir pour faire place à la reconnaissance de l'humanité des anciens colonisés comme principe sous-jacent d'une nouvelle façon d'être français aux Antilles.

Colonialité et pratique de la citoyenneté

Le recours d'Archimède à la citoyenneté était un moyen de contester ce que le sociologue péruvien Aníbal Quijano nomme la « colonialité du pouvoir ». S'intéressant aux processus historiques de consolidation du pouvoir colonial, les travaux de Quijano éclairent le fonctionnement du colonialisme, et, par extension, la forme que pourrait prendre la décolonisation. Quijano soutient que la conquête européenne doit être comprise comme le fruit de deux processus historiques : la mise en œuvre de dispositifs capitalistes eurocentrés de contrôle du travail et la codification des différences raciales entre colonisateurs et colonisés[16]. Si la lecture que propose Quijano du pouvoir colonial s'appuie sur l'histoire de l'Amérique latine, elle s'applique également, d'une certaine manière, à l'Empire français aux Antilles, dans la mesure où la colonisation y déshumanisait là aussi les colonisés par le biais d'une hiérarchie raciale institutionnalisée. Cette hiérarchie était présentée comme la preuve de la légitimité de la conquête et de l'exploitation économique par les Européens, de telle sorte que « race et division du travail se trouvèrent [...] associés structurellement, se renforçant mutuellement[17] ». La prise en compte de la colonialité du pouvoir nous éloigne de l'association directe et linéaire régulièrement établie entre indépendance politique et décolonisation. Une indépendance qui conserve les éléments fondamentaux de la colonialité du pouvoir n'est pas une décolonisation. Elle conduit plutôt à « une réarticulation de la colonialité du pouvoir sur de nouvelles bases institutionnelles[18] ».

Dans son étude de la colonialité de la citoyenneté aux Antilles anglophones, Aaron Kamugisha met en garde contre l'idée que « l'indépendance aurait entraîné une rupture *radicale* avec les formes existantes de citoyenneté[19] ». L'indépendance ne peut être une décolonisation que si elle s'accompagne d'un « processus de démantèlement des structures de pouvoir et des discours sur l'altérité institués par l'État colonial[20] ». Dans cette optique, la départementalisation offre la possibilité d'une citoyenneté décoloniale dès lors qu'elle est fondée sur un ensemble de rapports politiques et de pratiques démocratiques à travers lesquelles les Français des Antilles peuvent contester l'exploitation, les discriminations raciales et les inégalités économiques historiquement perpétrées ou, à tout le moins, sanctionnées par l'État.

Ainsi, la départementalisation ne s'oppose pas à la décolonisation, mais constitue, au contraire, un levier potentiellement puissant d'inclusion politique. C'est ce qu'affirmait Césaire dans son discours à l'Assemblée nationale en tant que rapporteur de la loi de départementalisation (loi n° 46-451 du 19 mars 1946 tendant au classement comme départements français de la Guadeloupe, de la Martinique, de La Réunion et de la Guyane française). Le discours de Césaire commence par décrire la demande « d'intégration » comme une nouvelle étape dans l'histoire séculaire de la transformation politique des Antilles entamée avec l'abolition de l'esclavage en 1848 : « Mais nous répondons que c'est ce même Montesquieu qui a écrit des pages cinglantes contre l'esclavage des Noirs, et que ce dont il s'agit aujourd'hui, c'est, par une loi d'assimilation, mieux d'égalisation, de libérer près d'un million d'hommes de couleur d'une des formes modernes de l'esclavage[21]. » Selon Césaire, en élevant les populations des départements d'outre-mer au statut d'électeurs et de citoyens, la loi proposée devait permettre de libérer les Français des Antilles des décrets arbitraires des administrateurs coloniaux. La pleine citoyenneté devait entraîner, *in fine*, une redistribution du pouvoir politique

– resté jusqu'alors entre les mains des administrateurs coloniaux et de la classe des planteurs blancs – vers une part plus large de la population antillaise.

Césaire poursuit en exposant sa vision de la citoyenneté décoloniale aux Antilles comme un processus dynamique qui évolue dans le temps : « Nous ajoutons d'ailleurs que l'assimilation qui vous est aujourd'hui proposée, loin d'être une assimilation rigide, une assimilation "géométrique", une assimilation contre nature, est une assimilation souple, intelligente et réaliste[22]. » En outre, en demandant que les populations d'outre-mer soient intégrées à l'État français, Césaire propose, comme l'indique Gary Wilder, « un type d'intégration qui reconstituerait la France elle-même, en faisant tranquillement exploser l'État national de l'intérieur[23] ». Selon Nick Nesbitt, la vision césairienne de la départementalisation constitue, en définitive, « une véritable tentative de décolonisation politique », puisqu'elle « répond à la question de savoir non pas comment s'assimiler ou devenir plus "français" » mais plutôt « quelle forme politique favorise le mieux le développement et l'épanouissement de nos capacités singulières d'expression »[24].

Archimède adhérait au modèle décolonial proposé (entre autres) par Césaire et n'a jamais cessé de mettre en avant cette vision lors des débats à l'Assemblée nationale. Ainsi, au moment de proposer des lois et des amendements visant à freiner la dévaluation du franc aux Antilles et à étendre les prestations de la Sécurité sociale et les protections du travail aux départements d'outre-mer, Archimède a fait valoir que la non-réalisation de ces objectifs reviendrait à perpétuer le paradigme colonial[25]. Ses contributions aux débats de l'Assemblée nationale visaient deux aspects essentiels du processus de décolonisation de la citoyenneté française : la demande d'extension des lois françaises aux départements d'outre-mer, et la critique de la perpétuation d'une citoyenneté de seconde zone pour les femmes antillaises malgré leur obtention du droit de vote.

Une décolonisation de la citoyenneté dans la transition de la colonie au département d'outre-mer

L'accent mis par Archimède sur l'égalité et la protection juridique des Antillais en général et des femmes guadeloupéennes en particulier était une réponse aux restrictions imposées à la départementalisation par ses collègues métropolitains de l'Assemblée nationale. La départementalisation des Antilles est souvent présentée comme l'extension des lois de la métropole aux départements d'outre-mer. Or, dans les faits, la loi de 1946 était plus restrictive que cette description ne le laisse entendre. La transformation des colonies en départements n'a pas entraîné la mise en œuvre systématique et générale de la législation française aux Antilles, mais a au contraire exigé que l'applicabilité d'une loi dans les départements d'outre-mer soit prévue au moment de son adoption. Aux yeux d'Archimède, cette mise à l'écart répétée des départements d'outre-mer par le biais du report de l'application des lois à une date ultérieure perpétuait le régime colonial inégalitaire et la citoyenneté de seconde zone des Antillais. Ainsi, alors que l'Assemblée nationale débattait de la loi n° 46-2924 du 23 décembre 1946 relative aux conventions collectives de travail, Archimède s'est battue aux côtés de son collègue député guadeloupéen Rosan Girard pour que les protections juridiques accordées aux citoyens français en métropole soient applicables dans les départements d'outre-mer au moment de l'adoption de la loi. Elle a exhorté ses collègues : « Mesdames, Messieurs, M. le ministre nous a parlé de la loi de 1936 sur les conventions collectives du travail, mais il ne nous a pas beaucoup parlé de la loi de 1946 portant assimilation des quatre nouveaux départements de la Guadeloupe, de la Martinique, de La Réunion et de la Guyane. C'est au nom du principe d'assimilation posé par cette loi que, pour clore ce débat, nous insistons auprès de l'Assemblée afin qu'elle veuille bien adopter purement et simplement le texte de la commission[26]. » Ses collègues ont acquiescé : « Nous pourrions nous mettre d'accord sur le texte suivant qui tient compte des observations de Mlle Archimède. "La présente loi est applicable à l'Algérie, à la Guadeloupe, à la Guyane, à la Martinique et à La Réunion dans des conditions qui seront fixées par décret..."[27]. » Le texte qui a finalement été promulgué comprenait la clause en question, portant l'empreinte des efforts d'Archimède pour que l'Assemblée nationale nomme explicitement les nouveaux départements d'outre-mer dans la loi et reconnaisse l'applicabilité de celle-ci dans ces régions jusqu'alors marginalisées[28]. Ainsi, la reconnaissance du rôle joué par Archimède dans l'élaboration des lois en France permet de mettre en relief la voix et l'importante contribution de cette femme noire aux débats sur la citoyenneté décoloniale dans les premières années de la départementalisation – une voix et une contribution qui ont pratiquement disparu des récits contemporains.

Dans les années qui ont suivi, Archimède et Girard ont mis leurs collègues au défi de reconnaître que la France métropolitaine n'avait toujours pas rempli les promesses décoloniales de la loi de 1946. Comme l'expliquait Girard : « Chaque fois que l'on présente une disposition nouvelle, le Gouvernement, surtout s'il s'agit d'une disposition devant entraîner des avantages pour les populations des départements d'outre-mer, ne manque pas d'introduire dans son texte une clause de ce genre "une loi ultérieure étendra les dispositions de la présente loi aux départements d'outre-mer"[...], ou plus simplement "un décret ultérieur"[29]. » Girard s'élevait ainsi contre la pratique des législateurs français qui consistait à considérer les Antillais comme des citoyens à part qui pouvaient encore être soumis aux décisions unilatérales du ministère des Colonies plutôt qu'aux lois votées par leurs représentants élus. Les députés des départements d'outre-mer voyaient dans cette politique d'exclusion une reformulation du colonialisme dans le langage obscur de lois, de décrets et de quotas vaguement définis. Voyant que les protections sociales pour lesquelles ils se battaient étaient accordées au compte-goutte, Girard, Archimède et les autres députés des Antilles faisaient valoir que les différents refus de droits ne pouvaient être considérés isolément les uns des autres. Ils soutenaient que le refus de la France de reconnaître les Antillais comme des Français à part entière, et donc éligibles aux mêmes droits que ceux dont bénéficiaient les autres citoyens français, était une continuation délibérée des pratiques coloniales. Selon les mots poignants d'Archimède, il s'agissait d'une « omission qui se renouvelle trop souvent pour être involontaire[30] ».

En 1948, lors d'un débat sur l'allocation de crédits budgétaires à l'industrie du rhum en Guadeloupe et en Martinique, Archimède s'est efforcée de dévoiler le nouveau visage du colonialisme et les inégalités qu'il continuait de mettre en œuvre. Elle a fait remarquer que l'Assemblée nationale s'était engagée sur le chemin du « retour à l'ancien état des choses [qui] nous rappelle des souvenirs assez pénibles, puisqu'il se réfère à la fiscalité coloniale. Nous sommes, depuis, devenus départements français[31] ». En nommant la persistance du régime colonial aux Antilles, Archimède faisait un pas important vers sa remise en cause. Or, le plus remarquable était son insistance, notable dans la plupart de ses interventions à l'Assemblée nationale, à qualifier les Antilles de départements français plutôt que de départements d'outre-mer. Dans sa défense d'une citoyenneté décoloniale, Archimède souhaitait que les Antilles fussent une partie intégrante de la France, et non plus un territoire à part, un avant-poste de l'Empire français aux Amériques.

Archimède a régulièrement mis en avant une vision décoloniale de la citoyenneté qui s'opposait à la colonialité du pouvoir. Elle a ainsi placé la départementalisation dans la continuité de l'abolition de l'esclavage, espérant que sa pleine mise en œuvre corrigerait le déséquilibre lié à la concentration du pouvoir entre les mains des planteurs blancs et d'une administration coloniale complice[32]. Elle a en outre dénoncé la perpétuation d'un régime colonial qui investissait davantage dans le maintien de l'ordre que dans le progrès social et économique des Antilles[33]. Ses propositions de loi et d'amendements à l'Assemblée nationale ont fait d'elle le fer de lance d'une politique d'inclusion en réponse au système de citoyenneté française à plusieurs vitesses. À ses collègues, la députée rappelait avec consternation que la France continuait de défendre une citoyenneté symbolique pour les Antilles, sans vraiment chercher à réparer l'important retard de développement engendré par la colonisation : « C'est très beau de répéter à chacun de ces débats : "Vous êtes partie intégrante de la nation française, vos territoires sont des départements français" [...] Mais la situation est tellement grave dans ces pays[34]. » Ne mâchant pas ses mots, Archimède fustigeait ses collègues qui tentaient de discréditer ses arguments en invoquant la procédure. Ainsi, lorsqu'un député a cherché à la faire taire sous prétexte qu'elle avait dépassé son temps de parole, elle a rétorqué : « Les populations de mon pays se rappelleront, Monsieur le ministre, que vous nous chicanez quelques minutes quand il s'agit de leur droit à la vie[35]. » Tout au long de ses interventions enflammées à l'Assemblée nationale, Archimède a espéré qu'avec la reconnaissance de leur pleine citoyenneté, les laissés-pour-compte des Antilles, et en particulier les femmes, seraient libres de déterminer leur propre avenir politique et économique en participant aux prises de décision au niveau national.

Les femmes dans la sphère politique

Tout en gravissant les échelons politiques depuis le conseil municipal jusqu'à l'Assemblée nationale, Archimède n'a jamais oublié les obstacles auxquels étaient confrontées les femmes noires françaises dans une sphère politique dominée par les hommes. En effet, si les voix et l'influence politique croissante des femmes noires étaient désormais reconnues, leur présence dans l'électorat et leurs activités politiques faisaient toujours l'objet d'une vive opposition. Paulette Nardal, écrivaine et intellectuelle martiniquaise contemporaine d'Archimède, a résumé cette hostilité dans un éditorial incisif de la revue *La Femme dans la cité* :

> « Bien plus, celles d'entre nous qui, en 1948, se sont courageusement lancées dans la bagarre sollicitant et obtenant des sièges de conseillères municipales, se déclarent en majorité écœurées de l'expérience [...] Affronter l'ignorance hurlante, l'effarante crédulité ou le sectarisme perfide de certains milieux demande en effet un courage peu commun, un tempérament de « dur », une santé à toute épreuve[36]. »

Les expériences d'Archimède concordaient avec les observations de Nardal. La députée s'est heurtée à de multiples oppositions, y compris de la part d'adversaires politiques qui voyaient dans sa carrière de plus en plus brillante une menace pour la hiérarchie de genre en Guadeloupe. Lorsque Archimède a perdu son siège de conseillère municipale de Basse-Terre en 1959, des membres du parti adverse ont défilé dans les rues de son quartier avec une effigie caricaturale de femme noire aux seins et aux fesses gigantesques. Plus tard, alors qu'elle prononçait un discours lors d'une conférence, Archimède a été agressée par un groupe d'opposants qui ont tenté de la déshabiller[37]. Si le phénomène du *bwa bwa*, qui consiste à railler un candidat perdant avec une marionnette caricaturale, est courant aux Antilles, il est frappant de constater que, dans le cas d'Archimède, ce sont les parties du corps de la marionnette, et non pas les traits de son visage, qui ont été exagérées. De fait, les deux attaques reflétaient plus que de simples différences idéologiques. Elles exprimaient une forme spécifique de violence de genre, laquelle vise paradoxalement à effacer les femmes noires d'une sphère politique dominée par les hommes en leur conférant un surcroît de visibilité en tant qu'objets hypersexualisés.

Plutôt que de se considérer comme une exception, Archimède reconnaissait et dénonçait les obstacles structurels à la participation politique des femmes antillaises. Alors qu'elle se trouvait à Pointe-à-Pitre en février 1951, elle a envoyé un télégramme à son collègue Rosan Girard, député guadeloupéen installé à Paris, pour l'informer du faible nombre d'électeurs inscrits pour les élections à venir : « Majorité communes 15 p. inscrits. Prolongation délai indispensable. Signé : Archimède[38]. » Comme l'a expliqué Girard à l'Assemblée nationale, les Guadeloupéens étaient privés de leur droit de vote dans la mesure où le manque d'infrastructures empêchait la pleine application de la loi sur l'inscription des électeurs. L'instabilité du réseau électrique et le nombre insuffisant de photographes faisaient que seuls les privilégiés résidant dans les centres urbains de Pointe-à-Pitre et de Basse-Terre pouvaient se procurer la pièce d'identité avec photo exigée pour l'inscription sur les listes électorales. Les femmes guadeloupéennes, et notamment les mères célibataires, étaient particulièrement pénalisées puisqu'elles n'avaient pas accès aux seules pièces d'identité sans photo qui étaient autorisées : le livret militaire était essentiellement délivré aux hommes, tandis que le livret de famille était réservé aux femmes mariées. Par conséquent, pour de nombreuses mères célibataires, l'inscription sur les listes électorales nécessitait de se déplacer des zones rurales vers les zones urbaines afin de se procurer la pièce d'identité avec photo qui attestait du droit de voter, ce qui était fort coûteux et souvent peu pratique.

Bien qu'elles eussent acquis la citoyenneté, les femmes antillaises étaient à la traîne derrière leurs homologues métropolitaines en matière d'accès, non seulement aux élections, mais aussi aux soins de santé[39]. Aux yeux d'Archimède, la départementalisation était incomplète dans la mesure où les femmes antillaises restaient en marge des avancées sociales et économiques. La députée relayait les préoccupations de ces femmes, insistant sur les discriminations de race et de classe qui continuaient de les priver des prestations sociales et des autres avantages dont bénéficiaient les femmes de métropole : « Depuis deux ans, les femmes de nos départements souhaitent bénéficier, elles aussi, de l'allocation servie aux mères françaises et ne comprennent pas la discrimination que semble vouloir instituer le Gouvernement[40]. » En tant que membre critique du gouvernement français, Archimède qualifiait cette citoyenneté à plusieurs vitesses de discrimination institutionnalisée, faisant ainsi passer les femmes antillaises de la périphérie au centre des revendications décoloniales de la départementalisation.

Dans sa lutte pour garantir aux femmes antillaises l'égalité de traitement devant la loi, Archimède s'est heurtée, tout au long de son mandat à l'Assemblée nationale, aux représentations coloniales séculaires liées à la sexualité des femmes noires[41]. Les législateurs français s'opposaient aux demandes d'élargissement des prestations sociales aux mères antillaises en invoquant les stéréotypes coloniaux qui réduisaient les femmes antillaises à des corps hypersexualisés. Ils affirmaient que les caisses de l'État ne pouvaient supporter les taux de natalité élevés des départements d'outre-mer. Quelques années plus tard, Archimède a décrit ses combats politiques en ces termes : « On opposait toutes sortes d'arguments et des allégations injurieuses pour les mères de famille guadeloupéennes, consistant à affirmer que chez nous sévissait le lapinisme, d'où refus systématique de reconnaître aux mères antillaises le bénéfice des prestations prénatales, d'accouchement, de première naissance, etc.[42]. » L'emploi du terme « lapinisme », qui renvoie à une activité sexuelle débridée et à une reproduction incontrôlée, illustre la façon dont les législateurs métropolitains mobilisaient l'image déshumanisante des femmes antillaises et de leurs enfants comme des bouches à nourrir et comme un fardeau pour l'État afin de mieux nier leurs droits de citoyens français. Comme l'a montré Félix Germain, le corps des femmes antillaises a constitué un lieu de contestation politique dans l'après-guerre. Ces femmes ont été utilisées comme main-d'œuvre bon marché par le Bureau pour le développement des migrations dans les départements d'outre-mer (BUMIDOM, l'agence gouvernementale créée pour gérer l'émigration d'Antillais recrutés pour des emplois non qualifiés et mal rémunérés en métropole), qui a renforcé l'asymétrie de pouvoir entre les employeurs blancs et les domestiques noires[43]. Archimède contestait ces représentations coloniales des femmes antillaises et continuait d'exiger de la France qu'elle applique la devise républicaine d'égalité en reconnaissant leur humanité et en les traitant comme des citoyennes françaises à part entière.

Bien que ses propositions d'amendements aient été systématiquement rejetées au moment du vote, Archimède n'a jamais cessé de porter la voix des Antillais dans les débats à l'Assemblée nationale. Ainsi, après avoir reconnu, lors d'une séance de l'Assemblée, les résultats décevants du vote qui avait conduit le matin même au rejet de l'une de ses propositions, Archimède, sans se démonter, a présenté un nouvel amendement visant à élargir aux fonctionnaires antillais une réforme dont le gouvernement cherchait à les exclure. Elle a manifesté cet optimisme inébranlable avec lequel elle avait toujours représenté les intérêts des Français des Antilles :

> « Mesdames, Messieurs, le sort qui a été réservé à l'amendement que nous avons eu l'honneur de présenter sur l'article 4 pourrait nous inciter à ne pas intervenir dans ce débat. Cependant, je persiste à croire que certains de nos collègues ne sont pas renseignés sur les questions qui nous préoccupent et que, bien que je ne veuille faire de peine à personne, les représentants du Gouvernement eux-mêmes, ne reçoivent pas de leurs services tous les renseignements nécessaires. C'est la raison pour laquelle nous sommes contraints, nous, de les aider à élucider quelques-uns des problèmes d'outre-mer[44]. »

Archimède expliquait en ces termes son refus de se laisser réduire au silence par le vote de ses collègues contre ses propositions d'amendements. Elle attribuait ce vote au fait que ces derniers ignoraient les réalités des départements d'outre-mer, et elle critiquait habilement l'incapacité des agences gouvernementales à obtenir les informations nécessaires à la prise de décisions éclairées concernant la vie des Français des Antilles. Partant du constat de cette ignorance volontaire, Archimède se donnait pour tâche de faire voir et entendre en métropole les citoyens français marginalisés. Elle s'efforçait de démasquer ce que sa contemporaine Suzanne Césaire nommait « le grand camouflage » des Antilles, de montrer les sombres réalités de la stagnation économique qui se cachaient derrière l'image coloniale stéréotypée d'îles aux plages idylliques[45].

En tant que l'une des premières femmes noires – avec Eugénie Éboué-Tell – à représenter la Guadeloupe à l'Assemblée nationale, Archimède a indéniablement joué un rôle essentiel dans la politique antillaise des premières années de la départementalisation. Si les orientations politiques d'Éboué-Tell étaient nettement plus conservatrices que celles d'Archimède, les deux femmes se rejoignaient dans leur critique des politiques impériales de la France aux Antilles et en Afrique[46]. En dépit de leurs différences politiques, elles ont toutes deux réalisé des avancées significatives dans un environnement dominé par les hommes blancs, et donc hostile à la présence de femmes noires. Il a toutefois fallu attendre encore quelques décennies pour que d'autres femmes de Guadeloupe siègent à l'Assemblée nationale : Albertine Baclet, dont l'éphémère mandat a duré de 1967 à 1968, puis Lucette Michaux-Chevry, élue comme députée en 1986. De même que l'entrée triomphale des femmes en politique avec l'acquisition du droit de vote n'a pas été à la hauteur des attentes suscitées, les espoirs nés de la départementalisation n'ont pas été pleinement satisfaits[47]. Comme le suggèrent les grèves massives de 2009 en Guadeloupe, la citoyenneté décoloniale pour laquelle Archimède et d'autres se sont battus reste une promesse non tenue. En 1976, quatre ans avant sa mort, Archimède exprimait son désir de voir les Guadeloupéens poursuivre sur la voie de l'auto-découverte et de l'auto-détermination politiques :

« Mon espoir le plus cher c'est la libération de mon peuple. En premier lieu sa prise de conscience des causes de sa misère et des moyens d'en sortir[48]. »

Ces paroles pleines d'espoir indiquent que le processus dynamique de décolonisation, qu'il passe par la départementalisation mise en avant par Césaire ou par l'autonomie défendue plus tard par Archimède, est bel et bien toujours en marche.

CHAPITRE 5

Christiane Taubira, femme noire en politique en Guyane et dans l'Hexagone

Stéphanie Guyon

En mai 2012, Christiane Taubira est nommée garde des Sceaux dans le gouvernement Ayrault sous la présidence de François Hollande. C'est la première fois en France sous la Cinquième République qu'une ressortissante de l'outre-mer, une personne noire, est nommée à un ministère régalien[1]. Les nombreuses et virulentes attaques dont elle a fait l'objet, de sa nomination à sa démission en janvier 2016, témoignent de l'ampleur de la transgression de l'ordre politique que représente l'accès d'une femme noire aux plus hautes fonctions gouvernementales. Cet article[2] appréhende l'itinéraire politique de Christiane Taubira dans l'espace politique guyanais et national, soit dans deux configurations intersectionnelles très différentes.

Comment s'articule en effet le fait d'être noire et femme en politique dans la France contemporaine – dans l'Hexagone et dans ce département d'outre-mer ? Nous analyserons la trajectoire de Christiane Taubira, députée de Guyane de 1993 à 2012[3] au regard des trajectoires des autres élu·e·s de sa génération en Guyane ; elle a en effet la particularité d'être entrée en politique en dehors des réseaux politiques guyanais traditionnels alors même qu'elle partage assez largement les mêmes caractéristiques sociales et biographiques que les établis guyanais. Nous appréhenderons son engagement politique en prêtant une attention particulière à la dynamique réciproque des hiérarchies coloniales, des rapports sociaux de classe, de genre et de génération et à la manière dont ils pèsent sur les parcours politiques en Guyane. Puis nous analyserons son parcours dans l'espace politique national où son identité de femme noire affecte très différemment sa trajectoire au regard de la configuration politique guyanaise.

Du militantisme étudiant anticolonial à l'élection

Les parcours sociaux et politiques des élu·e·s guyanais·e·s, dont celui de Christiane Taubira qui devient députée en 1993, s'éclairent au croisement des transformations structurelles de la société guyanaise, en particulier la démocratisation universitaire au sein du groupe créole[4], des hiérarchies postcoloniales et du genre. L'introduction d'un questionnement intersectionnel permet de montrer ce que les parcours de la majorité des élus guyanais doivent aux ressources masculines et à l'appartenance au groupe créole majoritaire.

L'émergence d'une génération militante créole

En 1946, la Guyane française connaît une décolonisation sans indépendance. Les élites politiques guyanaises comme celles des Antilles et de La Réunion ont en effet revendiqué dès le début de la Troisième République une assimilation de leur territoire à la métropole, c'est-à-dire un alignement progressif des institutions administratives, judiciaires et politiques de ces colonies sur celles de la métropole. Dans l'entre-deux-guerres, ces élites politiques réaffirment leur choix de demeurer sous souveraineté française sous le statut de département[5], la départementalisation étant alors perçue comme la meilleure voie pour parvenir à l'égalité sociale et politique avec la métropole. Achèvement de ce processus, la loi du 19 mars 1946 soustrait la Guyane, la Martinique, la Guadeloupe et La Réunion à l'Empire colonial français et les transforme en « départements d'outre-mer ».

Au cours des années 1960, le consensus politique autour de la départementalisation prend fin. La vie politique guyanaise se caractérise pendant les années 1960 et 1970 par une polarisation croissante entre la droite gaulliste et la gauche autonomiste autour de la question du statut de la Guyane. La droite départementaliste revendique seulement, en effet, un aménagement du statut de département dans le sens d'une plus large décentralisation, alors que la gauche autonomiste opère une critique radicale de la départementalisation, dont elle conteste le caractère décolonisateur, et est favorable à une plus forte autonomie politique, passant par un changement de statut.

Cette bipolarisation de la vie politique va de pair avec l'émergence dans l'après-guerre d'une nouvelle élite politique qui concurrence les anciennes élites politiques coloniales issues des grandes familles commerçantes guyanaises ou antillaises. Issu·e·s des fractions ascendantes des classes moyennes créoles, ces nouveaux et nouvelles élu·e·s ont bénéficié d'une relative démocratisation des études supérieures. Au sein de la génération née entre 1948 et 1952 à laquelle appartient Christiane Taubira, seuls 7,63 % (7,9 % des femmes et 7,4 % des hommes) sont diplômés de l'université. C'est peu au regard de la métropole (19 % des métropolitains sont diplômés d'au moins un 1er cycle universitaire dans la même génération), mais cela témoigne d'une incontestable démocratisation au regard des générations précédentes : le taux de diplômés des 2e et 3e cycles passe ainsi de 1,15 % (génération née entre 1913-1917) à 3,40 % (génération 1923-1927) puis à 4,48 % (génération 1938-1942) et 5,75 % (génération 1943-1947)[6]. À cette époque, parmi les natifs de Guyane, seuls les Créoles bénéficient de cette relative démocratisation universitaire, les Amérindiens et les « Noirs-marrons » (ou Businenge) étant alors complètement exclus de l'enseignement secondaire et supérieur[7]. En raison d'une offre éducative faible et d'une offre universitaire inexistante en Guyane, les Guyanais·e·s de ces générations ont réalisé leurs études supérieures en métropole, principalement à Paris, Bordeaux, Montpellier et Aix-Marseille.

La génération d'élu·e·s et de militant·e·s à laquelle appartient Christiane Taubira a donc étudié dans l'Hexagone à la fin des années 1960 et au début des années 1970. Elle est fortement marquée par son expérience militante au sein de l'Union des étudiants guyanais (UEG). L'UEG, fondée en 1949 par des étudiants guyanais de la Sorbonne, prône l'autonomie de la Guyane à partir du congrès de 1964 et l'indépendance à partir de 1971 et devient une instance centrale de socialisation et de politisation.

Selon la période d'études, ils et elles ont participé à deux séries de mobilisations : celles de Mai 68 et celles liés à l'affaire dite du « complot de Noël », des arrestations arbitraires de militants indépendantistes en décembre 1974 qui ont suscité d'importants mouvements de protestation tant à Cayenne qu'à Paris[8]. Or la participation à ces deux séries de mobilisation a contribué à forger deux générations politiques au destin relativement distinct. Les étudiant·e·s guyanais·e·s qui ont participé aux événements de Mai 68 et, en particulier, aux mobilisations organisées par l'UEG durant cette période[9], retournent en Guyane au début des années 1970 pour y prolonger la lutte anticoloniale, à la fois dans le monde du travail et dans le monde politique. Ils et elles fondent différentes organisations formant la nébuleuse indépendantiste : le Mouvement guyanais de décolonisation (MOGUYDE) créé en 1974, Fo nou libéré la Guyane en 1975 (FLNG), l'Unité guyanaise en 1978. Fortement influencé·e·s par les mouvements maoïstes et anticoloniaux, ils et elles s'investissent principalement dans les mouvements syndicaux et dans l'éducation populaire et sont défiants à l'égard du principal parti politique de gauche, le Parti socialiste guyanais (PSG)[10]. De ce fait, peu accèdent aux mandats électifs.

Les étudiant·e·s guyanais·e·s qui participent aux mobilisations consécutives au procès du « complot de Noël » reviennent en Guyane à partir de 1975 et entrent plus rapidement dans les partis politiques institutionnalisés. La mobilisation en faveur de la libération des prisonniers guyanais les a amenés à collaborer précocement avec les dirigeants du PSG en Guyane comme du Parti socialiste dans l'Hexagone[11]. En outre, ces militants de l'UEG reviennent en Guyane à un moment où ce parti dirige les principales collectivités de Guyane et où ses dirigeants adoptent une position autonomiste beaucoup plus compatible avec l'idéologie de l'UEG.

On assiste ainsi à une conversion très rapide des ressources acquises grâce au militantisme à l'UEG dans la sphère politique institutionnelle en Guyane.

La consécration élective des militants masculins créoles

De nombreux militants masculins de l'UEG entrent en politique sous le patronage d'élus créoles établis et accèdent très jeunes à des mandats électifs et à des postes de direction au sein des partis, principalement au PSG, mais aussi à droite. Ainsi Antoine Karam (président du conseil régional de 1992 à 2010) de retour en Guyane en 1975 entre immédiatement au bureau du Comité national de l'Union des travailleurs guyanais et, en février 1977, le maire de Cayenne le nomme adjoint, à 27 ans[12]. La carrière des anciennes militantes de l'UEG tranche de ce point de vue avec celle de leurs homologues masculins puisque aucune d'entre elles n'entre rapidement en politique. Seule Eugénie Rézaire est élue conseillère régionale sur la liste du PSG en 1998, soit près de vingt ans après ses camarades masculins de l'UEG.

Étudiante de la génération du « complot de Noël », Christiane Taubira s'inscrit, elle, à la croisée des deux générations militantes que nous venons de décrire. Née en 1952 à Cayenne, Christiane Taubira est issue d'une famille populaire créole de Cayenne – son père était épicier et sa mère a été aide-soignante puis infirmière et élevait seule ses 11 enfants, 7 garçons et 4 filles. Étudiante en sciences économiques à partir de 1971 à Paris-Assas mais aussi en sociologie et ethnologie africaine-américaine à Jussieu, Christiane Taubira a participé aux mobilisations de l'UEG du « complot de Noël » et aux nombreuses mobilisations estudiantines de solidarité internationale de cette période :

> « Ma grande chance a été – parce que je n'avais pas vécu Mai 68 et tout ce qui en avait découlé – d'avoir le Chili d'Allende. À cette époque, je fréquentais souvent les endroits où l'on parlait des révolutions d'Amérique latine. Je connaissais toutes les thèses révolutionnaires de la *Izquierda*, la gauche révolutionnaire [...] Je me souviens des arrestations d'indépendantistes en Guyane, à Noël 1974. C'était sous le règne de la Cour de sûreté de l'Etat, c'était le temps des tribunaux d'exception. [...] Je peux vous assurer que nous nous sommes mobilisé·e·s avec cœur et ardeur. [...] Pour soutenir le mouvement indépendantiste, nous organisions des manifestations, des grands meetings dans lesquels d'ailleurs j'intervenais[13]. »

Mais sa trajectoire matrimoniale l'enracine également dans la précédente génération militante de l'UEG. En effet, son second mari, Roland Delannon, de neuf ans son aîné, a quant à lui milité à l'UEG pendant les événements de Mai 68 et contribué à la création du

MOGUYDE à son retour en Guyane en 1974[14]. Lorsqu'elle revient à son tour en Guyane en 1979, Christiane Taubira adhère, elle aussi, au MOGUYDE. Manifestations, théâtre de rue, cours de soutien, conférences, rédaction et diffusion du magazine Mawina (fleuve Maroni en langue marronne), de la bande dessinée Kromanti[15] ou encore de textes classiques du marxisme et de l'anticolonialisme, ses activités au MOGUYDE sont tournées vers l'éducation populaire[16] et elle entretient des rapports distants avec les activités électorales et les partis établis, tels que le PSG. Vingt ans après, tandis qu'elle témoigne de cette époque dans un livre d'entretien, elle revendique fortement sa différence avec eux :

> « [Ils] sont devenus des apparatchiks, de syndicats d'abord, de partis politiques ensuite. [...] ce sont des gens qui sont d'une pensée tout aussi pauvre, qui sont d'une intolérance aussi grande et qui ont toujours un sens de la vie aussi fade, aussi conforme à des pensées carrées. Je crois qu'ils me détestent cordialement[17]. »

De retour en Guyane, Christiane Taubira s'est en effet tenue à l'écart des anciens militants de l'UEG devenus élus ou cadres dirigeants des principaux syndicats et partis politiques guyanais.

L'entrée en politique de Christiane Taubira.
Vers une alternative au Parti socialiste guyanais ?

Contrairement à son prédécesseur Élie Castor, qui avait conquis les mandats locaux de conseiller général et maire avant d'être élu président du conseil général et député de Guyane, Christiane Taubira n'a jamais été élue avant d'emporter son siège de député en 1993. En outre, elle a principalement construit ses capitaux et légitimité à travers son activité professionnelle, en dehors des partis politiques guyanais établis.

Après l'élection de François Mitterrand et la mise en œuvre de la décentralisation, les partis indépendantistes connaissent un reflux important en Guyane et Christiane Taubira réinvestit ses dispositions à l'engagement dans la sphère professionnelle[18]. Dans le contexte postcolonial des départements d'outre-mer, la mobilité vers la métropole et la détention d'un diplôme universitaire amplifient les opportunités professionnelles. Les jeunes diplômé·e·s guyanais·e·s accèdent ainsi facilement à des postes d'encadrement à leur retour en Guyane. Après avoir été professeure de sciences économiques, puis directrice d'un centre de formation, Christiane Taubira s'engage, à partir de 1982, dans le développement économique et la coopération régionale. En 1982, elle cofonde la Coopération agricole Antilles-Guyane qu'elle dirige jusqu'en 1985, puis devient directrice des services techniques de la pêche maritime. Enfin, en 1990, elle prend la tête d'une agence régionale qui promeut la coopération avec la Caraïbe, les Amériques et l'Asie du Sud-Est. Son militantisme anticolonial se trouve ainsi reconverti dans l'espace professionnel, le développement agricole et la coopération régionale, dans la perspective d'une construction d'une autonomie indissociablement économique et politique de la Guyane. Au début des années 1990, Christiane Taubira occupe ainsi une position professionnelle prestigieuse qui lui offre une certaine visibilité médiatique en Guyane. Outre qu'elle intervient occasionnellement dans les médias dans le cadre des organisations qu'elle dirige, elle a aussi tenu une chronique économique quotidienne sur Radio France outre-mer pendant dix-huit mois.

Son entrée en politique s'effectue en 1993, hors des canaux traditionnels de mobilisation et des circuits partisans, dans un contexte de crise du PSG, érodé par les luttes internes et les affaires judiciaires. La candidature de Christiane Taubira est d'abord évoquée et promue par des leaders associatifs qui animent une radio libre – Radio Jam –, dénoncent la corruption des élus du PSG et en appellent à un renouvellement de la politique. Lorsqu'elle annonce sa candidature en décembre 1992, Christiane Taubira dénonce le clientélisme, les formes d'encadrement du vote et les pressions sur les électeurs organisées par les dirigeants du PSG. Son comité de soutien est constitué de personnalités de la société civile qui, pour nombre d'entre elles, disposent d'une forte autorité sociale et morale. L'intitulé de son document de campagne, « Charte pour un souffle nouveau », caractérise bien le renouvellement de la classe et des pratiques politiques qu'elle souhaite incarner. Elle y met en avant ses qualités morales : « Notre amour pour la liberté d'opinion et d'expression malgré les risques de représailles, notre courage moral et politique face aux idées reçues, à l'*establishment* et aux coteries. » Et elle justifie aussi sa candidature par ses compétences et expériences professionnelles : « Nous vous offrons en gage non pas des serments sur l'avenir, mais des références sur le passé : notre engagement sans réserve dans toutes nos activités professionnelles, notre curiosité militante pour tous les sujets et problèmes qui touchent notre société guyanaise[19]. »

Christiane Taubira est donc entrée en politique comme alternative au recrutement des élus par la filière partisane du PSG. En 1993, elle remporte les élections législatives en dehors de toute structure partisane. Roland Delannon, son mari et père de ses quatre enfants, est son directeur de campagne, et elle bénéficie principalement de soutiens militants familiaux et amicaux.

Consécutivement à cette première élection, elle crée avec son conjoint le mouvement Walwari, comme le relate ici Roland Delannon :

> « C'est dans ce contexte que Walwari est créé. Ce sont en partie des ancien·ne·s du MOGUYDE, et des plus jeunes, des gens de la société civile qui viennent d'un peu partout. Les mouvements de femmes l'ont beaucoup aidé. Elles ont été très actives, ce sont des femmes du cru, des ménagères qui travaillent dans les cantines, elles se réunissaient et organisaient des manifs sur la sécurité. Avoir une femme comme tête de pont, c'était transgressif, c'était une première[20]. »

En 1994, elle est élue députée européenne. En 1998, elle renonce à se présenter comme tête de liste aux élections régionales, son mari ayant déposé à son insu une liste concurrente à la sienne au sein même de Walwari. Elle mènera en revanche la liste Walwari aux régionales de 2004 et 2010, son ex-conjoint s'étant, lui, retiré de la vie politique après leur divorce.

WALWARI

"TCHÒ DÈRÒ"

JOURNAL DE CAMPAGNE

ÉLECTIONS RÉGIONALES 2004

Editorial

Moun nou péy,

Le temps presse. Il nous faut forcer l'avenir. Allons ensemble fourbir nos armes pour trucider la morosité, détrousser la sinistrose et ravager ce syndrome de l'échec qui sape l'initiative.

Imaginez que, massivement, vous nous fassiez le bonheur de remettre entre nos mains le gouvernail de l'avenir de vos enfants. Songez que vous pouvez être nombreux, très nombreux, majoritaires à nous confier le Conseil Régional, cette institution lourde, chargée de compétences, pourvue de moyens déjà considérables, et que nous saurons augmenter par des projets sérieux et sérieusement présentés, par des innovations à la hauteur des défis qui nous hèlent.

Document de campagne, élections régionales de 2004, parti Walwari.

Se doter d'une stature nationale : femme noire dans l'espace politique national

À la différence de la majorité des député·e·s des DOM qui endossent avant tout leur rôle comme représentant·e·s de leur département, Christiane Taubira s'empare d'enjeux nationaux qui lui permettent de se doter d'une stature nationale. Elle bénéficie pour cela de la montée en puissance dans les années 2000 en France de l'enjeu de représentation des populations issues de l'immigration et/ou racialisées rassemblées sous le vocable de représentation de la « diversité ».

De l'outre-mer à la diversité

Les député·e·s guyanais·e·s au cours des mêmes mandatures que Christiane Taubira ont endossé leur rôle en se centrant sur le local.

La députation apparaît ainsi comme un moyen de contribuer à une meilleure prise en compte de la spécificité de l'outre-mer dans le travail législatif et d'obtenir des financements ou des dispositifs supplémentaires pour leur collectivité. Leurs interventions à l'Assemblée portent ainsi principalement sur l'outre-mer.

Christiane Taubira, elle, n'a jamais exercé de mandat exécutif local et investit son mandat très différemment des autres député·e·s guyanais·e·s. Elle intervient ainsi régulièrement sur des enjeux nationaux et internationaux – elle rapporte la loi sur les mines antipersonnelles en 1997 – ou sur des questions qui intéressent certes particulièrement les DOM mais qui ont une portée nationale, comme la loi du 21 mai 2001 « tendant à la reconnaissance de la traite et de l'esclavage en tant que crime contre l'humanité ». À travers le premier article de la loi dont Christiane Taubira est la rapporteuse, « la République française reconnaît que la traite négrière transatlantique ainsi que la traite dans l'océan Indien d'une part, et l'esclavage [...] constituent un crime contre l'humanité ». Cette loi est emblématique du positionnement politique de Taubira : elle constitue en effet une politique de reconnaissance des souffrances causées par l'esclavage et met fin à l'invisibilité des victimes de la traite, mais elle promeut des dispositifs constituant une mémoire commune (enseignement commun, instauration d'une commémoration nationale) et se situe clairement dans le registre de l'unité nationale : « Commémorer l'esclavage – et non seulement l'abolition – est une manière de reconnaître la part noire de la citoyenneté française, mise en avant sous l'angle de la "diversité culturelle". C'est, en ce sens, un projet intégrateur[21]. » Christiane Taubira et les autres promoteurs de la loi récusent toutes approches en termes de réparations matérielles et n'associent pas non plus à la reconnaissance mémorielle et symbolique de l'esclavage de politique à destination des descendants d'esclaves. Si elle reconnaît les victimes, la loi ne désigne pas de coupable ni ne présente d'excuse, elle entend en effet faire face au passé pour mieux souder la communauté nationale.

À partir de l'Assemblée nationale, Christiane Taubira s'inscrit rapidement dans l'espace politique national. En 1994, elle est quatrième sur la liste Énergie radicale menée par Bernard Tapie lors des élections européennes. En 2002, elle est la candidate à l'élection présidentielle du Parti radical de gauche (PRG) auquel elle a adhéré quelques mois auparavant. Même s'il peut paraître modeste, son score de 2,32 % n'est pas anecdotique et témoigne de sa capacité à rallier des suffrages au-delà des seuls électeurs de l'outre-mer français et de ceux du PRG. Or, à l'instar des femmes en général, les élu·e·s de l'outre-mer ont sans cesse été renvoyé·e·s à leur particularité et donc perçu·e·s comme impropres à représenter la Nation[22]. De fait, à l'exception de Gaston Monnerville, rares ont été les élu·e·s issu·e·s de ces territoires à avoir pu accéder à une stature nationale. Christiane Taubira a su, lors de cette campagne présidentielle, faire usage de son identité domienne tout en l'inscrivant dans un registre plus large. Son programme s'intitule « France plurielle, république fraternelle » et elle écrit dans sa profession de foi :

> « C'est forte et unie autour de la diversité de sa population, de la vitalité des identités assumées, du dynamisme territorial libéré, c'est campée sur la laïcité qui dénoue les tensions entre l'identité et l'universalité, sur l'humanisme qui dicte les fragilités à protéger, les talents à féconder, que la République saura inspirer à l'État les institutions publiques qui ressemblent à la population française […]. »

Dans une perspective proche de celle de Gaston Monnerville ou d'Aimé Césaire, elle plaide pour un processus d'intégration politique républicaine respectueux des différences. À l'instar de la loi de mai 2001, la mise en avant de la diversité va de pair avec l'affirmation des valeurs universelles de la République et la promotion de l'unité nationale. Christiane Taubira entend incarner une France plurielle qu'elle présente comme une pluralité sociale et culturelle sans jamais se référer à des différences raciales ou d'origine migratoire : « Je symbolise d'une certaine façon cette diversité dans la composition sociale de la France, c'est-à-dire dans sa population. La France est plurielle par l'existence d'identités culturelles fortes, d'identités régionales fortes[23]. » Elle récuse d'ailleurs la présentation de sa candidature par la presse comme celle des « minorités » (sous-entendu) racialisées : « Je ne suis pas là pour représenter les minorités. Je suis ce que je suis et je l'assume pleinement et je n'ai pas le sentiment d'appartenir à une minorité[24]. »

Taubira a bien conscience du caractère improbable et transgressif de sa candidature en tant que femme noire sans pour autant l'expliciter comme tel dans le livre d'entretien qu'elle publie pendant sa campagne électorale :

> « Je suis à une place où il est inconcevable que je sois, je suis en train de casser des préjugés chez ceux qui nous regardent et des inhibitions chez nous-mêmes [...] Je suis en train de mettre vraiment la France en face de son histoire, en face de son passé[25]. »

De la même manière, sa campagne met au centre la question des banlieues et les processus d'exclusion dont sont victimes ses habitants sans jamais nommer le caractère en partie ethno-racial de cette exclusion. En effet, Christiane Taubira est très marquée par les intellectuels de la Négritude qu'elle cite fréquemment, dans ses écrits comme en interview, elle évoque fréquemment sa couleur de peau et sa créolité : « Ma couleur percute le regard et elle est clairement dans la relation dès le premier contact. Je porte mon identité culturelle sans la moindre difficulté[26]. » Pour autant, elle ne fait pas de « l'identité noire » le fondement de son engagement ni de ses revendications politiques. Elle refuse les évocations de la race et de l'ethnicité : « J'arrête de penser que les gens sont des statistiques, un bloc là, une catégorie là, en fonction de ça, voilà ce que nous pouvons faire, moi, je ne suis pas dans cette logique. » Comme on l'a vu, l'évocation du passé colonial ou l'affirmation culturelle sont toujours associées chez elle à des valeurs universelles : « Je regarde droit dans les yeux et je dis voilà, il y a des valeurs qui n'ont pas d'âge, qui n'ont pas de lieu, il y a ces valeurs universelles que je porte dans ma chair[27]. »

Bien qu'elle s'en défende, la réception de sa campagne présidentielle de 2002 focalisée sur la « diversité » s'inscrit néanmoins dans un contexte de légitimation croissante de la question de la représentation des minorités racialisées. Dans les années 2000, la « diversité » comme enjeu de représentation fait en effet son apparition dans l'espace public et supplante même à partir du milieu de la décennie l'enjeu paritaire[28]. Le terme de « diversité » constitue une manière de « désigner, sans les nommer, les immigrés et leurs descendants issus des migrations postcoloniales, soit les originaires du Maghreb, d'Afrique subsaharienne et d'Asie du Sud-Est, auxquels il convient d'ajouter les Français originaires de l'outre-mer[29] ». Les émeutes de 2005 contribuent également à faire émerger une « question raciale » en France et la présence de Christiane Taubira aux côtés des familles de Ziad et Bouna, dont la mort provoqua ces émeutes, ont conforté le travail symbolique qu'elle avait déjà entamé dans son travail parlementaire de représentante de la diversité[30].

Devenir une femme d'État

Dans le milieu des années 2000, s'impose donc au sein des partis politiques français, la croyance en l'importance de l'enjeu de représentation de la « diversité » à l'échelle locale comme à l'échelon national. À ces deux niveaux, ce sont souvent des femmes qui assurent la représentation des populations issues de l'immigration et/ou racialisées, ce qui permet de faire d'une pierre deux coups en mettant en avant la diversité tout en respectant la parité. Ainsi lors de la campagne présidentielle de 2007, Rachida Dati et Najat Vallaud-Belkacem sont désignées porte-parole des deux principaux candidats, Nicolas Sarkozy pour la première et Ségolène Royal pour la seconde. Nicolas Sarkozy nomme ensuite au gouvernement Rachida Dati, Rama Yade et Fadela Amara qui sont toutes trois explicitement présentées comme « issues de la diversité[31] ». François Hollande souhaite lui aussi intégrer des représentantes de la diversité dans son gouvernement. Jean-Marc Ayrault, le premier Premier ministre nommé par Hollande, connaît bien Taubira en raison de son implication en tant que maire de Nantes[32] dans les politiques mémorielles de l'esclavage et souhaite qu'elle fasse partie du gouvernement. Il envisage la culture mais aucune femme n'ayant de ministère régalien, Christiane Taubira obtiendra finalement le ministère de la Justice. D'autres représentantes de la diversité, Najat Vallaud-Belkacem et Fleur Pellerin entrent aussi au gouvernement et occupent toutes trois des fonctions qui ne sont pas traditionnellement dévolues aux représentant·e·s de la « diversité »[33]. Victorin Lurel et George Pau-Langevin, Harlem Désir,

Myriam El Khomri, et Kader Arif, venus de l'outre-mer et/ou racialisés font aussi partie des gouvernements Ayrault et Valls.

La stature de femme d'État de Christiane Taubira est consacrée lors des débats parlementaires précédant l'adoption de la loi du 17 mai 2013 ouvrant le mariage aux couples de personnes de même sexe. Le discours de la garde des Sceaux lors de l'ouverture de l'examen du projet de loi est particulièrement remarqué et loué à gauche, il inscrit le mariage homosexuel dans l'histoire républicaine et la continuité de l'œuvre révolutionnaire de sécularisation du mariage. Christiane Taubira en fait même l'incarnation de la devise républicaine « Liberté, Égalité, Fraternité » en déclarant :

> « Nous disons que le mariage ouvert aux couples de même sexe illustre bien la devise de la République. Il illustre la liberté de se choisir, la liberté de décider de vivre ensemble. Nous proclamons par ce texte l'égalité de tous les couples, de toutes les familles. Enfin, nous disons aussi qu'il y a dans cet acte une démarche de fraternité, parce qu'aucune différence ne peut servir de prétexte à des discriminations d'État. [...] Ce mariage, qui a été une institution d'exclusion, va enfin devenir, par l'inclusion des couples de même sexe, une institution universelle[34]. »

Christiane Taubira a démontré à l'occasion des débats parlementaires sa grande maîtrise de l'arène parlementaire et ses compétences oratoires tout en maintenant une singularité de ton, en particulier à travers ses références littéraires à Léon Gontran-Damas, poète guyanais de la Négritude[35]. De janvier à avril 2013, elle a été au gouvernement la défenseuse la plus acharnée d'un projet de loi très contesté à droite, éclipsant l'autre ministre porteuse du texte, la ministre de la Famille, Dominique Bertinotti. Christiane Taubira défend également l'année suivante un projet de réforme pénale qui aboutit en août 2014 à la création d'une nouvelle peine de probation, la contrainte pénale.

Depuis son entrée au gouvernement, les désaccords de Christiane Taubira avec Manuel Valls, ministre de l'Intérieur, ont été nombreux et la ministre de la Justice a fait preuve d'une grande liberté de ton, critiquant à plusieurs reprises les positions gouvernementales. La solidité de la position de Christiane Taubira au sein du gouvernement est ambiguë : dans une période de restriction budgétaire elle emporte des moyens importants pour son ministère mais perd des arbitrages politiques cruciaux face à Manuel Valls. Ainsi, elle n'obtient pas la réforme de la justice des mineur·e·s à laquelle elle était attachée et échoue à faire de la contrainte pénale une peine de probation autonome sans référence à la prison. Alors que les cabinets ministériels constituent dans la Cinquième République française un lieu central de partage du pouvoir entre dirigeants politiques et hauts fonctionnaires[36], la composition même de son cabinet ministériel atteste de la faiblesse des réseaux personnels de Christiane Taubira au sein de la haute fonction publique française. Elle n'a pas d'équipe propre et demeure dépendante de l'Élysée pour sélectionner ses conseillers[37]. En outre, son cabinet se caractérise par une grande instabilité largement commentée par la presse et imputée à la personnalité de Christiane Taubira[38].

Malgré ces difficultés, elle ne démissionne du gouvernement qu'en janvier 2016[39], au moment d'un projet de loi sur la déchéance de nationalité des binationaux auteurs d'actes de terrorisme. Elle publie alors immédiatement un livre dans lequel elle revient sur les attentats de novembre 2015 à Paris et à Saint-Denis, et dénonce les solutions envisagées par François Hollande et Manuel Valls, qui lui paraissent contraires au principe d'égalité : « puisque pour les déchoir sans en faire des apatrides il faut qu'ils soient binationaux, cette déchéance contiendrait une inégalité, les mêmes actes perpétrés par des Français n'ayant pas une nationalité de substitution ne produisant pas les mêmes effets[40]. » Elle conclut l'ouvrage sur un éloge de la diversité et le refus de la stigmatisation des musulmans et des binationaux. Cette relative indiscipline gouvernementale s'inscrit dans la trajectoire politique même de Christiane Taubira. Alors que l'on assiste, depuis les débuts de la Cinquième République, à un encadrement croissant des député·e·s et même des élu·e·s locaux·ale·s français·e·s par les organisations partisanes, Christiane Taubira n'a pas eu d'appartenance stable à un groupe parlementaire ni toujours fait preuve de discipline de groupe[41]. Sa liberté d'action en tant que députée s'explique par la faible emprise sur elle des partis nationaux, auxquels elle n'a jamais été redevable de ses mandats en Guyane.

En raison des projets de loi qu'elle défend (le mariage homosexuel et la réforme pénale d'août 2014), qui suscitent tous deux une forte opposition, et de sa liberté de parole, Christiane Taubira fait l'objet de vives critiques, mais au-delà des lois qu'elle porte, elle est aussi victime de violentes attaques racistes.

Des attaques sexistes et racistes

Alors qu'elle appartient au groupe majoritaire en Guyane et qu'être noire n'y est pas stigmatisé, Christiane Taubira doit affronter en France hexagonale les stéréotypes racistes classiques contre les Noirs, en particulier la primitivité, l'indolence et le laxisme. La nouvelle garde des Sceaux subit dès sa nomination une série d'attaques de la presse et des hommes politiques de droite sur son laxisme supposé. Son premier déplacement ministériel le 18 mai à la finale du challenge national de basket pénitentiaire au cours de laquelle un détenu parvient à s'évader entame la salve d'accusations de laxisme et d'angélisme. Puis Christiane Taubira réaffirme le 22 mai son intention de supprimer les tribunaux correctionnels pour mineur·e·s et suscite de violentes critiques de la droite. Le laxisme est classiquement imputé au personnel politique de gauche par la droite mais le caractère aigu de cette accusation dans le cas de Christiane Taubira résulte sans doute de l'intersection entre son sexe et son origine ultra-marine. Ainsi plusieurs de ses détracteurs l'assimilent à une mère ou une grand-mère – c'est le cas de l'éditorialiste Éric Zemmour ou encore de l'humoriste Nicolas Canteloup – pour critiquer son indulgence supposée envers les jeunes délinquants. Comme le montre bien Frédérique Matonti, différentes imitations de l'humoriste Nicolas Canteloup datant de janvier, août et décembre 2013 la présentent comme indolente, paresseuse et incompétente, en parfaite adéquation avec les stéréotypes sur les femmes noires des Caraïbes, qui se sont développés depuis la traite.

L'attachement de Christiane Taubira à la communauté nationale est également mis en doute par les leaders de la droite et de l'extrême droite. Alors qu'il est partagé par de nombreux·ses élu·e·s guyanais·e·s, son passé indépendantiste est largement mis en exergue par ses détracteurs et participe à mettre en doute son attachement à la patrie. Ainsi à une commémoration de l'abolition de l'esclavage à Paris, Christiane Taubira ne chante pas *La Marseillaise* et subit des attaques de Marine le Pen, présidente du Front national, de Christian Estrosi et Jean-François Copé, deux leaders nationaux de droite ; les autres ministres ou personnalités blanches présentes n'ont pas chanté non plus, mais on ne doute pour autant pas de leur patriotisme. Au-delà du personnel politique, la ministre fait l'objet de très nombreuses rumeurs relayées sur les réseaux sociaux selon laquelle la garde des Sceaux aurait déclaré que brûler des drapeaux français était un geste de liesse pardonnable...

La ministre de la Justice est également victime de caricatures et d'insultes racistes. Le 17 octobre 2013, lors d'un reportage télévisé, une candidate du Front national montre un photomontage affiché sur sa page Facebook dans lequel Christiane Taubira est assimilée à un singe. Ce sera le premier épisode d'une longue série de caricatures et de slogans équivalents émanant de l'extrême droite : « c'est pour qui la banane, c'est pour la guenon », scandent des enfants à Angers à l'occasion d'une manifestation contre le mariage homosexuel le 25 octobre 2013 ; le 12 novembre 2013, le journal *Minute* titre « Maligne comme un singe, Taubira retrouve la banane »... Cette animalisation s'inscrit dans les canons classiques du racisme à l'encontre des Noir·e·s[42], en particulier le parallèle entre les Noir·e·s et les singes constitue depuis le XIXᵉ siècle un poncif de l'iconographie raciste en France[43]. Ces différentes affaires donnent certes lieu à des poursuites judiciaires et à des condamnations, mais il faudra attendre la fin de l'année 2013 pour que la majorité gouvernementale exprime largement et publiquement son soutien à la garde des Sceaux.

Christiane Taubira fait figure d'*outsider* dans l'espace politique français à plus d'un titre : par son extériorité au parti et aux réseaux politiques traditionnels, parce qu'elle est femme et, surtout, parce qu'elle est noire. La légitimation croissante de la représentation des minorités visibles à travers l'émergence de la question de la diversité a contribué, dans la dernière décennie, à neutraliser ces handicaps, voire à les transformer dans certaines limites en atout. Christiane Taubira a ainsi incarné en Guyane d'abord, puis dans l'espace politique national, un renouvellement de la politique et a pu acquérir une stature politique nationale. Les attaques racistes dont elle a fait l'objet témoignent toutefois de l'ampleur de la transgression que représente en France l'accès d'une femme noire à des fonctions régaliennes.

DEUXIÈME PARTIE

Féminismes postcoloniaux en pratique

CHAPITRE 6

Le féminisme caribéen français à l'ère de la départementalisation

Félix Germain

Traduit de l'anglais par Bernard Müller

Cela a de quoi surprendre, mais après la Seconde Guerre mondiale, la France présentait de nombreuses similitudes avec la Martinique et la Guadeloupe[1]. La nourriture était rare, la pauvreté répandue et de nombreux citoyens dans les zones urbaines et rurales n'avaient pas accès aux équipements de base, comme des toilettes. Pourtant, malgré ces difficultés communes, comme en témoignent la reconnaissance du droit de vote des femmes en 1944 et les nouvelles lois sur le travail garantissant aux citoyens un salaire minimum en 1951, des jours meilleurs semblaient se profiler, autant pour les hommes que pour les femmes[2]. Dans les années 1960, après une décennie passée sous le signe du dollar américain au service de la modernisation, la France avait enfin tourné le dos au désespoir et à la pauvreté. La nation gauloise s'enorgueillissait déjà d'un secteur industriel fort et d'une économie de services en pleine croissance[3]. Les femmes françaises bénéficièrent également de ce vent du changement. Les jeunes femmes des classes moyennes et supérieures en particulier purent s'inscrire à l'université dans l'espoir d'intégrer le marché du travail et de jouir ainsi de tous les avantages d'une société française revivifiée[4]. Simultanément, les féministes françaises de l'après-guerre s'appliquèrent pour changer les perceptions françaises du rôle des femmes et pour obtenir le droit de contrôler leur destin et leur corps. Après Mai 68, elles ont commencé à remporter des batailles difficiles, notamment en matière de contraception et d'avortement[5].

Alors que la lutte des femmes en France pour obtenir la liberté et l'égalité a été bien documentée, peut-être parce qu'elle s'inscrit dans un contexte social différent, la lutte des femmes des Caraïbes françaises pour obtenir la liberté et l'égalité après la Seconde Guerre mondiale n'a pas fait l'objet d'une attention suffisante de la part des chercheurs. Cet essai remédie à cette situation. En effet, les Caraïbes françaises, véritable carrefour de cultures, d'idéologies politiques et d'identités sociales différentes, possèdent une tradition féministe dynamique[6]. Les femmes de la période d'après-guerre ont tenté sans relâche d'améliorer la condition féminine et la qualité de vie en général en Guadeloupe et en Martinique. Je présente ci-dessous leurs initiatives pour parvenir à la liberté et à l'égalité et pour s'assurer que chaque individu dispose, selon les termes d'Amartya Sen, « des libertés substantielles dont il ou elle jouit pour mener le type de vie qu'il ou elle a des raisons d'apprécier[7] ».

En 1952, Frantz Fanon, le célèbre intellectuel martiniquais qui a étudié l'influence de la colonisation française sur les sujets colonisés, a fait une surprenante déclaration pseudo-scientifique. Ainsi, après avoir analysé la formation de l'identité des femmes françaises des Caraïbes, en faisant fi des protocoles de recherche quantitatifs ou qualitatifs, Fanon réduit les femmes à la détestation qu'elles auraient d'elles-mêmes. Il affirme : « Il s'agit de ne pas sombrer de nouveau dans la négraille, et toute Antillaise s'efforcera, dans ses flirts ou dans ses liaisons, de choisir le moins noir[8]. » Fanon a non seulement exagéré les liens entre l'héritage colonial, le colorisme et les relations entre les sexes, mais il n'a pas non plus reconnu la diversité des identités et des expériences féminines à la Martinique. En effet, les femmes *békés*, les riches descendantes blanches des propriétaires de plantations, partageaient des expériences très différentes de celles des femmes noires des classes inférieures, des paysannes, des employées de maison, des femmes de marché et des ouvrières agricoles qui travaillaient sous le soleil. De même, la vie des femmes noires des classes inférieures était radicalement différente de celle de leurs homologues des classes moyennes, éduquées et à la peau généralement plus claire (la classe/le groupe de femmes qui aurait inspiré la plume de Frantz Fanon).

Cela dit, en 1946, la départementalisation est arrivée comme un cheval de Troie, promettant de combler le fossé entre les races et les classes. La majorité des femmes, qui étaient encore confinées aux plantations de canne à sucre et aux cuisines de la bourgeoisie, espéraient des salaires plus élevés ou de nouveaux postes dans les secteurs public et privé en pleine expansion. Mais contrairement à la France, où l'économie a connu une croissance rapide et où les emplois se sont multipliés au fil des ans, le secteur privé de la Guadeloupe et de la Martinique est resté limité, le secteur public a connu une croissance modérée et le secteur agricole s'est presque effondré en raison de l'augmentation du coût de la main-d'œuvre[9]. C'est dans ce climat de sous-développement et de pauvreté persistante qu'une nouvelle vague de féminisme a déferlé sur ces nouveaux départements français.

Les premières manifestations publiques de féminisme n'émanent pas des femmes des classes populaires[10]. Ce sont les femmes privilégiées de la classe moyenne noire, qui entretiennent souvent des relations cordiales avec les élites *békés*, qui mettent en œuvre des initiatives pour améliorer la condition féminine, jetant ainsi les bases d'un mouvement féministe moderne à la Martinique et à la Guadeloupe. L'une des plus célèbres de ces femmes « indisciplinées » est Paulette Nardal, l'une des mères fondatrices du mouvement de la Négritude[11].

En décembre 1944, Nardal crée le Rassemblement féminin, une association de femmes qui offre un havre aux femmes désireuses d'initier des changements sociaux et de participer au système politique de l'île. Nardal et ses compagnes souhaitent que les femmes votent pour des responsables soucieux des besoins des femmes ; elles aspirent à une société plus égalitaire. Comme en témoignent les pages de *La Femme dans la cité*, la revue féministe qu'elle lance en janvier 1945, Nardal et les femmes du Rassemblement féminin ont de multiples facettes. Elles cherchent à développer des institutions démocratiques, à promouvoir une législation conforme à leurs valeurs spirituelles, à élire des responsables capables de mettre en œuvre des politiques économiques et de santé publique, et à réformer le Code civil pour renforcer les familles, protéger les enfants et promouvoir le respect des femmes. Nardal et le Rassemblement féminin s'engagent également à lutter contre la tuberculose, l'alcoolisme, les comportements immoraux, la détérioration du secteur agricole et le coût élevé de la vie, ainsi qu'en faveur de programmes sociaux et de lois favorisant le bien-être des travailleuses célibataires, des femmes au foyer, des mères et des familles, en particulier des familles ouvrières[12].

Tout au long de son existence, *La Femme dans la cité* a maintenu son programme initial. Toujours fidèles aux valeurs républicaines françaises, Nardal et ses collègues semblent embrasser les idéaux humanistes catholiques. En d'autres termes, elles considèrent et promeuvent l'égalité entre les hommes et les femmes d'un point de vue chrétien[13]. Comme les féministes chrétiennes, elles estiment que les femmes doivent être des leaders moraux et jouer un rôle important dans leur société ; elles sont à l'aise avec l'idée que les femmes soient à la fois actives sur le marché du travail et des femmes au foyer et des mères qui s'occupent de leur ménage[14]. Il apparaît toutefois dans *La Femme dans la cité* que Nardal et les militantes du Rassemblement féminin n'étaient pas que de simples humanistes catholiques ou des féministes chrétiennes. À une époque où l'on mettait la culture française sur un piédestal, *La Femme dans la cité* faisait la promotion du folklore, de la musique et de la littérature afro-caribéens[15]. La revue était le porte-parole des femmes qui croyaient que la culture et le folklore pouvaient faire avancer les questions relatives aux femmes. En d'autres termes, ces femmes pourraient également être qualifiées de « féministes postchrétiennes » car elles remettaient en question l'approche universaliste de l'épistémologie occidentale, suggérant que les femmes françaises des Caraïbes devaient se replier sur elles-mêmes pour résoudre leurs propres problèmes.

Ironiquement, le Rassemblement féminin et *La Femme dans la cité* se situent à droite de l'échiquier politique. Elles adorent Charles de Gaulle. Comme la plupart des Martiniquais et des Guadeloupéens, elles admiraient son rôle prépondérant dans le mouvement de résistance français de la Seconde Guerre mondiale[16]. Mais c'est peut-être là l'une de leurs similitudes les plus flagrantes avec les femmes des classes inférieures, car le système de classes et de castes dans les Antilles françaises les mettait souvent en porte-à-faux avec leurs homologues les moins privilégiées. Cela était particulièrement vrai en ce qui concerne les aspirations professionnelles des femmes. Par exemple, de nombreuses femmes pauvres des zones rurales souhaitent échapper aux rigueurs du secteur agricole, alors que Nardal et le Rassemblement féminin veulent qu'elles restent dans les plantations. De même, de nombreuses femmes des villes issues de milieux modestes aspirent à obtenir des postes administratifs, mais Nardal et le Rassemblement féminin demandent aux municipalités de leur offrir une formation à la gestion du foyer, autrement dit de les préparer au travail domestique[17]. Rétrospectivement, la classe conservatrice des planteurs ne pouvait qu'être d'accord avec la façon dont le Rassemblement féminin positionnait les femmes noires pauvres sur le marché de l'emploi.

L'écart social et culturel entre les femmes du Rassemblement féminin et leurs homologues des classes inférieures est notable. Mais ce fossé est bien moindre que les différences politiques que partagent les féministes noires des classes privilégiées. En fait, leurs perspectives politiques étaient si différentes qu'elles généraient des relations sociales toxiques, encourageant les femmes à créer des organisations différentes. En effet, en 1945, Jane Léro, communiste martiniquaise et membre du Parti, fonde l'Union des femmes, version martiniquaise de l'organisation française fondée en 1881 pour apporter une assistance médicale et éduquer les femmes aux méthodes d'hygiène[18]. En Guadeloupe, Gerty Archimède, devenue députée à l'Assemblée nationale sous l'étiquette communiste, crée également une section de l'Union des Femmes[19]. Depuis leur création, ces organisations, qui deviendront plus tard l'Union des femmes de la Martinique (UFM) et l'Union des femmes de la Guadeloupe (UFG), se sont battues aux côtés des femmes et des travailleuses pour améliorer leur qualité de vie ; en d'autres termes, Léro, Archimède et les dirigeants ultérieurs de ces organisations ont toujours pensé que des travailleuses plus heureuses faisaient des familles plus saines, et que des familles plus saines faisaient des femmes plus heureuses.

Malgré les différences idéologiques, la quête de Nardal, de Léro et d'Archimède pour améliorer la condition des femmes présente de nombreuses similitudes. À la fin des années 1940 et au début des années 1950, elles sensibilisent les femmes à la nouvelle Sécurité sociale et soulignent l'importance des responsabilités civiques. Les efforts des féministes pour changer le paysage politique ne visaient pas exclusivement les femmes, puisqu'elles tentaient continuellement de convaincre les hommes que les femmes étaient tout à fait capables d'exercer leur droit de vote[20]. Mais pour l'essentiel, les initiatives de l'Union des femmes (en Guadeloupe et en Martinique) et du Rassemblement féminin se concentraient sur le bien-être des femmes et de leurs familles. Il s'agit d'une tâche importante et nécessaire, car les femmes sont généralement submergées par les défis que leur posent la pauvreté, l'analphabétisme et l'accès limité à la contraception. Qu'elles soient célibataires ou mariées, la plupart des femmes des zones rurales et urbaines ont la lourde charge de nombreux enfants. Pourtant, à leur grand désarroi, la mortalité infantile (de la naissance à l'âge de trois ans) était alarmante, en raison de l'accès limité aux infrastructures de soins de santé et d'une mauvaise alimentation[21].

En résumé, les initiatives des premières féministes de l'après-guerre visaient à alléger le fardeau des mères pauvres. Répondant aux conditions sociales désastreuses auxquelles la plupart des femmes de Guadeloupe et de Martinique étaient confrontées, leur féminisme était nataliste et citoyen ; elles défendaient la santé des enfants et des femmes tout en promouvant activement l'engagement civique de ces dernières. Il existe également des parallèles entre le féminisme des Caraïbes françaises, les politiques démographiques et le nationalisme français. En d'autres termes, les féministes croyaient également à l'autonomisation des femmes parce que les femmes devaient jouer un rôle central dans le maintien de la santé des familles et, comme les démographes et les politiciens français, elles considéraient les familles en bonne santé comme un élément essentiel pour parvenir à une croissance nationale durable[22]. Ainsi, des points de vue nationalistes modérés ont également été exprimés dans le féminisme des Caraïbes françaises.

La fin des années 1950 marque un tournant dans l'histoire du féminisme antillais. À cette époque, le sentiment nationaliste est en plein essor en Guadeloupe et en Martinique. Une nouvelle génération d'étudiants et d'intellectuels critique la stagnation de la croissance socio-économique qui affecte leur société depuis la départementalisation. La présence croissante de *métropolitains* (employés blancs venus de France) dans les îles suscite également la colère de cette partie de la population engagée politiquement, succombant trop souvent à l'ennui et à la frustration du chômage. Influencés par les mouvements nationalistes africains et la guerre d'Algérie, ils commencent à remettre en cause la départementalisation, accusant la France d'entretenir des relations néocoloniales avec les départements français d'outre-mer. Reflétant ce phénomène, entre 1959 et 1968, de nombreuses organisations nationalistes ont vu le jour en Martinique, en Guadeloupe et à Paris, siège d'une diaspora caribéenne française de plus en plus nombreuse[23].

Leur méfiance à l'égard de la République française a encouragé les féministes guadeloupéennes et martiniquaises à reconfigurer leur centre de gravité. Elles se sont en effet éloignées de leurs homologues françaises pour aborder des questions qui concernaient spécifiquement les femmes martiniquaises et guadeloupéennes. Dans un geste symbolique, les sections de l'Union des femmes en Martinique et en Guadeloupe deviennent l'Union des femmes de Martinique (1960) et l'Union des femmes Guadeloupéennes (1958)[24].

Tout au long des années 1960, l'UFM et l'UFG ont continué à défendre les droits des travailleurs. Elles ont participé à de nombreuses grèves et manifestations pour améliorer la qualité de vie des Domiens des départements français d'outre-mer[25]. Plus important encore, elles ont continué à travailler pour fournir des services aux femmes pauvres, en soulignant l'importance des soins prénataux et postnataux. Comme l'ont noté les professionnels de la santé de l'époque, trop de femmes donnaient une alimentation inadaptée à leurs enfants (en Martinique, par exemple, les femmes donnaient souvent à leurs jeunes enfants du *chocolate matété*, une sorte de consommé épais composé de farine de manioc, de lait et de chocolat)[26]. En d'autres termes, les féministes des années 1960 se concentrent sur les questions sociales essentielles, en particulier les soins de santé et l'accès à un logement abordable. Elles encouragent toujours l'engagement civique des femmes, mais en donnant la priorité à l'information des mères sur la santé de leurs enfants et en les mettant en contact avec des professionnels de la santé qui leur prodiguent de précieux conseils. Les membres de l'UFM et de l'UFG sont allés à la rencontre des femmes pauvres dans les zones rurales et urbaines, en déployant un certain nombre de stratégies pour toucher leur vie. Par exemple, ils ont organisé le « concours du plus beau bébé », un jeu qui encourageait les mères à suivre certaines règles nutritionnelles afin d'avoir l'enfant le plus sain[27]. À la fin, les mères qui ont participé au concours ont gagné un prix inestimable : un enfant en bonne santé.

Dans les années 1970, de nouvelles batailles se profilent à l'horizon. Si les courants nationalistes incitent les féministes guadeloupéennes et martiniquaises à prendre leurs distances avec leurs homologues françaises, elles n'en restent pas moins attentives aux mouvements sociaux français. En France, les événements de Mai 68 sont à l'origine d'un Mouvement de libération des femmes (MLF) qui réclame l'accès des femmes à la contraception et à l'avortement, ainsi que l'abrogation de la *puissance paternelle* (abolie en 1970)[28]. Les idées du MLF trouvent un écho important auprès des féministes antillaises qui estiment que les femmes assument la majeure partie des responsabilités au sein de leur famille, généralement nombreuse. Mais ces idées étaient en contradiction avec les principes de l'Église catholique, qui a traditionnellement joué un rôle très important dans les sociétés des Caraïbes françaises. Ainsi, les années 1970 ont été une décennie de tensions entre les féministes et les dirigeants de l'Église catholique qui s'opposaient à l'avortement et à l'accès à la contraception[29].

Au cours des décennies suivantes, les féministes guadeloupéennes et martiniquaises ont développé leurs organisations, ouvrant divers centres et bureaux pour défendre les droits des femmes et tendre la main aux femmes ayant besoin d'aide. L'UFM et l'UFG deviennent les organisations féministes dominantes dans leurs îles respectives. Elles organisent et participent à de nombreux événements et mouvements visant à améliorer la condition des travailleurs et la qualité de vie générale dans les îles. Elles ont manifesté pour améliorer l'accès aux transports publics ; elles ont soutenu les travailleurs agricoles en grève pour des salaires équitables ; elles ont dénoncé à plusieurs reprises le coût élevé de la vie dans les départements français d'outre-mer[30]. La protestation pour l'égalité sociale en Martinique et en Guadeloupe et contre les disparités socio-économiques persistantes avec la France est importante pour les féministes des Caraïbes françaises. Par exemple, en 2009, l'UFG a joué un rôle important dans la grève générale contre la vie chère qui a paralysé la Guadeloupe pendant plus d'un mois[31].

Cette année-là, de nombreux syndicats avaient uni leurs forces pour réclamer une augmentation de 200 euros par mois pour les travailleurs qui gagnaient le salaire minimum. En signe de soutien, l'UFG a publié une déclaration qui a véritablement démontré la détermination des féministes des Caraïbes françaises à lutter contre la structure de pouvoir qui opprime prétendument les Domiens. L'UFG a affirmé :

> « Nous nous engageons à soutenir le LKP [le mouvement qui a organisé la grève et réclamé des salaires plus élevés]. Nous sommes déterminées à faire connaître la situation économique désastreuse de la Guadeloupe ; nous invitons toutes les femmes guadeloupéennes à participer à la lutte et à contribuer à changer le *statu quo* ; nous réaffirmons notre soutien aux Guadeloupéens dépossédés et encourageons les politiciens locaux à négocier de nouveaux accords avec Paris[32]. »

Comme l'indique la citation ci-dessus, l'UFG et l'UFM ont soutenu des mouvements qui remettaient en question l'intégrité des idéaux républicains français – le mouvement LKP, par exemple, affirmait que les pensées racistes et coloniales encourageaient les *métropolitains* à traiter les Domiens comme des citoyens de seconde zone. En participant à des mouvements sociaux de base, les féministes des Caraïbes françaises cherchent à aider les personnes défavorisées en leur donnant accès aux libertés et aux capacités, telles que définies par Amartya Sen. Malgré leur citoyenneté française, les féministes des Caraïbes françaises, qui se positionnent souvent à gauche de l'échiquier politique, semblent adopter des paradigmes de libération du Sud global pour traiter des questions d'inégalités de genre et d'opportunités économiques dans leur pays d'origine. Il s'agit d'un phénomène étrange, qui invite les chercheurs à reconnaître que ces femmes sont la preuve vivante que la race, le sexe, la classe et les origines déterminent encore la position sociale et l'identité politique d'une personne dans la République française. En effet, les féministes des Caraïbes françaises sont des citoyennes de l'Union européenne, mais leurs initiatives suggèrent qu'elles partagent un destin commun avec les individus du Sud.

Malgré les parallèles évidents entre les paradigmes du Sud global et le féminisme des Caraïbes françaises, les actions des femmes restent profondément enracinées dans leur milieu d'origine. En particulier, depuis le début du XXIe siècle, les féministes des Caraïbes françaises ont multiplié les efforts pour démystifier les conceptions locales de la masculinité. Elles veulent contester l'image de leaders-nés des *hommes antillais*, libres sur un plan moral, sexuel ou familial, de mener la vie qui bon leur semble, mais aux dépens des femmes. Cette nouvelle dimension du féminisme caribéen français est particulièrement visible dans leur lutte acharnée contre ce que j'appellerais le fléau des sociétés caribéennes françaises.

Dans un travail précédent, en décrivant la manière dont les nationalistes guadeloupéens et martiniquais utilisaient les femmes pour faire avancer leur cause, j'ai mis en lumière la manière dont la violence domestique est traditionnellement passée inaperçue sans même avoir été censurée, en Guadeloupe comme en Martinique. Il est connu que même Frantz Fanon, l'un des plus célèbres intellectuels des Caraïbes françaises, violentait sa partenaire[33]. Sa brutalité a été mise sous le tapis, selon les normes culturelles des Caraïbes françaises. Après tout, de nombreux Domiens considèrent la violence domestique comme un fait ordinaire, presque un rituel[34]. Pour cette raison, la violence domestique a augmenté dans tous les départements d'outre-mer. Il faudrait une équipe de chercheurs multidisciplinaires pour expliquer, de manière sérieuse et rigoureuse, comment ce problème a évolué et perduré dans le temps[35].

L'UFM et l'UFG ont essayé sans relâche de modifier la mentalité des Caraïbes françaises au sujet de la violence domestique. Elles sont allées à la rencontre de couples dans des zones rurales isolées, ont organisé des réunions publiques et ont collecté des fonds pour publier de courts articles dans le journal quotidien. Par exemple, en 2008, l'UFG a écrit :

> « L'UFG est consciente qu'un vent de violence souffle sur notre département. C'est pourquoi nous invitons tous les Guadeloupéens à rejeter et à combattre la violence, qui est trop souvent le produit de la marginalisation sociale, du chômage et de l'influence de modèles étrangers douteux… Nous appelons à l'unité contre la violence, en particulier

contre la violence faite aux femmes guadeloupéennes. L'UFG s'engage à prendre une série d'initiatives pour améliorer cette situation[36]. »

D'autres petites organisations de femmes qui ont récemment fait leur apparition dans les îles ont été inspirées pour se joindre à l'UFM et à l'UFG dans la lutte contre ce problème récurrent. Comme l'indique le titre de ce colloque, « Violence faite aux femmes : Bilan et perspective », elles ont organisé de nombreuses conférences et colloques pour évaluer la profondeur du problème et proposer un plan d'action sérieux[37].

L'UFM et l'UFG ont rapidement tenu leurs promesses d'aider les femmes battues en ouvrant des refuges pour les femmes ayant subi de tels traumatismes. Malgré leur succès, elles ont dû lutter avec acharnement pour convaincre les pouvoirs publics de subventionner, ne serait-ce qu'en partie, ces initiatives pouvant sauver des vies[38]. Finalement, en 2014, d'importants responsables gouvernementaux comme Laurent Prévost, préfet de la Martinique, ont reconnu la gravité du problème dans les sociétés caribéennes françaises. En fait, il a assisté à l'ouverture de la « Maison de Solange » (nommée d'après la première présidente de l'UFM), affirmant que le centre, qui est partiellement subventionné, jouerait un rôle vital dans l'île, étant donné que plus de 1 100 femmes s'étaient plaintes de violence domestique l'année précédente[39]. Pourtant, Rita Bonheur, présidente de l'UFM, se souvient que les femmes de l'organisation ont dû prendre d'assaut la préfecture pour attirer l'attention du préfet[40]. La prise de conscience du problème a été le résultat de l'intervention des femmes.

À l'aube du XXIe siècle, les féministes des Caraïbes françaises font vigoureusement campagne pour mettre fin à la violence à l'égard des femmes. Mais elles ne négligent pas pour autant les questions qui préoccupaient les premières féministes de l'après-guerre, comme Paulette Nardal. Aider les femmes à devenir mères, par exemple, est resté une priorité absolue. Quant à la maternité, les féministes contemporaines suggèrent que la compression de l'espace-temps, les innovations technologiques et les flux culturels transnationaux ont un effet profond sur la nouvelle génération de femmes – et pas nécessairement dans le bon sens. Les féministes des Caraïbes françaises ne croient pas en une progression linéaire des droits des femmes et de l'égalité des sexes. Par exemple, en ce qui concerne la maternité et la famille, les féministes guadeloupéennes et martiniquaises suggèrent que la société a fait un pas en arrière. Elles affirment : « Les enfants ont changé, ils ont perdu l'estime de soi, ils respectent peu leur corps et leur communauté, les familles ne communiquent pas assez, les enfants sont exposés aux dangers de la mondialisation et de l'individualisme[41]. » En d'autres termes, malgré les progrès réalisés par les femmes dans la société, les féministes craignent que les jeunes femmes, en particulier celles issues des classes populaires, vivent dans des conditions beaucoup plus précaires que les femmes de la génération précédente. Non seulement elles associent la précarité à des facteurs socio-économiques tels que le chômage, l'inégalité des salaires et la dépendance à l'égard de programmes d'aide sociale en voie d'érosion, mais elles considèrent de surcroît que le déclin moral et les effets négatifs de la mondialisation sur les valeurs traditionnelles des Caraïbes françaises font partie du problème.

C'est pourquoi, comme en témoignent leurs communiqués et bulletins, l'UFM, l'UFG et d'autres petites organisations féminines s'évertuent à changer « la représentation de la femme dans la musique, les images, la comédie, le folklore, la télévision et les jeux vidéo ; son hypersexualisation, le sexisme et sa dévalorisation dans l'espace public ; l'estime de soi de la femme ; la violence faite aux jeunes femmes par le biais des nouvelles technologies ; la perception sociétale des responsabilités ménagères ; la représentation de la femme dans l'histoire de la Caraïbe française[42] ». Il ne se passe pas un mois en Martinique et en Guadeloupe sans qu'une exposition sur les femmes, une conférence explorant les facettes de la condition féminine, une petite ou grande manifestation, ou un communiqué de presse n'exprime l'opinion des femmes sur des questions sociopolitiques et culturelles. Les féministes contemporaines des Caraïbes françaises sont extrêmement proactives dans leur effort pour remédier aux effets pernicieux du patriarcat et d'autres maux sociaux affectant les femmes, les enfants et les hommes. Elles cherchent à changer les perceptions locales des femmes et des hommes tout en encourageant les fonctionnaires – ces rouages du système républicain français – à s'assurer que tous les citoyens jouissent des mêmes droits, des mêmes opportunités, des mêmes privilèges et du même respect.

Au cours de la dernière décennie, les féministes des Caraïbes françaises se sont également intéressées au sort des femmes étrangères. En tant que départements français, la Martinique et la Guadeloupe attirent de nombreux travailleurs des Caraïbes. Les Dominicains de la Dominique, les Dominicains de la République dominicaine, les Haïtiens et les Saint-Luciens traversent constamment les frontières et s'installent dans les départements pour des séjours de courte ou de longue durée. Les féministes de la Caraïbe française adoptent une analyse intersectionnelle pour mettre en lumière les expériences des femmes de ces nations insulaires ; en bref, les féministes guadeloupéennes et martiniquaises soutiennent que le genre, la classe et la nationalité placent les femmes migrantes devant des défis uniques. L'une des pires manifestations de cette migration est le trafic sexuel. De nombreuses femmes, en particulier des femmes de la République dominicaine, ont été attirées vers les îles françaises plus riches des Caraïbes et ont ensuite été victimes de diverses formes d'abus[43]. Conscientes de la présence croissante de travailleuses du sexe dominicaines à Fort-de-France et à Pointe-à-Pitre, l'UFM et l'UFG préconisent d'intensifier les efforts pour démanteler les réseaux de trafiquants et pénaliser les « clients ». En outre, elles sont descendues dans la rue pour protester contre les actes de violence – les meurtres de travailleuses du sexe, par exemple[44]. Cependant, malgré leur rhétorique musclée, les organisations ont été timorées dans leurs interventions. Si elles soulignent la situation difficile dans laquelle se trouvent les travailleuses du sexe exploitées, les féministes martiniquaises et guadeloupéennes s'abstiennent, peut-être à cause du malaise que le travail du sexe génère dans la culture française des Caraïbes, d'intervenir dans la vie privée de ces femmes. En effet, le *fanm'kolokett*, terme créole (kreyol) péjoratif désignant les femmes aux mœurs légères et les prostituées, contraste fortement avec l'idée de féminité que se font les femmes des Caraïbes françaises qu'il s'agisse de la *fanm poto mitan*, la femme noire forte qui est le pilier de la famille, ou de la *belle créole*, une femme élégante et sûre d'elle, maîtrisant son destin[45].

Le déclin des valeurs familiales traditionnelles et la présence croissante de femmes victimes de la traite en Guadeloupe et en Martinique, deux conséquences malheureuses de la mondialisation, posent de nouveaux défis aux féministes. Mais la mondialisation dans les Caraïbes françaises a également apporté ce que beaucoup considèrent comme des changements progressistes, à l'instar de la légalisation du mariage homosexuel. À bien des égards, la relation que les féministes des Caraïbes françaises ont entretenue avec les partisans du mariage homosexuel en dit long sur les particularités du féminisme des Caraïbes françaises. Comme les féministes françaises, les féministes guadeloupéennes et martiniquaises ont soutenu le mouvement en faveur de la légalisation du mariage homosexuel. L'UFM, par exemple, exprime son allégeance à la cause sur son site web. L'organisation utilise un communiqué du Centre d'information sur les droits des femmes et des familles, une organisation féministe française, pour démontrer qu'elle soutient le mariage homosexuel et qu'elle comprend le combat des personnes LGBT. Mais ni l'UFM ni l'UFG n'ont jamais organisé d'événements pour la cause, et encore moins promu la tolérance à l'égard des *zanmi* et des *makoumè*, les mots kreyol péjoratifs désignant respectivement les « lesbiennes » et les « homosexuels »[46]. On peut supposer que les organisations féministes ont adopté cette position parce que, même si les mots *zanmi* et *makoumè* ont des connotations péjoratives, ils ont toujours fait partie intégrante de la culture des Caraïbes françaises. Personne ne veut être identifié comme *zanmi* ou surtout comme *makoumè*, mais tout le monde a une idée vague ou même claire de qui est *zanmi* ou *makoumè*, et ce n'est pas grave, tant que l'individu se conforme aux notions locales de féminité et de masculinité[47]. En d'autres termes, les particularités de l'écosystème homosexuel des Caraïbes françaises ont conduit les féministes à entretenir avec les gays et les lesbiennes un rapport différent de celui de leurs homologues françaises. Alors que la France a produit des féministes ouvertement lesbiennes comme Monique Wittig, qui, depuis le début des années 1970, soutient que les femmes, en particulier les lesbiennes, doivent se battre et s'émanciper des effets contraignants de l'hétéronormativité, tel n'est pas le cas de la Martinique et de la Guadeloupe[48].

Cette absence est sans doute aussi le reflet d'un fossé générationnel, car une jeune génération de zoukeuses et de zoukeurs (le zouk est une forme de musique populaire de la Guadeloupe et de la Martinique) se sert bien des nouveaux médias pour remettre en question les notions conventionnelles de sexualité et de relations entre les sexes. Par exemple, Lycinaïs Jean, une jeune Antillaise, légitime les relations lesbiennes dans sa chanson et son clip vidéo, qui a été vu par plus de 1,5 million de personnes sur YouTube. Dans la vidéo, elle convainc son amante d'arrêter de se soumettre aux attentes de la société, de quitter son partenaire masculin et de revenir dans ses bras, parce qu'elle est la seule capable de lui donner un véritable amour et de l'affection. À l'instar de nombreux jeunes sujets des Caraïbes françaises, Lycinaïs Jean utilise les nouveaux médias comme une arme pour lutter contre la marginalisation de l'identité et de la sexualité féminines. Ses actions et ses créations artistiques sont typiques du nouveau mode de protestation sociale, non organisé, sporadique, mais calculé et efficace, employé par les jeunes utilisateurs des nouveaux médias[49].

Que ce soit par leur soutien « doux mais ferme » au mariage homosexuel, leur défense non interventionniste des droits des travailleuses du sexe, leur promotion des valeurs familiales traditionnelles des Caraïbes françaises, leur lutte pour mettre fin à la violence domestique ou l'inspiration qu'elles trouvent dans les mouvements de libération du Sud global pour aborder les questions d'inégalité entre les sexes et d'opportunités économiques dans leur pays, les féministes des Caraïbes françaises déploient un féminisme qui est à la fois lié à la France tout en étant localement enraciné. Les féministes des Caraïbes françaises plaident pour l'égalité des sexes tout en faisant l'éloge des différences entre les sexes. Elles suggèrent que les *belles kreyols* et les *poto mitans* partagent des attributs et, sans doute, des rôles sociaux différents de ceux des hommes des Caraïbes françaises. Elles appellent également à une réflexion sur l'idée de féminité. Tous les sujets des Caraïbes françaises sont invités à réfléchir à de nouvelles façons d'imaginer la féminité et la masculinité. En particulier, les féministes invitent les hommes de la Caraïbe française à comprendre et à renoncer aux privilèges du patriarcat. Simultanément, des femmes plus jeunes, nées à l'aube du XXIe siècle, qui ne sont pas toujours affiliées à des organisations féministes, invitent explicitement la société à réfléchir, à accepter et à comprendre que les citoyens partagent des orientations sexuelles différentes. Elles affrontent l'homophobie, un phénomène qui échappe aux organisations féministes, même si elles le condamnent. Pourtant, malgré leurs modestes efforts pour changer les perceptions de la sexualité, les féministes caribéennes ont lutté sans relâche pour améliorer leur société ; pour elles, les *belles kreyols* et les *poto mitans* doivent bénéficier des mêmes droits, des mêmes opportunités et du même respect que les hommes caribéens français.

CHAPITRE 7

« L'étranglement du suffrage universel » : la mobilisation de l'Union des femmes de La Réunion pour la citoyenneté électorale après 1945

Myriam Paris[1]

En août 1958, le comité directeur de l'Union des femmes de La Réunion adresse au président de la République, au président du Conseil, au président de l'Assemblée nationale et au secrétaire général de l'ONU une motion faisant état de la suppression *de facto* de leurs droits électoraux :

> « Comment voulez-vous que les femmes réunionnaises qui sont en principe depuis douze ans des citoyennes françaises, puisque La Réunion est un "département français" depuis 1946, croient à toutes les déclarations sur la démocratie, la liberté et la loyauté de scrutins outre-mer lorsque sous leurs yeux, depuis un an et à de multiples reprises, un préfet, représentant du gouvernement français, organise impunément l'étranglement du suffrage universel[2] ? »

L'Union des femmes de La Réunion est une organisation féminine fondée par des militantes communistes en 1946. Elle rassemble massivement des femmes des classes populaires, non blanches pour la plupart. L'anticolonialisme est au cœur de son agenda. Les militantes réclament, après la transformation administrative de la colonie en département d'outre-mer, l'abolition d'un régime persistant d'exception coloniale qui restreint leur accès aux droits attachés à la citoyenneté française. Elles sont particulièrement mobilisées pour la conquête de leurs droits sociaux (Sécurité sociale, allocations familiales, etc.) mais à partir des années 1950, la question des droits politiques, en particulier celle du droit de vote, devient un axe majeur de leur mobilisation.

Les Réunionnaises, comme leurs homologues des autres colonies départementalisées[3], les Martiniquaises, les Guadeloupéennes et les Guyanaises, ont pourtant obtenu la citoyenneté électorale par l'article 6 de l'ordonnance du 20 novembre 1944 portant adaptation aux territoires relevant du ministère des Colonies des dispositions de l'ordonnance du 21 avril 1944 consacrant le droit de vote et d'éligibilité des Françaises. À partir de 1945, elles sont donc appelées aux urnes, et certaines d'entre elles se portent candidates lors des élections. C'est notamment le cas de deux fondatrices de l'Union des femmes de La Réunion, Isnelle Amelin et Marie Gamel, respectivement employée de banque et travailleuse agricole. Toutes deux deviennent conseillères municipales en 1945, et Marie Gamel est élue au conseil général en 1947. Dans des années 1950, elles dénoncent cependant des restrictions des droits électoraux affectant les Réunionnaises, déclarant que « leur droit élémentaire de citoyenne, le vote, est constamment violé[4] ».

Les fraudes électorales qui ont cours à La Réunion des années 1950 aux années 1970 constituent un phénomène encore peu documenté, bien que mentionné dans plusieurs travaux historiques[5]. Les mobilisations qui se sont déployées contre l'organisation de ces scrutins frauduleux ont encore moins retenu l'attention des chercheur·e·s. L'Union des femmes de La Réunion a été, des années 1950 aux années 1970, aux côtés du Parti communiste réunionnais auquel la plupart des militantes étaient affiliées, l'une des principales organisations réunionnaises active dans ces luttes. Comment expliquer l'investissement massif des femmes dans cette mobilisation ?

Cette lutte féminine des Réunionnaises pour exiger « la libre et pleine jouissance de leurs droits d'électrice, de citoyenne, le droit de se donner des représentants de leur choix[6] » s'inscrit à mon sens dans l'histoire française des mobilisations suffragistes. Si, dans une perspective centrée sur l'espace métropolitain, les droits électoraux féminins sont réputés acquis en 1945, un décentrement englobant le domaine colonial français permet de visibiliser des luttes qui questionnent le récit linéaire de l'obtention féminine du droit de vote en France. La mobilisation des Réunionnaises se comprend au regard de l'histoire de la citoyenneté électorale dans les colonies d'esclavage, départementalisées en 1946. Silyane Larcher a bien montré que si le suffrage universel masculin a été étendu en 1848 en Guyane, en Martinique, en Guadeloupe et à La Réunion, le droit électoral y est longtemps resté lettre morte[7]. En effet, sous le Second Empire (1852-1870), les citoyens de ces colonies ont été privés de représentation parlementaire et les membres des assemblées locales étaient nommés par le gouverneur : les élections étaient ainsi supprimées. Sous la Troisième République (1870-1946), les électeurs de ces colonies pouvaient élire des représentants parlementaires, mais ces représentants élus adoptaient des lois qui ne pouvaient s'appliquer aux colonies, cette application étant subordonnée à la décision des gouverneurs. Les électeurs restaient donc administrés par le ministère des Colonies. Silyane Larcher a montré que cette ségrégation juridique tenait au rapport des élites françaises aux populations racisées des « vieilles colonies » : celles-ci étaient continuellement renvoyées à une supposée incapacité politique héréditaire[8]. Qu'en est-il de cette relation racialisée lorsque, à partir de 1946, ces mêmes colonies sont administrées en tant que département d'outre-mer ? Pourquoi la citoyenneté électorale est-elle à nouveau devenue lettre morte dans les années 1950 ? Comment les Réunionnaises se sont-elles mobilisées pour que leurs droits politiques deviennent effectifs ?

Ainsi, l'ambition de ce chapitre est de documenter une mobilisation féminine pour un droit politique réputé acquis en France. L'enjeu est non seulement de souligner l'une des modalités de la différenciation coloniale qui divise la citoyenneté française, mais aussi de mettre en lumière l'expérience, les luttes et les perspectives des femmes concernées par la restriction des droits politiques.

Il s'agira d'abord de revenir sur la participation politique des Réunionnaises, leur entrée dans l'arène politique en 1945 et les formes de pratiques répressives à laquelle elles ont été exposées pour en être exclues. Le chapitre se focalisera ensuite sur les modalités par lesquelles les droits électoraux sont rognés dans les années 1950, et sur les protestations de l'Union des femmes de La Réunion contre « la violation continue du suffrage universel[9] ».

« Nous voulons nos droits » : l'entrée des Réunionnaises dans l'arène politique

La question des droits électoraux constitue un enjeu pour les Réunionnaises dès le début du XXe siècle. Comme en Guadeloupe et en Martinique, on observe en effet des mobilisations suffragistes à La Réunion pendant l'entre-deux-guerres[10]. Elles sont alors dirigées par des Réunionnaises appartenant à l'élite intellectuelle blanche – les Réunionnais·es non blanc·he·s sont ici massivement exclu·e·s de l'espace politique. Marguerite Winter Frappier de Montbenoît, issue de l'aristocratie sucrière, rejoint par exemple le Conseil national des femmes françaises et dirige la section créole de l'Union française pour le suffrage des femmes : « Nous devons aller aux urnes franchement, loyalement, aux colonies comme en France[11] » déclare-t-elle en 1927. Léona Revest, fille de travailleurs agricoles et créole blanche, est quant à elle l'autrice d'un plaidoyer suffragiste intitulé « causerie sur le féminisme » en 1921[12]. Tout en plaidant pour les droits électoraux, ces femmes réclament l'intégration politique de La Réunion à La France selon l'idéal républicain d'égalité.

En avril 1944, le Comité français de libération nationale basé à Alger promulgue l'ordonnance qui consacre le droit de vote et d'éligibilité des Françaises. L'historienne Clara Palmiste a montré que l'application de cette ordonnance aux citoyennes des « vieilles colonies » n'est pas allée de soi : elle cite pour preuve le gouverneur de Guadeloupe consulté par le ministre des Colonies René Pleven quant à la pertinence d'accorder le droit de vote aux Guadeloupéennes : « Je suis un partisan du vote des femmes mais pas en Guadeloupe. La masse est trop inculte. J'en dirais autant des hommes d'ailleurs, mais à leur sujet, il n'y a plus à y revenir[13]. » C'est donc en dépit d'un rapport de race persistant qui structure historiquement le rapport des élites politiques françaises aux citoyens non blancs des « vieilles colonies » – ceux-ci demeurent frappés d'incompétence politique par essence –, que les femmes des Antilles, de la Guyane et de La Réunion obtiennent le droit de vote.

Les Réunionnaises entrent alors dans un espace politique jusque-là accaparé par les Blancs. Elles sont appelées à voter pour la première fois à l'occasion des élections municipales organisées en 1945 et certaines d'entre elles se portent candidates. C'est le cas, on l'a vu, des futures dirigeantes de l'Union des femmes de La Réunion, Isnelle Amelin et Marie Gamel, qui sont alors des notoriétés syndicales dans leurs communes. Elles se présentent avec succès sur les listes du Comité républicain d'action démocratique et sociale (CRADS), large coalition regroupant des communistes, des socialistes, des radicaux et plus largement, toutes les formations politiques républicaines revendiquant l'abolition du statut colonial. La droite s'organise de son côté sous l'étiquette démocrate-chrétienne et sous l'égide des notables de l'industrie sucrière. Les candidatures féminines représentent un enjeu stratégique pour ces formations qui cherchent à recueillir les suffrages des nouvelles électrices, en particulier celles des classes populaires. Le CRADS remporte la majorité des municipalités lors de ces élections et cela tient en grande partie à l'importante participation électorale des Réunionnaises.

Ce scrutin est en effet marqué par une forte participation féminine. Celle-ci atteint par exemple 84 % dans la commune ouvrière du Port[14]. La presse souligne que cette participation a été équivalente ou supérieure à celle des hommes. Un journaliste recense par exemple 4 500 votantes contre 2 543 votants à Saint-Denis, la principale commune[15]. Parmi ces 4 500 votantes, il note que près de 3 000 ont opté pour la liste présentée par le CRADS, soit les deux tiers des électrices[16]. Ce comportement électoral féminin apparaît atypique dans la mesure où une participation électorale féminine dépassant ici celle des hommes est rarement constatée, y compris par exemple au même moment en Martinique où l'abstention féminine est au contraire stigmatisée[17].

La droite s'inquiète des préférences féminines exprimées pour le CRADS et elle met en œuvre des stratégies de plus en plus offensives pour contrôler l'électorat féminin. Cela passe par la disqualification des militant·e·s du CRADS comme on peut l'observer à travers des journaux locaux tels que *Le Combat*, *Le Cri du peuple*, *L'Avenir du Sud* et *La Démocratie*, tous liés à des notabilités blanches de la propriété foncière et de l'industrie sucrière qui présentent des candidats face au CRADS. Par exemple, au lendemain des élections législatives d'octobre 1945 remportées par le CRADS, *Le Combat* dépeint la célébration de ce succès électoral comme « un défilé grotesque digne des carnavals des temps périmés », une « manifestation digne en tout point de vue de *La Kermesse noire* »[18]. La référence au carnaval (rituel populaire indien et afrodescendant qui a perduré jusqu'au début du XXe siècle à La Réunion) et surtout à *La Kermesse noire*, roman des Réunionnais blancs Georges Athénas et Aimé Merlo, écrit sous leur nom de plume de Marius-Ary Leblond, inscrit explicitement cette rhétorique dans un discours raciste. Ce « roman d'une élection aux colonies », ainsi que l'indique le sous-titre, prend en effet pour objet les « mœurs électorales » réunionnaises du début du XXe siècle : l'impossibilité d'instaurer un ordre républicain démocratique est imputée aux électeurs noirs, réputés stupides, dépravés et corrompus par essence[19]. Ici, *Le Combat* met en scène des militants et des militantes prétendument en train de « vociférer des obscénités dans leur joie délirante[20] ».

Ce motif de la dépravation est à la fois racialisé et genré. Le procédé assimilant la participation politique féminine à une dépravation morale et sexuelle se systématise dès 1945 : « pétroleuse[21] », « énergumènes saoules[22] », femmes « bourrées et gavées d'alcool[23] », « grues[24] » sont autant de termes colportés par la presse conservatrice. La mise en scène de figures féminines transgressant les normes de genre (piété, tempérance, chasteté, maternité, discrétion, etc.) stigmatise l'entrée des femmes non blanches dans l'espace politique, sanctionne leur militantisme et disqualifie les hommes jugés incapables de contrôler les activités de leurs conjointes.

Le recours à ces figures féminines déviantes s'inscrit également dans une rhétorique anticommuniste qui se développe dans l'après-guerre. Les militantes communistes sont en effet littéralement diabolisées. *Le Cri du peuple* évoque par exemple une militante « à la longue chevelure diabolique[25] » tandis que *L'Avenir du Sud* prétend qu'une « pétroleuse […] cache sur elle un grand coquin de diable sur lequel il faut renoncer à son baptême[26] ». La figure de la « pétroleuse », créée en France par les conservateurs pour stigmatiser les protagonistes populaires de la Commune de Paris, est ici muée en sorcière. Le préfet

André Capagorry relatant une manifestation dans une correspondance adressée au ministre de la France d'outre-mer, dépeint les militantes communistes sous les traits de femmes « surexcitées » « proférant des insultes et des menaces »[27], conformes aux portraits des furies dépravées dressés dans les journaux. Ce cadrage genré et racialisé soutient l'intensification de la répression du militantisme communiste et anticolonial. À La Réunion, l'anticommunisme fédère les notabilités de la propriété agricole et industrielle, les partisans gaullistes, le clergé et les autorités étatiques, autant d'acteurs se voyant menacés par l'agenda anticolonial de la fédération communiste réunionnaise. Ainsi, les communistes réunionnais·es, parmi lesquels la majorité des militantes de l'Union des femmes de La Réunion, se trouvent exposé·e·s à des pratiques répressives relevant à la fois de l'anticommunisme d'État et du maintien de l'ordre colonial.

Parmi ces pratiques, figurent les « procès politiques » entendus comme expression de « la volonté étatique de punir les opposants[28] ». Les principales dirigeantes communistes, également dirigeantes de l'Union des femmes de La Réunion, sont en effet poursuivies dans les années 1950. Marie Gamel (présidente de l'Union des femmes de La Réunion et membre du comité fédéral du Parti communiste), accusée d'avoir organisé une manifestation non déclarée, est contrainte de comparaître au tribunal correctionnel en 1950[29]. Alice Pévérelly (sage-femme, membre du comité directeur de l'Union des femmes, membre du comité fédéral du Parti communiste) est inculpée et lourdement condamnée pour délit de presse – pour des articles favorables aux luttes de libération nationale vietnamienne et algérienne – en tant que directrice du journal communiste *Témoignages*[30]. D'autres militantes sont directement frappées par l'arbitraire préfectoral. C'est le cas notamment de Margot Payet (membre du comité directeur de l'Union des femmes de La Réunion) qui, après avoir été reçue au concours d'infirmière, est écartée de son poste après l'intervention directe du préfet[31]. Le militantisme d'Isnelle Amelin (secrétaire générale de l'Union des femmes de La Réunion, membre du comité fédéral du Parti communiste) est quant à lui sanctionné par sa mise à la retraite anticipée, en 1955[32].

Ces pratiques répressives n'affectent pas seulement les dirigeantes de l'Union des femmes de La Réunion. Elles s'abattent plus largement sur l'ensemble des Réunionnais·es présumé·e·s communistes, notamment par l'intermédiaire du clergé. À la Réunion, l'Église catholique encadre la vie quotidienne d'une majorité de la population. La militante Gabrielle Baret rapporte dès 1947 que les adhérentes de l'Union des femmes de La Réunion sont « menacées par les curés de ne plus être admises à l'église, leurs enfants [sont] mis à la porte des écoles religieuses et ne [peuvent] faire leur première communion[33] ». Gilles Gauvin a montré que Jacques Foccart, alors dirigeant du secteur outre-mer au sein du parti gaulliste (Rassemblement du peuple français – RPF), est lui-même intervenu auprès de l'évêché pour accélérer l'application à La Réunion du décret du Saint-Office du 1er juillet 1949 frappant d'excommunication les catholiques favorables aux communistes[34]. L'historien précise que Foccart s'est notamment félicité de « l'effet psychologique énorme produit sur la population par le refus de service religieux pour une sépulture de communiste notoire[35] ». Les Réunionnais·e·s réputé·e·s communistes se voient ainsi refuser les sacrements et exposé·e·s à l'opprobre public. L'anathème frappe particulièrement les femmes parce qu'elles sont supposément garantes de l'ordre moral et religieux.

Ainsi, si les Réunionnaises investissent massivement l'espace politique en 1945 par leur participation électorale et leur participation aux mobilisations organisées par les formations politiques anticoloniales, cette participation politique est aussitôt disqualifiée et sanctionnée par un dispositif répressif légitimé par une propagande les figurant sous les traits d'un électorat noir dépravé et corrompu, inadapté par essence à l'ordre républicain et démocratique. À partir de 1947, ce dispositif est complété par des pratiques répressives relatives au contrôle étatique des résultats électoraux.

« Continuellement bafouées » : l'épreuve féminine de l'annihilation des droits électoraux

Si en 1945 les autorités publiques veillaient à la légalité des scrutins, Gilles Gauvin rapporte que des bourrages d'urnes sont constatés dès 1947 à l'occasion des élections municipales de Saint-Denis, au profit de Jean Chatel, alors dirigeant de la section locale du RPF qui rassemble les notabilités des secteurs agricole, industriel, bancaire et commercial[36]. La même année, à la suite des élections municipales de Saint-Louis où des fraudes sont également observées, les dirigeantes de l'Union des femmes de La Réunion investissent la lutte pour le respect du suffrage universel et contribuent à fonder le Comité de défense des libertés républicaines. Claudine Saramito en est la présidente, Alice Pévérelly la secrétaire et Isnelle Amelin compte parmi les autres membres du bureau[37].

Dans le courant des années 1950, la préfecture joue pourtant un rôle de plus en plus actif dans l'organisation des scrutins frauduleux. En 1956, à la suite de l'élection législative remportée par les communistes dans deux circonscriptions sur trois, un nouveau préfet, Jean Perreau-Pradier, est nommé à La Réunion. Il engage ce que Gilles Gauvin nomme une « politique de reconquête par la force[38] » passant par l'éviction des communistes des assemblées élues et la maîtrise des résultats électoraux. Ainsi, si, en 1957, 7 communes sur 24 sont dirigées par des maires communistes, il n'en reste plus qu'une, celle du Port, en 1959 – le conseil municipal de cette commune est d'ailleurs dissout par le préfet en 1962. De la même manière, les communistes détiennent deux sièges de députés sur trois en 1957 et plus aucun en 1958. La quasi-totalité des sièges leur est également retirée au conseil général. « Comment voulez-vous que les femmes continuent à voter lorsque, quel que soit le vote qu'elles émettent, le soir au dépouillement fait sous la garde de la police, tous les "suffrages" sont accordés aux candidats patronnés par le préfet[39] ? » s'indigne le comité directeur de l'Union des femmes de La Réunion en août 1958.

À la fin des années 1950, la situation réunionnaise devient en effet comparable à celle qui a prévalu en Algérie entre 1947 et 1954 où des candidats étaient patronnés par les pouvoirs publics et où l'administration était devenue « experte dans l'art de corrompre un code électoral dont elle était officiellement chargée d'assurer l'application[40] ». Falsification des listes électorales, expulsions des délégués, obligation du vote « franc » (sans passer par l'isoloir), vote sans carte électorale, vote sans pièce d'identité réglementaire, votes multiples, bourrages, bris ou enlèvement d'urnes, dépouillements falsifiés et enregistrement préfectoral des résultats falsifiés sont autant de pratiques constamment observées à partir de 1957.

Parmi les acteurs impliqués dans les pratiques électorales frauduleuses figurent les candidats anticommunistes patronnés par le préfet. Ceux-ci prennent le contrôle des municipalités à partir de 1957 et, en tant que maires, ils disposent de ressources électorales accrues. Ils ont d'abord le pouvoir direct de fabriquer les documents électoraux (listes et cartes électorales) et certaines pièces d'identité. Ils ont ainsi en main la plus grande partie de l'appareil électoral. En tant que maires, les candidats disposent aussi des ressources municipales pour former leur clientèle politique et ces ressources s'accroissent à la faveur du développement du dispositif étatique d'aides sociales. En effet, à La Réunion, ces aides transitent par les mairies. Par exemple, pour bénéficier de l'Assistance médicale gratuite (AMG) – 63 % de la population en relève en 1953 –, les Réunionnais·e·s doivent obtenir un coupon financé par l'État et délivré par les municipalités. L'Assistance médicale gratuite devient ainsi une ressource publique mise à la disposition des maires. Cela leur permet de constituer une clientèle politique, et plus généralement de participer à la répression anticommuniste, par exemple en privant l'électorat présumé communiste de cette aide conditionnant l'accès aux soins médicaux. En 1958, lors du congrès de l'Union des femmes de La Réunion, une déléguée, Mme Lebon, raconte ainsi que privée de cette assistance, son enfant est décédé, faute de soins[41].

Les ressources financières dont disposent les maires et, plus généralement, la plupart des candidats de la droite, leur permettent en outre de recruter au sein de leur clientèle politique des hommes missionnés pour molester leurs opposant·e·s dans les périodes électorales. Cette pratique consistant à rétribuer des hommes en argent ou en nature pour intimider et agresser physiquement des candidats rivaux et leurs partisans réels ou présumés, se développe et se systématise à partir de 1957. L'Union des femmes de La Réunion fait état des agressions commises par ces nervis dans sa motion d'août 1958 :

> « Les femmes de notre pays sont trop profondément ulcérées, révoltées, et ne peuvent plus dans ces conditions avoir aucune confiance dans les institutions françaises actuelles. Comment voulez-vous que les femmes puissent exercer leurs droits politiques, lorsque la présidente de notre section de Saint-Leu, conseillère municipale, est attaquée chez elle, son mari frappé, sa maison lapidée par des bandes de voyous à la connaissance de la police ? Que des mères de famille [...] sont chassées avec leurs enfants de leurs maisons sous la menace et les insultes en raison des opinions présumées de leurs maris, et cela en présence des gendarmes ! Comment voulez-vous qu'elles aient confiance dans les institutions françaises lorsque [...] dans la plupart des communes et cantons de l'île, elles sont attaquées dans les chemins et les bureaux de vote[42] ? »

Les militantes expliquent que ces nervis interviennent non seulement en amont des élections mais aussi pendant les scrutins, à proximité et à l'intérieur des bureaux de vote, c'est-à-dire dans les espaces contrôlés par l'administration. Elles relatent, pour preuve, le déroulement du scrutin municipal de Saint-André de septembre 1957 :

> « La campagne électorale s'était déroulée dans l'enthousiasme et la liste où figurait la présidente de notre organisation [Marie Gamel], conseillère générale du canton, avait recueilli partout le meilleur accueil, malgré les bandes organisées de perturbateurs où figuraient de nombreux repris de justice connus de la population, bandes organisées payées et saoulées par les candidats présentés par les sociétés sucrières et ouvertement soutenues par l'Administration. Mais le jour du vote, un déploiement inouï de forces policières (CRS et gendarmes) protégeait les groupes de bandits conduits par un des candidats de l'Administration. Ceux-ci s'emparaient des bureaux de vote, frappaient et chassaient les délégués et assesseurs des listes communistes, socialistes et indépendantes. Dans le même temps, les personnes venues voter, parmi lesquelles une grosse majorité de femmes, étaient attaquées à coups de pierre devant les bureaux de vote et dans les chemins traversant les champs de canne à sucre qu'elles devaient emprunter pour se rendre aux bureaux de vote ; il y eut un grand nombre de blessés. Il fut impossible de se rendre au

bureau de vote, les gendarmes et les CRS protégeant les nervis qui en défendaient l'accès et dès lors, on assista à un bourrage cynique et inouï des urnes[43]. »

De même, les élections législatives partielles du 17 novembre 1957 se soldent non seulement par des agressions de militant·e·s communistes et de participant·e·s à des réunions publiques mais aussi par l'expulsion par des nervis des délégués et assesseurs des listes communistes le jour du vote, comme en témoigne Isnelle Amelin, alors déléguée dans un bureau de vote dionysien.

> « Au-dehors, on pouvait voir une dizaine de repris de justice, qui attendaient. Au moment de la formation du bureau, le président donna l'ordre à ces bandits de saisir l'urne. Je me suis couchée sur elle. Une échauffourée s'en est suivie. Je tombais à la renverse tenant toujours l'urne dans mes bras. Mes adversaires me croyant morte, prirent la poudre d'escampette. Malgré mes blessures, je suis restée dans le bureau de vote. On a dû cependant faire appel à un médecin et à une infirmière pour me soigner[44]. »

Alice Pévérelly, déléguée de la fédération communiste pour un scrutin à La Bretagne, est agressée à l'intérieur du bureau de vote dans les mêmes conditions[45]. Les nervis interviennent de la même façon en décembre 1957 lors des élections municipales à La Possession, après dissolution par la préfecture du conseil municipal communiste.

Les témoignages des militantes de l'Union des femmes de La Réunion soulignent que les nervis opèrent sous protection policière. À partir de 1957, l'effectif militaire et policier permanent sur l'île est accru tandis que le recrutement ponctuel dans les bases militaires françaises (de Madagascar et de Djibouti principalement) prend des proportions plus importantes. CRS, gendarmes, gardes mobiles, parachutistes et légionnaires français sont ainsi massivement dépêchés dans l'île lors des scrutins. L'emploi accru de forces de l'ordre se traduit par un encadrement de plus en plus coercitif des opérations électorales. « Sur un périmètre de 200 à 300 mètres autour des bureaux de vote sont installés, sur plusieurs rangées, CRS ou parachutistes en tenue de combat, boucliers, mousquetons, fusils lance-grenades », témoigne par exemple un sympathisant communiste français[46]. Il précise que les agents de police accourent à l'appel des présidents des bureaux de vote lorsque ceux-ci veulent sanctionner un électeur qui proteste et que l'électeur est alors poursuivi pour menaces à agent. Les forces de l'ordre procèdent de cette façon à de nombreuses arrestations d'électeurs et d'électrices communistes ou présumé·e·s tel·le·s dans et aux alentours des bureaux de vote. Ces arrestations donnent souvent lieu à des poursuites judiciaires et à des emprisonnements.

Ainsi, la fraude apparaît délibérément soutenue et organisée par les pouvoirs publics. Dès 1957, le Comité de défense des libertés républicaines adresse à l'Assemblée nationale un « mémoire sur l'exercice du suffrage universel à La Réunion » en vue d'obtenir l'invalidation des élections législatives[47]. Ce mémoire, basé sur de nombreux témoignages, fait d'abord état des opérations frauduleuses, en particulier la falsification des listes électorales et la distribution illégale de cartes électorales en amont des élections. Il relate également, le jour du vote, l'agression d'assesseurs et de délégués suivie de bourrages d'urnes. Il documente aussi les pratiques clientélistes qui entourent les élections. Il détaille en outre des agressions préméditées de bandes armées ciblant des électeurs et électrices communistes ou présumé·e·s tel·le·s. Manipulation du corps électoral, fraudes, corruption et pressions font ainsi l'objet d'un rapport débattu à l'Assemblée nationale le 18 février 1958. Celle-ci décide l'envoi d'une commission d'enquête parlementaire. Après une mission de huit jours effectuée dans l'île en mars 1958, les dix députés de cette commission n'ont jamais rendu leurs conclusions. Le 20 avril 1958, lors des élections cantonales, le maire communiste de Saint-Leu porte plainte à son tour et transmet les indices de la falsification des listes électorales au procureur de la République. Il est suspendu par le préfet et la municipalité est dissoute le 15 juillet suivant. Quand bien même les recours déposés aboutissent, le préfet ne fait pas appliquer les décisions, notamment celle du 27 mars 1957 qui invalide l'élection du maire de Sainte-Rose[48]. C'est ainsi que la règle pragmatique du « candidat officiel » s'impose jusque dans les années 1970[49].

> « Citoyenne dite "française" et "à part entière", [la Réunionnaise] ne jouit d'aucune liberté de vote. Aux pressions qui s'exercent de la part de patrons, s'ajoute la répression à l'intérieur comme à l'extérieur des bureaux de vote : listes électorales falsifiées, urnes bourrées, dépouillement frauduleux, bandes de nervis faisant la loi, se livrant librement à des agressions contre les électeurs et les électrices, les frappant, allant même jusqu'à l'assassinat d'enfants, commettant toutes sortes de forfaits sans que les forces dites "de l'ordre" interviennent. Quand il arrive aux électeurs de riposter, ce sont ces derniers qui sont arrêtés ! Pour avoir affirmé leurs droits, pour avoir exprimé leur misère et leur colère, des dizaines et des dizaines de travailleurs – parmi lesquels des enfants – sont arrêtés et condamnés à de lourdes peines de prison. Depuis de nombreuses années, La Réunion subit ce gangstérisme électoral, le colonialisme ne trouvant que dans la violence et le truquage le moyen de sauvegarder ses privilèges et de chercher à étouffer la protestation de tout un peuple. »[50]

Clélie Gamaleya, déléguée de l'Union des femmes de La Réunion au congrès de la Fédération internationale démocratique des femmes tenu à Moscou en 1963, dénonce ici l'institutionnalisation d'un dispositif répressif centré sur l'encadrement des opérations électorales, moyennant patronage préfectoral, clientélisation des ressources publiques, emploi de nervis et autres forces répressives. Ce dispositif répressif ciblant les opposant·e·s communistes et anticoloniaux se traduit *de facto* par l'annihilation franche des normes, des règles et des principes qui régissent l'institution républicaine du suffrage universel en France.

***

> Comment voulez-vous que [les Réunionnaises] aient confiance dans les institutions françaises alors que leur droit élémentaire de citoyenne, le vote, est constamment violé, alors que les fraudeurs restent impunis, alors que les nervis continuent sciemment à maltraiter les travailleurs, à les frapper, et que ce sont ces travailleurs, et non les nervis [...] qui sont arrêtés et mis en prison par la justice française[51] ?

En septembre 1958, l'Union des femmes de La Réunion réunit 500 déléguées en congrès pour faire face à ce qui est dénoncé comme l'exclusion des Réunionnaises de l'arène politique. Décrivant les pratiques institutionnalisées concourant aux « violations continues du suffrage universel », les dirigeantes dénoncent la suppression *de facto* de leurs droits politiques à commencer par « leur droit élémentaire de citoyenne, le vote » obtenu en 1945, et ce, dans un contexte où l'électorat réunionnais féminin est massivement mobilisé depuis cette date. Elles estiment que « Les atteintes en particulier au suffrage universel empêchent les femmes réunionnaises de choisir leurs élus et de faire entendre ainsi dans les assemblées élues la voix des mères de chez nous[52] ». Elles jugent donc que l'expression et la représentation démocratiques des Réunionnais·e·s, en définitive l'exercice d'une souveraineté politique, est impossible. « Nous repoussons le mythe de "Françaises à part entière", car nous avons été continuellement bafouées et nous avons vu que notre pays, quoique nous fassions, reste toujours une colonie[53] », affirment-elles.

Alors que les militantes réclamaient depuis 1946 une « véritable départementalisation » entendue comme exigence de la pleine citoyenneté française, elles placent désormais au centre de leur agenda politique « la reconnaissance aux Réunionnais du droit de gérer eux-mêmes et démocratiquement leurs propres affaires[54] ». C'est ainsi que la revendication d'être reconnues et traitées comme des « Françaises à part entière » est remplacée par celle du droit à l'autodétermination en 1958. L'expérience des interactions répressives, loin de se solder par une démobilisation, contribue au contraire à une radicalisation du militantisme féministe et anticolonial qui se traduit, tout au long des années 1960 et 1970, aux côtés d'autres organisations réunionnaises, martiniquaises, guadeloupéennes et guyanaises, par l'exigence de l'autonomie politique.

Si les opérations électorales sont progressivement normalisées à partir de la fin des années 1970 – « Au Port, à La Possession et à Saint-Louis notamment, ce sont les femmes qui ont le plus contribué à mettre la fraude en échec, et à rétablir le déroulement normal des opérations électorales » précise l'Union des femmes de La Réunion en 1979[55] – les espérances associées à la revendication d'autonomie se sont quant à elles délitées dans les années 1980. Pour autant, aujourd'hui, le « mythe de Françaises à part entière » reste contesté par des associations féministes réunionnaises, notamment celles qui voient dans l'engagement politique féminin un levier de transformation sociale et décoloniale.

CHAPITRE 8

La Coordination des femmes noires (1976-1982)

Retour sur des féministes oubliées

Pamela Ohene-Nyako[1]

La Coordination des femmes noires était une organisation autonome de femmes afrodescendantes qui a vu le jour à Paris en 1976 et s'est arrêtée vers 1982[2]. Elle a été cofondée par l'anthropologue et journaliste sénégalaise Awa Thiam et par la journaliste, philosophe et exilée politique camerounaise Maria Kala Lobé. Elle a été constituée d'une dizaine de membres d'Afrique, des Caraïbes françaises et de l'Hexagone, les plus publiques étaient alors étudiantes et femmes de culture et de lettres[3]. Ce qui marque à la fois la composition et l'agenda de la Coordination est qu'elle a émergé du croisement des luttes féministes, marxistes, indépendantistes ainsi que des mobilisations menées par les personnes immigrées en France durant les années 1970[4]. Pour ses membres, il s'agissait notamment de se retrouver entre femmes noires pour se dire, se penser et s'autonomiser par rapport à l'État et de se démarquer vis-à-vis du tissu militant féministe, marxiste et nationaliste noir de l'époque. Elles ont toutefois continué à collaborer avec des activistes de ces mouvements de manière ponctuelle et sur des thématiques transversales. En se constituant en collectif, elles ont contribué à dénoncer le racisme, le sexisme, les violences et exploitations systémiques auxquels elles et d'autres femmes racisées de France et du monde faisaient face. Pour ce faire, elles ont activement pris la parole par écrit, investi les rues et manifestations publiques et formulé une perspective intersectionnelle et internationaliste leur étant propre. Pourtant, et malgré ces actions publiques, la Coordination des femmes noires a d'abord été peu considérée et critiquée par ses contemporain·e·s, puis oubliée[5]. Dans ce texte, je reviens sur les étapes qui ont permis de recouvrer son histoire et je resitue l'organisation dans une généalogie du militantisme des femmes noires en France hexagonale. Puis dans un second temps, je m'intéresse à la manière dont les femmes de la Coordination ont utilisé l'espace du foyer comme ressort d'actions publiques. Enfin, je me focalise sur leur positionnement face à l'État et à l'espace public hexagonal.

Une reconnaissance différée : enjeux historiographiques

La Coordination des femmes noires a fait l'objet d'un intérêt militant et universitaire renouvelé à partir des années 2010. Cette reconnaissance différée a été rendue possible car d'anciennes membres ont transmis leurs mémoires, des afroféministes ont insisté sur la pertinence politique de la Coordination des femmes noires, et des chercheurs et chercheuses se sont lancé·e·s à la quête d'archives pouvant reconstituer l'histoire de l'organisation. Il y a ainsi depuis quelques années une production scientifique plus prolifique[6]. Ces travaux s'appuient sur des recherches méticuleuses et endurantes dans une pluralité de centres d'archives et ressources documentaires de manière à (re)constituer un corpus d'archives éclectiques. Ce travail de repérage a été indispensable car l'éparpillement des sources, en plus de leur nombre limité, a sans doute participé au peu d'historiographie sur la Coordination des femmes noires, à l'instar d'autres groupes de femmes noires en France hexagonale et en Europe continentale[7]. Il ressort que la majorité des archives sur la Coordinations des femmes noires sont des publications parues dans les presses féministes, marxistes et généralistes. Ce matériau est complété de documents produits par la Coordination elle-même – telle une brochure datée de 1978 où sont évoquées ses raisons d'existence et ses revendications –, d'ouvrages publiés de certaines de ses membres, de photographies prises pour la plupart par Catherine Deudon[8] lors de manifestations féministes à Paris, ainsi que de témoignages récents de Gerty Dambury.

L'ensemble de ce corpus non exhaustif[9] rend compte du fait que les membres de la Coordination des femmes noires se sont saisies d'espaces publics militants, littéraires et artistiques pour articuler une pensée féministe noire intersectionnelle. Elles ont en effet analysé les discriminations en tenant compte à la fois du racisme antinoir, du sexisme affectant en particulier les femmes noires, de l'exploitation économique puisant ses racines historiques dans l'esclavagisme et le colonialisme, du statut d'immigré, et des différents contextes culturels. Les constats auxquels les membres de la Coordination des femmes noires sont parvenus étaient le fruit de leurs observations directes et expériences personnelles en contexte hexagonal en tant que femmes d'Afrique et des Caraïbes françaises. Par conséquent, leur pensée intersectionnelle prenait ses racines en France-même, tout en étant tissée d'influences transnationales panafricaines et caribéennes du fait de leurs origines et de leur internationalisme. Cette conclusion va à l'encontre d'une tendance générale qui associe encore la genèse et la prédominance de l'intersectionnalité aux États-Unis et postule une importation du *Black feminism* en France.[10] Car pour les membres de la Coordination, les apports transatlantiques avaient une influence moindre en comparaison de celle des espaces africains et caribéens dont la plupart des membres étaient natives. Même si certaines des membres de la Coordination maîtrisaient l'anglais et connaissaient des figures militantes et intellectuelles étatsuniennes, ces dernières ont rarement été invoquées comme source d'inspiration, sans oublier que les versions traduites des ouvrages les plus notoires du *Black feminism* des années 1970 et 1980 ont circulé en France bien après la formation de la Coordination[11]. Comme l'a récemment rappelé Gerty Dambury :

> « Si la théorie de l'intersectionnalité semble trouver une grande place dans le mouvement féministe des années 2017-2019, je tiens à rappeler que la Coordination des femmes noires avançait le slogan suivant : "Dans les colonies, les néo-colonies, nous subissons une triple oppression : en tant que femmes, en tant que classe, en tant que race." Genre, classe et race. Nous n'avions pas lu d'ouvrages théoriques sur le fait, nous n'avions pas lu Audre Lorde ou Claudia Jones, et je pense qu'il est important de le dire. Il est important de noter que les femmes noires, où qu'elles se trouvent et à quelque époque que ce soit, ont toujours pointé ces faits précisément parce que ce sont les catégories les plus exploitées

de toutes les sociétés. C'est une conscience qui nous est évidente dès que nous analysons notre situation[12]. »

Selon Gerty Dambury, la pensée intersectionnelle développée au sein de la Coordination était ainsi la résultante directe de leurs propres observations et expériences vécues de femmes noires en contexte hexagonal et francophone.

D'autres travaux portant sur les mobilisations des femmes noires, dont certains publiés dans le présent ouvrage, démontrent que la Coordination des femmes noires ne fut ni la première, ni la dernière à penser ensemble les différentes conditions d'oppression des femmes noires en France hexagonale. Sur le plan de l'histoire des idées, elle s'inscrit en partie dans le sillage intellectuel de Paulette et Jane Nardal du mouvement de la Négritude des années 1920 à 1930, bien qu'elle s'en distingue par son rejet de l'assimilationnisme à la France[13]. Une partie de sa rhétorique se retrouve aussi dans celle des femmes de l'Union générale des travailleurs réunionnais en France actives en 1965, mais elle en diffère par son panafricanisme[14]. De plus, au moment de son existence, la Coordination cohabitait dans l'espace militant avec d'autres organisations tel le Mouvement des femmes noires cofondé par Awa Thiam en 1978, à la suite d'une scission au sein de la Coordination. Sans oublier les sections féminines des organisations de travailleurs africains immigrés, les tontines et autres groupes d'aide mutuelle de femmes africaines et caribéennes, le MODEFEN fondé en 1981, ainsi que d'autres initiatives artistiques, esthétiques et littéraires portées par des femmes conscientes d'être à la jonction de plusieurs oppressions[15]. On peut en ce sens souligner la publication posthume du livre *Lettres à une Noire* de Françoise Ega en 1978, qu'une membre de la Coordination avait lu et annoncé dans le journal militant *Sans Frontière*[16]. La Coordination des femmes noires a donc à la fois eu son histoire et positionnement propres, tout en s'inscrivant dans une généalogie intellectuelle et militante plus longue et étendue de femmes noires en contexte hexagonal. Dans les lignes qui suivent, je démontre comment l'espace du foyer a constitué un espace collectif décisif de rencontres, de parole et de production intellectuelle déterminant pour les actions menées dans l'espace public français.

Un espace à soi collectif[17] : le foyer, pilier de militantisme dans l'espace public hexagonal

On note des témoignages de Gerty Dambury que les membres de la Coordination des femmes noires passaient beaucoup de temps entre elles et se réunissaient dans les appartements des unes et des autres[18]. Cela semble surtout avoir été le cas après 1978 et le départ d'Awa Thiam, mais l'appartement de cette dernière avait aussi servi de carrefour de réflexion et de point de ralliement entre féministes noires et blanches à Paris[19]. Le choix de se regrouper et de s'autonomiser en tant que femmes noires résultait de leurs insatisfactions vis-à-vis des mondes militants féministes, marxistes et nationalistes afrocaribéens dans l'Hexagone qui faisait peu de cas de leur condition particulière[20]. Si ce positionnement autonomiste les a relativement isolées d'autres activistes qui par la suite les ont critiquées pour leur féminisme ou déconsidérées en tant que femmes noires, il les a aussi préservées tout en leur offrant l'espace et les moyens de se renforcer et de se penser collectivement[21]. En outre, l'autonomisation de la Coordination des femmes noires les a menées à investir l'espace domestique comme espace de formation militante, d'échanges interculturels entre Caribéennes et Africaines, de production intellectuelle et de créativité. Le fait de se retrouver régulièrement, voire quotidiennement, dans les appartements des unes et des autres a à la fois renforcé leur connaissance mutuelle, leur a permis d'appréhender leurs similarités et leurs différences, de même que les points de convergences témoignant d'une condition partagée en tant que femmes noires[22]. De cet espace commun et de ces échanges quotidiens est née leur intersectionnalité à la fois interne à l'Hexagone et internationaliste. Ces discussions personnelles, politiques et théoriques étaient simultanément accompagnées de moments de plaisir et de divertissement partagés autour de repas venant d'Afrique et des Caraïbes[23]. C'est notamment par le fait de cuisiner des plats de régions diverses que les unes et les autres ont pu à la fois se familiariser avec des combinaisons différentes de goûts et techniques de cuisine, tout en observant là aussi les similarités qui leur prouvaient que certains liens de transmission étaient demeurés malgré la traite atlantique et l'esclavage. Ce panafricanisme domestique passait ainsi par le palais et l'esprit, mais aussi par l'esthétique. Gerty Dambury se souvient notamment qu'elles passaient des heures à se coiffer, selon différentes techniques de tressages, par exemple les coiffures dites « Cléopâtre[24] ». Ces moments de soins esthétiques mutuels couplés d'échanges intellectuels et culturels dans l'espace du foyer ont ensuite servi de stratégie de visibilisation extérieure dans l'espace public français :

> « Il était important, pour nous, de marquer notre différence, sous tous les aspects : les thèmes que nous abordions dans les articles que nous écrivions, de même que les aspects culturels auxquels nous souhaitions nous rattacher. Manière de nous habiller, manière de manger, musiques que nous écoutions, cinéma que nous privilégions, lectures que nous partagions[25]. »

En l'occurrence, les membres de la Coordination se promenaient habillées et coiffées à leurs manières et participaient ainsi aux manifestations publiques afin de consciemment se donner à voir selon leurs propres termes esthétiques[26]. Ces actions symboliques avaient un potentiel subversif à l'égard des standards de beauté occidentaux érigés en normes[27]. Et ce sont ces apparitions publiques qui ont été photographiées par Catherine Deudon et archivées. À leur manière, les membres de la Coordination se valorisaient et visaient en cela à produire une représentation d'elles-mêmes alternative aux images condescendantes de leurs corps et aux injonctions racistes à demeurer « des femmes victimes à sauver[28] ».

Néanmoins, leur impact sur les féministes blanches, notamment lors de manifestations, serait resté limité. Leur présence aurait plutôt provoqué une forme de spectacle réconfortant ajouté à un sentiment momentané de « sororité internationale » tout en maintenant des rapports maternalistes vis-à-vis des femmes racisées et immigrées[29]. En effet, au même moment circulaient des images et discours sur l'excision et l'infibulation des filles et des femmes d'Afrique. Les sexes de ces dernières étaient photographiés, publiés et soumis au regard public au nom de la dénonciation de l'excision et de l'infibulation[30]. Bien que la Coordination se soit positionnée contre l'excision et toutes formes de violences sexuelles contre les femmes noires, ses membres se sont fermement opposées à ces pratiques voyeuristes qu'elles ont qualifiées d'« anthropologisation » ou « ethnologisation » des corps des femmes et des filles africaines[31]. Elles les dénonçaient sur leurs bannières en ces termes : « Nous ne sommes pas à exploiter, consommer, polygamiser, [...], ethnologiser, coloniser[32]. » On peut ainsi argumenter que la Coordination des femmes noires interpellait plusieurs publics simultanément au cœur de la rue, s'adressant à la fois au MLF, aux habitant·e·s et à l'État français plus largement. Bien que limité dans leur impact et malgré leur faible nombre, le fait pour les membres de la Coordination de participer à ces marches coiffées de leurs tresses et brandissant des slogans qui interpellent était leur manière autonome de se rendre visibles et audibles :

> « Même si on était six, sept, on a fait nos banderoles. C'est-à-dire qu'on manifeste dans les grandes manifestations de femmes. Nous sommes en petit nombre, mais nous sommes présentes. Nous avions nos banderoles[33]. »

Ces banderoles étaient pensées et fabriquées dans l'espace du foyer avant d'être portées dans l'espace public, à l'instar de leurs productions intellectuelles. Ces dernières se sont matérialisées dans des textes publiés dans les journaux, tel *Sans Frontière*, distribués lors de manifestations comme la brochure de 1978, ou encore déclamés lors de manifestations. Les contributions de la Coordination étaient tantôt signées collectivement, tantôt signées individuellement mais toujours issues de réflexions communes. Un dépouillement de l'ensemble des numéros du journal *Sans Frontière* révèle que les membres de la Coordination des femmes noires se sont surtout attachées à dénoncer le colonialisme de l'État français à l'égard des départements d'outre-mer, à commenter l'actualité culturelle comme la parution de livres par des auteur·e·s noir·e·s, ou à interviewer des artistes comme Bob Marley. Que les dénonciations politiques aient côtoyé dès le départ les préoccupations culturelles témoigne du contenu d'échanges conduits à domicile mêlant le politique au culturel. Le foyer a ainsi constitué pour la Coordination des femmes noires le cadre matériel permettant la construction d'une pensée intersectionnelle et internationaliste destinée à se donner à voir et à entendre publiquement. Il a aussi constitué un lieu de refuge ponctuel pour des femmes immigrées battues et/ou refoulées du territoire français[34].

En 1980, la Coordination des femmes noires a revendiqué la création d'une Maison des femmes noires à l'instar de la Maison des travailleurs immigrés et de la Maison des Femmes[35]. Cet espace aurait ainsi déplacé le cœur de leurs activités du foyer à un lieu loué et autogéré assurant entre autres des permanences, un appui parascolaire et une bibliothèque[36]. Mais l'initiative n'a pas obtenu les soutiens financiers suffisants. À cela, s'est ajoutée une difficulté : la majorité des membres, étudiantes ou de passage en France, avait pour projet de quitter l'Hexagone pour mener leurs vies et leurs luttes ailleurs[37]. Le départ massif des membres au tournant de 1980 traduit aussi leur posture anticoloniale vis-à-vis de l'Hexagone soit, comme on le verra ci-après, leur dénonciation de l'État français à l'égard de ses départements d'outre-mer (Antilles, Guyane et La Réunion), de ses anciens territoires colonisés ou de son soutien indirect au régime d'apartheid en Afrique du Sud.

La Coordination des femmes noires face à l'État : contestations internes, ancrages internationalistes

Pour les membres de la Coordination, l'État français maintenait les DOM dans un état colonial *de facto*. Ce constat les conduit à plusieurs contestations. Elles ont dénoncé le BUMIDOM instauré en 1963 dans le but d'organiser stratégiquement la migration économique des personnes d'outre-mer en vue de répondre aux besoins en main-d'œuvre de l'État français et contrarier les mobilisations politiques locales[38]. Pour les membres de la Coordination, le BUMIDOM vidait les Caraïbes françaises de leur ferment subversif, menait à la dégradation socio-économique et créait un système de migrations forcées, dépendantes et précarisées[39]. Au même titre que la critique du BUMIDOM, mais toujours en vue de dénoncer les déséquilibres sociopolitiques créés par les migrations économiques entre la France et ses territoires (ex)colonisés, elles ont soutenu les luttes des personnes immigrées dans l'Hexagone contre les mesures Stoléru de 1976[40]. Cette loi portait atteinte au droit de résidence des immigré·e·s et bafouait la liberté des femmes rejoignant leurs maris sous le régime du regroupement familial en leur interdisant de travailler[41]. Combinées aux lois Barre et Bonnet, l'ensemble de ces mesures étatiques ont légitimé l'expulsion, ont conditionné le droit de résidence et créé un climat d'insécurité permanent jusqu'à leur abrogation en 1981. La Coordination s'est associée à des groupes marxistes comprenant des hommes africains, de même qu'au mouvement de l'immigration maghrébine constitué autour du journal *Sans Frontière* auquel elles ont régulièrement contribué. Elles partageaient la perspective antiraciste et internationaliste du journal qui se voulait « la voix des immigrés », tout en assurant une diffusion en Afrique du Nord et dans d'autres pays européens. Comme son nom l'indique, *Sans Frontière* adoptait une vision plurielle et transnationale des causes légitimes et des appartenances au territoire hexagonal. Ses contributeur·rice·s allaient ainsi à l'encontre de l'injonction publique à l'assimilation française et se voulaient internationalistes.

La Coordination des femmes noires s'opposait aussi aux mesures étatiques de contrôle des natalités, à l'égard notamment des personnes issues des départements d'outre-mer[42]. Lors de leurs réunions, elles ont en effet abordé les cas de stérilisations forcées dans des hôpitaux de La Réunion et dans l'Hexagone[43]. Ainsi, la Coordination dénonçait ces pratiques et s'opposait plus largement à ce type d'interventions dans d'autres pays, comme la Grande-Bretagne, les États-Unis et l'Afrique du Sud[44]. L'organisation se trouvait une fois de plus sur un double front : elle cherchait à sécuriser le droit à l'avortement et à la contraception pour toutes les femmes, y compris celles des pays d'Afrique où ils étaient illégaux, tout en dénonçant les exactions sur l'intégrité corporelle et sexuelle des femmes noires. En cela, ses demandes étaient intersectionnelles et complexifiaient toute demande formulée de manière unanime et universaliste au sein du MLF[45].

***

En raison de la multiplicité de leurs causes et de leurs luttes, les membres de la Coordination des femmes noires se sont définies tout à la fois comme des militantes féministes et des critiques actives du colonialisme, du sexisme et des injustices sociales de leur époque. Contrairement à d'autres mouvements de femmes noires francophones qui les ont précédées[46], les membres de la Coordination des femmes noires ne réclamaient pas l'extension de la citoyenneté française ou les droits y étant rattachés, ni l'égalité républicaine universaliste. Elles ne réclamaient pas non plus de l'État français la cohérence avec ses principes. Plus radicalement, elles le soumettaient à une critique féministe, marxiste et internationaliste en faveur de l'émancipation totale, de la fin des oppressions et en faveur des indépendances. Les membres de la Coordination ne se disaient pas françaises, mais femmes noires, femmes africaines, caribéennes, guadeloupéennes, martiniquaises, entre autres. Ces appellations témoignent bien d'un entrecroisement d'identités multiples qui reconnaissait une condition partagée, réclamait l'appartenance à des territoires autonomes, ainsi que la volonté de s'allier face à l'imbrication des oppressions en France et dans le monde[47].

CHAPITRE 9

La fin du silence

De quelques transformations contemporaines de l'afroféminisme en France

Silyane Larcher

« Je cherche mon histoire dans celle des sorcières de Salem et ne la trouve pas. »

Maryse Condé, *Moi, Tituba sorcière… Noire de Salem* (1986)

« C'est tout de même épatant, et pour le moins moderne, un dominant qui vient chialer que le dominé n'y met pas assez du sien… »

Virginie Despentes, *King Kong Théorie* (2006)

Dans l'édition américaine du présent ouvrage, à travers l'étude d'une altercation entre deux générations de féministes, je soulignais combien la visibilité alors balbutiante de l'afroféminisme en France fracturait « l'espace de la cause des femmes », mais aussi celui des mobilisations antiracistes[1]. Le 29 juin 2015, lors d'une journée d'études organisée par une équipe de recherche de l'université Paris 8 au centre Pouchet du CNRS[2], deux représentantes du jeune collectif Mwasi, Annette Davis et Sharone Omankoy, chacune âgée de vingt-neuf ans, faisaient le procès en règle du féminisme français, pris en bloc[3]. Elles lui reprochaient d'être aveugle aux questions raciale et postcoloniale dans la société française en général, et plus spécifiquement dans l'histoire du féminisme en France. Maya Surduts, soixante-dix-huit ans, militante féministe trotskiste de la première heure, figure historique du Mouvement pour la libération des femmes

(MLF), avec émoi, se découvrait « blanche » dans le regard de ses contemptrices. Porte-parole du Collectif national pour les droits des femmes (CNDF), à l'initiative de la Coordination des associations pour le droit à l'avortement et à la contraception (CADAC), elle qui avait été « solidaire des luttes [menées en France] contre l'excision » et avait « pris part aux luttes contre l'apartheid en Afrique du Sud » soulignait-elle, s'offusquait d'être associée au « féminisme blanc[4] ». « Tout d'un coup, j'ai tout de même eu le sentiment que nous, on était des réacs, des Blanches… », protestait-elle. À quoi opposa Sharone Omankoy d'un ton ferme : « Ce n'est pas ce que nous avons dit. » Puis Surduts de renchérir, mi-interdite, mi-indignée : « Non, non, non… Mais, je me suis sentie comme ça… Euh, le féminisme des femmes blanches, euh… je ne sais pas ce que c'est ! … » Le cœur de l'attaque des deux afroféministes visait les silences et les absences du récit dominant des féminismes en France : « Moi, j'ai été à l'université. J'ai été à l'École des hautes études en sciences sociales, d'accord !… J'ai appris des choses sur le féminisme, mais la Coordination des femmes noires n'y était pas. Donc mon histoire, moi, mon identité, je l'écris quand ? Je l'écris quand ?! Sur quelles bases ? Vous, vous avez les vôtres ; et nous ?!… » Pour Annette Davis et Sharone Omankoy, ce récit « commun », celui de la perspective majoritaire instituée en perspective unique car marquée du sceau de l'évidence, quand bien même il faisait la part belle aux clivages politiques et aux rapports de force internes, effaçait les contributions des femmes d'origine africaine et caribéenne aux luttes féministes de la deuxième vague dans l'Hexagone. L'absence de la Coordination des femmes noires (1976-1982), que Maya Surduts avait connue selon toute vraisemblance, trahissait à leurs yeux le rapport social de race sous-jacent au féminisme majoritaire, à la fois tacite et actif[5]. L'identification des absentes de la « photo de famille » féministe, pour emprunter à une métaphore heuristique[6], révélait l'impensé racial d'un corpus de références partagées, d'énoncés, de repères historiques, plus encore d'une mémoire commune. En un mot, la norme de race d'un féminisme hégémonique, ainsi désigné « féminisme blanc », véritable anathème, se donnait à lire dans ses effets pratiques, dans ce qu'il produit sans jamais le dire : l'exclusion d'*alter*.

Dans cet affrontement, au-delà de l'écart générationnel entre des militantes inscrites dans des histoires de luttes et des biographies sociales distinctes et singulières, les afroféministes contestèrent la domination aveugle des dominées portée par un récit des féminismes et de l'émancipation des femmes oublieux des expériences structurantes de leur être au monde, plus encore de la variété des manières d'être constituées « femmes ». En bref, elles protestaient contre leur exclusion par omission et venaient dire avec force que « leur histoire compte aussi » dans le grand récit sororal de l'émancipation des femmes de France et du monde, refusant ce faisant l'ombrelle étroite de l'État-nation. Dès lors, le « féminisme blanc » doit se concevoir comme un ensemble de luttes, discours et récits féministes qui, sous couvert du combat pour les droits des femmes conçues en totalité unifiée, voire au nom d'un « nous » commun et universel, excluent de leur analyse de l'oppression des femmes les situations sociales et politiques – nécessairement situées et appelant à être contextualisées – des femmes racialement ou religieusement minorisées, bien souvent originaires de pays non-occidentaux. En France plus spécifiquement, ces dernières sont en majorité descendantes de l'immigration postcoloniale, surreprésentée dans les classes populaires. En ce sens, loin de se réduire à un étiquetage biologique, le « féminisme blanc » s'assimile autant à un corpus qu'à une instance de pouvoir symbolique et politique qui tient la position majoritaire – celle du dénominateur commun le plus large substitué au commun politique – pour l'expression naturelle de l'universel[7].

Dans le fond, la querelle des féminismes français contemporains s'inscrit dans une tension structurante de l'histoire intellectuelle du politique en France : celle du sujet social et politique avec la norme d'égalité. Pour qui s'intéresse à l'ampleur des implications historiques – donc situées – de l'institutionnalisation de l'universalisme républicain, en un mot à l'histoire longue et tumultueuse de l'égalité civique, sans téléologie aucune, avec son lot d'exclusions laborieusement résorbées dans le temps et d'inachèvements politiques et sociaux[8], la présence de l'afroféminisme dans le mouvement social français s'offre en révélateur majeur de ce problème. Il confronte la pensée politique française de l'égalité dans son double versant féministe et antiraciste, la tradition républicaine civique, à sa tension politique originelle, celle inscrite déjà dans le moment révolutionnaire tourmenté par la question coloniale (marquée par l'esclavage et le préjugé de couleur) et que j'ai appelé ailleurs son « impossible abstraction[9] ». Il lui offre une contemporanéité tissée d'un langage neuf et subversif, pour des problèmes en vérité bien anciens. Dans un ordre politique loin de fonder l'égalité entre individus sur l'aveuglement à leurs propriétés sociales, mais sur la pétition tacite de leur similarité[10], comment rendre le principe d'égalité vivant pour des individus dont l'expérience sociale est « intersectionnelle », c'est-à-dire prise dans des inégalités sociales qui sont traversées sans partage par l'assignation à la différence de genre et de race ? Sans pouvoir entrer dans le détail d'une enquête conduite entre 2016 et 2022[11], je voudrais dans ce court texte souligner quelques-unes des contraintes sociales et politiques qui pèsent sur l'afroféminisme en France, courant intersectionnel et pluriel du féminisme qui, par-delà l'image brouillonne qu'en ont construit les médias, cherche encore à se définir politiquement, mais surtout à s'affermir et à se pérenniser.

Fragiles communs : de très rapides transformations

Entre la controverse précédemment évoquée et aujourd'hui, la place qu'a prise l'afroféminisme d'abord dans le mouvement social, puis dans les espaces médiatique et culturel français (littéraire et artistique), a tant évolué qu'un texte écrit fin 2016 et publié en 2018 pour un lectorat anglophone m'a vite paru autant obsolète que lacunaire. Une simple traduction ne me semblait pas rendre compte de la richesse, mais aussi des vulnérabilités de ce qui déjà à l'époque m'apparaissait comme une nébuleuse militante indissociable d'un réseau étroit et mouvant de sociabilités hétérogènes méritant une présentation soignée qui excède, hélas, le cadre restreint de ce chapitre[12]. En effet, la confrontation entre Maya Surduts et les militantes de Mwasi à l'été 2015 coïncidait avec la visibilité publique tout juste bourgeonnante de l'afroféminisme et de ses principales actrices en France.

Ce jour-là, l'ancienne membre du MLF et ses amies faisaient face à de jeunes militantes déterminées à se construire une place propre dans un espace de dispute avec le « féminisme *mainstream*[13] », jusque-là ignorant et désintéressé de leurs expériences. Ainsi, les premières voix afroféministes françaises font leur apparition dans les années 2013-2014 sur la blogosphère sous la forme de nombreux blogs prolifiques dont les autrices sont souvent aussi très actives sur le réseau social Twitter en particulier, leur compte étant éponyme de leur blog. Sans ambitionner ici une liste exhaustive, les premiers blogs afroféministes se dénomment, entre impertinence et dérision : Many Chroniques, Ms. Dreydful, Mrs Roots, Badassafrofem, Équimauves (renommé plus tard Turbonégresse)[14], The EconoMiss, Les bavardages de Kiyémis, Le Kitambala agité (blog de Sharone Omankoy de Mwasi), Ti-Punch Insurrectionnel, Clumsy Mummy, Émeutes amères, Péri-phéries, La Toile d'Alma ou encore Haïtiano Molotov. L'activité de microblogging n'est pas toujours équivalente à celle sur Twitter, l'une pouvant supplanter l'autre. Aujourd'hui la plupart de ces blogs n'existent plus ou sont inactifs depuis les années 2018-2020, voire bien avant[15]. Régulièrement mentionné dans les entretiens comme pionnier, le site de Ms. Dreydful, sans jamais user du terme « afroféminisme » est pourtant le premier à introduire auprès de son lectorat le langage et les thèmes centraux du féminisme noir étatsunien (*Black feminism*) puisés pour l'essentiel sur des blogs ou des articles de webzines anglophones et dans des lectures de romans ou d'essais d'auteur·ice·s pour la plupart Africain·e·s et Africain·e·s-Américain·e·s. Tenu de 2013 à 2014 par une jeune ingénieure en informatique vivant en région lyonnaise et née à Paris de parents camerounais de classes supérieures, le site opère un véritable travail d'acclimatation en même temps que de vulgarisation des concepts théorico-politiques issus du *Black feminism* et des études critiques de la race étatsuniennes pour une audience francophone non universitaire. De courts billets y abordent pêle-mêle l'expérience du racisme dans la prime enfance, les notions de « privilège blanc », de « racisme systémique », les micro-agressions, l'intersectionnalité, l'antispécisme, la transidentité chez les personnes noires. Autant de thèmes et notions que l'autrice réinscrit dans la culture populaire africaine et africaine-américaine à travers des critiques de films, de séries ou de vidéos YouTube, mais aussi de romans. Si le site a eu une vie éclair, la richesse de son contenu, novateur à cette période, a marqué les enquêtées blogueuses et twitteuses. Toutefois, le premier blog afroféministe en France est celui de Many Chroniques, né d'abord en mai 2009 d'un désir d'écriture de soi[16]. La blogueuse, d'origine congolaise, née en France de parents immigrés de classe populaire, est alors âgée de 25 ans. En 2013 l'intitulé du blog est complété du sous-titre éloquent : « Tribulations et réflexions (des)enchantées d'une afroféministe en quête d'elle-même ». Dès 2009, les thématiques clés de l'afroféminisme (sans usage du mot toutefois), le sexisme, le patriarcat et le racisme dans une société majoritairement blanche, y sont abordées. Les premiers écrits portent sur l'injonction familiale au mariage pour la jeune femme confrontée aux réprobations maternelles à l'égard de son « discours pro-féministe, moderniste et occidentalisé[17] » et sur l'expérience du racisme dans l'enfance à travers le texte : « Le jour où j'ai su que j'étais noire ». La dénonciation de l'androcentrisme, voire du masculinisme, des milieux panafricanistes français marque le tournant résolument afroféministe du propos en 2013. Le blog s'arrête le 25 août 2020 après une activité devenue irrégulière. Le dernier billet est une critique de la représentation des fillettes afrodescendantes dans un film de la réalisatrice Maïmouna Doucouré primé aux Césars, intitulée sans équivoque : « Une critique politique du film "Mignonnes" par une blogueuse afroféministe portée disparue ». L'autrice a trente-six ans et est professeure expérimentée d'histoire-géographie dans un collège classé REP du Val-de-Marne[18].

Aujourd'hui, seuls sont restés actifs les sites de Laura Nsafou (*aka* Mrs Roots) et de Fanny Essiyé (Les bavardages de Kiyémis), les deux autrices – avec Many Chroniques, les plus productives et les plus régulières dans la durée – ayant construit une notoriété littéraire à partir de leur réputation numérique antérieure. En une courte période cette activité en ligne où les unes et les autres se répondent, se citent entre elles, échangent références littéraires et textes politiques, a dessiné les contours d'une agora numérique afroféministe bouillonnante qui s'incarne tôt dans des rencontres *in situ*. À partir d'octobre-novembre 2014, celles-ci ont d'abord lieu à l'occasion des mobilisations antiracistes contre la performance Exhibit B de l'artiste sud-africain Brett Bailey[19], puis autour d'Amandine Gay (*alias* Badassafrofem, blog évoqué ci-avant), future réalisatrice du documentaire afroféministe *Ouvrir la voix* (2017), à l'époque en première ligne des protestations devant le Théâtre Gérard-Philippe de Saint-Denis[20]. Les discussions dans des cafés et chez la réalisatrice participent grandement de la naissance de son projet d'un film sur la minorisation raciste et sexiste dans des sociétés francophones postcoloniales et majoritairement blanches, la France et la Belgique. Lors de ces rencontres, ces jeunes femmes, âgées pour la plupart de vingt à trente ans, parmi lesquelles Sharone Omankoy et nombre des blogueuses évoquées auparavant, prennent conscience d'une communauté d'expérience à travers la réflexivité collective née de la confrontation de leurs vécus individuels du « racisme genré[21] », souvent très tôt dans leur vie. Elles mesurent combien leur minorisation n'est pas le fruit isolé d'une vulnérabilité psychologique individuelle, mais l'effet de processus engrammés de racialisation qui traversent la société : être perçue comme une « fille noire » ou une « femme noire » par des tiers majoritaires, les « Blancs[22] ». Cette sororité pré-politique, de fait en non-mixité, nourrit ainsi le projet du film d'Amandine Gay, qui en ce sens constitue une véritable archive visuelle de l'afroféminisme contemporain français alors en cours de construction. Il n'y a dès lors qu'un pas d'une sociabilité amicale, née à la faveur de la préparation du film après la protestation contre Exhibit B, aux mobilisations afroféministes, derrière les pancartes de Mwasi.

Si on peut dater la naissance administrative du collectif au 1er juillet 2015, jour de sa déclaration à la préfecture de Police[23], dans les faits il naît en novembre 2014 à l'occasion de l'organisation d'une marche silencieuse contre les crimes sexuels envers les femmes en République démocratique du Congo. L'étudiante frustrée de sa formation à l'EHESS, également travailleuse sociale dans une association de lutte contre les discriminations de santé et d'aide aux malades atteints du VIH (dont des femmes immigrées qui retiennent son attention), se rapproche d'une amie, Marie Ngoya, vingt ans, également d'origine congolaise, habituée des marches parisiennes contre les viols de guerre en RDC. À cette époque, les mobilisations plus nombreuses sur le sujet font en effet l'objet d'une résonance internationale[24]. Elles se rapprochent de trois jeunes femmes de leur connaissance, toutes franco-congolaises, dont une membre de Femmes en luttes 93. Le 22 novembre 2014 à Paris, elles forment un cortège silencieux sous la bannière de Mwasi, mot lingala (pour dire « femmes »), hommage à leur culture et à leur éducation. C'était, écrit Mrs Roots, « le mot le plus politique et sans doute le plus poétique pour rappeler leurs existences et leurs luttes d'émancipation en tant que femmes noires vivant en Ile-de-France[25] ». Le 25 novembre elles rejoignent les défilés parisiens de la Journée internationale de lutte contre les violences faites aux femmes, donnant ainsi à leur lutte sa dimension diasporique et transnationale. Le collectif, enrichi de deux nouvelles membres dont Annette Davis, participe à son premier 8 mars à Paris l'année suivante. Le cortège regroupe la plupart des blogueuses précitées, brandissant des pancartes. La principale organisation afroféministe française avait vu le jour. Fin juin, elle se présentait officiellement devant une assemblée de femmes afrodescendantes curieuses et enthousiastes.

En dépit de son rôle si décisif dans la genèse de Mwasi, en 2018 au moment où parut le précédent article, Sharone Omankoy avait déjà pris congé du collectif depuis plus d'un an. À l'heure où j'écris ces lignes, elle est conseillère conjugale et familiale au sein d'un organisme public et vit dans le nord de la France. Elle écrit, intervient dans des podcasts ou des performances théâtrales sur les thèmes de l'afroféminisme, des relations amoureuses et de la santé sexuelle. À la faveur d'une sortie lente et progressive de la relation d'enquête, j'ai même perdu toute trace d'Annette Davis, née d'une mère ghanéenne concierge à Paris et d'un père britannique de classe populaire[26]. Après un départ en Espagne, selon des propos de plusieurs enquêtées en 2022, elle s'est peu à peu retirée des liens avec elles. Sans avoir renoncé à « leur » afroféminisme, leur manière de donner du sens à une identité politique et à des idéaux désormais réinvestis dans d'autres dimensions personnelle et professionnelle de leur vie, toutes deux ont pris de nettes distances avec le collectif.

Fait plus remarquable encore, l'ensemble des protagonistes qui le samedi 13 février 2016, jour où je démarrai la phase d'observation de mon travail, se présentaient en visages ou en témoins de l'afroféminisme français lors d'une conférence-débat tenue à la Sorbonne a aujourd'hui disparu de la constellation afroféministe suivie entre 2016 et 2021. « De la nécessité de l'afro-féminisme en France ? », tel était le thème de la rencontre organisée par l'Association des étudiants africains de la Sorbonne (ADEAS) devant un amphithéâtre Victor Cousin bondé. En proie à ce que des sociologues ont appelé « le malheur militant[27] », la blogueuse et enseignante Many Chroniques « s'est retirée complètement de la sphère du mouvement afroféministe[28] », désenchantée par les luttes d'egos, mais aussi marquée par la pression psychique qu'a générée sur l'écriture le succès de son blog, celui-ci ayant été de surcroît – d'après ses dires en entretien – « plagié » par une journaliste franco-sénégalaise. Tout en conservant ses convictions politiques, désormais réinvesties auprès de ses élèves et de son établissement frappé par « des politiques institutionnelles, me dit-elle, dures et injustes », elle poursuit une vie d'épouse et de jeune maman. La fondatrice d'origine camerounaise du MODEFEN (Mouvement pour la défense des droits de la femme noire)[29], alors âgée de quatre-vingt-trois ans, Lydie Dooh-Bunya, venue partager avec un jeune auditoire bigarré son expérience de militante de la cause des « femmes de culture noire en France » dans les années 1980, est décédée en mars 2020. Mes pas n'ont jamais recroisé ceux de la journaliste Naya Ali, très active sur YouTube sur le thème de l'afroféminisme[30], dans les divers lieux et espaces publics ou privés de rencontres afroféministes auxquels j'ai pu accéder jusqu'à la fin de l'année 2020. Nous étions, il est vrai, alors en pleine pandémie. Les deux représentantes de Mwasi quant à elles présentes sur l'estrade ce jour-là ont coupé tout lien avec le collectif. L'une, âgée d'une petite vingtaine d'années, mère d'un enfant en bas âge et réceptionniste à temps partiel dans un hôtel, a très rapidement renoncé à l'engagement sous le poids des difficultés familiales et matérielles. L'autre, lesbienne, la trentaine, née dans l'Hexagone de parents martiniquais, ne se reconnaissant plus dans « l'orientation intellectuelle » du collectif après la sortie de l'ouvrage – qu'elle avait tant espéré – publié par Mwasi à l'automne 2018, s'est détournée du collectif fin 2019[31]. Diplômée d'un BTS en communication et demandeuse d'emploi au moment de notre entretien en mai 2016, elle a opéré une reconversion professionnelle dans la coiffure et vit désormais entre la Martinique et la région parisienne. Enfin, les relations des afroféministes avec Françoise Vergès, également présente à cette table ronde, se sont envenimées. La politiste réunionnaise était pourtant aux côtés de Mwasi avec un collectif de femmes issues des quartiers populaires le 31 octobre 2015 à la Marche pour la dignité et contre le racisme, initiée par Amal Bentousi, l'une des voix de la lutte contre les violences policières. En entretiens, dans des conversations informelles et sur les réseaux sociaux[32], à la suite de la sortie de son livre *Le Ventre des femmes* (2017) portant sur des avortements forcés à La Réunion[33], à l'occasion en particulier de la promotion de celui-ci en Belgique, des afroféministes lui reprochent de se réclamer de l'afroféminisme « alors qu'elle n'est pas noire[34] » et d'« exploite[r] le travail des femmes noires[35] ». Ces conflits personnels trahissent les ressorts identitaires, mais aussi sociaux[36], d'une lutte féroce tant pour la reconnaissance et la légitimité politique – en des liens mêlés de fascination et de défiance avec le monde académique –, que pour les rétributions symboliques et matérielles qui ont rapidement entouré la réception de l'afroféminisme en France[37].

La construction médiatique de l'afroféminisme : la grande confusion

La rapidité des changements survenus en quelques cinq années de terrain, marquées par les recompositions internes consécutives aux progressifs désengagements des premières figures d'un activisme afroféministe (représenté par Mwasi en Île-de-France et Sawtche, né en 2017, en région lyonnaise), contraste avec l'intérêt grandissant des médias français pour l'afroféminisme depuis les années 2016-2017[38]. Ces derniers, en particulier la presse écrite, lui ont donné une visibilité rapide, contribuant à populariser le terme même d'« afroféminisme » dans le vocabulaire féministe français. Toutefois, ils en ont produit une image imprécise, voire fourre-tout qui interdit d'en comprendre la singularité et la portée dans le contexte français. Cela alors même que les actrices qui lui donnent sens et le font vivre ont explicité dans des interviews et des écrits (blogs, mais aussi ouvrages) ce qu'elles faisaient et ce qu'elles espéraient[39]. L'afroféminisme est ainsi assimilé au *Black feminism* (féminisme noir étatsunien), comme s'il en était la simple traduction française nominale, confondu encore avec le féminisme africain, voire réduit à toute position féministe d'une femme racialisée comme noire[40].

C'est dépouillé de contenu politique propre et revêtu d'une portée polémique que l'afroféminisme entre dans la presse généraliste française. La première occurrence du mot « afroféministes » apparaît dans *Libération* en avril 2015 à l'occasion d'un portrait de l'animatrice de télévision des chaînes D8 (devenue C8 en 2018) et Canal + Afrique et entrepreneure d'origine sénégalaise, peule, Hapsatou Sy[41]. Celle-ci y est présentée comme une incarnation de l'identité « afropéenne », mise en contraste avec les « afroféministes ». Le terme, encadré de guillemets y est peu défini, confondu avec le mouvement *nappy* de valorisation chez les femmes africaines et afrodescendantes des cheveux dits « naturels[42] » dont le début des années 2010 marque l'essor en France : « [...] elle a aussi ses détracteurs, écrit la journaliste. Il y a ces « afroféministes » [...] qui revendiquent le port du cheveu crépu, façon *nappy* (conjonction de *natural* et *happy*). Ces dernières s'interrogent sur ces Noires, dont Hapsatou Sy fait partie, qui ont les cheveux lisses. » Le terme n'est pourtant pas repris par l'animatrice qui rétorque, agacée : « Quand les filles *nappy* me reprochent de me lisser les cheveux, je dis qu'une femme européenne qui décide de se colorer les cheveux, personne l'emmerde [*sic*]. Alors ça va. L'important, c'est l'appartenance à votre culture. Je connais mieux l'Afrique que certaines de ces femmes. » Puis, elle se justifie néanmoins : « Être africain, ce n'est pas dans l'apparence. Nous sommes dans une société avec des gens en Afrique qui s'habillent comme en Occident, et en Occident des gens qui s'habillent comme en Afrique[43]. » C'est donc sous l'angle du conflit identitaire entre femmes noires, à mi-chemin entre enjeux cosmétiques et culturels, que les afroféministes sont définies, de l'extérieur. Elles apparaissent en censeures d'une identité féminine africaine authentique, gardiennes d'une conception essentialisée et disciplinaire de l'identité féminine noire.

Les premiers articles sur l'afroféminisme dévoilent le cadrage médiatique de sa perception publique : entre curiosité née de l'apparente nouveauté, voire exotisation par le truchement de la référence aux États-Unis, et identité menaçante. Toujours en avril 2015, le magazine féminin italien *Grazia*, qui se distingue par l'extrême rareté des mannequins noires et métisses dans ses pages et sur ses couvertures[44], publie le premier dossier consacré aux afroféministes sous le titre : « Les afroféministes sortent du rang et envahissent Twitter ». Centré sur les blogueuses qui agrègent des milliers de followers sur le réseau social, un long article s'interroge sur l'originalité des afroféministes françaises, leurs expériences et leurs préoccupations, leurs liens avec les États-Unis et par là leurs possibles emprunts à des figures comme Angela Davis. En juin 2015, un dossier de *Madame Figaro*, non content quant à lui d'exclure les femmes issues de groupes racialement minorisés de la catégorie « féministes », présente leur position comme une offensive organisée contre « les femmes blanches ». Le propos décrit un agrégat d'identités minoritaires en colère sans permettre d'envisager que ces voix, jusqu'alors inaudibles, portent des conceptions rivales d'un féminisme « universaliste » – qui au mieux les oublie, au pire les exclut ou les traite en mineures –, et de ce fait le complexifient en le conflictualisant. On y retrouve Rokhaya Diallo, érigée en représentante de l'afroféminisme, tandis que les seules afroféministes interrogées sont Amandine Gay et Mrs Roots (*alias* Laura Nsafou). Mwasi a refusé de répondre, précise la journaliste, qui voit dans l'intersectionnalité « un nouveau concept né aux États-Unis », sorte d'outil politique d'organisation du repli sur soi. La preuve réside à ses yeux dans les ateliers tenus en « non-mixité racisée » à une « Journée de l'intersectionnalité » qu'organise la revue militante *AssiégéEs* dont Fania Noël, alors membre de Mwasi et voix majeure de l'afroféminisme en France, est l'une des chevilles ouvrières. « Comprendre : pas pour les Blancs », conclut-elle[45]. Plus tard, *Les Inrockuptibles* renseignent l'apparition en France d'un « courant peu connu du féminisme » qui puise ses origines aux États-Unis, « l'afro-féminisme » (je reviens plus loin sur le mésusage du tiret), en donnant la parole à Many Chroniques et à des membres de Mwasi. Les jeunes femmes doivent déjà justifier leur non-mixité et répondre aux interrogations sur le « racisme antiblanc ». À cette période, seules des plateformes féministes étrangères et en France, communautaires, offrent aux afroféministes un espace d'explicitation, mais aussi de promotion, de leur rapport au politique. Ainsi, l'Association for Women's Rights in Development (AWID), organisation internationale pour la promotion de la justice de genre et des droits humains, consacre en juillet 2015 un dossier complet à Mwasi. L'autrice du dossier, coordinatrice de l'information sur les droits des femmes pour l'association, cherche à rendre compte des « luttes portées par ce collectif dans un contexte français marqué par le racisme et la misogynie ainsi que d'autres formes de discrimination ». La parole est généreusement donnée à Annette Davis, Sharone Omankoy et à Fania Noël. Elles expliquent l'histoire du collectif et le décrivent en des termes identiques à ceux du site web du collectif. Elles « luttent, déclarent-elles, pour leur émancipation dans le cadre d'une critique intersectionnelle du système capitaliste, hétéropatriarcal et raciste » ; elles « s'organisent dans une volonté de repenser leurs conditions dans une société *blanctriarcale*[46] ». Aux lendemains de la présence de Mwasi à la Marche de la dignité et contre le racisme du 31 octobre 2015, *People Bô Kay*, webzine d'actualité artistique et culturelle des Antilles et de la Guyane, publie en décembre 2015 une longue interview de Sharone Omankoy. Elle y retrace la genèse, la composition, les perspectives et les actions de Mwasi.

Les années 2016 et 2017 marquent un tournant dans la visibilité de Mwasi et plus largement de l'afroféminisme, passant des marges de la presse à des organes centraux pour faire l'objet d'articles ou reportages plus nombreux. En août 2016, le camp d'été décolonial organisé à Reims en « non-mixité racisée[47] », la mobilisation début 2017 contre l'inauguration sous ce nom du « Bal nègre », rue Blomet à Paris, et surtout les ateliers en non-mixité de Nyansapo, premier festival afroféministe d'Europe organisé par Mwasi à l'été 2017 à Paris, génèrent stupeur et condamnations, à gauche comme à droite. À cela il faut ajouter la sortie à l'automne du film d'Amandine Gay. La médiatisation d'une nouvelle génération d'acteurs contestataires de l'antiracisme officiel et issus des quartiers populaires construit alors « l'afroféminisme » en label social sulfureux et fascinant en même temps qu'en identité politique individuelle ou, sur le plan collectif, comme une branche du féminisme. La circulation progressive du mot offre à des actrices inattendues le vocabulaire pour nommer une expérience sociale et politique à distance du féminisme majoritaire. Ainsi, en juillet 2017 *Libération* publie un portrait de la députée Danièle Obono, dite afroféministe. En janvier 2017, Rokhaya Diallo se voit quant à elle affublée de l'étiquette par *Les Inrockuptibles* alors qu'elle s'en distance avec nuance : « Non [répond-elle sans détour à la question de savoir si elle se définit comme « afro-féministe »], je me définis comme une féministe intersectionnelle et décoloniale car je suis aussi musulmane. Il y a plein de formes dans le féminisme, même si je n'ai pas de problème avec le fait d'être qualifiée d'afro-féministe[48]. » Au printemps, *Jeune Afrique* consacre tout un dossier à l'afroféminisme dans lequel la journaliste est à nouveau présentée comme en étant le visage et invitée à en expliquer l'existence en France. Loin d'être isolé, le dossier accumule déjà la plupart des amalgames journalistiques qui entourent la construction médiatique de l'afroféminisme en France et depuis ont fait florès. L'afroféminisme y apparaît comme l'effet collatéral de la circulation transatlantique de l'intersectionnalité et du *Black feminism* étatsunien en France, donc comme sa version française mimétique. Sans distinction, y sont associées des figures aussi différentes que Chimamanda Ngozi Adichie, autrice nigériane de *Nous sommes tous des féministes* (2015), Angela Davis, Kiyémis, Beyoncé et sa sœur, la chanteuse Solange Knowles, en passant par Amandine Gay, le mouvement *nappy* déjà mentionné, et même le féminisme islamique… Plus éloquent, signe de la confusion entre identité féminine noire et position située pour un sens commun majoritaire régulé par la presse et le monde éditorial français, bell hooks, théoricienne majeure du *Black feminism*, se voit transformée dès 2018 en « afroféministe » ou en icône de « l'afroféminisme » pour *Philosophie magazine*, *Libération* ou *Le Monde*. La confusion, qui confine à l'essentialisme puisqu'elle implique que toutes les identités féminines noires seraient identiques au-delà de toute historicité et de toute condition sociale, se trouve consacrée dans le champ éditorial après la mort en 2021 de l'autrice africaine-américaine dont les traductions – même si on peut en soi le saluer – se sont désormais multipliées. Paradoxalement, les afroféministes y ont aussi quelque peu contribué en accédant, grâce à la production de préfaces ou d'introductions de traductions, à l'étroite fenêtre d'opportunités sociales (avec leurs retombées symboliques et matérielles) ouverte par la circulation du mot d'un entre-soi féminin noir francophone à des élites culturelles.

Pourtant « les subalternes » parlent, et depuis longtemps[49]...

Loin d'être de simples victimes des discriminations et du racisme genré, les afroféministes n'ont pas manqué de clarifier la sémantique de leur identité politique, sur le plan de son orthographe comme de sa dimension politique située. Devant la médiatisation grandissante de l'afroféminisme, reprenant la militante queer belgo-congolaise, Pauline Lomami, dès avril 2017, Laura Nsafou (Mrs Roots) s'indigne de la signification politique du trait d'union qu'elle voit introduit au mot « bien souvent, dans la presse, [...] alors, précise-t-elle, que sur les réseaux sociaux et dans les publications militantes, il n'y en a, généralement PAS. [*sic*][50] » Y décelant une logique de pouvoir paternaliste, elle s'agace de la réduction de l'afroféminisme à un simple rejeton d'un féminisme national ou occidental, comme s'il était « le « bébé » du Grand féminisme, avec une fratrie d'autres « bébés » qui engloberaient les féminismes racisés. » En 2022 Fania Noël, qui s'efforce de théoriser l'afroféminisme en contexte français, se fait plus ferme encore quand elle explique l'ambition de « recatégorisation » autonome derrière le problème de l'orthographe : « l'afroféminisme n'est pas une sous-catégorie du ou des féminismes, mais bien un mouvement politique avec une généalogie idéologique, un corpus théorique et des pratiques spécifiques, qui évidemment croise, rejoint, mais aussi s'oppose aux féminismes majoritaires. [...] L'afroféminisme est en effet une sous-catégorie non pas des féminismes en France mais des féminismes noirs[51]. » Et de préciser, à juste titre, que le féminisme noir étatsunien (*Black feminism,* doté d'une grande particularité et richesse théorique) est un des féminismes noirs parmi d'autres, avec les féminismes africains, caribéens ou même sud-américains. Comme elles le soulignent chacune à sa façon, l'afroféminisme désigne en effet une position politique née de la présence minoritaire des femmes et personnes LGBTQ+ racialisées comme noires dans l'Europe postcoloniale[52]. En 2017, la session de clôture du festival Nyansapo accueillait ainsi en une même arène, aux côtés des Françaises, des afroféministes venues d'Espagne, des Pays-Bas, de Suisse ou encore de Belgique. Le terme est parfois aussi utilisé pour désigner les « féminismes afrodiasporiques » de minorités noires d'Amérique du Sud (Brésil, Colombie ou Venezuela)[53]. Enfin, contrairement à une idée tenace, les femmes africaines ont depuis fort longtemps défini, là encore en des termes propres, ce que signifiait le féminisme en Afrique. Sobrement dénommé « féminisme africain » (*African feminism*), pluriel, il dispose de ses débats théoriques spécifiques – où les anglophones dominent nettement – ses forums, journaux et revues, et même de sa charte, signée à Accra en 2006[54]. Dotées du langage et des références socioculturelles et politiques de leurs sociétés, bell hooks et Chimamanda Ngozi Adichie n'ont par conséquent nul besoin de « l'afroféminisme » pour se définir.

Il faut prendre au sérieux ce morphème « afroféminisme », d'emblée distinct d'une simple traduction française (« féminisme noir ») de l'anglais *Black feminism* qui par là impose sa singularité par rapport à l'espace étatsunien, tout en s'inscrivant dans une même critique intersectionnelle de l'oppression. Le préfixe « afro », du registre de l'ethnicité, puisqu'il dénote une origine subsaharienne tant géographique qu'anthropologique tout en recouvrant l'affiliation symbolique, historique et culturelle au continent africain, permet d'affirmer la présence sociale et historique de l'Afrique subsaharienne et de ses formations diasporiques sur le sol européen. Accolé sans rupture au suffixe « féminisme », le signifiant, résolument politique comme y insiste Fania Noël[55], dit une expérience collective minoritaire en même temps qu'il explicite le rapport social de race sous-jacent au féminisme ethnocentré.

L'apparent éclatement d'un « féminisme noir » qui doit donc s'entendre au pluriel résulte de la critique ancienne et puissante des sujets marginalisés de l'histoire du féminisme, plus encore de l'émancipation humaine universelle. Il procède moins d'une étroite caractérisation culturaliste ou relativiste que d'un travail théorique et politique d'autoconstitution des « femmes » dans et par les sociétés en sujets politiques et historiques. Ce processus d'historicisation – dont la pluralisation se donne en vérité comme l'effet –, inscrit dans le vécu hérétogène et dans les luttes, vise au contraire à défaire l'homogénéisation et la décontextualisation, dénoncées naguère par Chandra Mohanty[56], de la catégorie générique et abstraite « femmes » qui a longtemps prévalu dans la théorie féministe, et ainsi dénaturaliser le sujet collectif masqué sous la fausse transparence du rapport binaire avec le genre masculin. Car « le genre n'est pas l'unique principe d'ordre. Précisément parce qu'il relève du social et de l'historique, il se construit en relation à d'autres rapports sociaux, qu'il contribue à façonner tout en étant façonné par eux[57] ». En termes simples, les féminismes noirs constituent la conquête politique et théorique des laissées-pour-compte des luttes féministes pour l'émancipation et la justice universelles, *in fine* l'effort souverain de constituer, en de beaux mots d'Aimé Césaire, « un universel riche de tous les particuliers, approfondissement de tous les particuliers[58] ». Tout comme le féminisme noir étatsunien (*Black feminism*) est né dans l'angle mort des luttes pour l'émancipation et l'égalité des droits, à l'intersection d'abord des luttes abolitionnistes de l'esclavage et pour les droits des femmes, puis des luttes pour les droits civiques et des luttes féministes des années 1970, l'afroféminisme en France naît à l'ombre des aveuglements entrecroisés des antiracisme et féminisme majoritaires – sans renoncer à la contestation des inégalités sociales de classe[59]. Ce n'est pas un hasard si les luttes de Mwasi, de Sawtche et d'autres afroféministes se portent tous azimuts sur les fronts de la lutte contre les violences policières, contre la loi Travail, contre les violences sexuelles, contre les inégalités de santé, ou apportent encore leurs solidarités aux immigrées subsahariennes sans papiers, sans rien céder à la critique des masculinismes noirs présents dans leurs différents groupes d'appartenances (militante et/ou familiale)[60]. Elles investissent tout autant le terrain de l'éducation scolaire ou de la représentation des enfants afrodescendants en littérature. Parce qu'elles ont fait l'expérience très tôt et dans des socialisations croisées, de l'enfance à l'âge adulte, des effets cumulés de l'imbrication des rapports sociaux sur la construction sociale de l'estime de soi et dans leur vie ordinaire, leur entreprise collective de dé-minorisation et d'affirmation d'un agenda politique propre (parfois au risque de l'essentialisme) traverse des dimensions variées du champ social.

Les filles de l'immigration africaine et de la présence caribéenne, réunionnaise ou guyanaise dans l'Hexagone s'inscrivent dans une histoire ancienne de luttes à propos desquelles ni les recherches féministes ni l'histoire des femmes en France n'ont pu leur offrir de ressources. Et pour cause, « les concepts mobilisés par les recherches féministes en France ont, au contraire, contribué à occulter les autres rapports sociaux qui sont articulés aux rapports de genre et qui de ce fait, font apparaître l'hétérogénéité de la catégorie "femmes"[61] ». Grâce aux réseaux sociaux et en puisant chez les plus célèbres théoriciennes du *Black feminism*, elles ont offert à leurs luttes le langage, le vocabulaire, permettant de réactualiser et de rendre particulièrement vivaces des problèmes posés par d'autres avant elles il y a déjà un siècle, qu'il s'agisse des sœurs Nardal aujourd'hui (re)découvertes et désormais quasi fétichisées, des Guadeloupéennes Suzanne Lacascade (1884-1966) et Jacqueline Manicom (1935-1976), sage-femme cofondatrice de Choisir[62] aux côtés de Gisèle Halimi, qui dénonça dès 1972 les errements de l'assimilation au profit de la cause indépendantiste[63], ou encore plus tard la Coordination des femmes noires et le MODEFEN (1981-1994) de Lydie Dooh-Bunya. Aujourd'hui à la croisée des chemins depuis la pandémie de Covid-19 et en dépit de leurs positions divergentes, les afroféministes se trouvent face au défi de la pérennisation de leur quête d'émancipation dans une société où le déni de la race continue puissamment de structurer l'horizon du juste.

TROISIÈME PARTIE

Respectabilité, résistances et identités transnationales

CHAPITRE 10

Dois-je répondre de ma sœur ?

La politique de la bienséance et la lutte pour l'égalité dans les œuvres des écrivaines antillaises françaises dans les années 1920-1940

Jacqueline Couti

Traduit de l'anglais par Bernard Müller

Tout en soulignant la contribution des femmes afrodescendantes des Antilles françaises à l'humanisme et à l'internationalisme noirs, les chercheurs interrogent toutefois sa dimension féministe et activiste, leur engagement ne leur paraissant pas assez radical ni suffisamment anticolonial, en comparaison de leurs homologues européennes[1]. En occultant le fait que les mouvements pour les droits des femmes européennes a souvent exclu les femmes noires, ces analyses font apparaître en creux le besoin de revoir la manière dont leur activisme à tout de même permis de rétorquer aux institutions, au patriarcat et à la culture populaire[2]. Dans le but de mieux comprendre la lutte des femmes afrodescendantes pour l'égalité, cet essai propose ainsi d'interroger les politiques de bienséance mises en œuvre par ces femmes, en montrant comment la classe sociale affecte leurs conceptions de la respectabilité et comment celles-ci influencent à leur tour les idées de race, de genre et de sexualité.

Pour ce faire, j'examinerai comment les Martiniquaises Suzanne Lacascade et les sœurs Paulette et Jane Nardal envisagent la race, le genre et la politique en réaction aux conceptions misogynes et racistes de l'identité noire alors en vigueur dans la France des années 1920 et 1940. Elles rejettent la figure exotique de la femme antillaise que recouvre le terme de *doudou,* terme qui désigne à la fois la femme comme objet sexuel et un idéal amoureux[3]. À cet égard, leur manière d'envisager la décence apparaît comme décisive dans leurs luttes. Leur démarche intellectuelle, qui contraste avec l'approche plus prosaïque et pleine d'ingéniosité de l'artiste Joséphine Baker ou de la romancière Mayotte Capécia, n'en trahit pas moins certaines tendances classistes. Toutes ces femmes ont vécu et compris l'oppression de différentes manières, et pour aucune d'entre elles il n'a été aisé de subir le patriarcat blanc. Leurs approches et conceptions de la féminité construites en réponse aux idées patriarcales blanches et/ou noires, révèlent les nombreuses embûches qu'a rencontrées sur son chemin le féminisme dans les Antilles françaises, notamment quand il s'agissait de faire face à des représentations héritées d'un discours colonial que les femmes et les hommes ont assimilées comme étant les leurs[4].

Le legs colonial

Comme le souligne Bernard Moitt dans ses travaux sur les Antilles françaises[5], le coït forcé faisait partie intégrante du système de plantation dans les Amériques[6]. Ce legs colonial a généré le mythe de la femme noire sexuellement à la disposition de l'homme blanc. Angela Davis évoque également cet héritage : « Leur expérience de l'esclavage – dur labeur avec leurs hommes, égalité au sein de la famille, résistance, flagellation, viol – les avait encouragées à développer certains traits de caractère qui les distinguaient de la plupart des femmes blanches[7]. » L'un de ces traits les poussait à sans cesse redéfinir ce qu'elles entendaient par bienséance sexuelle. Les problèmes de classe et de respectabilité mis en avant par les associations de femmes noires d'Amérique du Nord dans les années 1890 ont fait ressortir les différences structurelles et les tensions au sein de ces organisations qui opposaient les femmes pauvres aux femmes plus aisées[8]. Malgré ces différences, Davis note que toutes se rejoignaient néanmoins dans « le sentiment partagé de leur victimisation sexuelle[9] » et dans le désir de lutter contre cette oppression.

Dans ce contexte, je propose d'envisager la bienséance et la retenue sexuelle non pas sous l'angle moral ou de la tradition, mais plutôt comme l'expression d'une volonté d'affirmation et de contrôle de leur corps, exprimée par les Africaines-Américaines autant que par les

Antillaises[10]. À la différence de leurs homologues blanches, les femmes africaines-américaines et antillaises françaises d'ascendance africaine ne revendiquaient pas avant tout la liberté sexuelle vis-à-vis de leurs conjoints. Comme indiqué précédemment, le système de plantation a généré le mythe de la disponibilité du corps des femmes noires à des fins d'exploitation sexuelle. Par conséquent, les Africaines-Américaines et Antillaises d'ascendance africaine cherchaient plutôt à obtenir le droit d'être libérées de toute objectivation sexuelle importune et de se dégager de sa menace. Je voudrais ainsi souligner comment, pour ces femmes antillaises, les politiques de bienséance et les préjugés de classe pouvaient exprimer des formes de résistance au pouvoir dominant et à la culture populaire caractéristiques de la France continentale entre les années 1920 et 1940.

Pendant l'entre-deux-guerres, Suzanne Lacascade et les Nardal ont montré comment le système éducatif français a fourni à certaines femmes de l'élite de couleur ou de la classe moyenne noire d'importants outils d'analyse leur permettant de critiquer le pouvoir dominant français[11]. En effet, l'accès à l'éducation ne s'est pas étendu à la majorité des Antillais, qui étaient généralement analphabètes. En raison de contextes sociaux, historiques et culturels spécifiques aux Antilles françaises, les chercheurs organisent l'étude de la population de ces communautés en privilégiant trois ethnoclasses. Les groupes dans lesquels les phénotypes sont définis par leur statut socio-économique sont les *Blancs* (membres blancs de la bourgeoisie), les *mulâtres* (individus métis de la classe moyenne, souvent à la peau claire) et les *nègres/Noirs* (Noirs du prolétariat)[12]. Les distinctions parmi les personnes d'ascendance africaine sont toutefois perméables et peuvent être trompeuses (il en va ainsi de Frantz Fanon, une personne à la peau foncée appartenant à l'élite de couleur). Cette *grande bourgeoisie* se distingue de la *petite bourgeoisie*, dont la condition ne s'est améliorée que sous la Troisième République[13]. Les lois qui ont permis d'affranchir certains travailleurs asservis avant l'abolition de 1848 ont donné naissance à une élite de couleur aisée qui chérit ses privilèges. Le roman de Suzanne Lacascade représente les femmes de cette ethnoclasse. Les sœurs Nardal sont, elles, issues de la *petite-bourgeoisie*, leurs parents étant fonctionnaires de l'administration coloniale[14]. Cet essai traite donc de la manière dont les préjugés classistes ont pu à la fois obscurcir et éclairer le point de vue de ces femmes.

Politiques de la bienséance et militantisme : désexualisation de la *mulâtresse*

Dans les années 1920, les deux critiques littéraires utilisant le même nom de plume Marius-Ary Leblon ont décrit le roman de Suzanne Lacascade, *Claire-Solange, âme africaine* (1924), comme « un délectable plaidoyer en faveur des mulâtresses[15] ». Leur propos fait écho à la sexualisation contemporaine des femmes dans le discours colonial et patriarcal. En 1979 toutefois, Maryse Condé décrit le roman de Lacascade comme la première tentative de promotion littéraire féminine d'une conscience noire digne de ce nom. Alors qu'elle souligne un engagement féministe qui s'exprime aussi à travers un essentialisme racial, Condé ouvre de même aux chercheurs une piste de recherche[16]. La promotion de la féminité noire par Lacascade ne concerne cependant pas les femmes à la peau plus foncée des classes populaires mais se concentre plutôt sur celles des classes supérieures. La façon dont cette romancière s'attelle au questionnement de l'objectivation sexuelle des *mulâtresses* (femmes afrodescendantes à la peau claire) met en lumière une politique de la bienséance qui complexifie les idées de race, de genre et d'égalité.

Dans le roman, Claire-Solange est une jeune *mulâtresse* martiniquaise. Son père, Étienne Hucquart, est un Français, officier de l'armée coloniale, qui a épousé, contre la volonté de sa famille, Aurore Duflôt, une riche Créole de couleur, qui décédera plus tard. Claire-Solange appartient à la puissante *grande bourgeoisie* de couleur, qui s'est battue pour la promotion sociale et contre les préjugés dont ses membres furent victimes avant le décret d'émancipation de 1848. Elle s'indigne que les Créoles blancs de 1914 discriminent encore son ethnoclasse, et elle craint que la famille Hucquart ne la rejette à son tour[17].

Lors de sa visite en France en 1914, Claire-Solange se rend compte que les parents de son père ne la rejettent pourtant pas, mais font pire : ils la considèrent à travers le prisme dévalorisant de la littérature coloniale exotique. La belle-sœur de son père, Mme Pol Hucquart, le dépeint comme une victime qui « se laissa prendre au rire sonore, au regard sombre, aux grâces voluptueuses des mulâtresses » (13). Mme Pol Hucquart décrit également la mère de Claire-Solange comme « la créole des romans ». Elle projette ainsi une conception dénigrante de la femme noire, issue de l'idéologie patriarcale et coloniale, inhérente à un fantasme sexuel largement véhiculé par la littérature : une *doudou* (15). Une Claire-Solange frondeuse réfute cette objectivation exotique. Son cousin Jacques Denzel, déçu, déplore d'abord son étonnante froideur et sa rétivité : « Quelle reine des glaces pour une fille des Antilles » (30). Au début, son comportement glacial et revêche ne suggère pas de sensualité, mais affiche son programme culturel et politique par le rejet de tout ce qui est français.

Alors qu'elle décrie la mère patrie, la considérant comme ingrate parce qu'elle ignore la valeur des colonies, Claire-Solange glorifie ses racines africaines et rattache sa lignée maternelle noire à la noblesse, insistant sur le fait que l'une de ses aïeules était une princesse formidable et puissante (67). Elle embrasse ainsi une idée élitiste et respectable de l'identité noire. La position de Claire-Solange est de première importance, car en faisant l'éloge de sa lignée matrilinéaire africaine – plutôt que de sa lignée patrilinéaire européenne – elle peut mieux dénoncer le patriarcat blanc et le colonialisme : « Je suis Africaine [...] Africaine, par atavisme et malgré mon hérédité paternelle ! Africaine comme l'une de mes aïeules, dont personne ne sait le nom sauvage et que la traite fit échouer esclave aux Antilles, la première de sa race » (66).

Son commentaire fait subtilement écho à la dédicace du roman aux aïeules africaines et aux grands-mères créoles. Ses mots soulignent la terrible expérience vécue par les femmes noires des déplacements forcés qui ont donné naissance à la diaspora africaine dans les Amériques. Néanmoins, une question se pose : Claire-Solange peut-elle embrasser un héritage africain aristocratique uniquement pour contrecarrer la manière dont les hommes français sexualisent les *mulâtresses* ? Compte tenu des relations sexuelles coercitives qui ont prospéré dans le système des plantations et du mythe des femmes noires hypersexualisées qui en a découlé, il n'est pas surprenant que la lutte de Lacascade pour l'égalité recouvre une politisation de la bienséance.

Le roman de Lacascade fait l'éloge d'une féminité noire non

sexualisée mais nourricière, diasporique par nature. En utilisant l'*agapē* comme supérieure à l'*erōs*, Lacascade réactualise une ancienne conception chrétienne et européenne pour alimenter un discours de la bienséance qui met en avant les liens maternels et l'identité noire. Sa démarche signale la démarcation entre le spirituel et le charnel, tout en rappelant la prééminence de l'esprit sur le corps, selon une conception chrétienne, notamment catholique. Là, *agapē* représente l'amour pur et divin, dépourvu de caractère charnel, et est plus célébré que l'amour physique ou la passion (*erōs*). Sa stratégie expose les tensions et les paradoxes d'une personne qui tient à la fois à son héritage africain et à un style d'éducation occidental. Cependant, pour Lacascade, les femmes d'ascendance africaine devraient être considérées comme des égales et non comme des citoyennes de seconde zone. Ainsi, Claire-Solange exalte la résilience des *mulâtresses* martiniquaises issues de l'élite et devenues veuves, déplacées en France par l'éruption de la Montagne Pelée en 1902. Leur courageux combat pour la survie fait d'elles des citoyennes dignes d'une nation française pourtant ingrate. Claire-Solange trahit néanmoins des préjugés de classe lorsqu'elle décrit leur nouvelle vie de soutien de famille comme une perte de statut (54-56). De plus, contrairement au romancier créole blanc René Bonneville dans *Le Triomphe d'Églantine* (1897), Lacascade n'étend pas son exploration de la maternité méritoire aux femmes martiniquaises pauvres.

Au contraire, Lacascade développe davantage le motif de la féminité nourricière en écho aux horreurs de la Première Guerre mondiale, de façon à renouveler le patriotisme de Claire-Solange : « En temps de guerre, le cœur appartient à la Patrie », reconnaît-elle (148). Elle fait l'éloge des soldats antillais dévoués qui sont venus rapidement à la rescousse d'une France affaiblie (177). Suivant leurs traces, Claire-Solange devient infirmière et embrasse ainsi « sa nouvelle destinée : soulager la douleur, distraire et fortifier » les soldats français (189). Les notions de bienveillance et de sacrifice suggèrent que la nation inspire de tels sentiments au « vrai » citoyen[18]. Néanmoins, le motif d'*agapē* de Lacascade reste une épée à double tranchant qui tend à faire dériver son roman vers les eaux troubles des discours coloniaux et racialistes.

La tante martiniquaise de Claire-Solange, Émilienne, malgré elle, attire l'attention sur ce type de dérive lorsqu'elle explique que sa nièce amoureuse ressemblerait à leurs « aïeules noires au chevet des hommes blancs minés par la fièvre et l'intempérance, et qui auraient péri sans ce dévouement des négresses » (80). Elle fait l'éloge d'une contribution féminine particulière à la colonisation, car seules ces femmes noires charitables et fortes, incarnations de l'*agapē*, peuvent remettre sur pied les colons blancs brisés qui ne seraient rien sans elles. Cependant, la représentation que Lacascade donne de cet amour sacrificiel renvoie au motif colonial de la sollicitude de la *mulâtresse* pour les hommes blancs alités, louée avec un certain degré de condescendance par le baron de Wimpffen (1748-1819) au XVIIIe siècle et par Lafcadio Hearn (1850-1904) au XIXe siècle[19].

Le motif de la sollicitude rappelle aussi que, malgré ses efforts, le texte de Lacascade n'est pas dépourvu de sensualité. À l'avant-dernière page, on ne peut manquer la passion (charnelle) dans la vibrante déclaration d'amour de Claire-Solange à son fiancé. Ici, tout en parlant de sa « pitié d'Afrique », spirituelle, elle révèle à Jacques son désir pour lui : « Je vous l'apporte, cher, toute chaude de soleil, parfumée, brûlante de passion [...] Ma pitié... C'est un besoin, une attente passionnée de ce... que vous me donnerez, n'est-ce pas ? C'est une grande faim que vous, vous seul, pouvez apaiser... » (200). À la page suivante et dernière du roman, l'image d'une femme africaine qui s'occupe tendrement de son mari apparaît plus sereine et plus respectable. Cependant, pour un lecteur attentif, cette référence ne suffit pas à éteindre les étincelles du désir que Claire-Solange a allumées à la page précédente. Les derniers paragraphes de *Claire-Solange* rappellent au lecteur la sensualité qui peut encore bouillonner sous les apparences de la respectabilité.

Claire-Solange oppose à l'exotisme et au colonialisme une politique de bienséance qui n'exclue pas forcément les élans sensuels ; elle parle au nom des riches *mulâtres* qui ont exigé d'être reconnus par la France comme des citoyens égaux. À la fin du roman, son mariage désintéressé avec un Jacques infirme incarne le salut de la France par l'intervention des Antillais. Allégorie politique, le roman de Lacascade illustre un renversement de pouvoir qui salue la valeur de la *mulâtresse* et des colonies. La France devient un mari malade sauvé par l'*agapē* noire. Alors que Lacascade tente de démanteler la sexualisation de la *mulâtresse*, elle est prise au piège d'un autre stéréotype colonial : une figure nourricière dévouée aux Blancs. Le roman de Suzanne Lacascade ne correspond peut-être pas aux futures idées du féminisme et de l'anticolonialisme, mais il reste aux prises avec le pouvoir institutionnel en remettant en question l'oppression raciale et sexiste. Ce roman illustre la difficulté à rejeter les stéréotypes coloniaux ; le motif de la femme de couleur nourricière pourrait être perçu comme une forme de résistance autant qu'un obstacle dans la lutte pour l'égalité.

Apologie bourgeoise de la femme noire : exotisme et respectabilité en question

Paulette Nardal fut une écrivaine éclectique et on trouvait déjà des traces de la promotion de la race et de la féminité noire dans sa nouvelle « En exil » (1929). Elle y dépeint une vieille *négresse* martiniquaise méritante confrontée à des difficultés[20]. Il est vrai, comme l'affirme Shireen K. Lewis, que « l'œuvre de Nardal est peut-être l'un des rares portraits bien pensés et respectueux d'une femme noire dans la littérature écrite en français à cette époque[21] ». Cependant, comme Lacascade, Nardal met en œuvre une politique de la bienséance qui mérite d'être examinée. La représentation non sexualisée d'Élisa, une domestique pauvre et malade souffrant de rhumatismes, diffère nettement de la séduisante *créole des romans*, pour reprendre la terminologie de Lacascade. Nardal loue la résilience de la *négresse* dans un Paris sans soleil et sans âme qui s'acharne à broyer son moral ; avec son climat glacial et les commentaires racistes que lui crient les jeunes étudiants dans la rue, dans une ville où elle ne peut se sentir chez elle. Elle fait des économies en vue de retourner en Martinique, mais n'y parvient pas[22]. Élisa rêvasse de son île et regrette les rencontres avec ses amis au cours desquelles, comme elle l'explique, « tout le folklore martiniquais y passe. Contes africains adaptés à l'âme antillaise[23] ». La notion d'adaptation met l'accent sur la créolisation des descendants des Africains réduits en esclavage, devenus des Antillais vivant dans un milieu culturel différent.

Par conséquent, croire, comme Lewis, que « la conception qu'Élisa se fait d'elle-même est donc basée sur une identité noire communautaire enracinée dans l'Afrique traditionnelle », revient à négliger les caractéristiques créoles de l'identité d'Élisa et l'importance de la classe dans ce récit[24]. L'idéologie de Nardal reflète aussi la négrophilie métropolitaine de l'époque ; l'arrière-plan culturel d'Élisa symbolise une âme noire martiniquaise « pure », dépourvue de l'aliénation générée par la civilisation européenne. « En exil » crée une tension à partir d'une vision idéalisée de l'identité noire africaine et martiniquaise de la classe ouvrière de la campagne. Néanmoins, Nardal ne se penche pas sur le sort de cette *négresse* martiniquaise défavorisée pour dénoncer les inégalités raciales et socio-économiques. Au lieu de cela, elle recourt à Élisa pour vanter la culture martiniquaise, laissant entendre que tout est mieux dans la « douce Martinique ». Nardal n'explique pas les raisons qui ont pu conduire Élisa à l'exil, telles que les conditions de vie pénibles pour les femmes pauvres dans un contexte économique difficile dans les îles. Avec le renouvellement des caractéristiques misogynes du pouvoir durant le Second Empire (1852-1870), les femmes des campagnes devinrent encore plus dépendantes de leurs anciens maîtres, de leurs partenaires (amoureux) et des institutions religieuses[25]. Sous la République, la grande pauvreté continuait d'affliger le prolétariat et la condition des femmes défavorisées ne connut aucune amélioration[26]. La conception de la féminité de Nardal qui transparaît dans le portrait d'Élisa, bien que moins élitiste que celle de Lacascade, ne vise nullement à donner du pouvoir aux pauvres *négresses.*

Dans les années 1930, Nardal privilégie l'activisme des femmes éduquées de l'intelligentsia noire vivant à Paris. Dans son article bilingue de 1932 intitulé « L'éveil de la conscience de race », elle déplore que les écrivains masculins des Antilles françaises restent à la traîne, en comparaison des écrivains noirs américains qui ont abordé plus tôt les questions de la conscience raciale et de l'identité noire. Elle affirme ensuite que des femmes cultivées ont été les premières à favoriser cette prise de conscience raciale. Elle insiste sur le fait que les étudiantes noires ont dû surmonter de nombreux obstacles, tout en explorant leur histoire pour prouver que la diaspora noire africaine est issue d'une civilisation digne de ce nom : « Les femmes de couleur vivant seules dans la métropole, moins favorisées jusqu'à l'Exposition coloniale (1931) que leurs congénères masculins aux faciles succès, ont ressenti bien avant eux le besoin d'une solidarité raciale qui ne serait pas seulement d'ordre matériel ; c'est ainsi qu'elles se sont éveillées à la conscience de race[27]. »

Percevant Paris comme un espace colonial, raciste et sexiste, un lieu d'aliénation, Nardal affirme que les femmes noires (étudiantes antillaises) ont rencontré plus d'obstacles que les hommes noirs. Elle critique donc les hommes noirs qui adhèrent aux idées patriarcales qui privilégient les hommes par rapport aux femmes. Bien que les hommes noirs aient aussi été opprimés par le système colonial, les plus instruits ont pu acquérir un statut social plus élevé dans les rangs de l'armée ou en tant que fonctionnaires. Nardal laisse ainsi entendre que, malgré les difficultés que les hommes noirs rencontraient, ils restaient nonobstant favorisés grâce à leurs « faciles succès ».

On peut supposer que par « faciles succès », Paulette Nardal entend la recherche et les opportunités d'emploi. Cependant, il me semble que l'anthropologue africaine-américaine Eslanda Goode Robeson, épouse de Paul Robeson (militant pour les droits civiques, chanteur et acteur), propose une façon de lire cette notion de « succès facile » comme une prouesse sexuelle. Robeson révèle des aspects surprenants de la discrimination qui régnait à Paris au sein des communautés étudiantes dont les membres provenaient des colonies françaises d'Afrique et des Caraïbes : « Les garçons noirs ont souvent beaucoup de succès et sont parfois adulés par les filles françaises ; les *mulâtres* ont souvent du succès aussi. Mais les filles noires de la meilleure classe, souvent fières et sensibles, sont à la peine. Leurs propres camarades sont plus intéressés de faire des conquêtes ailleurs, en les abandonnant tristement. Les garçons français ne s'intéressent pas à elles, sauf en tant qu'amis[28]. »

Ne considérant pas la bienséance comme un moyen d'empêcher l'objectification sexuelle, Robeson met l'accent sur la situation difficile des femmes à la peau foncée de la classe moyenne de manière stéréotypée. Selon elle, ces filles noires de bonne famille délaissées ne trouvent pas de partenaires amoureux en raison de leur retenue, alors que les hommes noirs (qu'ils aient la peau foncée ou claire) pouvaient eux profiter de la vie grâce à leur succès sexuel auprès des femmes blanches[29]. La mise en parallèle des commentaires de Robeson et de ceux de Nardal rend manifestes non seulement les effets combinés de la classe, de la race et du sexe, mais révèle également une guerre des sexes tacite[30]. Si ces intellectuelles montrent en pointillé comment les idées patriarcales noires véhiculées par les hommes en provenance des colonies ont participé à l'oppression des femmes noires alors qu'elles se trouvent en France, Robeson et Nardal n'examinent toutefois pas en quoi le projet colonial français a modifié les conceptions patriarcales du genre et de la sexualité de ces mêmes hommes noirs.

Nardal note également que les auteurs français des Antilles, Noirs et Blancs, « parlent de leurs îles natales en amoureux[31] ». Nardal leur reproche de perpétuer les discours coloniaux et exotiques en faisant de leur patrie l'objet de leur affection ou de leur convoitise. Un tel trope sexualisé suggère que les corps féminins, tout comme l'espace insulaire dans lequel ils vivent, sont à posséder. L'analyse de Nardal implique que la littérature française des Caraïbes imite la littérature métropolitaine et alimente l'expression sexualisée du projet colonial. Pourtant, contrairement à Lacascade, Nardal ne critique pas fermement la littérature exotique blanche. Son intérêt pour la conscience raciale l'a même conduite à faire l'éloge de Lafcadio Hearn, né en Grèce, pour sa manière de montrer les Antilles françaises, d'évoquer les questions de race et d'ethnoclasses et de traiter de la culture martiniquaise[32]. Comme de nombreux chercheurs martiniquais qui ont écrit sur Hearn, elle fait l'impasse sur la sexualisation des femmes de couleur et la vision racialisée et parfois raciste de cet auteur. Comme elle l'explique, son projet ne consiste pas à dénigrer la culture française/blanche mais à promouvoir les créations culturelles de la diaspora noire[33]. Ainsi, ironiquement, sa défense de l'identité noire en vient à inhiber ce que certains pourraient aujourd'hui considérer comme une critique pertinente de l'exotisme.

Insidieuse rêverie masculine : le péril de l'exotisme sexualisé

De dix ans plus jeune que Paulette Nardal, Jane semble avoir été plus disposée à diffuser sa critique de la construction exotique et sexuelle du corps de la femme noire. Dans « Pantins exotiques » (1928), la jeune sœur n'épargne pas les écrivains blancs contemporains aux penchants exotiques. Elle critique le recueil de nouvelles *Magie noire* (1928) de Paul Morand et regrette que les femmes noires, quelles que soient leur classe et leur nationalité, y soient cantonnées à des stéréotypes sexualisés. La jeune Nardal condamne également le critique français Léon Werth, en particulier pour son incapacité à concevoir les Noirs, et notamment les femmes, comme autre chose que des « illusions profondément ancrées dans l'esprit français et tombées de la littérature dans le domaine public[34] ». Elle dénonce en particulier les stéréotypes littéraires concernant le corps noir dansant. Cette citation tirée de *Danses, danseurs et dancings* (1925) de Werth illustre le type de caractérisation auquel Nardal s'opposait :

> « C'est alors que j'aperçus la femme noire. Je ne suis pas sûr qu'elle ne fût point parée tout d'abord d'une poésie livresque. Peut-être fut-elle d'abord une négresse littéraire, princesse et sultane. Romans des îles et contes des *Mille et Une Nuits*. Mais ce n'est point de ma faute, si cette grâce flexible a passé jusque dans la littérature, ou plutôt si elle est devenue une sorte de poésie sexuelle, innée en nous[35]. »

Le regard de Werth réduit une *négresse* dansant dans une salle de bal à la grâce de son corps souple, qui alimente alors une « poésie sexuelle » que Lacascade avait déjà raillée en 1924. Les propos de celui-ci évoquent la passion de Lafcadio Hearn pour une « gente féminine des *Mille et Une Nuits* ». Dans son ouvrage *Two Years in the French West Indies* (1890), Hearn fusionne souvent deux objets du désir archétypaux : l'odalisque orientaliste et la femme noire des tropiques. Hearn décrit une *mulâtresse* ressemblant à une « vierge byzantine » et ajoute qu'« il y avait dans son apparence quelque chose d'oriental difficile à décrire ; quelque chose qui vous faisait penser à la reine de Saba[36] ». Son incapacité à différencier deux archétypes sexuels pourtant distincts de l'altérité féminine trahit la myopie de l'exotisme européen de la fin du XIXe siècle.

Cependant, bien que le commentaire de Werth de 1925 aille dans le sens du discours masculiniste précédent, Werth, contrairement à Hearn, exalte la *négresse* à la peau sombre et envoûtante dont le visage est « un beau bloc d'ombre ». Elle transporte son partenaire de danse sur un rivage exotique quelque part dans les Antilles françaises ou en Afrique[37]. Jane Nardal ne trouve guère flatteuse cette ode à la beauté et à la grâce de la *négresse* qu'elle trouve réduite à son physique. Elle expose en outre les dangers de cette prétendue glorification de la féminité noire sans intellect, en particulier celle d'une danseuse noire ressemblant à Joséphine Baker (avant son engagement dans la Résistance française pendant la Seconde Guerre mondiale).

Pour la jeune Nardal, la performance jazz de Baker renforce la diffusion des stéréotypes coloniaux français, souvent de nature sexuelle, qui promeuvent un statut des femmes noires en tant que citoyennes de seconde zone dépourvues de cervelle. Comme ses sœurs Paulette et Andrée, Jane critique le jazz dans sa dimension sexualisée et s'en méfie :

> « Et les artistes, les snobs blasés trouvent en eux [les artistes africain·e·s-américain·e·s] ce qu'ils cherchent : le contraste savoureux, pimenté, d'êtres primitifs dans un cadre ultramoderne de la frénésie africaine se déployant dans le décor cubiste d'une boîte de nuit. Ceci explique la vogue inouïe, l'enthousiasme soulevé par une petite *câpresse* qui gueusait sur les trottoirs de St. Louis (Mississippi [*sic*])[38]. »

Les remarques de Jane montrent comment les artistes africain·e·s-américain·e·s tels que Baker ont nourri la négrophilie des Parisiens, l'engouement pour les arts nègres et leur soif de primitivisme moderne et d'exotisme sexuel. Nardal affirme que l'intérêt pour l'autre exotique relevait d'une décision consciente de le consommer et le sexualiser à des fins de divertissement[39].

Le commentaire de Nardal n'est cependant pas dénué de préjugés de classe. Elle décrit d'abord les origines modestes de la performeuse comme une *câpresse*, une femme noire à la peau plus chocolat que miel, mendiant dans les rues de St. Louis, afin de démystifier l'engouement dont elle fait l'objet et de se moquer de ses admirateurs. Il est révélateur qu'elle utilise le terme *gueuser*, qui exprime une pauvreté teintée d'ignominie, au lieu du terme *mendier*, plus neutre, car *courir la gueuse* signifie aussi rechercher des rencontres sexuelles. La référence au statut social de Baker perçu comme inférieur et l'utilisation du terme de *câpresse* ne semblent pas non plus accidentelles. Elles relèvent d'une taxonomie raciale qui place l'artiste dans une catégorie inférieure. Nardal remet en question la moralité de Baker en rappelant que cette artiste n'est pas une *femme de lettres* de la classe moyenne, soulignant ainsi que ce que ses fans projettent avidement sur elle relève d'une pure turpitude. Au départ, Nardal met en évidence non tant la pauvreté initiale de Joséphine Baker que le désir de son public français de flirter avec la débauche contrôlée et la culture vulgaire. Pour Nardal, La Baker est peut-être une vedette brillante et astucieuse, mais elle n'est pas pour autant une intellectuelle.

Le sens de la respectabilité de Nardal l'amène à insinuer que Baker, en tant qu'artiste importée et étrangère, avec son personnage hypersexualisé, joue avec le feu parmi d'autres Noirs américains qui font la même chose. En effet, Baker incarne non seulement ce que Brent Hayes Edwards appelle « une sorte d'autre colonial féminin universel », mais aussi une version totalement sexualisée de la femme colonisée[40]. En tant que « *méta-mulâtresse* », elle est la dernière manifestation en date, dans la culture populaire, de la femme de couleur sexualisée à la disposition du Français fringant. Elle incarne une blanchisseuse martiniquaise et chanteuse dans *Zouzou*, transformée en *doudou* envoûtante (1934), et une jeune Berbère de Tunisie dans *Princesse Tam Tam* (1935), un conte déclinant le mythe de Pygmalion. Dans les deux films, malgré son amour éperdu, la femme de couleur, contrairement à la Claire-Solange de Lacascade, ne peut être considérée comme une égale et ne peut donc pas être aimée, illustrant ainsi la prérogative française d'accepter ou de rejeter l'amour interracial[41].

Les préjugés de classe de Jane Nardal apparaissent clairement dans sa manière d'ironiser sur l'écrivain Paul Morand, quand il représente une artiste noire. Elle déclare avec sarcasme que « la conquête de l'artiste faite, il lui reste maintenant à faire celle du bourgeois, de l'intellectuel. Nous attendrons pour cela que quelque Européen attribue au nègre "littéraire" quelques qualités plus intérieures[42] ». Elle place les artistes tels que Joséphine Baker en dessous des bourgeois/intellectuels. Elle aurait espéré, en vain, que les intellectuels et les bourgeois de couleur échappent à l'objectification, car leur existence dans la vie réelle n'avait pas encore été acceptée ni conçue dans la littérature. Seul le sexe noir se vend. Seul le sexe noir associé à la masculinité blanche triomphante et aux idées patriarcales noires vilipendées peut donner naissance à un best-seller, comme le suggère le succès de *Je suis martiniquaise* de Mayotte Capécia.

Grimper l'échelle (sociale) : inconvenance et vérité qui dérange

La Martiniquaise Lucette Céranus Combette a profité de la négrophilie encore en vogue dans les années 1940 pour écrire et publier en France son premier roman, *Je suis martiniquaise* (1948), sous le nom de plume de Mayotte Capécia. Si l'on se concentre sur les documents historiques étudiés par Christiane Makward et, plus récemment, par Myriam Cottias et Madeleine Dobie, non seulement le mystère qui entoure Combette se dissipe, mais se révèle aussi l'importance de sa condition socio-économique au cœur de son activisme. Combette s'est battue avec courage et ingéniosité. Issue des couches populaires de la société martiniquaise, elle a occupé de nombreux emplois avant de devenir l'écrivaine Mayotte Capécia. Tout en comprenant ce que signifie être *nègre* à Paris, elle se rend compte que, malgré ses origines africaines, sa beauté et sa peau claire jouent en sa faveur[43]. Elle est célébrée dans le monde littéraire et est en contact avec les personnalités du moment, y compris Joséphine Baker[44]. Pour Makward, cependant, *Je suis martiniquaise* reste une œuvre collaborative écrite à plusieurs mains par Combette, analphabète et mère de trois enfants, et des porte-plumes l'ayant soutenue[45].

Dans ses entretiens, Capécia a toujours affirmé qu'elle voulait attirer l'attention sur la condition des *femmes de couleur* en Martinique et montrer qu'elles pouvaient souffrir tout comme les femmes blanches de France continentale sans pour autant être moins respectables, ce qui semble indiquer une conscience raciale féministe[46]. Ses efforts soulignent à quel point les personnes paupérisées et sans éducation formelle ont souvent besoin d'être « éduquées » quant à la nature de l'oppression qu'elles subissent et cela afin d'ébranler le pouvoir institutionnel de manière efficace. Faut-il s'étonner que des femmes issues de milieux modestes, comme Baker et Combette, se soient d'abord davantage investies dans leur propre survie que dans la promotion de la race ou de l'égalité raciale ? Comme le demande Donald Macedo, comment peut-on « dialoguer sans connaître au préalable l'objet du dialogue et sans être mû par un désir de connaissance[47] ? » Dans leur lutte contre l'inégalité raciale et/ou sociale, les femmes d'ascendance africaine issues de diverses classes sociales offrent souvent des réponses contradictoires à cette question.

En effet, l'invention du personnage de Mayotte Capécia illustre comment, dans une structure de pouvoir donnée, comme le dit James Scott, « ceux qui sont obligés par la domination de porter un masque finiront par trouver que leur visage s'est transformé pour devenir ce masque. La pratique de la subordination dans ce cas produit, avec le temps, sa propre légitimité[48] ». Trop souvent, les personnes qui ont interagi avec Capécia l'ont reléguée au rôle d'une *doudou*. Les journalistes et les critiques littéraires masculins sont particulièrement condescendants et pleins de préjugés à son égard en mettant l'accent sur sa beauté et sa grâce exotiques[49]. En tant que Capécia, Combette, qui ne peut se permettre de perdre le soutien de ses mécènes, doit naviguer en eaux troubles.

Le premier roman de Capécia qui raconte l'histoire d'une *mulâtresse* fière de son autonomie et en quête de respectabilité en Martinique avant de décider de s'en aller avec son bébé « blanc » pour une France idéalisée, illustre cette ambivalence. Ce personnage commence par être propriétaire d'une blanchisserie prospère dans laquelle elle emploie d'autres femmes noires[50]. La romancière souligne à la fois la résolution d'un personnage féminin à l'autodétermination en opposition au patriarcat noir, et ses efforts pour montrer combien l'assimilation à la blancheur métropolitaine constitue néanmoins la meilleure protection contre l'oppression locale. Sa protagoniste, Mayotte, bien que consciente d'être opprimée, peine à discerner l'identité des oppresseurs qui entravent sa quête de promotion sociale.

Sa *blanchisserie* devient finalement une métaphore de son désir de se « purifier » de ce qu'elle considère comme les carences de l'identité noire. Elle ne fait que vilipender les hommes noirs qui ressemblent à son père : les coureurs de jupons, les joueurs et les partenaires violents. Mayotte pense que seul le mariage avec un homme blanc peut garantir sa respectabilité et son bonheur. Petite fille, elle a décidé qu'elle « ne pourrai[t] aimer qu'un Blanc, un blond avec des yeux bleus, un Français » (59). Sa première et dernière rencontre sexuelle avec un *nègre*, qu'elle décrit avec des détails quelque peu émoustillants, déclarant qu'elle « se sentai[t] transportée dans un monde inconnu » (104), la persuade de contrôler sa libido pour bénéficier du « renouvellement » que l'identité blanche métropolitaine est supposée lui apporter. Elle méprise souvent les autres femmes noires pour leurs mœurs légères, leur disponibilité sexuelle et leur manque d'ambition (121, 123, 130). Ici, sa retenue s'apparente à l'« activisme » de Lacascade et des Nardal. La dépréciation de soi dont elle fait preuve, ajoutée à la remise en question de son ascendance africaine, signale que Mayotte ne se sent pas digne de l'amour des Blancs, à l'instar de la *méta-mulâtresse* jouée par Joséphine Baker. Avant même de rencontrer le père de son enfant, elle sait que « les hommes blancs n'épousent pas les femmes noires » (131). Son amant, officier de marine blanc, l'abandonne ainsi que leur fils. Son aventure reste un cliché en ce qu'elle fait écho au motif de l'amour interracial raté tel qu'évoqué dans la chanson du XVIIIe siècle « Adieu foulard, adieu madras » ou tel qu'on le retrouve dans l'imaginaire des cartes postales exotiques et érotiques vantant les relations amoureuses entre marins blancs et *doudous* sous le régime de Vichy[51].

Au début des années 1940, la Martinique constituait un espace doublement oppressif, en raison à la fois de l'ordre colonial préexistant et du nouveau régime de Vichy qui intensifiait encore la discrimination raciale. *Je suis martiniquaise* ne blâme qu'un patriarcat noir oppressif sans sonder le système colonial et le patriarcat blanc qui l'ont pourtant influencé. Cette omission pourrait signifier soit un manque d'outils et de compétences analytiques appropriés, soit une volonté moralement discutable de renforcer les stéréotypes nuisibles du discours colonial français. Estimant à l'époque que Capécia appartenait à l'élite aliénée de couleur, les Martiniquais Jenny Alpha en 1948 et Frantz Fanon en 1952 ont opté pour cette dernière solution. Ils ont vilipendé la représentation de l'identité noire et la promotion de l'identité blanche par la romancière[52]. Contrairement à Maryse Condé, qui a plus tard loué Capécia pour avoir exposé une vérité particulièrement dérangeante sur la masculinité noire, Alpha et Fanon ont considéré leur compatriote comme une traîtresse[53]. Ils ont dénié toute pertinence à sa critique du patriarcat noir et déprécié la féminité qu'elle prétendait représenter. En gardant à l'esprit l'analphabétisme et les origines modestes de Combette, je souligne plutôt combien la conception mouvante de la bienséance de Capécia ainsi que son analyse sociale lacunaire, voire absente nous rappellent que la lutte pour les droits des femmes noires devrait être inclusive et ne peut faire l'impasse sur l'importance de la classe et de l'éducation, en sus de la race et du genre.

***

Le combat de Lacascade et des sœurs Nardal pour l'égalité écartait les préjugés raciaux et sexistes tout en imposant une idée particulière de la féminité bienséante qui pourrait sembler peu radicale aujourd'hui, mais qui l'était bien davantage dans leur contexte. Leur quête de respectabilité peut aussi sembler exprimer une vision traditionaliste et bourgeoise à tendance exclusive, mais dans l'entre-deux-guerres, entre légèreté et vertu, avaient-elles vraiment d'autres choix ? Quant aux projets prosaïques de Capécia et Baker, bien qu'ambigus, ils mettent en lumière la nécessité d'instruire les masses tout en alertant sur les risques possibles de condescendance et d'oppression que peuvent revêtir de telles entreprises éducatives si elles sont mal conduites. Indépendamment de la manière dont leurs positions peuvent être vues au travers des yeux du XXIe siècle, toutes les femmes décrites ici invitent à une réécriture stimulante de l'activisme noir, de la lutte pour l'égalité et pour un féminisme des femmes de couleur inscrit dans leurs principes politiques et culturels. Ces afrodescendantes relient la sphère intime à sa dimension politique et dénoncent le patriarcat et le discours colonial qui dévalorisent les femmes noires. Cependant, sciemment ou à leur insu, elles exposent également les obstacles que le féminisme des Antilles françaises a dû surmonter, tels que l'absence de sororité ou de coopération interne et d'inclusivité.

CHAPITRE II

Les Chatouilleuses de Mayotte : émergence d'un féminisme radical, séparatiste et assimilationniste (1966-1976)

Mamaye Idriss

Illustres pour leur engagement contre l'indépendance et la séparation de l'île de l'archipel des Comores[1], les Chatouilleuses sont moins connues pour avoir défendu la cause des femmes. Pourtant, ce mouvement a posé les jalons de projets féminins et féministes jusqu'alors absents de l'archipel des Comores. Surgi dans les années 1960-1970, les soldates de Mayotte (en mahorais : *soroda wa maore*) se sont fait connaître du grand public sous le nom de Chatouilleuses par la presse française. Si l'étiquette féministe n'a jamais été revendiquée par ses militantes, les Chatouilleuses ont évolué dans un contexte international de foisonnement des mouvements féminins et féministes dès les années 1940. Du féminisme colonial de Paulette Nardal[2] en Martinique au féminisme anticolonial ou décolonial à La Réunion[3], en passant par les féminismes radicaux de la *Women in Nigeria Movement*[4] ou encore le féminisme révolutionnaire mozambicain[5], sans oublier les mouvements féminins refusant l'étiquette féministe ou l'ignorant[6], les féminismes et activismes noirs furent multiformes et développèrent des projets féminins et féministes originaux. Ces mouvements ont posé les jalons de courants afroféministes durant les années 1970, coïncidant avec la montée du *Black feminism* dont les racines sont à la fois historiques, théoriques et politiques. S'il semble ignorer leur existence, le mouvement des Chatouilleuses s'inscrit à bien des égards dans ces courants tout en étant inédit par son projet : celui d'un mouvement radical[7] et séparatiste – puisqu'il ambitionne de quitter l'unité territoriale dont Mayotte faisait partie, de s'en désolidariser politiquement et socialement – tout en étant fondamentalement assimilationniste – dans la mesure où il se pense en association avec la France et plaide pour le maintien de la tutelle politique française. Ce chapitre tâche de tracer les contours de l'engagement féministe des Chatouilleuses dont j'ai montré ailleurs la violence euphémisée de ses activistes[8]. Il souligne, dans un premier temps, les positionnements parfois contradictoires de ce mouvement, réclamant la départementalisation de Mayotte auprès des instances publiques tout en arborant un discours plus radical et contestataire dans l'espace public. Il examine, dans un second temps, l'idéal féministe de ce mouvement, évoluant entre respectabilité, leadership féminin et transgression des normes de genre et dont la particularité réside dans ses positions non sororales et régionalistes.

Un mouvement féminin assimilationniste, séparatiste et radical

Né en juin 1966, le mouvement des Chatouilleuses navigue dans plusieurs sphères et adapte ses revendications en fonction de ses interlocuteurs. Auprès du gouvernement français, c'est le registre de l'assimilation au modèle français ainsi que la réclamation statutaire de département français qui prédomine. Au niveau local, ressort une parole militante qui s'acquitte du discours officiel, se ralliant au courant séparatiste et radical.

« Mayotte Departeman ! » : une revendication statutaire cachant des aspirations séparatistes

Les mouvements féministes qui voient le jour en Afrique subsaharienne au milieu des années 1950 ont la particularité d'avoir fonctionné en *tandem*, dans le prolongement des mobilisations pour l'indépendance[9]. Leurs revendications se sont superposées aux projets indépendantistes, enrichis d'idéaux nationalistes, socialistes, communistes, en circulation dans le continent[10]. À Mayotte, les Chatouilleuses ont embrassé l'idéal départementaliste, défendu par le premier parti mahorais, le Congrès des Notables, avec lequel elles s'associent en 1966. Ce projet statutaire s'en tenait à la simple demande d'accession au statut de département français et, comme bien d'autres mouvements régionalistes en situation de minorité au sein de leur attache administrative, il constituait une solution envisagée dans le cas d'un vote majoritaire pour l'indépendance lors du référendum de 1958. De la Guinée française au large de l'Afrique orientale, des voix portées par des populations minoritaires et minorisées s'étaient élevées en faveur du statut départemental, craignant de perdre en pouvoir de décision au sein d'un ensemble politique plus vaste. S'il faut y voir dans le cas de La Réunion « l'exigence de la pleine citoyenneté française[11] », à Mayotte, ces aspirations statutaires recèlent de fortes ambitions séparatistes vis-à-vis des autres îles de l'archipel des Comores avec lesquelles Mayotte formait un territoire d'outre-mer français[12].

« Ne plus faire partie du gouvernement comorien[13] », telle était la volonté des militantes. En d'autres termes, les femmes voulaient se séparer des autres îles de l'archipel des Comores, perçues comme une autorité à part entière, indépendante de la France. Or, cet organe de décision n'était autre qu'une des institutions instaurées par la loi-cadre Defferre de 1956 dans l'ensemble des Territoires français d'outre-mer[14] ; ses décisions restaient soumises à l'appréciation du haut-commissaire français, représentant de l'autorité coloniale et chef du territoire. La protestation des Chatouilleuses révèle ainsi l'existence d'un double amalgame, qui n'est pas sans rapport avec l'ambiguïté engendrée par la nouvelle organisation des pouvoirs de 1956 : un Conseil de gouvernement appréhendé comme une autorité distincte de la France dont le pouvoir de décision était largement surévalué par rapport à celui du Haut commissariat composé de représentants français[15]. Le projet de libération des Chatouilleuses nécessite ainsi d'être pensé au-delà de l'opposition classique à la métropole, en tenant compte de la façon dont la population se figurait l'organisation politique.

La volonté de se libérer de leurs supposés oppresseurs constitue le trait d'union de ce conglomérat d'individus aux positions hétérogènes. Plus encore, ces aspirations séparatistes revêtent un caractère insulaire et régional dans la mesure où elles critiquent la faible représentation de Mayotte au sein des instances locales. Les Chatouilleuses rejoignent ici les doléances formulées depuis plusieurs années par le Congrès des

Notables contre la prépondérance des autres îles, avantagées par le scrutin majoritaire par île et leur forte démographie[16]. Au-delà de la dualité classique entre départementalisme et indépendantisme, leur projet puise dans différents registres : séparatiste, d'une part, à l'égard des îles comoriennes, et autonomiste, d'autre part, car souscrivant au principe d'autogouvernance sans indépendance vis-à-vis de l'État français. Aussi, est-il possible d'envisager cette réclamation statutaire plutôt comme un mot d'ordre, voire un cri de ralliement dans le cadre de l'action protestataire[17] tant les enjeux qu'elle recouvre sont pluriels.

Contestation de l'ordre socioracial et projet révolutionnaire

L'insubordination des Chatouilleuses avait pour ambition de lutter contre les hiérarchies précoloniales subsistant au sein de l'archipel des Comores postesclavagiste. Elle montre leur aspiration à l'établissement d'une société plus égalitaire.

Issues des milieux populaires de Petite-Terre, les pionnières du mouvement sont en grande majorité descendantes de travailleurs engagés et d'anciens esclaves fuyant le régime d'inégalité en vigueur dans les îles voisines d'Anjouan et de Grande Comore. Leurs familles s'étaient établies à la lisière du chef-lieu de Mayotte, en quête de liberté et d'un travail salarié. La proximité de la ville leur assurait des revenus réguliers et une certaine autonomie grâce à l'activité informelle de vente et de service. L'environnement du chef-lieu et la présence d'infrastructures scolaires fut aussi un espace de transmission de savoirs du fait de la scolarisation de voisines et amies de l'île de Sainte-Marie. Si les Chatouilleuses n'ont pas bénéficié de l'offre scolaire française, elles ont acquis néanmoins des connaissances en matière de droits et d'organisation administrative ; ce qui peut expliquer leur quête d'égalité et leur engagement pour la défense de leurs droits quand bien même elles ne maîtrisaient pas la langue française[18]. À côté de cela, la position sociale détenue par certaines femmes maîtresses coraniques en fit les leaders parfaits parmi les militantes majoritairement musulmanes. En dépit de leurs origines éparses – de l'archipel des Comores principalement – elles avaient en partage la pratique de la religion musulmane, un idéal d'égalité et une appartenance sociale qui va devenir progressivement le terreau du recrutement militant dans l'ensemble de l'île.

En refusant la situation d'inféodation des Mahorais par les Grands Comoriens et Anjouanais, mieux insérés dans les structures administratives françaises, les Chatouilleuses ont gagné l'adhésion d'un large pan de la population. Cette situation de vassalité était conçue comme la perpétuation d'un ordre ancien, antérieur à la colonisation française. Dans leurs témoignages, les femmes évoquent sans détour le dénigrement des habitants des autres îles en raison de leur ascendance servile[19]. Ces hiérarchies socioraciales que l'on retrouve dans d'autres sociétés esclavagistes d'Afrique a opéré une fracture entre, d'une part, les individus d'ascendance arabe et de condition libre et, d'autre part, les populations serviles, issues de la traite orientale et du commerce de l'engagisme. À l'image de Zanzibar, où l'économie de rente avait reposé sur la ressource en esclaves acheminés des côtes africaines, le système de traite, entretenu de façon illicite par les rois comoriens avec les représentants français en poste à Mayotte en dépit de l'abolition de l'esclavage proclamée en 1846, a contribué largement à fournir une main-d'œuvre servile et peu chère sur l'île française.

Leur virulence contre les inégalités sociales peut être décryptée à l'aune des changements sociaux en cours durant la colonisation. L'extension de la citoyenneté électorale à l'ensemble des colonisés en 1946[20] a sans doute contribué à forger un idéal de société plus égalitaire[21]. Face aux hiérarchies fondées sur le principe de race, de lignage prévalant dans l'archipel[22], le modèle d'instruction française offrait une voie nouvelle d'ascension sociale.

Leadership féminin et redéfinition des rapports sociaux de sexe

Bien des analyses ont présenté le mouvement des Chatouilleuses comme des femmes manipulées par des hommes[23]. Leur assentiment à l'idéal départementaliste du Congrès des Notables et favorable à la séparation de Mayotte du reste de l'archipel des Comores[24] a généralement été qualifié de récupération politique. Or, comme le dévoile l'étude de leur engagement, les Chatouilleuses ont été loin de jouer un rôle de second plan au sein de la mobilisation sociale qui embrasa l'île de 1966 à 1976. Bien au contraire, les militantes ont témoigné de fortes aspirations à encadrer la lutte et investir la scène politique.

Né en 1966 de l'association des femmes avec les membres du Congrès des Notables, le Mouvement populaire mahorais (MPM) se structure de façon pyramidale. Il possède à sa tête un comité directeur dont les membres sont les élus[25], les présidentes de sections locales désignées à la tête de chaque village ainsi qu'une présidente et vice-présidente représentant le mouvement au niveau de l'île. Si la présence de femmes aux postes de direction a pu servir à masquer l'action des hommes[26], elle montre également une volonté de leur part d'intervenir dans le cercle décisionnaire.

En dépit de leur exclusion institutionnelle, elles n'ont eu de cesse de chercher à étendre leur périmètre d'intervention et à décrocher des responsabilités politiques[27]. C'est dans le cadre du protocole qu'elles s'investissent dans un premier temps en interpellant les autorités. L'accueil des responsables français de passage dans l'île devient un espace de prise de contact et d'échanges avec les autorités. Elles impulsent de nouvelles dynamiques comme le refus de payer l'impôt[28] et se heurtent aux résistances des leaders masculins du MPM, plus légalistes. Elles investissent également des instances de représentation de l'île, comme le conseil de circonscription[29] alors même qu'elles n'en étaient pas officiellement membres. Ces agissements signalent l'autonomie de l'action politique des femmes.

Si elles ont été épaulées par des hommes, minoritaires dans l'action de rue, elles les ont sollicités dans diverses tâches, plus particulièrement afin de porter leur voix au sein des institutions dont elles étaient exclues[30]. L'activisme des Chatouilleuses s'arrange et se déprend ici des frontières de genre. Cherchant à renverser le cycle de domination, il prend ses racines dans la lutte contre les inégalités de genre et les hiérarchies socioraciales héritées du système de traite et de l'économie de plantation. D'où, l'intérêt de penser ce mouvement en tant que féminisme radical ou féminisme révolutionnaire dans la mesure où il vise à renverser l'ordre social précolonial.

Entre contestation et conformation aux normes de genre hétérosexuelles

La mobilisation des Chatouilleuses naît d'une opposition de genre entre femmes – subalternisées –, et hommes – fonctionnaires de l'administration territoriale[31]. Si le genre devient très vite un motif à l'engagement des femmes et une ressource dans l'action protestataire, au gré de « chatouilles » notamment, les femmes ont joué de ces assignations de genre à la fois en se conformant à l'ordre hétéronormé, mais également en le renversant.

Inversion des rapports de genre dans l'action politique

À l'instar d'autres mobilisations africaines où le corps est exhibé[32], les Chatouilleuses ont usé de leur corps comme outil de contestation dans l'action collective. Elles transgressent à cet égard certains interdits sociaux de l'islam : le contact physique, la mixité homme/femme, voire l'assouvissement d'un fantasme masculin (le fait de se retrouver encerclé par une dizaine de femmes). C'est en désespoir de cause et dans l'idée de contrer les stéréotypes de genre qui leur avaient été accolés par un politicien mahorais qu'elles ont échafaudé l'idée de « chatouilles ». Les femmes vivant aux alentours de Dzaoudzi accusaient le coup du transfert du chef-lieu. La fermeture des bureaux administratifs à Mayotte et leur déplacement en Grande Comore avaient eu des effets aussi bien sur l'économie familiale que sur leurs activités économiques. À leur doléance concernant la perte de leurs époux – pourvoyeur de revenu et dont le départ vers une autre île compromettait à leurs yeux leur relation conjugale, celles-ci s'étaient vu répondre qu'elles n'étaient « motivées que par [leur] excitation sexuelle[33] ».

Partant de l'image stéréotypée de femmes noires lascives, les plaignantes ont cherché à renverser ces assignations en portant atteinte à la virilité des responsables politiques. Pour ce faire, elles ont usé de « chatouilles » (*ufetsa*), euphémisme renvoyant à un ensemble de pratiques violentes perpétrées par des femmes à l'encontre de leurs opposants politiques masculins. Opposant un groupe de femmes à un homme, bien souvent seul, l'administration de « chatouilles » se déroulait de la façon suivante. Informées du passage d'un fonctionnaire par le battement de tambours, les femmes habitant dans les environs arrêtaient sur-le-champ leurs activités et s'en allaient vers un lieu de rassemblement. Elles se dirigeaient vers lui et l'encerclaient à dix ou vingt, sans crier gare. Elles se mettaient ensuite à lui proférer des invectives et à lui intimer l'ordre de quitter Mayotte. Si l'objectif était de faire comprendre avec force aux membres de l'autorité territoriales de passage à Mayotte qu'ils n'étaient pas les bienvenus dans l'île, ces derniers finissaient en définitive au sol, « dans la poussière » comme l'indique le témoignage de Zaïna Méresse[34]. Plusieurs témoignages évoquent le cas d'hommes à qui « on avait tiré le sexe » (*uvura bilili*), souffrant par la suite d'impuissance. Jetés à terre, les vêtements en lambeaux, les hommes perdaient la face.

Par ce mode d'action, les femmes se conformaient au stéréotype de femmes noires lascives tout en se dotant de « qualités masculines » sans apparaître pour autant dangereuses[35]. Subversive, la « chatouille » rompait ainsi avec les normes de féminité de la société musulmane où la réclusion, la vertu, la discrétion constituaient les « qualités » attendues d'une femme.

La force de ce mode d'action réside dans son ambivalence, oscillant entre deux positions *a priori* contradictoires. Tandis que l'une se conforme aux normes de genre et valide en apparence le poncif de femmes séductrices, mues par leurs désirs charnels, l'autre renverse ces assignations par la violence en se saisissant de ces mêmes stéréotypes afin de les traduire en force.

Régionalisme insulaire et refus de sororité

Circonscrit au départ aux femmes de Petite-Terre, vivant aux alentours du centre administratif, le mouvement franchit les rives de Grande-Terre[36] et grossit, passant d'une poignée de femmes à plusieurs centaines en quelques semaines[37]. En février 1967, la gendarmerie comptabilise près de 1 500 personnes lors d'une action donnant lieu à l'occupation des locaux de la radio. Une sororité nouvelle se tisse sur fond de rivalités insulaires et féminines.

Mettant en scène leur identité féminine, les femmes se présentent comme des victimes, soumises aux contraintes économiques du mariage et à l'abandon des hommes. Leur départ les expose à une grande précarité en l'absence de leur potentielle aide financière. La vindicte des femmes suggère ainsi l'abandon des hommes, insouciant des conditions de vie de leurs épouses, et susceptibles de contracter un nouveau mariage comme l'y autorise la religion musulmane[38]. Face à l'inconstance des hommes, les femmes ne s'insurgent pas contre leurs époux, et voient plutôt dans les autorités comoriennes, les artisans de leur départ. Les hommes sont ainsi disqualifiés par les femmes chez qui ressort un certain consensus implicite sur l'incompétence et l'irresponsabilité des hommes[39] ».

Cette sororité féminine locale exclut cependant les femmes des autres îles de l'archipel. Si elles ne les accusent pas de « voler leurs époux[40] », elles constituent de potentielles rivales. La construction des identités féminines opère ainsi une césure entre, d'une part, les femmes de Grande Comore et d'Anjouan, d'ascendance arabe et assignées au statut d'épouses de maîtres, de femmes libres, aux traits fins, évoluant à l'abri des regards au sein de leur villa, « inaccessibles et prudes[41] », et, d'autre part, les femmes mahoraises dont la majeure partie possède des ascendants de condition servile, vivant d'activité agricole et à qui étaient échues les charges domestiques. La stigmatisation des femmes en contexte postesclavagiste hiérarchise de façon très inégalitaire les rôles de chacune suivant un ordre racial et de représentation stéréotypé[42]. Ce découpage diffère de l'opposition entre Noires et Blanches des sociétés coloniales européennes et tient compte des spécificités du monde swahili où l'opposition entre Arabes et Noires prédomine. Il tend par ailleurs à voiler la perméabilité des sociétés insulaires mobiles et composites au sein desquelles ne saurait dominer une seule identité. Cette « conscience de genre[43] » se complète ainsi d'une conscience raciale et de classe qui empêche la conclusion d'alliances avec les femmes des autres îles. Celles-ci ne sont d'ailleurs pas conviées ni appelées à se mobiliser avec elles[44]. Limitée au cadre de l'île, cette sororité féminine est également conditionnée à l'approbation de l'idéal départementaliste. Les femmes doivent non seulement adhérer aux positions du mouvement, mais s'engager corps et âme pour la cause afin de gagner l'assentiment de leurs consœurs.

Au-devant de la mobilisation, se trouvent bien souvent des femmes anjouanaises et grandes-comoriennes fraîchement arrivées à Mayotte. Leur retrait de l'action féminine pouvait être perçu comme la marque d'un soutien voilé à leurs parents des autres îles, et, de ce fait, d'une tentation de l'indépendance qui ne pouvait être « absoute » que par un engagement assidu et une disponibilité extensive. Aussi, ces femmes, de condition sociale plus fragile, parce que issues d'une migration récente, s'exposaient physiquement aux échauffourées fréquentes dans l'action protestataire car elles se trouvaient en première ligne.

Cette sororité conditionnelle est, du reste, génératrice de hiérarchies internes, s'inspirant des divisions sociales en vigueur dans les autres îles et pourtant contestées par les Chatouilleuses. L'étiquette de nobles (*kabaila*[45]) et de libres (*wangwana*[46]) est ainsi récupérée par certaines militantes afin de justifier leur retrait de l'activité protestataire. Elle se superpose à des critères de génération, d'ancienneté de l'engagement et d'installation à Mayotte, opérant une hiérarchisation de l'activité militante, où seules les migrantes de l'archipel répondant aux exigences du parti sont intégrées tandis que les femmes créoles, indiennes, métropolitaines restent en marge.

Affichage d'une respectabilité féminine : épouses, mais non travailleuses

L'entrée des femmes sur la scène politique s'est assortie d'une quête de respectabilité ayant pour conséquence de voiler leur motivation économique. C'est en qualité de travailleuses qu'elles s'étaient présentées initialement lors de leurs adresses aux autorités françaises[47]. Le transfert du chef-lieu avait fait péricliter leurs commerces, touchant directement leur sphère de responsabilité domestique et familiale. Pour autant, c'est la défense de leur réputation et de leur respectabilité qui a pris rapidement le dessus sur ces questions sociales. Les Chatouilleuses ont trouvé dans la moralité et la religion les gages de cette respectabilité, arborée le plus souvent par les classes moyennes et supérieures[48]. Elles en ont fait un levier de mobilisation ainsi qu'une ressource. Lors de leurs adresses aux politiques, les militantes mettent tout d'abord en scène leur rôle d'épouses[49]. S'il faut y voir une façon habile de contrer les critiques des fonctionnaires locaux, voyant d'un mauvais œil l'émergence d'une contestation féminine, la référence au statut d'épouse leur confère aussi une position sociale respectable. Elle les dote de qualités morales et sexuelles, à la différence de la condition de travailleuses[50] ou de mère en charge des fonctions reproductives dévolues aux domestiques. Aussi, le fait de brandir le statut d'épouse peut-il être entendu comme un refus de subalternité, et le désir de braver la disqualification sociale. Cet artefact avait l'intérêt de voiler leur origine populaire mais aussi de les hisser au même rang social que celui de leurs opposants politiques. À côté du statut d'épouse, symbole de réussite sociale et de moralité, c'est dans la religion qu'elles gagnent en légitimité. Elles s'illustrent par leur piété, apparaissant au grand jour lors de rituels majoritairement féminins (le *maulida shenge*) durant lesquels les femmes jouent un rôle central. Fusion de pratiques religieuses musulmanes (le *mawlid*) et de croyances liées à la cosmogonie locale, ce temps de prière et de recueillement collectif précédait chaque congrès. Il devient progressivement un mode d'action à part entière et contribue à asseoir la légitimité de femmes dans l'action politique. C'est donc au travers de l'action rituelle et l'affirmation du statut d'épouse que les Chatouilleuses se construisent l'image de femmes pieuses et respectables de façon à contrer la réprobation masculine et à légitimer leur intrusion dans le champ politique.

***

L'étude de l'engagement des Chatouilleuses pour la cause des femmes montre tout d'abord l'intrication des luttes sociales et politiques dans la genèse de projets féminins et féministes. Leur mobilisation s'arrime à des enjeux plus larges qui tendent à invisibiliser la dimension féministe de ce mouvement pour le réduire à un projet séparatiste et assimilationniste. Au-delà de revendications statutaires, les Chatouilleuses se sont attaquées simultanément aux inégalités socioraciales et de genre prévalant dans l'archipel des Comores avant la colonisation française. Leur engagement féministe se brouille au sein d'un discours assimilationniste et séparatiste, laissant deviner l'inflexion révolutionnaire et radicale de leur projet. Tout en se conformant pour partie aux normes hétérosexuelles, elles expriment subtilement leur désaccord dans la mobilisation au moyen d'actions performatives. Le recours à la chatouille ou l'occupation de lieux de décision sont en ce sens plus éloquents que leurs discours.

Mais la singularité de ce mouvement se situe dans l'ébauche d'un projet féministe non sororal et séparatiste vis-à-vis des autres îles comoriennes. Les Chatouilleuses ont tracé les contours d'un idéal féministe bien différent des positions anticoloniales et des inclinations panafricaines de mouvements féminins formés dans les années 1960[51]. Isolées de la scène internationale, elles disposent néanmoins d'une véritable aura à Mayotte où elles sont considérées comme les dépositaires de l'identité mahoraise ainsi que les artisanes des évolutions politiques qu'a connues l'île en cette dernière moitié du XXe siècle.

CHAPITRE 12

La vie d'une femme noire dans le combat pour la justice et l'égalité : Jean McNair en France

Tyler Stovall[1]

Traduit de l'anglais par Arianne Dorval

Montparnasse, mai 2015. Une centaine de personnes sont réunies dans l'élégante cour intérieure de Reid Hall, l'ensemble d'hôtels particuliers de l'université Columbia à Paris, pour rendre hommage et dire adieu à une femme noire hors du commun. La diversité de cette assemblée composée de Français et d'Américains, d'hommes et de femmes, de jeunes et de moins jeunes, de Noirs et de Blancs, fait écho à la vie riche et complexe de Jean McNair. Je suis l'un de ceux qui, ce jour-là, prennent la parole pour témoigner, en français ou en anglais, des tragédies et des victoires de cette femme qui a tant apporté à la France, à l'Amérique et au monde moderne. Plusieurs autres commémorations ont déjà eu lieu en son honneur, y compris à l'Assemblée nationale française en février[2]. À Caen, où elle a passé les dernières décennies de sa vie dans les quartiers populaires de la Grâce-de-Dieu et de la Guérinière, quelque 400 personnes ont assisté à ses obsèques. Marie-Jeanne Gobert, conseillère municipale de Caen, se souvenait alors de Jean McNair en ces termes :

> « Femme au destin particulier, très jeune elle s'engage avec Melvin, son mari, dans le mouvement révolutionnaire des Black Panthers, dénonce et combat au péril de sa vie le racisme. Après avoir connu la prison, le couple s'installe à Caen. Les familles et les jeunes de la Grâce-de-Dieu, souvent confrontés aux difficultés, au décrochage scolaire, sauront trouver auprès de Jean un soutien régulier, efficace et un dévouement

sans faille pour accéder au savoir. Elle est à l'origine de la création de l'association Horizon et Jeunesse, lieu d'accueil, de vie collective et d'apprentissage chaleureux. Profondément humaine, elle laisse l'image d'une femme déterminée, convaincue qu'il n'y a pas de fatalité à voir se développer les inégalités[3]. »

Qui était Jean McNair ? Black Panther, révolutionnaire, pirate de l'air, réfugiée, enseignante, épouse, mère, poète, tout cela à la fois et plus encore ? Femme noire originaire de Caroline du Nord, vivant en Normandie après quelques escales dans différents endroits du monde, McNair illustre la portée transnationale du militantisme noir de la fin du XXe siècle. Or, elle doit aussi être considérée comme une femme noire de France, pays où elle a vécu une grande partie de son existence et où elle a élevé ses trois enfants. Considérer la vie de McNair sous cet angle offre un nouvel éclairage sur l'histoire des femmes noires en France, y compris sur leur militantisme politique[4].

Jean McNair a notamment redéfini l'image, traditionnellement dominante en France, des Noirs américains, et plus particulièrement celle de la femme africaine-américaine. Souvent associée au jazz et aux arts de la scène, cette dernière a longtemps symbolisé l'exotisme et l'érotisme dans le pays[5], comme en témoigne le cas exemplaire de Joséphine Baker. En revanche, le militantisme des Noirs expatriés à Paris y a été perçu comme essentiellement dominé par les hommes, Richard Wright et William Gardner Smith apparaissant comme des figures clés à cet égard[6]. McNair a rompu avec ces deux représentations : militante et intellectuelle, elle a participé à de nombreux débats et défendu une multitude de causes tout au long de son parcours en France. Sans jamais oublier ses origines américaines, elle s'est enracinée dans sa nouvelle patrie, où elle a contribué de manière significative aux luttes pour la justice sociale et raciale. Tant en France qu'aux États-Unis, sa vie de femme noire a marqué non seulement ceux qui ont croisé sa route, mais aussi l'ensemble de la société.

Dire de McNair qu'elle était une Française noire revient à déployer une approche transnationale de l'histoire et du présent de la France. McNair, comme nous le verrons ici, a exercé une influence majeure sur bon nombre de personnes dans son pays d'adoption, la

France. Comme toutes les nations modernes, la France est composée d'individus différents, natifs ou immigrés, dont les multiples histoires constituent celle de la nation. L'approche proposée ici remet en cause un certain récit historique, selon lequel les migrants choisissent de s'installer aux États-Unis plutôt que de s'en exiler, récit qui implique qu'être américain est la plus désirable de toutes les destinées humaines. Le parcours de McNair reflète les histoires des nations transnationales que sont la France et les États-Unis, les liens qui les unissent et les différences qui les séparent.

Une enfance dans le Sud : le vent du changement

Jean McNair naît Jean Carol Allen à Winston-Salem, en Caroline du Nord, le 11 octobre 1946[7]. Elle grandit, avec ses parents Gary et Olie Allen, dans le sud des États-Unis, région qui, bien que farouchement attachée à l'ordre racial ségrégationniste, commence à ressentir les effets des bouleversements de l'après-guerre qui aboutiront à la révolution des droits civiques[8]. Bien des années plus tard, Jean déclarera à propos de ses premières années de vie : « Je sais que je ne suis pas censée le dire, mais je vais le dire quand même : J'ai détesté mon enfance[9] ! » La ville de Winston-Salem, dans la région du Piedmont en Caroline du Nord, compte une importante communauté noire dont les membres sont sommés de rester à leur place et s'exposent à de lourdes conséquences en cas de transgression. Tout au long de son enfance, Jean Allen entend des rumeurs sur des personnes enlevées par le Ku Klux Klan que l'on n'aurait jamais revues. Elle devient rapidement consciente des risques de violences sexuelles qui pèsent en permanence sur les jeunes filles noires comme elle[10].

À ces menaces de violence s'ajoutent les discriminations quotidiennes qui restreignent la vie des citoyens noirs de Winston-Salem. À l'âge de six ans, Jean doit se lever tous les matins à 4 h 30 pour prendre un bus scolaire qui passe devant une série d'écoles blanches avant de la déposer devant une école noire. Jusqu'en 1963, tous les bâtiments publics de la ville, y compris les fameuses toilettes, disposent d'entrées séparées pour les Noirs. À l'âge de neuf ans, Jean apprend le meurtre d'Emmett Till dans le Mississippi et prend alors la mesure des dangers qui menacent les jeunes Noirs du Sud. À l'âge de douze ans, elle accompagne son père à une manifestation locale pour les droits civiques, où elle est choquée par l'hostilité violente des contre-manifestants blancs[11].

Si ces incidents témoignent de l'intensité du racisme des Blancs de Winston-Salem, ils attestent aussi de la résistance des Noirs et de leurs revendications croissantes pour un monde nouveau. Tout au long de son histoire, la communauté noire de Winston-Salem a créé de nombreuses organisations communautaires, y compris l'une des plus anciennes congrégations chrétiennes noires d'Amérique. En 1892, d'anciens esclaves y ont fondé la Slater Industrial Academy, un établissement d'enseignement supérieur pour les Noirs, devenu plus tard la Winston-Salem State University[12]. C'est à cette université que s'inscrit Jean après avoir obtenu son diplôme d'éducation physique au lycée de la ville[13].

À Winston-Salem State University, Jean rencontre Melvin McNair, l'homme qui deviendra son partenaire pour la vie. Sportif vedette originaire de Greensboro, Melvin a pu s'inscrire grâce à une bourse d'athlétisme. Il tombe immédiatement amoureux de Jean, de deux ans son aînée. Jean et Melvin se mettent en couple, font leurs études ensemble et partagent leurs années de jeunesse. Melvin, lui aussi un produit du Sud ségrégationniste, est certes sensible à l'oppression de son peuple, mais c'est Jean qui l'aide à transformer son indignation en une conscience politique qui s'inscrit dans le militantisme de l'époque. Les importantes émeutes raciales qui frappent Détroit et Newark durant l'été 1967 font écho aux troubles révolutionnaires en cours, et le jeune couple suit de près ces événements de la lutte pour la libération des Noirs[14].

L'assassinat de Martin Luther King Jr., en avril 1968, marque un tournant pour le couple. À Winston-Salem comme ailleurs dans le pays, les étudiants noirs organisent une manifestation sur le campus[15]. Melvin et Jean prennent part au mouvement, lequel entraîne la fermeture de leur université. En représailles, celle-ci supprime la bourse d'athlétisme de Melvin, qui se voit alors contraint d'abandonner ses études. Ayant perdu son statut d'étudiant, le jeune homme ne bénéficie plus du sursis au service militaire. Un an plus tard, il est enrôlé dans l'armée et envoyé en Allemagne de l'Ouest. Devant l'imminence de son départ, Jean et Melvin se marient le 25 août 1969. Jean accompagne Melvin à Berlin-Ouest, où naît leur premier enfant, Johari McNair, le 7 mai 1970.

L'entrée en Révolution

La vie dans l'armée présente de nouveaux défis pour Melvin et Jean. Tout en prenant conscience du racisme des soldats blancs à l'égard des soldats noirs, le couple découvre le mouvement contre la guerre du Viêt Nam, qui gagne alors l'Allemagne de l'Ouest et les États-Unis[16]. Par-dessus tout, ils s'intéressent aux mouvements noirs américains, et plus particulièrement aux Black Panthers, dont ils étudient la critique du racisme et de l'impérialisme américains. Peu après la naissance de Johari, l'armée informe Melvin qu'il sera envoyé au Viêt Nam, puis rejette sa demande de rester à Berlin avec sa femme et son nouveau-né. La situation familiale de Melvin et de Jean, tout comme leur opposition à la guerre du Viêt Nam (que partagent de plus en plus de soldats noirs en Allemagne), les conduit à prendre une décision lourde de conséquences[17]. Après s'être rendu avec Jean à Washington pour plaider sa cause, sans succès, auprès des autorités de l'armée, Melvin décide de déserter et fait ses premiers pas dans la clandestinité. Dans une Amérique où la révolution semble imminente, le jeune couple choisit de consacrer sa vie à la lutte pour la libération des Noirs.

En 1970, le couple s'installe à Détroit, ville que Jean décrira plus tard comme imprégnée d'une « atmosphère de peur ». Toujours ravagés par les émeutes massives de 1967, les ghettos noirs de Détroit sont confrontés à la pauvreté, la criminalité et la violence de la répression policière[18] ; la veille de l'arrivée de Melvin et de Jean, la police municipale s'en est d'ailleurs prise à la section locale des Black Panthers[19]. Bien que le statut de déserteur de Melvin les oblige à la prudence, le couple commence à nouer des contacts avec d'autres individus impliqués dans le mouvement. Melvin et Jean se lient d'amitié notamment avec George Brown, George Wright et Joyce Tillerson. Les cinq militants décident de cohabiter dans une même maison, où ils vont partager un mode de vie végétarien et débattre de la politique, de la culture et de la spiritualité révolutionnaires noires, tout en approfondissant leur intérêt pour les Black Panthers[20]. C'est là que Jean donnera naissance à leur deuxième enfant, leur fille Ayana, le 25 octobre 1971.

Le groupe partage une vision de plus en plus sombre de la capacité des Noirs à survivre dans l'Amérique raciste. En janvier 1972, George Brown est blessé par balle et arrêté par des membres du STRESS (« *Stop the Robberies, Enjoy Safe Streets* », « Halte aux vols pour des rues sûres »), une division spéciale du département de police de Détroit, qui terrorise les quartiers noirs de la ville[21]. Si Brown est innocenté et libéré quatre mois plus tard, les officiers du STRESS lui assurent que ni lui ni ses colocataires ne passeront le cap de l'été[22]. Face à ces menaces, et face à la dure campagne de répression déclenchée contre les Black Panthers et d'autres groupes militants par la police et des programmes fédéraux tels que le Cointelpro, Jean, Melvin et leurs camarades parviennent à la conclusion qu'ils doivent fuir les États-Unis[23]. Comme l'observera Jean dans les mémoires du groupe, *Nous, Noirs américains...*, « Pour nous tous, 1972 a été le point culminant d'une période de frustration, de désillusion, de dépression et de désespoir immense, le résultat des conditions de vie imposées à notre peuple [...] Face à l'hypocrisie et aux mesures répressives du gouvernement et des forces de l'ordre, nous en étions arrivés à un point où nous ne pouvions plus ne pas agir[24]. »

Une occasion d'agir s'offre à eux à l'été 1972. Depuis quelques années, des militants radicaux détournent des avions aux États-Unis en vue de fuir le pays et d'obtenir une rançon pour financer une cause politique. Le 2 juin, le Black Panther Roger Holder et sa compagne Catherine Kerkow parviennent à détourner un avion de Los Angeles vers Alger, où Eldridge Cleaver a établi le siège de la section internationale des Black Panthers. Cet acte spectaculaire convainc le groupe révolutionnaire des McNair de tenter une opération similaire. Le 31 juillet, le groupe, composé de cinq adultes et de trois jeunes enfants (Johari, Ayana et Kenya, la fille de Tillerson), monte à bord d'un avion de Delta Airlines à destination de Miami et l'oblige à se rendre à Alger en passant par Boston. Les pirates de l'air exigent et obtiennent de Delta Airlines le paiement d'une rançon d'un million de dollars, qu'ils comptent remettre aux Black Panthers une fois arrivés en Algérie. Pour Jean McNair, alors âgée de vingt-cinq ans et mère de deux jeunes enfants, ce détournement d'avion est un tournant majeur. Il est le reflet de son engagement révolutionnaire et de sa vision apocalyptique des événements en cours. Il constitue également une décision irréversible, un aller sans retour. Jean McNair ne reverra plus jamais son pays.

Les pirates de l'air arrivent en Algérie le 1er août. Très rapidement, il devient évident que l'image du pays comme paradis révolutionnaire tiers-mondiste était une illusion. Comme à Cuba, les révolutionnaires américains en exil comprennent que les autorités se font une idée de leur rôle et de leurs activités qui ne correspond pas toujours à leurs attentes. Si les représentants du gouvernement algérien ont accueilli les pirates de l'air à leur arrivée, ils insistent pour confisquer l'argent de la rançon, qu'ils vont restituer à Delta Airlines. Les Black Panthers protestent, entraînant une réponse brutale de la part des Algériens : ceux-ci commencent à restreindre les activités de la section internationale du parti et destituent Cleaver de son rôle de leader. À partir de septembre, les membres du Black Panther Party quittent l'Algérie les uns après les autres ; Cleaver lui-même part pour la France le 1er janvier 1973. En ce début d'année, Jean, Melvin et leurs camarades réalisent qu'ils sont les seuls membres du parti à être restés en Algérie, après avoir tout sacrifié pour un rêve qui semble désormais inaccessible[25].

La principale préoccupation de Jean à ce stade est le bien-être de ses enfants. Elle craint pour leur sécurité en Algérie, une inquiétude que partagent Melvin et Joyce Tillerson. Ainsi, le groupe s'organise pour renvoyer les enfants aux États-Unis : Johari et Ayana passeront les prochaines années de leur vie dans la famille de Jean. Pour Jean et Melvin, cette décision est extrêmement douloureuse, l'épreuve la plus difficile qu'ils aient connue. Comme le rappellera Melvin des années plus tard : « Nous avions touché le fond. Nous allions perdre ceux qui nous étaient les plus chers[26]. » Alors qu'ils ont quitté les États-Unis dans l'espoir de leur offrir une vie meilleure, ils ne savent pas quand ils reverront leurs enfants, ni même s'ils les reverront un jour.

Une fois assurée la sécurité d'Ayana et de Johari, Jean et Melvin peuvent penser à leur propre avenir. Face au départ des autres membres du Black Panther Party et à l'attitude de plus en plus hostile du gouvernement algérien, ils comprennent rapidement qu'ils vont devoir chercher une nouvelle terre d'accueil. Cleaver se trouvant alors à Paris, ils décident de suivre son exemple et de fuir eux aussi l'Algérie[27]. En mai, les cinq anciens pirates de l'air quittent clandestinement Alger et traversent la Méditerranée pour se rendre en France. Ce pays sera la patrie de Jean McNair jusqu'à la fin de ses jours.

Clandestinité et prison à Paris

Le Paris qui accueille Jean et Melvin McNair dans les années 1970 brille encore des feux de la quasi-révolution de Mai 68 et fourmille de militants et de sympathisants tiers-mondistes. L'arrivée clandestine des McNair à Paris a été en partie facilitée par l'organisation française Solidarité, un petit groupe diversifié de militants de gauche fondé par le dynamique et versatile Henri Curiel. D'origine juive égyptienne, Curiel, a, comme les McNair, fui son pays pour des raisons politiques. Actif dans les mouvements communistes et anti-impérialistes en France dès les années 1950, il a joué un rôle de premier plan dans la lutte pour l'indépendance de l'Algérie. Il a par la suite créé Solidarité en vue de fournir un soutien, une formation pratique et un enseignement aux militants anticoloniaux du monde entier. Curiel confirme Melvin et Jean dans l'idée que le détournement d'avion et le terrorisme sont en définitive des impasses politiques. Inspirée par Curiel, Jean se met à lire avec avidité des ouvrages de théorie politique ou d'histoire des mouvements sociaux, élargissant sa réflexion sur la meilleure façon de construire un nouveau monde révolutionnaire[28].

Au cours des trois années suivantes, Jean et Melvin vivent clandestinement à Paris, font des petits boulots et apprennent peu à peu à parler le français. En 1975, ils s'installent chez une famille française de gauche du Quartier latin. Ils poursuivent leur éducation politique auprès de leurs hôtes lors d'interminables soirées de discussion. Jean apprécie de vivre dans une famille avec de jeunes enfants, un rappel poignant de ce à quoi elle a renoncé en Algérie. Bien que Johari et Ayana lui manquent toujours terriblement et qu'elle s'inquiète de l'avenir, sa nouvelle vie dans la capitale française lui plaît. Comme elle l'écrit à un ami, « Pour ce qui est du lieu de vie, j'avoue franchement que j'adore Paris[29]. »

> « Le fait de vivre à l'étranger nous a permis de développer notre pensée comme nous n'aurions jamais pu le faire aux États-Unis. Non seulement nous en avons tiré des bénéfices éducatifs et culturels, mais nous avons pu acquérir des compétences professionnelles. Et puis cette expérience nous a libérés psychologiquement. Aux États-Unis, on est toujours conscient de sa race du fait du racisme. Nous n'avons jamais pu oublier un seul instant que nous étions noirs [...] Ici, nous avons pu nous détendre. Vous vous imaginez notre soulagement ? Vous comprenez ce que je veux dire ? Nous espérons tous que nos enfants sauront ce que c'est que de vivre en France – il y a tant de possibilités ici pour que l'esprit s'épanouisse[30]. »

Mais cette existence clandestine ne peut durer indéfiniment. Peu à peu, les McNair prennent conscience qu'ils sont surveillés, que des agents de police suivent leurs déplacements dans toute la ville. Le 26 mai 1976, la police française arrête quatre des cinq pirates de l'air à Paris. Dans la foulée, le gouvernement américain demande leur extradition vers les États-Unis pour qu'ils y soient jugés. En prison, Jean, Melvin et leurs camarades Joyce Tillerson et George Brown attendent avec inquiétude la décision des autorités françaises. Le ministère de la Justice tient une audience en octobre pour statuer sur leur extradition vers les États-Unis. Heureusement pour les McNair, la France a une longue et fière tradition d'accueil des réfugiés politiques. Lors de leur procès, les pirates de l'air sont représentés avec force par l'avocat radical français Jean-Jacques de Félice, qui les dépeint habilement comme des rebelles en lutte contre le racisme. Sensible aux arguments de l'avocat, le tribunal rejette la demande américaine d'extradition et autorise les McNair et leurs camarades à rester en France[31].

Cela ne signifie pas pour autant qu'ils sont libres. La France ayant refusé d'extrader les McNair, ceux-ci doivent maintenant être jugés pour détournement d'avion devant les tribunaux français, conformément aux traités internationaux. Les pirates de l'air sont donc renvoyés à la prison de Fleury-Mérogis, en région parisienne, où ils vont attendre leur procès. Pendant deux ans, ils languissent en prison, correspondant avec leurs amis et leur famille à l'extérieur, impatients de paraître à la barre. Ils travaillent sur leurs mémoires, *Nous, Noirs américains*, et espèrent que tout ira pour le mieux. Un certain nombre de Français, y compris les vedettes de cinéma Yves Montand et Simone Signoret, se mobilisent pour demander leur libération. George Pau-Langevin, militante noire française qui sera élue plus tard à l'Assemblée nationale, assure leur défense au tribunal. Tout au long de cette période, Jean pense avant tout à ses enfants et leur écrit aussi souvent qu'elle le peut.

> Chers Johari et Ayana,
> Parfois, vous me manquez tellement que je dois absolument vous écrire pour supporter la douleur. Peu importe si vous ne lisez pas cette lettre avant plusieurs années. Le simple fait de vous écrire m'apporte du réconfort[32].

L'affaire des quatre pirates de l'air est jugée en novembre 1978. Dans la salle d'audience bondée, le pilote et les hôtesses de l'air de l'avion détourné sont venus des États-Unis pour témoigner. Après avoir écouté leurs dépositions et celles des témoins de la défense, qui ont en réalité fait le procès de l'Amérique raciste et décrit les terribles discriminations dont souffrent les Africains-Américains, le jury déclare les quatre pirates de l'air coupables, mais avec des circonstances atténuantes. Chacun écope de cinq ans de prison, moins le temps déjà passé en détention. Jean McNair et Joyce Tillerson sont immédiatement libérées afin de pouvoir s'occuper de leurs enfants. Dès sa sortie de prison, Jean fait venir Ayana et Johari en France avec sa mère, pour de joyeuses retrouvailles. Des amis l'aident à trouver un logement et à refaire sa vie. Au cours des deux années suivantes, Jean et les enfants rendent régulièrement visite à Melvin en prison.

Lorsque ce dernier est libéré en mai 1980, les McNair peuvent vivre en famille pour la première fois depuis leur départ de Détroit huit ans plus tôt.

En 1980, Jean McNair a derrière elle près d'une dizaine d'années d'engagements politiques, de tourments et de sacrifices. Ne craignant plus d'être arrêtée, elle peut vivre avec ses proches et travailler en toute sérénité. Les années de lutte révolutionnaire ont laissé des traces : Jean n'a pas vu ses enfants grandir pendant plusieurs années, et elle ne peut pas retourner dans son pays natal. Elle peut toutefois commencer à se construire une nouvelle vie en terre étrangère. Le 30 juin 1981, elle donne naissance à son fils Tumaïni, le seul enfant de Jean et Melvin né hors des États-Unis. Le nouveau-né symbolise la renaissance de la famille McNair et le fait que celle-ci est maintenant chez elle en France.

De Paris à la Normandie

J'ai rencontré Jean McNair pour la première fois à l'automne 1981, lors d'une manifestation qui se tenait à Paris, où je m'étais installé pour effectuer des recherches doctorales sur l'histoire de France. En ce début des années 1980, des centaines de milliers de personnes descendaient dans les rues d'Europe occidentale pour protester contre le déploiement de nouveaux missiles par les États-Unis et l'Union soviétique. La crise des euromissiles avait conduit les Européens à se mobiliser contre la menace nucléaire, annonçant la fin imminente de la guerre froide[33]. Au cours de l'une des manifestations parisiennes, j'avais décidé, avec d'autres étudiants des États-Unis, de former un groupe de citoyens américains progressistes basés en France en vue d'organiser des discussions et des manifestations politiques. La nouvelle s'était vite répandue et, lors d'une autre manifestation, nous avons été rejoints par une femme noire très sympathique et discrètement vêtue qui s'est présentée et a commencé à nous parler de sa vie à Paris.

C'est ainsi que Jean et moi avons fait connaissance. À l'époque, Jean et sa famille étaient en train de s'adapter à leur nouvelle vie en

France. Ils avaient emménagé dans un appartement de la banlieue ouvrière de Thiais, au sud de Paris. Ayana et Johari fréquentaient les écoles locales, tandis que Jean s'occupait de Tumaïni à la maison et donnait des cours d'anglais, parfois par téléphone. Des années d'expérience et de formation politiques avaient convaincu Jean et Melvin de l'importance du militantisme pacifiste et des dangers de l'action révolutionnaire violente, et ils souhaitaient transmettre ces leçons, à nous, la nouvelle génération de militants américains à Paris. Nous avons rapidement formé notre groupe politique appelé Citoyens des États-Unis, et nous avons commencé à organiser des réunions hebdomadaires dans une librairie du XIIe arrondissement de Paris. Un large éventail de sujets ont été abordés lors de ces réunions : le racisme et l'oppression aux États-Unis, la crise des euromissiles et la guerre froide, les mouvements insurrectionnels en Afrique, en Amérique latine et en Palestine, et bien d'autres choses encore. Nous avons fait intervenir plusieurs militants français, américains ou autres, qui souhaitaient s'adresser à des étudiants américains progressistes. Enfin, nous avons continué à participer aux rassemblements parisiens, donnant ainsi une autre image de l'Amérique que le reaganisme triomphant de l'époque.

J'ai vécu un an à Paris, et j'y suis retourné régulièrement les étés suivants. Tout au long de cette période, j'ai appris à connaître Jean, partageant beaucoup de temps avec elle, Melvin et leur famille. J'ai passé de nombreuses heures dans la maison familiale de Thiais, où je suis parfois resté pour dormir, car le chemin était long jusqu'à mon appartement de Montmartre. Je me souviens d'avoir gardé le jeune Tumaïni plus d'une fois et d'avoir échangé avec Johari et Ayana au fil des ans. Les McNair m'ont même invité à fêter Noël avec eux en 1981 ; c'était la première fois que je ne rentrais pas chez moi pour les fêtes.

Je me souviens de Jean McNair comme d'une femme à l'énergie débordante. Bien avant que le terme « multitâche » ne gagne en notoriété, elle était passée maître en la matière. Je n'ai jamais compris comment elle pouvait à la fois s'occuper de trois enfants, donner des cours d'anglais et gérer le foyer (elle était également une excellente cuisinière). L'un de mes souvenirs les plus marquants est celui où elle tient Tumaïni d'une main pour lui faire prendre son petit déjeuner tout en donnant une leçon d'anglais au téléphone de l'autre. En plus de tout cela, Jean s'impliquait activement dans la vie politique, participant à nos réunions hebdomadaires, à des manifestations et à d'autres types d'événements. Elle ne faisait pas de distinction entre la vie de famille et la vie politique : les visites chez les McNair offraient, entre autres plaisirs, la possibilité de rencontrer une multitude de personnes intéressantes, des militants et des intellectuels de différents milieux et aux perspectives variées. Leur maison était un salon français classique en banlieue parisienne où tous pouvaient venir profiter de la bonne chère et des conversations stimulantes.

Tout au long de ces années, Jean a continué le cheminement politique qu'elle avait amorcé à son arrivée en France. Elle est restée attachée à la politique progressiste en général, et à la libération des Noirs en particulier. Contrairement à certains anciens révolutionnaires, dont notamment Eldridge Cleaver, elle n'a jamais tourné le dos au mouvement ni renié son passé radical. En même temps, ses années de militantisme révolutionnaire et de clandestinité lui ont appris l'importance de la prudence et de la circonspection. À l'époque où je l'ai connue, Jean considérait la politique révolutionnaire comme une action vaine et, en définitive, comme un piège. À l'instar de nombreux jeunes révolutionnaires, elle s'était tournée vers la transformation sociale pacifique et progressive – ce qui était un changement de tactique plutôt que d'objectif. Lorsqu'elle parlait de politique, Jean exprimait des opinions tranchées, mais elle savait aussi écouter et respecter les idées des autres. Son militantisme et sa vie à Paris avaient fait naître en elle une vision cosmopolite, un intérêt pour un large éventail de questions et un engagement en faveur de la justice sociale pour tous les peuples du monde.

Enfin, une profonde spiritualité imprégnait la vision politique de Jean. Comme chez tant de progressistes africains-américains, et en particulier de femmes noires, sa foi dans le changement politique était ancrée dans sa foi en Dieu et dans une vision de l'humanité qui reflétait les enseignements moraux et éthiques des grands penseurs religieux. Parfois, lorsque je discutais avec Jean, je sentais que les préoccupations ordinaires de ce monde s'effaçaient pour faire place au désir de voir et de cultiver le divin en tout homme et en toute femme. La colère contre l'injustice et l'espoir d'un monde meilleur guidaient son engagement politique, mais c'était la foi qui lui donnait la force de s'engager[34].

En 1986, les McNair ont décidé de quitter Paris pour s'installer à Caen, Melvin y ayant obtenu un poste d'animateur dans un foyer de jeunes de la ville avec un logement à la clé. Jean, surtout, envisageait leur départ de Paris avec un certain regret : elle avait beaucoup d'attaches dans cette ville où elle vivait depuis plus de dix ans, et elle redoutait l'absence des communautés cosmopolites (composées d'expatriés américains) si nombreuses dans la capitale française. Comme beaucoup de femmes immigrées ou réfugiées en France (et d'ailleurs comme beaucoup de Parisiens), Jean craignait de se sentir isolée en province. Mais la nouvelle vie en Normandie comportait de nombreux avantages pour la famille McNair. La banlieue parisienne présentait certains risques sociaux, d'autant plus qu'Ayana et Johari entraient dans l'adolescence. Les McNair se sont donc installés dans la capitale de la Normandie, probablement la région la plus pro-américaine de France en raison du débarquement en juin 1944, deux générations plus tôt.

Après le départ des McNair pour Caen, nos rencontres se sont espacées ; j'avais du mal à trouver du temps pour leur rendre visite lors de mes brefs séjours en France. Les rares fois où nous nous sommes retrouvés, j'ai vu que la famille entrait dans une nouvelle phase de sa vie. Jean et Melvin avaient emménagé à la Grâce-de-Dieu, une vaste cité de logements sociaux située dans la partie sud de la ville. Comme Thiais dans la banlieue parisienne, ce quartier ouvrier accueillait une importante population immigrée et multiculturelle[35]. En France, les années 1980 ont marqué le début d'un grand débat sur la crise des banlieues, ces vastes quartiers multiethniques à la périphérie de Paris et d'autres villes, touchés non seulement par le chômage mais aussi par les discriminations et l'aliénation raciales[36]. Comme l'observait à l'époque mon oncle John, dentiste à Détroit, ces endroits n'étaient pas si différents des ghettos américains. Jean et Melvin avaient peut-être fui Détroit, mais ils n'y avaient pas échappé ; ils ont trouvé en France de nouvelles raisons de lutter pour la justice sociale et raciale.

Jean et Melvin avaient pour priorité de soutenir la jeunesse de la Grâce-de-Dieu, ces jeunes hommes et jeunes femmes privés d'opportunités éducatives ou professionnelles et piégés dans des cités isolées et mal desservies. À chacune de mes visites, ils m'ont immédiatement mis au travail auprès des nombreux jeunes de leur entourage, généralement pour leur donner des cours d'anglais ou leur exposer l'histoire de la France ou des États-Unis. Jean avait créé une association, Espérance et Jeunesse, qui offrait des cours particuliers, un soutien scolaire et des moments de camaraderie aux jeunes de la Grâce-de-Dieu. À une époque où de nombreux Français considéraient les jeunes « immigrés de la deuxième génération » résidant en banlieue comme un problème social, elle insistait sur leur potentiel, voyant en eux, à juste titre, l'avenir de la nation[37].

Le destin des jeunes a été à la fois une grande victoire et une grande tragédie pour Jean McNair. Dans les années qui ont suivi l'installation de la famille à Caen, Johari et Ayana sont devenus adultes et ont commencé à construire leur propre vie. Bien qu'ils eussent vécu la plus grande partie de leur enfance en France, ils étaient retournés « à la maison » en Caroline du Nord tous les étés pour y passer du temps avec les familles de Jean et de Melvin[38]. Ils étaient parfaitement bilingues et, contrairement à leurs parents, se sentaient chez eux des deux côtés de l'Atlantique ; ils ont ainsi pu choisir le pays dans lequel ils allaient bâtir leur avenir. Ayana est tombée amoureuse d'un jeune Français, s'est mariée et a fait le choix de rester en France. Johari a quant à lui décidé de retourner vivre aux États-Unis. Comme Jean l'a fait remarquer plus tard, il ne s'était jamais senti vraiment à l'aise en France, et son grand-père en Caroline du Nord lui avait toujours manqué : « Il y est retourné pour s'occuper de la famille, parce que je ne pouvais pas le faire. D'une certaine manière, il s'est sacrifié[39]. » À Winston-Salem, Johari est entré dans la spirale de la violence et des armes à feu. Il a été abattu par un autre jeune homme le 3 septembre 1998, peu après avoir été libéré sur parole. Il avait vingt-huit ans.

Comment faire face à la mort d'un enfant ? J'ai vu Jean McNair pour la dernière fois en février 1999. Je donnais une conférence à l'ambassade américaine à Paris, et j'ai été agréablement surpris de voir Jean, Melvin et Tumaïni (devenu un adolescent costaud) dans l'assistance[40]. Nous nous sommes salués chaleureusement, puis Melvin m'a annoncé la terrible nouvelle concernant Johari, dont je me souvenais encore comme d'un petit garçon. Sous le choc, j'ai regardé Jean et je me suis demandé ce que je pourrais bien lui dire pour l'aider à surmonter cette épreuve. Aujourd'hui encore, je ne trouve pas les mots.

Je pense que la mort de Johari, l'épreuve la plus douloureuse que puisse subir une famille noire aux États-Unis, a rappelé à Jean toutes les raisons pour lesquelles elle avait fui son pays. Loin de là, à Caen, elle devenait comme toutes ces mères africaines-américaines qui doivent enterrer leurs fils victimes de la violence insensée des armes à feu[41]. Cela confirmait la justesse de son choix de faire sa vie en France : si Johari n'était pas retourné aux États-Unis, il serait probablement encore en vie, comme Ayana et Tumaïni. Du fait de son exil, Jean ne pouvait être présente en Caroline du Nord pour guider son fils et le protéger des risques qui pèsent sur la vie noire en Amérique. Tout le travail qu'elle avait accompli auprès de jeunes défavorisés en France n'avait pas sauvé – n'aurait pas pu sauver – la vie de Johari[42].

En même temps, la mort de Johari donnait à ce travail plus de sens que jamais : Jean savait ce qui pouvait arriver aux jeunes à risque, et elle était déterminée à tout faire pour empêcher d'autres pertes insensées. Elle a poursuivi son travail au sein d'Espérance et Jeunesse et continué de s'intéresser aux questions politiques, tant en France qu'aux États-Unis. Parmi les événements les plus marquants de sa vie figurent les retrouvailles et la réconciliation avec William May, le pilote de l'avion de Delta Airlines qu'elle avait détourné avec Melvin en 1972. May, qu'ils avaient vu pour la dernière fois lors de leur procès à Paris, est venu à Caen avec sa fille adulte à la demande de Jean et de Melvin. Tous ensemble, ils ont longuement discuté de cet événement décisif et des chemins différents que leurs vies avaient pris depuis. La rencontre avec May montre combien cet événement ancien continuait d'influencer la vie de Jean. Pendant des années, Melvin et elle ont fait appel à la justice pour obtenir le droit de retourner aux États-Unis. Lorsqu'il est devenu évident qu'ils ne pourraient rentrer au pays que s'ils acceptaient d'y purger une peine de prison, ils ont préféré faire leur vie en France, pour le meilleur ou pour le pire.

Jean McNair est décédée à Caen le 24 octobre 2014, à l'âge de soixante-huit ans. Elle est aujourd'hui enterrée à côté de son fils Johari dans un cimetière de Caen. Jean a vécu assez longtemps pour voir Ayana et Tumaïni devenir de jeunes adultes, se mettre en couple, poursuivre une carrière en France, et faire d'elle une grand-mère. Elle a également obtenu la reconnaissance des autorités publiques de la ville et de la région pour son travail auprès des jeunes de la Grâce-de-Dieu et d'autres quartiers de Caen. Mais elle n'a jamais pu retourner aux États-Unis, ni voir la fin du racisme qui l'avait poussée à fuir sa terre natale. Alors que le mouvement Black Lives Matter explose aux États-Unis et que le Rassemblement national monte en puissance en France, cette question reste pourtant cruciale des deux côtés de l'Atlantique. La vie de Jean McNair a été marquée tant par les tragédies que par les victoires. Jean a certes fait bouger les choses, mais la lutte contre l'injustice raciale et sociale à laquelle elle a consacré sa vie est plus que jamais d'actualité.

En décembre 2014, j'ai rendu visite à Melvin à Caen pour la première fois depuis plus de dix ans afin de lui présenter mes condoléances en personne. Nous sommes allés nous recueillir sur les tombes voisines de Jean et de Johari, et nous avons parlé de Jean et du bon vieux temps. Ce soir-là, nous avons dîné dans un restaurant du quartier. Le jeune serveur a demandé à Melvin qui il était, tout en affirmant qu'il l'avait déjà vu quelque part et qu'il avait lu un article à son propos. Melvin lui a parlé de son départ des États-Unis et de sa vie à Caen, ce à quoi le jeune homme a répondu : « Les Black Panthers ? Ce n'était pas une équipe de base-ball ? » *Sic transit gloria mundi.*

L'histoire de Jean McNair est l'histoire de tous ceux qu'elle a marqués, y compris l'auteur de ces pages. Cette femme noire venue d'Amérique a trouvé en France, non pas la gloire et la fortune d'une Joséphine Baker, ni même l'exil politique d'un Richard Wright, mais de nouvelles formes d'engagement dans la lutte contre le racisme. Elle est arrivée en France alors que la vieille idée d'une nation antiraciste était encore suffisamment vivace pour qu'elle y trouve refuge. Or, avec la montée des conflits raciaux dans le pays, ce refuge semblait de moins en moins assuré. Tout au long de sa vie, et en particulier lors de ses années à Caen, Jean McNair a participé à l'encadrement de la jeunesse multiculturelle des cités, contribuant à sa manière à la construction de la France de demain. Elle est devenue une femme de France plus que bon nombre d'expatriés américains, et elle parlait l'anglais avec un net accent français à la fin de sa vie. À l'époque moderne, les femmes noires ont longtemps été à l'avant-garde de l'action politique progressiste aux États-Unis[43]. L'exemple de Jean McNair montre que cela a également été le cas en France.

CHAPITRE 13

Entre respectabilité et résistance : Martiniquaises et Guadeloupéennes face à la domination masculine (XX-XXIe siècle)

Nadine Lefaucheur, Stéphanie Mulot

Analyser les résistances des femmes antillaises afrodescendantes et leur lutte pour l'égalité implique d'étudier ce qui se joue aussi dans la sphère privée, dans la vie domestique et dans l'intimité des vies de couple. Connues pour leurs taux élevés de familles monoparentales, pour la fréquence des violences de genre, et pour la pratique soutenue du pluripartenariat masculin qui met les femmes en situation de forte concurrence, la Guadeloupe et la Martinique constituent des exemples de sociétés insulaires postesclavagistes où le carcan des normes morales et religieuses pèse sur les possibilités d'émancipation féminine.

Des générations de femmes ont appris à supporter la domination liée à leur race, leur couleur, leur sexe, leur classe sociale, leur âge, en étant moralisées par les préceptes chrétiens et par l'obligation de respectabilité qui gouverne leur éducation et leur vie d'adulte. C'est toutefois en considérant qu'elles devaient non seulement être « respectables », et « se respecter » elles-mêmes, mais aussi « s'en sortir », que nombre d'entre elles ont trouvé la force de résister au sort qui leur était fait dans un monde dominé par les hommes.

À partir d'enquêtes réalisées en Guadeloupe et en Martinique entre 1991 et 2020[1], nous analysons la résistance à l'œuvre dans l'espace intime et privé, sous le regard du contrôle social. Nous reviendrons tout d'abord sur les critères de la respectabilité gouvernant la socialisation féminine. Nous présenterons ensuite des extraits de récits de vie de femmes cherchant à résister à la domination masculine. Enfin, nous nous interrogerons sur les facteurs d'évolution.

Socialisation féminine et respectabilité

À la suite de Peter Wilson[2], le couple respectabilité/réputation est présenté comme le socle des normes hétérosexuées de la socialisation caribéenne. Nos observations confirment que les règles de respectabilité ont régi, pour la période étudiée, l'éducation familiale et scolaire des filles. Contrairement à celles réservées aux garçons[3], ces règles visaient à contrôler leurs conduites, leurs corps et leur sexualité en réduisant leurs libertés, afin de s'assurer de leur conformité sociale et morale.

La discrétion et le contrôle des corps féminins

Conformité et discrétion sociales consistent tout d'abord à ne pas faire parler de soi dans les commérages publics, ne pas être l'objet du qu'en-dira-t-on (*Ka moun ké di* ?), ne pas se couvrir de honte, ni faire porter celle-ci à sa famille : ces injonctions auxquelles les filles et les femmes sont particulièrement soumises témoignent de la force du contrôle social et communautaire, des liens de commérages, de voisinage et des réseaux par lesquels circulent les informations et potins dans ces univers de forte interconnaissance. Ces réseaux fabriquent soit des brevets de bonne respectabilité, soit des *cancans* et des *mauvaises réputations.* Leur action est renforcée par celle des églises – *a fortiori* protestantes ou sectaires – qui représentent souvent le principal groupe d'appartenance et d'identification de leurs membres, soumis à forte surveillance.

La discrétion prônée implique, pour soi et ses enfants, d'être correctement habillée, de porter des vêtements toujours repassés, de discipliner, voire défriser ses cheveux crépus dès les premières règles, afin de masquer une origine noire. Les femmes adultes doivent savoir s'apprêter par le maquillage, le soin des ongles, le port de bijoux en or, hérités ou offerts par le conjoint, pour montrer leur statut économique. La conformité à ces injonctions construit le sentiment de respectabilité, tandis que leur transgression entraîne la stigmatisation sociale et peut provoquer la mise à l'index et l'évitement.

Une sexualité passive et reproductive ?

Le contrôle du corps implique aussi un contrôle des comportements sexuels et conjugaux. Si la virginité au mariage est une valeur religieuse dont la majorité des femmes s'est aujourd'hui émancipée, le fait de ne pas multiplier les partenaires sexuels reste encore pour les femmes un signe de respectabilité majeur. Au contraire, le cumul de partenaires apparaît comme le signe d'une incapacité à « se respecter soi-même ». En outre, les pratiques sexuelles socialement autorisées varient selon qu'elles s'exercent dans ou hors du couple légitime. Pour éviter d'être considérée comme une « malpropre », une « rate », une femme « *ochan* » ou, pire, une « salope », qu'aucun homme ne pourrait dignement épouser, les femmes qui tiennent à leur respectabilité savent qu'elles doivent éviter d'être sexuellement trop actives et entreprenantes. Toutefois, la nécessité de préserver leur relation conjugale, dans un contexte de forte concurrence sexuelle, peut aussi leur imposer l'acceptation de pratiques qu'elles ne souhaitent pas véritablement, mais qui, selon elles, peuvent dissuader le conjoint de prendre une maîtresse. Il faut alors savoir « lui donner ça bien ». *A contrario*, pour échapper à des relations sexuelles qu'elles ne désirent pas ou plus, certaines peuvent aussi accepter qu'il ait d'autres partenaires, ou préférer se consacrer presque exclusivement aux enfants, pour préserver socialement leur statut de femmes mariées.

L'injonction faite aux femmes de « se respecter elles-mêmes » ne concerne pas, évidemment, le respect de leurs propres désirs sexuels. Il s'agit avant tout de veiller à ce que les femmes ne remettent pas en question la respectabilité ni le nom de leur maman, de leur famille ou de leur entourage. Les hommes bénéficient des règles du viriarcat qui leur confèrent le droit d'avoir une conjointe respectable, tout en jouissant d'une sexualité libre et de désirs illégitimes avec une ou des maîtresses. Cela les exonère aussi des contraintes familiales, laissant aux femmes l'essentiel de la charge domestique.

Éviter la maternité célibataire et préférer le mariage

Encore aujourd'hui, être une femme mariée, fidèle (même si son mari ne l'est pas) et qui a ses enfants dans le mariage et d'un seul père, économiquement bien doté, reste un idéal pour les femmes et leurs filles. La maternité en dehors d'un couple stable fait toujours l'objet d'inquiétudes, principalement dans les familles bourgeoises, aisées ou très pratiquantes. Toutefois, la maternité célibataire, avec des enfants de pères différents, si elle reste stigmatisée, est pourtant tolérée comme étant une réalité antillaise courante, imputée classiquement par les femmes au fait que les hommes antillais seraient avant tout des coureurs et, par conséquent, peu capables de s'engager dans un rôle conjugal et paternel. Rarement choisies, ces situations sont parfois le fruit de stratégies de femmes ayant cru, à tort, pouvoir retenir un partenaire dans des échanges économico-sexuels et en lui faisant un enfant, ou qui ont préféré compter sur leurs propres forces et le soutien de leur mère pour réaliser leur désir de maternité, ainsi que sur le soutien financier de l'État et de l'allocation de « parent isolé », après son extension en 1977 aux DOM.

Toutefois, le « droit au mariage » n'est pas accessible à toutes. Si, aux lendemains de l'abolition de l'esclavage de 1848, il a pu apparaître comme une conquête sociale, seules les femmes appartenant aux catégories sociales favorisées – souvent les plus claires de peau, de la catégorie des mulâtres – ou les plus stratégiques ont par la suite pu commencer leur vie conjugale dans la légitimité républicaine et religieuse. Pour passer du statut de concubine à celui d'épouse, beaucoup de femmes descendant des personnes mises en esclavage ont dû attendre que le temps ait à la fois prouvé la solidité de leur union, concrétisée par la mise au monde d'enfants, et permis d'accumuler les moyens de la noce. Mais beaucoup, surtout parmi les plus pauvres, n'ont « trouvé que des enfants » – et la stigmatisation sociale – en cherchant l'amour ou en acceptant des partenaires passagers dont elles espéraient qu'ils puissent les aider à donner du lait, du pain ou un nom à leurs enfants[4].

Face à l'infidélité, à la violence, à la désertion ou au décès de leur conjoint, épouses ou concubines ont aussi parfois rejoint ces dernières dans une structure familiale qualifiée de matrifocale. À force de résignation ou de résistance, elles ont retourné le stigmate associé à leur situation en médaille du mérite familial et maternel : la glorification de la femme *potomitan*, sacralisée pour le sacrifice attendu de sa sexualité au nom de l'obligation d'assurer la vie domestique et l'éducation des enfants, en l'absence de mari ou de partenaire fixe[5].

L'injonction à faire face aux épreuves de la vie, à supporter les frasques de leur(s) partenaire(s) et donc à *tenir* (*Kimbé, tchimbé*), dans la résistance, l'endurance, la bravoure, le courage, le sacrifice pour les enfants constitue alors le cadre d'une respectabilité secondaire, qui fait des mères, et particulièrement des femmes qui n'ont pas connu une vie conjugale ou maritale stable[6], des femmes fières et debout (*fanm doubout*), les piliers centraux des familles et de la vie des enfants (les *potomitan*).

Ainsi, prises entre la nécessité pratique de conquérir ou retenir un partenaire qui sinon peut légitimement se tourner vers une autre, et l'injonction sociale et morale à faire preuve de discrétion, de légitimité et de respectabilité, les Antillaises ont dû trouver des moyens de résistance et des arrangements avec les normes pour survivre au quotidien.

Résistances intimes et arrangements avec la respectabilité

Toutes n'ont pas un mari « coureur » ou violent. Toutes ne sont pas abandonnées par le ou les pères de leurs enfants. Mais ces aspects de la domination masculine restent les griefs les plus fréquents des histoires de vie recueillies à la Martinique auprès de femmes afrodescendantes nées entre 1939 et 1970, par le Groupe Genre et Société aux Antilles[7], comme ils l'étaient déjà dans les témoignages de femmes guadeloupéennes publiés au début des années 1980[8]. Trompée, battue, chacune se demande si une femme « qui se respecte » doit refuser l'infidélité ou la violence de son conjoint et le quitter, ou tout faire pour sauver son couple, sa famille et son statut de conjointe légitime. Comment rester une femme « respectable » quand on se retrouve mère célibataire ? Peut-on refuser l'assignation à la maternité et au rôle de *potomitan* constitutif de l'identité féminine antillaise ? La réponse donnée à ces questions varie selon la génération, le milieu socioracial et l'histoire individuelle.

Refuser la famille nombreuse

Mirette, née en 1939, était la neuvième d'une fratrie de 11 enfants. Sage-femme, elle résiste à la pression sociale et au désir de son mari, et, après sa première grossesse, ne veut plus d'enfant : « Mes parents avaient trop souffert avec 11 enfants. Pour moi, avoir des enfants, c'était avoir du tracas. Jusqu'à maintenant, quand je vois une femme enceinte, je pleure. Je n'ai pas dépassé ce traumatisme, je n'ai pas voulu d'autres enfants ». Après cinq ans de résistance, elle accepte de faire un second enfant, mais c'est son mari, enseignant, qui s'occupe des fillettes : « Je lui dis : l'enfant pleure. C'est lui qui se lève. Je suis contente d'avoir trouvé un mari qui a pris le relais sans maugréer. » Elle n'aura pas d'autre enfant et ne le regrette pas : « Aucun regret !!! Je n'avais pas le temps, hein, pour la famille. »

À la génération suivante, Jocelyne, née en 1957, dit aussi : « Après le premier, pour moi, c'était fini. Mon mari insistait pour en faire un autre. J'ai pris mon temps. » Avec ou sans l'accord de leur partenaire (et de leur curé ou pasteur), en recourant à des méthodes modernes ou traditionnelles, légales ou non, beaucoup de femmes de ces générations ont, comme Mirette et Jocelyne, résisté à la maternité « nombreuse ». Si leurs mères ont eu en moyenne 7 enfants (et parfois jusqu'à 14), les femmes rencontrées dans l'enquête *Faire famille* n'en ont eu que 2 ou 3. Cette « révolution silencieuse » a permis aux femmes de travailler hors du foyer au-delà de leurs années de jeunesse et augmenté leur capacité de négociation dans les relations conjugales.

Résister à l'infidélité d'un conjoint « coureur »

Chargées de nombreux enfants et sans revenu personnel (« les femmes s'occupaient des enfants et les messieurs apportaient l'argent, donc, quand ils parlent, tout le monde obéit »), les femmes de la génération de sa mère étaient obligées, dit Mirette, de subir les infidélités de leur conjoint : son père a fait trois *enfants-dehors*[9], ce dont sa mère a beaucoup souffert. Elle précise toutefois : « Elles n'acceptaient pas, elles subissaient ! », et affirme que les temps ont changé : « La femme soumise, ça n'existe plus. La femme est sortie de la soumission. Elle s'est levée. Maintenant, les jeunes femmes ne sont pas comme nous : ça ne va pas, on se sépare. »

Elle-même n'a pas été tentée de quitter son mari, car il a été « un très bon mari et un très bon père », mais, à sa génération, déjà, des femmes, appartenant plus souvent aux classes privilégiées, n'acceptaient pas que leur mari *découche*, rendant son infidélité flagrante. Georges, un cadre supérieur né en 1937, et Stéphane, un riche commerçant né en 1949, ont tous deux vu leur femme demander le divorce lorsque leurs liaisons ont été de notoriété publique. « Je suis antillais, c'est dans mes gènes... », se justifie Georges.

Pour Mirette, adventiste, « avoir un rapport sexuel sans être mariée, c'était le péché le plus abominable ». Trente ans plus tard, Clara, née en 1966, ne s'est pas mariée vierge. À dix-sept ans, la découverte des pilules contraceptives qu'elle et sa sœur avaient cachées a d'ailleurs provoqué un drame familial : « Quand mon père a été au courant que j'ai eu des relations sexuelles, je n'étais pas mariée... Cela a fait toute une histoire ! Mon père a même pleuré tant il était désespéré ! On n'avait plus d'honneur ! » Après avoir épousé un homme qui a une belle situation, elle est confrontée à l'infidélité de son mari : « J'ai très vite déchanté sur ma vie de couple. Il était volage. Il m'avait dit que lorsqu'on allait se marier, les choses allaient changer. On s'est marié en août, et, en décembre, il avait déjà une petite amie. » L'annonce de sa deuxième grossesse met son mari très en colère, mais elle ne comprendra pourquoi que lorsqu'elle apprendra qu'il venait alors d'avoir un *enfant-dehors*. Elle se doutait que, s'il rentrait souvent tard, ce n'était pas vraiment pour des raisons professionnelles : « J'étais un peu complice, parce que je voulais que les enfants aient leur père et j'ai fermé les yeux pendant un moment. Je cherchais des excuses parce que je n'étais pas encore prête à l'idée qu'on se sépare. Et puis, j'ai fait la demande de séparation de corps, parce que la situation s'était dégradée et je ne supportais plus. » Ce ne sont pas seulement les maîtresses et les *enfants-dehors* de son mari que Clara n'accepte plus, mais aussi la nature des rapports de genre dans leur couple et dans l'éducation des enfants : « J'ai toujours pensé que son rôle de père était un peu comme le mien et que c'était un partage qu'on aurait dû faire de ce rôle-là, mais c'est quelqu'un qui a une vision un peu passéiste du rôle de père : il est là pour subvenir financièrement à sa famille et le reste, c'est Maman… Je ne voulais pas élever mon fils comme cela. Je n'ai jamais dit à mon fils : tu es un homme, tu ne vas pas faire la vaisselle, et à ma fille : tu es une fille, c'est à toi de la faire, ça, non. J'ai toujours dit à mes enfants : on est tous pareils, on fait tous la même chose. » Clara, séparée légalement de son mari, n'est cependant pas allée jusqu'à divorcer et, au regard des problèmes financiers qu'elle a rencontrés en devenant une « famille monoparentale », il lui est quelquefois arrivé de se demander si elle n'aurait pas mieux fait de continuer à fermer les yeux…

Confrontées à l'infidélité de leur mari, Lélène, née comme Clara en 1966, et Jocelyne, née en 1957, ne l'ont pas non plus acceptée, mais ont trouvé un autre moyen de résister, en préservant leurs intérêts et la relation conjugale sur le plan économique et parental. Après avoir appris la naissance d'un *enfant-dehors*, une fille, Lélène a ainsi imposé à son mari de vivre séparés pendant neuf ans dans la même maison, « lui en bas et moi en haut », avant de lui pardonner à la suite d'un « cheminement personnel très très dur ». Par choix financier et de mode de vie, Jocelyne a refusé de quitter l'emploi bien rémunéré qu'elle occupait en Guyane pour suivre son mari nommé dans l'Hexagone, d'autant qu'il « s'était passé des choses qui faisaient que son départ était le bienvenu ». Mais elle a également refusé d'envisager une séparation définitive, car elle tenait à ce qu'ils restent « un couple parental uni » et que son mari soit « toujours présent, malgré son absence » pour les enfants, grâce à des appels téléphoniques quasi quotidiens, et qu'il participe à toutes les décisions les concernant.

Andrée, née en 1949, accorde moins d'importance aux infidélités de son compagnon qu'au respect par celui-ci de ses obligations paternelles, privilégiant la « patience » et surtout sa propre respectabilité de femme qui a tous ses enfants du même homme : « Je voulais avoir des enfants. À vingt-quatre ans, je me suis dit : je suis prête. J'ai décidé d'avoir un enfant. » Très libre dès l'enfance, c'est elle qui demande à un voisin qu'elle fréquentait depuis une dizaine d'années de lui faire un enfant, bien qu'il soit alors « obligé » d'épouser une jeune fille enceinte de lui. Après quelques années, ils ont vécu ensemble et fait deux autres enfants. Elle refuse d'accorder de l'importance aux liaisons de son compagnon, l'essentiel étant, pour elle, de ne pas avoir des enfants de plusieurs pères : « Moi, c'est le respect et la droiture. Je n'ai jamais voulu avoir des enfants de pères différents. » Si le père joue bien son rôle et s'occupe de leurs enfants, peu importe ce qu'il fait par ailleurs : « S'il a besoin de partir, il part. Après mes enfants, il a eu d'autres enfants, je le sais. Je ne sais pas s'il s'en occupe. Ça ne m'intéresse pas. Je sais que chez moi, tout va bien. Ma vie à moi, elle est nette et claire. Il faut savoir être patiente. Toutes les femmes ne sont pas patientes : ça ne va pas ? Terminé ! Pas moi. »

Lorsque le mari a un *enfant-dehors* avec une femme qui n'a pas les moyens suffisants pour s'en occuper, l'épouse peut parfois l'accepter et l'élever parmi les siens. Cela peut être imposé par le conjoint voulant réunir tous ses enfants sous son toit, pour sa propre respectabilité, mais cela peut aussi être une façon pour la femme « trompée » de gommer la honte, en montrant une solidarité entre mères, pour l'intérêt des enfants, ou sa propre grandeur d'âme. Lélène, après l'avoir longtemps refusée, finira ainsi par « adopter » la fille de son mari.

Sortir de la violence domestique

La violence, à l'égard de l'épouse ou de la concubine, mais aussi à l'égard de la maîtresse, accompagne souvent l'infidélité du conjoint qui suspecte néanmoins celle de la femme[10]. Elle se manifeste à l'occasion des grossesses, quand la femme veut se séparer ou quand elle demande des comptes au conjoint qui revient de ses sorties. « Quand il n'avait pas une autre femme, il était gentil. Ça se sentait quand il me trompait : il était méchant. Il était violent, parce que c'est le mec qui refuse que je lui dise : Pourquoi tu pars ? Pourquoi tu vas là ? Pourquoi tu fais ça ? Il voulait pas. Il fallait qu'il se montre homme. Voilà : il fallait qu'il se montre homme », analyse Valérie (née en 1957), victime de graves sévices de la part de son ami[11].

Soutenues par leur famille, certaines femmes fuient très vite un conjoint violent, comme Sarah, née en 1945, ou Vanessa, née en 1966. Mais sortir d'une situation de violence conjugale est souvent un long et difficile processus[12]. Là encore, les manières de résister varient selon les générations et les individus, comme le montre l'exemple de Jeanne. Née en 1970, elle avait treize ans quand elle n'a pas reconnu sa mère, « battue à mort » par son mari, à son retour du service des urgences de l'hôpital. Pour cette mère de cinq enfants au foyer et sans autonomie financière, explique Jeanne, c'était « une sorte de vaillance de subir sans que personne ne sache. Pour elle, c'était top de pouvoir arriver » à tout supporter plutôt que de divorcer. Cependant, ne pouvant plus cacher ce qu'elle subit après la scène de violence qui a ameuté le quartier, et sur l'insistance de sa fille qui la menace (« Si tu ne t'en vas pas, je fugue ! »), la mère de Jeanne « met en place toute la machinerie » qui aboutit au divorce et, dit sa fille, à « l'émancipation et à une vie… merveilleuse ! »

Forte de cette expérience, Jeanne est certaine qu'une telle chose ne peut pas lui arriver. Cependant, étudiante dans l'Hexagone, elle y rencontre un compatriote qui exerce sur elle une forte emprise, à laquelle elle ne résiste pas. Au cours des huit années de vie commune qui précèdent la naissance de leurs enfants, les violences verbales, physiques et sexuelles sont fréquentes, mais Jeanne les « laisse passer » et apprend à les considérer comme « presque normales » : « Il me disait : “C'est ton comportement qui m'oblige à faire ça.” Je ne comprenais pas, mais je cherchais toujours à m'améliorer. Jamais je ne remettais en cause le fait qu'il me tapait. J'ai appris à tout faire en fonction de lui, pour ne pas le gêner. J'ai appris à vivre dans la pression. » Lorsque les violences s'accentuent après la naissance des enfants, Jeanne comprend qu'elle aurait dû quitter cet homme avant de faire des enfants mais, comme beaucoup de femmes, se retrouve « pieds et poings liés à cause d'eux ». C'est sa propre infidélité – une brève liaison secrète avec un collègue – qui donne à Jeanne « un peu d'air » et l'amène, dit-elle, à « réfléchir à ma vie, au sens que je lui donnais, à ce que je voulais pour moi ». Après avoir refusé de suivre son compagnon pour une réinstallation en Martinique, elle finit par le rejoindre pour ne pas « séparer les enfants de leur père » : « Je me souviens lui avoir dit : “Je viens, quitte à ce qu'on se sépare en Martinique. Mais, au moins, on sera sur le même territoire, tu pourras voir tes enfants.” Si j'avais refusé, il serait revenu en France et ça aurait été encore plus l'enfer... » Mais, c'est en Martinique que se déclenche l'enfer... Jeanne espérait pouvoir « tenir » jusqu'à la majorité de ses enfants, âgés de quatre à sept ans lors de leur arrivée dans l'île. Après quatre années marquées par une dépression, une hospitalisation et une thérapie, il lui faudra pourtant, après avoir vu « la fureur, la haine et le désir de meurtre » dans les yeux de son compagnon, s'enfuir en pleine nuit de Noël, bigoudis sur la tête, en laissant ses enfants. « Sous les coups, le dos zébré et les cuisses griffées, je me suis dit : Sauve ta peau. La seule chose, c'était ça : Sauve ta peau ! » Il lui faudra aussi pénétrer dans un commissariat en défonçant le portail avec sa voiture pour que les policiers, constatant que son compagnon la « coursait » effectivement pour lui faire quitter la route, acceptent d'enregistrer sa plainte et d'arrêter son compagnon. À la suite de son départ du foyer, Jeanne, qui vit dans un centre d'hébergement pour femmes victimes de violences conjugales, se bat pour réussir à « payer ses factures », mais aussi pour récupérer le droit de garde de ses enfants, qui l'ont d'abord rejetée. Ses sœurs la critiquent, n'admettant pas ce qu'elles considèrent comme son « échec ». Mais son père, qui connaît de l'intérieur « la façon de voir et de penser d'un homme violent », la soutient : « Il m'a dit assez fermement : "Tu ne retournes pas avec lui." » Jeanne se demande malgré tout quelquefois si son compagnon, qui a un « bon fond », n'aurait pas fini par changer, comme son propre père a changé, et si elle n'aurait pas mieux fait de continuer à « supporter ». Se définissant maintenant comme une « femme révoltée », elle refuse cependant de céder au chantage de son ancien compagnon, qui lui fait miroiter une existence matérielle nettement plus facile si elle acceptait de revenir avec lui.

Devenir potomitan *du fait des mensonges des hommes*

« Supporter » d'élever seule ses enfants, « tenir » face aux difficultés, « résister » à l'adversité, à l'épuisement, à la pauvreté, à la stigmatisation sociale, « se sacrifier » pour ses enfants : c'est le sort de beaucoup de femmes aux Antilles. Un sort rarement choisi, surtout lorsque l'éducation sexuelle s'est limitée à l'injonction : « Ne reviens pas avec le gros ventre ! » Marthe, née en 1940, enceinte à vingt ans d'un voisin déjà en couple, s'interroge : « Je n'en voulais pas, mais il était déjà là. Qu'est-ce que je pouvais faire ? » Marie-Josèphe, née en 1966, et Yveline, née en 1959, ont élevé seules leurs filles après avoir découvert, avec leur grossesse, le fait que les pères étaient déjà mariés, situation fréquente et que les hommes peuvent cacher longtemps… « Je voulais me marier, et jusqu'à maintenant je n'ai pas pu encore ! », regrette la première. La seconde, qui voulait avoir cinq enfants, a décidé « qu'il n'y en aurait pas deux : une fois suffit, je n'aime pas avoir un enfant avec celui-là et puis un autre avec celui-là et encore un autre avec celui-là… »

La réprobation sociale peut, en effet, être forte, surtout si la femme est mineure, s'il y a plusieurs pères et si sa famille appartient aux catégories socioraciales privilégiées ou aspire à y appartenir. Cela a été le cas, dans les années 1960, de Viviane, née en 1940, troisième d'une fratrie de treize enfants et aînée des filles, qui explique que sa famille « sortie de la campagne » avait accédé à la « petite-bourgeoisie » lorsque son père était devenu « chauffeur du commandant » et qu'elle-même avait été complètement rejetée pour avoir eu deux enfants avec des hommes mariés : « Les gens n'ont jamais accepté, vu mes parents, la situation qu'ils avaient… C'était une condamnation terrible, à tous les niveaux. Tout le monde m'a mise en quarantaine. On ne comprenait pas comment j'avais pu me laisser aller…, avoir des enfants sans être mariée, sans avoir un foyer… ». Après une dépression, elle décide de prendre son destin en main et d'aller dans l'Hexagone commencer une nouvelle vie avec ses enfants[13].

« J'ai cherché l'amour, je n'ai trouvé que des enfants » : c'est ainsi que Marie, née en 1947, sans doute d'un viol, et qui a grandi maltraitée par sa mère et sa grand-mère, résume sa vie et son parcours chaotique. Très ignorante en matière sexuelle et enceinte à vingt ans d'un rapport « vitement fait » avec un employé de l'habitation *béké* où elle avait été placée à seize ans comme domestique, elle le voit épouser une autre jeune fille, tandis qu'une troisième femme donnera naissance à un enfant de ce même homme un mois après Marie. Enceinte une deuxième fois l'année suivante d'un autre « petit coup vite fait » avec un autre homme, elle apprend qu'une femme s'est suicidée après avoir découvert que Marie était enceinte de « son homme ». Elle décide alors de s'enfuir à l'autre bout de l'île avec ses deux nourrissons. Elle y vit pendant quatre ans avec le père de son troisième enfant, qui ne s'en occupe pas, ni pendant ni après leur vie commune : « Je me suis toujours débrouillée toute seule, à la sueur de mon front. J'ai toujours travaillé. J'étais malheureuse, mais quand les enfants arrivaient : Déshabillez-vous, baignez-vous, mettez des vêtements propres et faites votre travail de classe ! Le matin, elles sont prêtes, bien coiffées, leur lait est prêt, leur petite robe... Je faisais ce que je pouvais faire. C'est maintenant, quand j'y pense, je me dis : eh bien, j'ai souffert ! J'ai souffert ! »

Qu'elles se refusent comme Yveline à avoir d'autres enfants pour ne pas être « une femme qui a des enfants avec tout le monde » ou qu'elles se retrouvent seules, à trente ans, comme Marie, avec trois enfants de pères différents, la plupart de ces femmes « abandonnées » mettent un point d'honneur à résister en « faisant tout ce qu'elles peuvent » pour leurs enfants et en étant le *potomitan* de la cellule monoparentale. Le musicien Jacob Desvarieux, bassiste du groupe Kassav', en témoignait, à propos de sa mère, née au début des années 1920 : « Le *potomitan*, c'est ce qui retient le toit de la maison, qui empêche que l'on soit exposé aux intempéries, c'est la personne qui protège les autres, et ma mère a été cette personne. C'est-à-dire que, jusqu'à ce que je sois adulte, elle a fait tout ce qu'elle pouvait pour me protéger, me permettre de manger tous les jours, permettre que je sois habillé et que je puisse aller à l'école. [...] l'important était que son enfant ne soit pas en galère, et, pour ça, elle était prête à tout, quel qu'en soit le sacrifice[14]. »

Se libérer du carcan de la respectabilité : esquisse des évolutions récentes

Dénoncer les fondements des normes de genre

Dans la seconde moitié du XXe siècle, comme auparavant, les Antillaises ont trouvé diverses voies pour résister à la violence ou à l'infidélité de leur conjoint, pour refuser leur assignation à la maternité, au travail domestique et à l'éducation des enfants, ou pour s'en glorifier en inversant le stigmate de la mère célibataire en médaille de *potomitan*. Ces résistances individuelles n'ont pas aboli la domination masculine et ont généralement coûté bien cher aux femmes, qui se sont même parfois demandé si le statut respecté de *potomitan* n'était pas une « arnaque[15] » qui les enfermait dans une situation intenable, tout en autorisant le vagabondage masculin et en exonérant les pères de leurs obligations.

Un tel piège se referme sur les femmes grâce aux justifications sociales des normes de genre, qui tentent de les convaincre que l'acceptation du pluripartenariat masculin et l'injonction de respectabilité auxquels elles se plient sont leurs seuls moyens d'exister dans leur famille et dans la société, sans être mises à l'index. Persuader les dominées du bien-fondé de leur assujettissement est une stratégie classique des systèmes de domination.

Un alibi culturaliste est ainsi souvent brandi pour expliquer que les hommes, parce qu'ils sont antillais, ne pourraient être fidèles, à moins d'adhérer fortement à des principes religieux. Ce même argument souligne le caractère assumé de cette pratique culturelle aux Antilles, qui se ferait de façon plus « hypocrite » en France et chez les Blancs, comme nous le confiait un homme guadeloupéen de trente-huit ans. Il est aussi mobilisé pour justifier et réifier les capacités de courage, de sacrifice et de résistance des femmes antillaises, dont l'identité serait rivée à celle du *potomitan*, véritable figure totémique de l'ensemble des femmes antillaises dignes de ce nom. Cet argument culturaliste conforterait chez certaines la recherche d'un compagnon blanc métropolitain[16], pour minimiser les risques de violence et d'infidélité au sein de leur couple. Pour les tenants d'un alibi naturaliste opportuniste, les pratiques pluripartenariales des hommes et la résistance des Antillaises seraient même inscrites dans leurs gènes depuis le trauma de l'esclavage. Que l'on invoque l'héritage de l'esclavage ou d'une polygamie africaine mythifiée, ou que l'on affirme que « les hommes ont ça dans le sang » et que les femmes sont « naturellement » programmées pour être des *potomitan*, l'objectif est de rendre la nature complice du « crime », pour mieux le justifier et ne pas mettre en cause les modèles éducatifs ni les rapports de pouvoir qui régissent la société.

De nouveaux modèles féminins et féministes ?

Bien qu'actifs et militants dès le XIXe siècle, les féminismes antillais n'ont pas donné lieu à un mouvement de masse. Ils n'ont pas non plus été institutionnalisés avant le milieu du XXe siècle. En 1944, dès la Libération, l'Union des femmes de la Martinique était créée à l'initiative de Jeanne Léro pour inciter les femmes à utiliser le droit de vote qui venait de leur être reconnu et afin de lutter pour qu'elles aient « les moyens d'élever leurs enfants sans malnutrition et sans analphabétisme ». Après avoir combattu, dans les années 1970-1990, pour l'accès à l'avortement et à la contraception, l'Union des femmes a ensuite concentré son action sur le thème des violences conjugales et sexuelles (campagnes annuelles, ouverture d'un espace d'écoute et d'un centre d'hébergement, actions de prévention scolaire, etc.) et joué un rôle certain dans le débat public. Une autre association, Culture Égalité, s'est créée en 2013 pour œuvrer au changement culturel et politique en matière de relations entre les sexes.

À la Guadeloupe, en 1948, Gerty Archimède créait la Fédération guadeloupéenne de l'Union des femmes françaises, affiliée au Parti communiste français. Dix ans plus tard, en 1958, l'Union des femmes guadeloupéennes (UFG), avec à sa tête Huguette Daninthe, se proclamait autonome pour lutter contre toutes les inégalités vécues. En 2000 est créée la Fédération féminine d'organisation et de revalorisation culturelle économique et sociale (FORCES) qui refuse l'étiquette de féministe et milite pour la redéfinition des rôles au sein des familles et de la société. Contre l'image de la femme *potomitan* qu'elle juge caricaturale et que les femmes sont de plus en plus nombreuses à rejeter, elle cherche à promouvoir les valeurs de la femme Rose Cayenne : « Celle qui fait preuve de respect dans son comportement (l'habillement, la parole), celle qui valorise la complémentarité au détriment de l'hégémonie[17]... » Il semble que, dans cette structure, ce ne soit pas la dénonciation des pièges de la respectabilité comme outil de la domination masculine qui prévale, mais au contraire le renforcement de cette notion de respectabilité comme gage de solidité des parcours des femmes, des familles et de la société.

La respectabilité féminine reste, aux Antilles, une valeur dominante mais, avec le développement de la mobilité, du tourisme et avec l'importance prise par les réseaux sociaux numériques, de nouveaux modèles de comportement se diffusent. Ils encouragent ainsi les jeunes femmes à vivre une sexualité de plaisir et une conjugalité fondées sur la satisfaction de leurs propres besoins, qui les autorisent à changer de partenaire en cas d'insatisfaction. Mettant le confort matériel et la consommation en tête des critères de réussite sociale, parfois même avant la respectabilité, ils accroissent vraisemblablement les différences socio-économiques entre les femmes et les placent devant de nombreuses contradictions, qui se cristallisent souvent autour de la notion de *potomitan*, de la monoparentalité et de la place du père.

Au cours des dernières décennies, avec la baisse de la fécondité, l'élévation du niveau scolaire et du nombre de femmes diplômées, leur forte présence dans les emplois qualifiés de l'administration, l'instauration d'allocations destinées aux familles monoparentales et la diffusion de principes féministes, les Antillaises, militantes ou non, ont vu se renforcer leur autonomie financière, leur position sociale par rapport aux hommes et leur capacité de dénonciation des comportements masculins.

Nos dernières enquêtes[18] montrent toutefois que, devant « l'explosion » de la monoparentalité, professionnels comme militants se trouvent devant la nécessité de créer de nouveaux outils pour dénoncer la domination masculine, promouvoir l'émancipation féminine et un nouveau contrat de genre, dans une société en mutation où l'influence des médias, les mobilités conjugales, professionnelles et géographiques, ainsi que les déséquilibres démographiques en matière d'âge et de sexe modifient les espoirs, les attentes et les degrés de tolérance des femmes face aux hommes.

QUATRIÈME PARTIE

Corps, nation et représentations symboliques en tension

CHAPITRE 14

« Sarah Baartman » et la construction de la francité

Robin Mitchell

Traduit de l'anglais par Arianne Dorval

La façon dont les femmes noires ont négocié les contours du sexisme et du racisme en France est un sujet d'étude passionnant, et ce, d'autant plus si l'on admet que l'abolition définitive de l'esclavage en 1848 s'inscrit dans une longue histoire de réinvention des identités raciales et genrées dans le pays[1]. Or, si de nombreux chercheurs se sont intéressés aux figures de femmes noires françaises (ou aux représentations qui en ont été données), ils les ont généralement considérées hors contexte, omettant très souvent d'analyser la façon dont elles s'articulent historiquement ou ce qu'elles révèlent de la France pendant les longues périodes de renouveau culturel et national. Cet essai revisite un récit attribué à une jeune Sud-Africaine du nom de Sarah (Saartjie) Baartman afin d'illustrer la manière dont le corps des femmes noires a été construit par les hommes blancs en France. Le cas de Sarah Baartman, femme noire à la fois invisible et hypervisible dans les définitions de la francité, permet également de comprendre comment les Français se sont eux-mêmes construits à travers une subjectivité et, plus tard, une citoyenneté fondée sur la blanchité et la masculinité. En montrant l'importance discursive précoce de Sarah Baartman en France, je souhaite mettre en lumière les liens significatifs entre la construction du corps des femmes noires, d'une part, et la subjectivité et la citoyenneté françaises, d'autre part. J'entends par l'expression « construction du corps des femmes noires » la manipulation, l'appropriation et la déformation des prétendues identités féminines noire par des hommes blancs, un processus de délégitimation qui doit être pris en compte si l'on veut comprendre pourquoi les luttes ultérieures pour l'égalité des femmes noires en France se sont avérées si difficiles. Dans cet essai, je soutiens que les femmes noires ont été utilisées et exploitées pour définir ce que signifie être français. Pour ce faire, je m'appuie sur l'étude de l'appropriation, par un écrivain français qui fut son contemporain, de la vie et de la voix de Sarah Baartman, sans doute la femme noire la plus tristement célèbre de France dans la première moitié du XIXe siècle.

On pourrait penser que tout a déjà été dit sur Sarah Baartman, tant sont nombreux les travaux qui lui sont consacrés[2]. L'ouvrage de Clifton Crais et Pamela Scully, *Sara Baartman and the Hottentot Venus: A Ghost Story and a Biography*, est à ce jour l'étude historique la plus complète et la plus nuancée de la « Vénus hottentote[3] ». Or, cette étude attribue parfois trop d'agentivité à la figure de Sarah Baartman, négligeant la manière dont la construction culturelle de cette femme noire par des hommes blancs français a servi à soulager le sentiment de perte de contrôle que ceux-ci ont éprouvé à la suite de la Révolution haïtienne. Pas plus que C. Crais et P. Scully, les autres spécialistes de Sarah Baartman ne proposent de réflexion approfondie sur l'intersection entre la race, la sexualité et la nation[4]. Dans « Display of the Body Hottentot », Zoë S. Strother présente une étude historique solide du cas de Sarah Baartman. Or, elle observe que celle-ci n'était « ni noire ni attirante » aux yeux de ses contemporains, et va même jusqu'à affirmer que le regard porté sur elle était en fait « anti-érotique ». Cet argument est discutable selon moi. S'il est indéniable que certains observateurs trouvaient Sarah Baartman « repoussante », il n'en demeure pas moins que la race a joué un rôle essentiel dans la construction générale de cette femme et que les regards portés sur elle ont pu *paraître* anti-érotiques – et donc acceptables – en tant qu'ils prétendaient relever du « regard scientifique ». Par ailleurs, Z. S. Strother soutient que Sarah Baartman « n'aurait jamais pu réellement menacer le spectateur avec le pouvoir sexuel d'une “Vénus” ». Cet argument me semble tout aussi discutable. Il est contredit à la fois par l'anxiété que suscitaient les relations interraciales chez les colons français et par leur obsession de produire sans cesse de nouvelles catégories raciales (celles-ci étant justifiées entre autres par la prolifération d'enfants métis dans les colonies françaises), une anxiété et une obsession qui exigeaient de présenter le corps de Sarah Baartman comme sexuellement repoussant[5].

À rebours de ces approches, je souhaite mettre en lumière l'intersection de la race, de la sexualité et de la nation en abordant sous un nouvel angle la place occupée par Sarah Baartman dans la construction discursive de la francité. Des historiens tels que David Bell se sont intéressés à l'identité nationale française au XVIIIe siècle. D'autres se sont penchés sur le nationalisme français de la fin du XIXe siècle, lequel fut spécifiquement marqué par le traumatisme de la guerre franco-prussienne[6]. Or, peu de travaux ont étudié la période qui va de l'après Révolution haïtienne à la seconde abolition de l'esclavage en France en 1848. Cela a de quoi surprendre. Une perte d'une telle ampleur aurait dû donner lieu à une introspection et à une remise en cause collectives, d'autant plus que cette perte était le fait de personnes considérées comme « racialement inférieures ». En reliant le cas de Sarah Baartman à la Révolution haïtienne et à la crise de l'identité française qui a suivi la perte dévastatrice de Saint-Domingue, je montre comment les hommes blancs français ont renforcé la subjectivité masculine blanche en temps de crise par le biais d'une sorte de mimétisme racial et genré. Comme nous le verrons, cette anxiété était étroitement liée aux sentiments et aux questionnements à l'égard de l'identité et de l'appartenance nationales.

Le 1er janvier 1804, après plus d'une décennie de combats, la colonie sucrière française de Saint-Domingue est devenue officiellement la République d'Haïti. Or, jusqu'en 1825, la France a refusé de reconnaître l'indépendance de l'île. La perte de Saint-Domingue, conjointement à l'occupation de la France révolutionnaire par les armées européennes, signifiait en effet qu'une nation autrefois conquérante était devenue une nation vaincue. Haïti représentait à la fois une perte économique, une défaite politique et un affaiblissement du prestige culturel français. En outre, la Révolution haïtienne, que de nombreux Français et Françaises nommaient alors par euphémisme « les troubles », ébranlait les notions de citoyenneté et d'identité nationale. Comme le fait remarquer Krishan Kumar, « les nations se forment à partir de mémoires nationales, d'histoires de grands hommes et d'actes héroïques. [...] Mais ce ne sont pas seulement les triomphes et la gloire qui font la nation, mais aussi, et peut-être plus encore, les défaites et les épreuves[7] ». Ainsi, la défaite militaire à Saint-Domingue et la perte subséquente de la colonie ont eu des répercussions économiques et géopolitiques majeures sur la France[8]. Si, au début du XIXe siècle, la France métropolitaine ne comptait que quelques milliers de femmes noires pour une population de plus de 25 millions d'habitants, celles-ci faisaient l'objet d'images et de discussions dans tous les milieux sociaux[9]. La construction de la femme noire comme être sauvage et hypersexuel a émergé de la rencontre entre les Français et les Africains dans les colonies avant de se propager sur le territoire métropolitain. Tant en Afrique qu'en métropole, les femmes noires ont incarné une menace pour l'intégrité et la pureté nationales françaises[10].

Nous ignorons presque tout de Sarah Baartman, même son véritable nom. Elle est née, dit-on, à 80 kilomètres au nord de la rivière Gamtoos dans les années 1770. Selon le musicologue Percival Kirby, Hendrik Cesars l'a fait sortir d'Afrique du Sud, à l'insu du gouverneur, en avril 1810[11]. Avant l'embarquement ou bien pendant la traversée, Hendrik Cesars a conclu une sorte d'entente avec le chirurgien Alexander Dunlop, lequel a vendu sa « participation » dans la jeune femme une fois à Londres. Alexander Dunlop, Hendrik Cesars et Sarah Baartman ont quitté le Cap et sont arrivés à Chatham, en Angleterre, en juillet de la même année[12]. Le contrat – si tant est qu'il y en ait eu un – stipulait qu'une partie des recettes tirées de l'exhibition de Sarah Baartman lui seraient versées et qu'elle serait rapatriée en Afrique du Sud après une période de deux ans[13]. Or, Alexander Dunlop est mort en juillet 1812, et Hendrik Cesars a disparu dans la nature. Il semble que la jeune femme ait alors été exhibée un peu partout en Angleterre, jusqu'à ce que Henry Taylor décide de l'emmener en France[14]. C'est là qu'elle a cessé d'être Sarah Baartman et qu'elle s'est vue affublée du surnom dévalorisant de « Vénus hottentote ».

Arrivée à Paris en septembre 1814, soit dix ans après la proclamation de l'indépendance d'Haïti et quelques mois seulement après l'abdication de Napoléon, Sarah Baartman offrait un spectacle émoustillant qui permettait de faire oublier la défaite impériale française.

L'utilisation faite de Sarah Baartman en France n'était pas du tout la même qu'en Angleterre, où elle n'avait été qu'un spectacle exotique. La façon dont les Français l'ont exhibée, traitée et représentée reflétait la colère et l'anxiété qu'ils avaient éprouvées suite à la perte de leur premier Empire colonial[15]. Que ce soit dans la littérature, le théâtre, la photographie, l'art ou tout autre mode d'expression culturelle, les Français ont fait de Sarah Baartman un faire-valoir pour présenter la France comme une nation conquérante et pour soulager les angoisses suscitées par la défaite à Saint-Domingue – angoisses dont témoignent les mécanismes mis en place pour s'approprier sa voix et son corps. La jeune femme a aussi été mise en vente comme un rappel important – voire comme une mise en garde – pour les aristocrates de retour au pays et pour les réfugiés des colonies nouvellement arrivés en France. Enfin, l'exposition de Sarah Baartman aux regards du public signifiait que son corps pouvait être utilisé comme support pour fantasmer, ou pour exprimer des fantasmes, sans avoir à en rendre compte personnellement. On la disait repoussante, et pourtant elle semblait inviter le regard – l'exhibition publique de sa semi-nudité, qu'elle aurait, disait-on, elle-même souhaitée, était la preuve de sa corruption. Dans la mesure où Sarah Baartman a existé à la fois dans la réalité et dans les discours, il est parfois difficile de distinguer entre la femme de chair et d'os et sa représentation. Or, si cette femme noire est pour moi un sujet, elle était, pour les Français de l'époque, un *objet.* C'est pourquoi j'insiste sur le fait qu'aucun des textes qui lui ont été attribués – y compris celui que je m'apprête à revisiter – n'émane véritablement d'elle.

L'une des tentatives les plus poussées de manipulation de l'identité de Sarah Baartman a été menée sous la plume de Charles-Joseph Colnet (1768-1832), ancien exilé du royaume, journaliste, poète, libraire et écrivain satirique bien connu en France. Ce critique virulent de Napoléon et collaborateur de longue date du *Journal de Paris* et de la *Gazette de France* avait pour habitude de rapporter les nouvelles les plus fraîches et les plus croustillantes. En novembre 1814, C.-J. Colnet a publié dans le *Journal de Paris* deux fausses lettres satiriques attribuées à Sarah Baartman et signées d'un simple « C ». Celles-ci ont ensuite été republiées sous la forme d'une lettre consolidée en 1825 dans *L'Hermite du faubourg Saint-Germain*, ouvrage dans lequel C.-J. Colnet a réuni ses meilleures chroniques[16]. La lettre de la fictive « Sarah Baartman » commence en ces termes : « Mon ami, je me plais ici autant que je m'ennuyais à Londres. L'air de Paris convient aux femmes aimables. [...] On accourt de tous côtés pour voir Sartjee. Ces gens ne sont pas dégoûtés. » Cette réflexion est en partie juste : si Sarah Baartman n'est restée que peu de temps à Paris, elle y a projeté une ombre métaphorique indéniable[17]. Or, l'idée qu'elle ait pu s'ennuyer à Londres est absurde. En effet, les abolitionnistes britanniques y avaient intenté un procès pour déterminer son statut d'esclave ou de femme libre, procès hautement publicisé qui a dû être tout sauf « ennuyant ». La mention du fait que les Français n'étaient pas « dégoûtés » est un clin d'œil au procès qui a été intenté en son nom et qui, pour diverses raisons, en a dégoûté plus d'un. Mais elle laisse également entendre que les Français éprouvaient bel et bien, eux aussi, du dégoût à sa vue. Cette réalité, que saisit le lecteur mais dont Sarah Baartman ne semble pas être consciente, devient cruellement évidente au fil de la lecture.

Dans la lettre, « Sarah Baartman » estime que même si parfois les Français oublient « leur légèreté naturelle » et sont enclins à la mélancolie, le peuple français « est vif, irascible [...] et ses vengeances ne sont pas cruelles ». Cela ne s'applique toutefois pas à « certains individus qui avaient un peu trop abusé du privilège qu'ont les hommes puissans [*sic*] d'opprimer et de nuire ». La lettre vise ensuite clairement Napoléon Bonaparte et ceux qui l'ont suivi : « ils en ont été quittes pour la honte, châtiment bien doux pour ceux qui, depuis longtemps, s'étaient défaits fort avantageusement de leur honneur. » Elle continue par un éloge des Français, qui ont permis à Napoléon d'échapper au châtiment ultime : « Ce seul trait suffirait pour te faire connaître une nation dont on dirait beaucoup plus de bien si on s'attachait plus à peindre ses heureuses qualités que ses travers. » Comme l'écrit « Sarah Baartman » : « le chef de ces braves, l'homme que leur courage et la fortune avaient élevé au plus haut point de gloire et de puissance », voit son rôle avec « plus de philosophie. Il a perdu le plus bel empire du monde, et il se porte à merveille ». La perte de ce « plus bel empire du monde » – le glorieux Premier Empire français – concerne aussi, bien sûr, la colonie très rentable de Saint-Domingue. Ici, C.-J. Colnet dirige directement sa colère contre Napoléon. Le chef déchu devient un bouc émissaire facile pour une myriade d'échecs militaires et de défaites impériales.

À travers « Sarah Baartman », C.-J. Colnet lance un défi au lecteur, lui rappelant que la France se bat pour son avenir politique et culturel. Or, comme l'écrit encore l'autrice fictive de la lettre : « On a dit, mon cousin, beaucoup trop de mal des Français. » La France a sans doute de vrais problèmes, mais elle est tout de même peuplée de « guerriers » honorables, qui ne supporteraient pas cette « douce inaction si chère aux Hottentots et aux marmottes ». Ces guerriers sont intrépides jusqu'à l'imprudence, et ils sont parfois si passionnément soucieux de leur avancement et de démontrer leur bravoure que ceux qui rentrent vivants ou, pire encore, sans blessures apparentes se sentent honteux d'avoir failli au devoir de défendre la patrie. Or, si l'on en croit la lettre, les hommes français ont bel et bien besoin, sinon d'être sauvés, du moins d'être sévèrement réprimandés. « Sarah Baartman » évoque ensuite les hommes français, la guerre, le rôle des journalistes et les échecs potentiels de la nation française. D'un côté, les hommes français se soucient de défendre la France ; de l'autre, leurs ambitions personnelles affectent leur jugement. Qu'est-il donc arrivé aux hommes français ?

Par ailleurs, les réflexions de « Sarah Baartman » révèlent l'anxiété qui entoure l'efféminement et la faiblesse des hommes français, une anxiété qui ne pouvait que s'intensifier après une défaite militaire aussi importante que celle subie à Saint-Domingue. La lettre rapporte les détails croustillants d'un scandale sexuel provoqué par un mari en colère dont les efforts pour déshonorer sa femme se sont retournés contre lui. Le tribunal a en effet jugé que c'est son manque de virilité et de masculinité qui a poussé l'épouse à l'infidélité ; il a par ailleurs été estimé que son impotence (évidente) l'empêcherait de se trouver une autre femme. Comme le décrit l'autrice fictive de la lettre, « le mari débouté n'ose plus se montrer, et il le fait bien : les femmes lui arracheraient les yeux pour venger l'honneur de leur sexe ». En outre, le mari a été exhorté publiquement à se montrer plus confiant et moins jaloux à l'avenir. Il ne fait aucun doute que sa femme l'a trompé. Il est également évident que tout le monde était au courant. Pour autant, ce n'est pas la femme adultère ou l'amant scélérat qui sont couverts de honte, mais le mari pleurnichard et incompétent. Une autre leçon est à retenir : une femme peut sortir brièvement des rôles sexués qui lui ont été assignés si c'est pour faire respecter les bonnes mœurs (un mariage convenable, par exemple), pour tromper un mari insuffisamment viril ou encore pour détruire un homme faible qui aurait osé l'insulter. Or, si les Françaises savent mettre les hommes au pas, le fait qu'il soit *nécessaire* de mettre au pas certains hommes est déjà un problème en soi.

Le discours sur l'homme français incapable façonne également les représentations des femmes françaises, qui sont souvent dépeintes comme rusées, perfides ou idiotes. Tandis que les hommes blancs français sont engagés dans une guerre qu'ils vont perdre (et dont l'enjeu, à savoir l'avenir même de la France en tant que grande puissance européenne, est réellement digne des hommes), les femmes blanches françaises mènent, selon « Sarah Baartman », une guerre inexplicable : une « guerre de chapeaux ». Les Françaises portent leurs chapeaux si haut qu'il faut « se lever sur la pointe des pieds pour atteindre à l'extrémité », alors que les Anglaises portent leurs chapeaux si bas qu'elles peinent à voir devant elles. Les Françaises font preuve d'une loyauté envers la nation qui frise le ridicule : elles « se coiffent aujourd'hui à faire peur pour mieux prouver leur patriotisme ». La querelle absurde entre les Françaises et les Anglaises est devenue si virulente qu'elle menace de déclencher une véritable guerre – il s'en faut d'ailleurs de peu pour que le gouvernement intervienne.

La lettre aborde des thèmes hautement genrés qui opposent, d'un côté, des femmes françaises frivoles mais puissantes qui rivalisent avec les Anglaises dans le domaine de la mode et, de l'autre, des hommes français honorables, ambitieux et pourtant vaincus. On discerne dans cette opposition la critique plutôt misogyne de C.-J. Colnet : la masculinité française est en danger parce que les femmes mènent leur propre guerre – avec leurs hauts chapeaux. Pour ne rien arranger, les femmes françaises défient les normes culturelles qui leur prescrivent de rester à leur place : la sphère privée. La guerre réelle des hommes (et leur défaite prochaine) est transposée sur ces femmes au comportement déplorable et aux chapeaux imposants, rappelant aux hommes français qu'ils sont émasculés sur les plans militaire et social. Le fait que cette « guerre » culturelle ridicule soit menée contre l'Empire britannique témoigne de la crainte récurrente des Français d'être éclipsés par l'Angleterre. Si l'appel au ralliement à la nation française se fait contre le même ennemi, le patriotisme est malmené par les femmes françaises, pour qui les tendances de la mode prennent le pas sur les questions nationales. La critique formulée par la fictive Sarah Baartman n'est pas seulement un appel à réguler les tentatives fantaisistes et malavisées des femmes blanches françaises pour protéger la nation, mais aussi une mise en cause de la situation qui a donné lieu à un tel comportement. « Sarah Baartman » raconte à son cousin comment, au vu de cette dernière lubie, elle a dû demander à ses nouvelles amies françaises d'arrêter ces bêtises et d'adopter la mode hottentote – se voyant attribuer là encore le rôle de commentatrice du comportement des Français. Ainsi, la position de Sarah Baartman hors de la société française permet à C.-J. Colnet de demander à ses compatriotes de revenir à la raison.

C.-J. Colnet était un critique virulent de Napoléon – il était sous surveillance de la police parisienne, rien de moins. Si cela peut expliquer pourquoi il a choisi de se cacher derrière un personnage fictif, il est tout de même révélateur qu'il ait choisi de le faire derrière la figure d'une femme noire. À travers des récits de femmes et d'hommes français blancs au comportement déplorable, C.-J. Colnet a (ré)inventé la femme noire « Sarah Baartman » afin de pouvoir critiquer ses adversaires tout en se protégeant des autorités. Dans la version de l'histoire mise en scène par C.-J. Colnet, Sarah Baartman sauve la nation d'hommes ineptes tels que Napoléon tout en réinscrivant la francité dans la masculinité française véritable : la masculinité blanche et virile. En somme, la lettre de « Sarah Baartman » à son cousin permet à l'aristocrate C.-J. Colnet de se moquer des hommes qui revendiquent leur participation à la guerre et leur honneur alors même que la nation vient de subir une cuisante défaite. Les mots de C.-J. Colnet sont d'autant plus acerbes qu'ils sont placés dans la bouche d'une femme noire. Puisqu'il est évident que Sarah Baartman n'aurait jamais pu faire de telles observations,

C.-J. Colnet peut faire honte à ses compatriotes tout en se dissimulant derrière sa noirceur.

La lettre de C.-J. Colnet attribué à la fictive Sarah Baartman touche à des questions de politique, d'économie, de culture et de rapports de classe, et révèle à quel point les définitions toujours renouvelées de la francité étaient contestées au lendemain de la Révolution haïtienne. Elle renvoie également à d'autres questions plus larges qui ont travaillé la France tout au long du XIXe siècle (et que l'on pourrait illustrer par de nombreux exemples), la Révolution haïtienne ayant eu des conséquences économiques, politiques, culturelles et sociales désastreuses pour le pays. Mon étude met en lumière l'une des façons dont la France a créé, très tôt et par procuration, des mécanismes d'inégalité pour les femmes d'origine africaine (en l'occurrence Sarah Baartman). En présentant les femmes noires comme manifestement non françaises, les Français ont préparé le terrain pour des représentations ultérieures qui ont été renforcées à leur tour par le projet colonial. Alors même que la Révolution haïtienne était au cœur de toutes les discussions, la présence de Sarah Baartman en France fournissait aux Français de race blanche la preuve qu'il leur fallait pour asseoir leur supériorité raciale. Cette présence rappelait en outre que si la reconquête de Saint-Domingue était envisageable, alors une France forte était toujours possible. Sarah Baartman a permis à la France de se voir à nouveau comme une nation conquérante, et ce, à une époque de faiblesse militaire et économique où le pays avait été privé de sa plus importante colonie. En tant que femme noire, elle a été utilisée pour parler des luttes pour l'égalité et l'identité auxquelles avait donné lieu la défaite de la France à Saint-Domingue. Exclue du corps politique français en raison de sa race et de son genre, elle a été décrite comme étant si éloignée du comportement civilisé des Français que seul un empire colonial fort (et des sujets coloniaux dévoués) pourrait mettre au pas des femmes comme elle.

Sarah Baartman a d'abord été vendue pour de l'argent par des hommes blancs français. Sous la plume de C.-J. Colnet, elle a été exploitée en tant qu'antithèse de ce que devait être l'identité nationale française en temps de crise : une identité servant à consolider la subjectivité blanche. Les Blancs avertis pouvaient critiquer leur propre société tout en se dissimulant derrière un autre corps, un travestissement racial et genré d'autant plus puissant qu'il reposait sur un prétendu savoir d'initiés. Les femmes noires telles que Sarah Baartman ont occupé une place essentielle dans l'élaboration des discours sur la race, le genre, la sexualité et la classe en France. Bien qu'il porte sur des corps exclus il y a un peu plus de deux siècles, mon travail s'inscrit dans une longue discussion sur la francité et l'identité nationale française, sachant que la Monarchie, la Révolution, la République et l'Empire se sont appuyés sur des visions distinctes de la francité – des visions qui n'étaient ni homogènes, ni statiques. L'étude du rôle joué par les femmes noires en France met en lumière les liens négligés et pourtant essentiels entre la représentation et la manipulation de leur corps, d'une part, et la subjectivité et la citoyenneté françaises, d'autre part. Le traumatisme de la perte de Saint-Domingue a fait l'objet d'un déplacement sur un corps racialisé, et ce, d'une manière qui a conduit à la simplification d'un ensemble complexe d'expériences et d'identités. Je ne veux pas dire par là que les Français n'étaient pas eux-mêmes racisés ou racialisés. Leur réticence à se considérer comme tels ou à reconnaître leur position hégémonique n'enlève rien au fait qu'ils étaient porteurs d'une identité raciale. Au contraire, cette réticence renforce l'idée que la francité repose sur une blanchité qui ne dit pas son nom. Le cas de Sarah Baartman est à cet égard exemplaire et donne à voir des liens qui ouvrent de nouvelles pistes d'interprétation et d'investigation.

CHAPITRE 15

« Cœurs à corps » : le théâtre afroféministe de Rébecca Chaillon et la représentation des femmes noires

Johanna Montlouis-Gabriel

« Coups ». « Injures ». « Insultes ». « Attaques ». Vocables dignes d'un événement tout autre qu'une performance au festival d'Avignon, le plus grand événement théâtral de France qui réunit des centaines de milliers de spectateurs, d'auteurs et d'artistes en juillet. Ces mots décrivent la performance que dirige Rébecca Chaillon[1], intitulée *Carte noire nommée désir* (2021)[2], qui a depuis fait couler beaucoup d'encre. Les unes des journaux décrient « Avignon : Rébecca Chaillon et sa *Carte noire nommée désir* au cœur d'une bataille identitaire[3] » ; une pièce qui « choque Avignon[4] » ; une pièce « qui fait polémique », ou encore, « gros malaise[5] », des images « qui incitent à la haine raciale [contre les Blancs][6] ». Comment un spectacle supposé faire réfléchir le spectateur sur les conditions des femmes noires en France aujourd'hui en vient-il à susciter des réactions si viscérales ? Par quels procédés Rébecca Chaillon pense-t-elle et crée-t-elle la performance afin que le corps des femmes noires, bien qu'au centre de la réflexion, ne retombe pas dans les mêmes clichés hypersexualisants ? En outre, quelles sont les praxis artistiques, afroféministes, et queers dont est dépositaire Rébecca Chaillon ? *Carte noire nommée désir* aborde la comparaison des corps noirs en présentant un véritable menu visuel comprenant des sucreries et des boissons chaudes. Elle décompose ces éléments en ingrédients coloniaux tels que le sucre, le café et le cacao. Non seulement ces éléments sont liquéfiés sur scène, mais ils constituent également le matériau dont est faite la scène.

D'abord jouée en 2021, *Carte noire nommée désir* est une réflexion sur l'expression de l'érotisme des corps féminins noirs par les femmes noires elles-mêmes, libérées des représentations sexistes et racistes héritées du passé colonial. Le titre de la pièce fait référence à une publicité populaire des années 1990 pour une marque de café en France appelée « Carte Noire, un café nommé désir » qui met en scène des couples hétérosexuels blancs. Rébecca Chaillon subvertit le principe de la « carte blanche », qui est une invitation à la créativité artistique, avec son propre modèle décolonial. Elle invite sur scène sept artistes noires de différentes disciplines artistiques de la poterie à l'opéra en passant par l'acrobatie. Ensemble, elles explorent l'hypersexualisation et l'érotisation des corps et des identités noires, ce que Sylvie Chalaye qualifie « d'éroticolonie[7] », ainsi que leur visibilité et invisibilité. Rébecca Chaillon, artiste et théoricienne, conceptualise l'expérience racisée au féminin comme intrinsèquement sensuelle et incarnée. Dans le processus, les comédiennes exposent les stéréotypes racistes persistants et les attributions qui prévalent dans la société française. En dépit des discours réducteurs au sujet des corps des femmes afrodescendantes, la performance arrive à créer un espace de libération pour les femmes noires vivant en France aujourd'hui. Tel est l'enjeu de la pièce de Rébecca Chaillon dont nous voudrions montrer ici qu'elle offre des horizons originaux pour repenser des représentations érotiques des corps féminins noirs, libérés des stéréotypes coloniaux, racistes et sexistes en France.

Une scénographie décoloniale : la méthode de Rébecca Chaillon

Bien avant de pénétrer dans l'espace théâtral, le public est prié de faire la queue avant l'ouverture des portes. Un enregistrement se fait entendre : « Des places préférées et réservées aux femmes noires et métisses, non binaires ont été réservées afin de voir le spectacle d'un autre point de vue. » En entrant moi-même dans cet espace, j'ai été accueillie par une hôtesse qui m'escorte moi et d'autres femmes noires vers des canapés confortables. On saura plus tard que cette hôtesse n'est autre que l'une des comédiennes de la pièce, Estelle Borel. On nous propose des boissons de notre choix pendant que nous nous mettons à l'aise. Nous faisons face non seulement à la scène, mais également « au reste du monde », c'est-à-dire, le public majoritairement blanc, installé sur les gradins de l'autre côté de la scène. Ce choix beaucoup commenté dans la presse, permet de valoriser les femmes noires et métisses et de leur donner un point de vue privilégié.

Des critiques ont souligné le caractère « raciste » de ce choix performatif. Le dispositif de « non-mixité » que Rébecca Chaillon offre aux afrodescendantes n'est point nouveau. Bien qu'il continue d'être controversé, il relève des pratiques militantes féministes et queers des années 1960-1970[8]. Ces places privilégiées sont aussi plus confortables, plus proches des comédiennes et, par extension, elles créent de l'intimité et donnent du courage aux comédiennes qui, pendant la performance, se sentent soutenues par la présence de femmes noires en nombre. La non-mixité crée ainsi un espace sécurisé pour les femmes afrodescendantes, tant dans le public que parmi les actrices. Même si regrouper des personnes sous les termes « afrodescendante » ou « noire » peut sembler réducteur, cette pratique politique permet de créer un front uni face aux propos sensibles abordés, le temps de la performance.

Ce procédé permet à la fois de valoriser la non-mixité et de mettre en relief, pour tout le monde, son propre positionnement[9]. Car après tout, l'étymologie du mot « théâtre » en grec signifie « le lieu d'où l'on voit[10] », et c'est ainsi que le rôle du positionnement est mis en exergue dans la performance de Rébecca Chaillon. Utilisé en sciences sociales et dans les études féministes, le principe de positionnement fait référence au processus d'autoréflexion du chercheur pour mettre en lumière les dynamiques du pouvoir dans la production du savoir. En outre, la disposition bi-frontale facilite les jeux de regards ; les deux côtés du public peuvent s'observer et voir les réactions d'un côté et de l'autre. Ainsi, le public majoritaire qui observe est lui aussi observé en retour, soumis au regard des personnes concernées, en l'occurrence des femmes noires de l'autre côté de la scène. Cette approche oblige chacun à réfléchir à son rôle dans la performance et à son positionnement identitaire, social et spatial. Mais il s'agit aussi d'une approche pédagogique que d'apprendre aux spectateurs blancs comment regarder des corps noirs en voyant comment les femmes noires regardent les comédiennes. Quel que soit le côté duquel on choisit de se placer, on est sommé de réfléchir à son positionnement. Depuis quelle perspective regarde-t-on des corps noirs « nus » sur le plateau ? Comment gérer son malaise lors de paroles racistes ou devant des corps noirs dans tous leurs états ? Toutes ces questions et bien d'autres se trouvent au cœur de la scénographie décoloniale du point de vue situé.

Non contents d'être des spectateurs actifs dans la réflexion du positionnement, la performance invite également la participation de tous les spectateurs. Dans l'une des scènes peu commentées, les comédiennes recherchent des participants blancs dans les gradins pour se faire « muter aux Antilles » et ce membre du public « de l'autre bout du monde », souvent un homme blanc, se voit accompagné par une comédienne du côté non mixte des femmes noires pour s'y asseoir jusqu'à la fin de la scène. Ce processus de « déplacement » physique brise le quatrième mur, au sein de l'espace performatif et permet au public d'accéder à une expérience alternative. Ce geste, lourd en signification, souligne aussi les conditions économiques inégales des fonctionnaires métropolitains qui se voient mutés « au soleil », en Martinique ou en Guadeloupe[11]. Une telle focalisation sur la pratique incarnée du placement et du déplacement du public dans la performance permet de mettre en évidence les inégalités présentes dans la fabrique postcoloniale et postimpérialiste française de la citoyenneté.

La scène qui va suivre, tout aussi interactive, celle de la « confiscation de sacs » est celle qui provoquera les réactions les plus fortes, voire la violence, chez certains spectateurs. Dans un monologue faisant suite aux réflexions sur la manière dont le rapport colonial persiste dans les contextes français, les performeuses commencent à « coloniser le public ». Elles parcourent le public et confisquent rapidement les sacs à main de certains membres du public avant qu'ils soient rendus à la fin du spectacle. À Avignon, alors que les comédiennes s'approchaient d'un spectateur, celui-ci a opposé une résistance, s'accrochant à son sac et poussant des cris ; puis frappant l'interprète par refus avant d'être escorté vers la sortie. Cette scène mimait de manière fictive les demandes de « réparation » pour l'esclavage et a été conçue pour nourrir les critiques de la façon dont les biens ont été (et continuent à être) spoliés aux peuples anciennement colonisés par la France[12]. En d'autres termes, la performance tente d'aller au-delà du simple acte de représenter ou de reproduire un comportement précédent en essayant de problématiser les rapports de pouvoir coloniaux dans l'espace scénique. Si la confiscation des sacs a offert une pause humoristique, nous pouvons nous demander à quel point ce geste sensibilise véritablement un public sur les conversations visant à la réparation ou si ce geste témoigne simplement de la mise en vulnérabilité d'un public blanc construite par une artiste noire. C'est avant tout la colonisation, et les réparations, que les performeuses tentaient de faire deviner. Or, c'est plutôt la vulnérabilité des spectateurs blancs qui est ici ressortie par leurs réactions dans la salle et leurs réflexions en aparté post-performance à Avignon lorsque par exemple une spectatrice dit avoir été « terrifiée », « très inquiète », « effrayée », « en colère ». Bien qu'imparfaite, la tentative de Chaillon témoigne ici de sa scénographie et de sa pédagogie décoloniale, qui consiste à déplacer, bousculer le spectateur, quels que soient l'enjeu, le risque et le degré d'apprentissage.

La méthode décoloniale de Chaillon exige de son public une participation active, qu'elle soit physique ou affective. Il est placé en dehors de sa zone de confort habituelle, celle fondée sur l'appartenance non interrogée et bien souvent involontaire au groupe dominant. Il est invité ainsi à plonger dans une nouvelle perspective pour observer les répercussions résiduelles des rapports de pouvoir inscrits dans la colonisation qui se manifestent dans les pensées et dans la chair. Cette approche exige une introspection profonde du spectateur et une volonté de comprendre l'impact durable des structures coloniales, non seulement sur le plan intellectuel, mais aussi viscéralement, dans l'expérience corporelle vécue.

Travail du soin et stéréotypes : ménage et gardiennage

Revenons au vestibule qui précède l'entrée dans le lieu performatif. Avant même de s'installer de chaque côté de la scène, on découvre deux personnages sur une scène blanche éclatante, vêtus, maquillés et les yeux mis en blanc à l'aide de lentilles : la représentation a déjà commencé. Dans un coin du plateau, une autre performeuse, Ophélie Mac, attelée à son tour de potier, manipule de l'argile avec ses doigts. Chaillon, vêtue d'une combinaison, blanche également, semble déterminée à nettoyer à la javel cette scène blanche du résidu de café que laissent tomber des tasses suspendues. L'odeur qui émane de l'espace est suffocante, des odeurs fortes de café se mêlent à celles de la javel. Ce qui vise à provoquer chez les spectateurs dégoût et plaisir olfactif à la fois. Chaillon souffle et s'essouffle, s'agite et s'affaire à nettoyer cette scène qui, sans relâche, est tachée de gouttes de café marron. Chaillon, essuie la sueur de son front, la chaleur monte et c'est progressivement qu'elle retire ses vêtements, une pièce après l'autre pour révéler son corps nu, entaché de peinture blanche. L'odeur de la javel symbolise le ménage et le travail de soins, très exigeant et invisible que les femmes immigrées, arabes et afrodescendantes bien souvent, accomplissent dans la France contemporaine, des tâches qui sont continuellement déléguées à des travailleuses racisées sous-rémunérées. Le plateau blanc symbolise la blancheur, tenue pour constitutive du roman national français, qui tendrait à « nettoyer », c'est-à-dire effacer, la présence noire, et racisée plus largement[13], de l'espace public légitime.

Il aura fallu un certain temps au public pour se rendre compte que ce nettoyage sans fin effectué sur la scène faisait bien partie de la performance. Depuis les canapés, s'échappaient les murmures et discussions des spectateurs, la bousculade des retardataires, tout cela tandis que Chaillon et Mac sur scène nettoyaient et jouaient. Cette stratégie pédagogique s'est avérée perspicace car se trouve ainsi mis en exergue le travail de soins invisible, silencieux et incessant des femmes noires dans les lieux publics. Les spectateurs sont forcés d'être témoins de ce travail domestique, avec le malaise d'observer fixement le corps d'une femme noire occupée à nettoyer pour un public majoritairement blanc.

En commençant le spectacle de la sorte, Chaillon commémore, à travers la performance, ce travail répétitif que certaines femmes immigrées ou originaires des territoires postcoloniaux ont effectué dans l'Hexagone[14]. Effectivement, les performances ont le pouvoir de répéter l'habituel, le familier, mais aussi, elles ont le potentiel de réparer ce qui a été oublié, mis de côté, ce qui est latent dans la société[15]. En l'occurrence, il s'agit ici de donner à voir le travail domestique répétitif, dévalorisé et invisibilisé des femmes noires dans l'Hexagone. Chaillon qui parcourt la scène à quatre pattes pour récurer à la javel les taches de café, fait écho à la lignée de travailleuses domestiques antillaises émigrées de la Martinique, de la Guadeloupe ou de La Réunion vers la

France métropolitaine sous l'égide du BUMIDOM (Bureau pour le développement des migrations dans les départements d'outre-mer). Cette interprétation échappe souvent à la discussion de la performance. Or c'est un labeur peu cher, jeune et féminin que les programmes migratoires tels que le BUMIDOM ont longtemps recherché pour répondre aux besoins en main d'œuvre féminine en France dans les années 1970. Cet organisme a fonctionné grâce à divers centres de formation, tels que celui de Crouy-sur-Ourcq où les jeunes Antillaises qui pensaient recevoir une formation aux métiers administratifs se voyaient formées aux métiers domestiques[16]. Comme le soulignent les recherches de Félix Germain, ces femmes ont témoigné de la rudesse de leurs conditions de recrutement et de formation, plusieurs évoquant même l'usure physique des tâches, obligées parfois de récurer les sols à genoux[17].

Ce travail domestique, répétitif et stigmatisé, est aussi associé au danger pour la santé et la vie. Comme Chaillon sur la scène, ces femmes interagissent avec des produits chimiques agressifs dangereux pour la santé[18]. Elle utilise l'eau de Javel pour nettoyer cette scène, mais également son corps dénudé. Une fois la tâche terminée, elle s'assoit et se frotte le corps avec de l'eau de Javel, d'abord pure au tout début des représentations, mais ensuite diluée pour limiter l'impact sur sa santé[19]. Pour Chaillon et son œuvre, la mise en danger n'est pas un choix, mais également un devoir de « performer, mettre mon corps en sacrifice[20] ». La proposition, quoi qu'on puisse la trouver destructrice, est en fait une pratique de « reprise de pouvoir » : « Je me réapproprie la violence, je la fais mienne, j'exerce un pouvoir sur elle en la filtrant et en la sublimant[21]. » Cette prise de pouvoir est essentielle pour elle, pour qui, la violence faite aux corps dans le travail domestique et l'usure des corps est à la fois un enjeu et un risque[22].

La performance continue d'explorer le même fil du travail de soin et de l'assignation des femmes noires à ces rôles en abordant le soin des nounous noires de France[23]. Fatou Siby, l'une des comédiennes, porte un balai trapèze en ceinture à l'avant et à l'arrière de sa taille. Elle se met ensuite à enfiler des poupons blancs à travers ces manches à balai au fur et à mesure que les autres comédiennes lisent à haute voix des petites annonces de femmes blanches bourgeoises qui comptent sur le travail de soins de « Fanta » pour prendre soin de leurs progénitures. Les comédiennes chantent les louanges de Fanta, sans qui ces dernières ne pourraient aller au cinéma, aux dîners en ville ou se reposer, disent-elles, surtout pendant la période si difficile de la pandémie. À la suite de chaque témoignage, les poupons sont empalés par ces mères devant la comédienne « Fanta ». Pendant ce temps, Fanta semble « accoucher » de bébés noirs qui sont ensuite empalés dans son dos. Plus elle a de bébés blancs à calmer, plus elle accouche elle-même d'enfants. Cette scène critique le rôle du soin que de nombreuses femmes racisées dans l'Hexagone occupent au détriment du temps qu'elles pourraient consacrer à leurs propres enfants et familles[24]. Elle vient aussi troubler le stéréotype de la nounou noire tendre qui accueille en son sein les enfants blancs de ses patrons[25] puisque l'actrice en question peut être vue dans l'embarras d'avoir tant d'enfants à sa charge, alors qu'elle conserve le sourire.

L'image tirée de cette performance viendra choquer le lectorat d'extrême droite qui la qualifiera de « racisme inversé », qui « incite à la haine raciale »[26]. Pourtant, cette scène nous renvoie à l'imagerie coloniale des journaux illustrés de la Belle Époque avec leurs « négrillons empalés sur une baïonnette[27] ». Bien que ces caricatures aient eu la volonté de critiquer les méfaits de la colonisation française, ils appelaient surtout au rire[28]. Par souci de contradiction, en reprenant ces images populaires oubliées, Chaillon les subvertit sur scène à des fins décoloniales.

Délectables : femmes nues, femmes noires[29]

Le corps des femmes noires, souvent vu comme une friandise attrayante et sexualisée, a grandement influencé l'imaginaire colonial français. Le café et le chocolat embaument l'espace, coulent et inondent le plateau et deviennent ainsi des métonymies du désir français des corps féminins noirs. L'évocation du café doit être comprise selon trois aspects : comme résultat de l'exploitation des personnes esclavagisées, comme sa commercialisation et sa circulation fondée sur la traite transatlantique et enfin sa couleur, comme une métonymie des peaux noires[30]. Sont ici convoquées les références populaires qui encore de nos jours fabriquent l'imaginaire social relatif aux identités noires[31] et relèvent du concept d'éroticolonie[32] évoqué précédemment, par exemple dans les chansons qui associent explicitement la couleur de peau des femmes noires à la consommation. Rappelons en effet la chanson de Serge Gainsbourg « Couleur Café[33] » reprise dans la performance à un moment cacophonique où les stéréotypes s'associent à la nourriture.

Bien que l'esthétique de la nudité pratiquée par Chaillon soit choisie, les comédiennes décident de revisiter les nudités qui, elles, continuent de hanter[34] l'histoire française. Ainsi, parmi les figures qui ont sédimenté l'esthétique coloniale, le corps et ses stéréotypes sexuels, la figure de Sartjie Baartman fait son apparition lors d'une scène du « quiz » auquel les publics doivent répondre. Le public est divisé en deux équipes, l'équipe de cantine et l'équipe de ménage. Tandis que des comédiennes tentent de faire deviner le nom de Sartjie Baartman ou la « Vénus hottentote » à l'aide d'un long couteau, une comédienne allongée sur le plateau, jambes écartées, d'autres racontent l'opération de Georges Cuvier lui ayant découpé la vulve au début du XIXe siècle. En effet, les scientifiques comme Georges Cuvier, Julien-Joseph Virey et Georges-Louis Leclerc de Buffon, pour n'en citer que trois, ont contribué à la construction du racisme scientifique du XIXe siècle. Les images qui en ont résulté ont continué à construire l'image déformée du corps de Sartjie Baartman, et par extension, les corps des femmes noires en général comme ayant ces caractéristiques : des fesses dites « anormalement grosses », une sexualité débridée, un corps hors norme par opposition à l'idéal de la beauté occidentale, blanche, du XIXe siècle[35]. L'image de Saartjie Baartman et le plâtre réalisé *post mortem* avaient ainsi été exposés jusque dans les années 1970 au musée de l'Homme avant d'en être retiré à cause de l'usage dégradant qu'en faisaient les spectateurs[36]. Comme l'a souligné avec perspicacité Robin Mitchell, le corps et la représentation de Saartjie Baartman étaient instrumentalisés en vue de façonner la notion de « francité », son corps constituant le vecteur d'une mise en garde publique contre la menace du métissage. Parallèlement, cette représentation servait à réaffirmer les normes de genre et de race en France métropolitaine, en mettant en avant l'image des personnes noires comme étant sauvages et barbares, notamment après la capitulation des troupes françaises à Port-au-Prince, le 19 novembre 1803[37]. Le corps féminin racialisé incarnait un site ou un type de « texte » à partir duquel la supériorité et l'infériorité raciales s'explicitaient[38]. Alors que Sartjie Baartman représentait une curiosité érotique et scientifique, sur le plateau de Chaillon, rien de tout cela n'est évoqué.

Baartman a pourtant façonné une image exotique et stéréotypée de la féminité noire en France qui hante le plateau. Contrairement à Baartman, qui n'a jamais consenti à l'exposition de sa nudité ou au toucher de son corps, Chaillon et ses comédiennes proposent une approche novatrice. Elles présentent volontairement leur « nudité noire consentie », fondée sur la pratique incarnée de Chaillon. Cette dernière conçoit l'expérience d'être noire comme une expérience corporelle. Utilisant le terme « racisé » pour décrire cette sensation unique, elle écrit : « il me fallait un mot pour cette sensation[39]. » L'expérience tactile et sensorielle est centrale dans le vécu des femmes noires et c'est ainsi que Chaillon exploite son corps comme « instrument de la performance, un matériau et un support qu'elle exploite dans toute la réalité tangible de la chair[40] ». La matérialité visuelle des corps (nus ou non) et des cheveux de femmes noires repose sur les pratiques du toucher[41]. Ainsi, Chaillon transforme cette interaction physique en une *praxis* afroféministe, créée par et pour les femmes noires. Cette approche permet une réappropriation du corps noir féminin, passant d'un objet d'exposition non consenti à un instrument d'expression et d'autonomisation tout en douceur, un véritable « cœur à corps ».

En cœurs à corps : *praxis* afroféministe des femmes noires

La mise en scène de Chaillon valorise la pratique de soin entre femmes noires. Après la scène d'exposition où Chaillon nettoie frénétiquement la scène et se dénude, elle s'arrête net, épuisée. Sa partenaire sur le plateau, Mac, potière, placée de l'autre côté de la scène, se lève et s'avance vers elle. Elle l'aide à se lever, l'assoit sur une caisse en bois, puis à l'aide d'un seau d'eau et de savon, commence à laver le corps entier de Chaillon couvert de peinture blanche devant le public.

Tout au long de cette scène, Mac lave, frotte, rince et répète l'opération. Lorsqu'elle termine, elle enduit le corps de Chaillon de beurre de karité, la masse et lui embaume les cheveux, jusqu'ici recouverts par une charlotte de couleur métallique. Le toucher de Mac passe d'un geste souple et technique, soulignant la maîtrise de l'argile, à un geste tendre qui se veut thérapeutique. Car explique Chaillon, il s'agit à travers son travail de « tenter de se réparer sur scène[42] ». Il s'agit donc d'un toucher qui vise à vouloir alléger Chaillon de ce blanchiment temporaire, de se libérer de ces codes imposés par une société blanche prétendument aveugle aux marqueurs raciaux. Cette scène, silencieuse, où la comédienne lave Chaillon, rend hommage au soin que les femmes afrodescendantes ont pu avoir l'une envers l'autre, par exemple en situation d'oppression durant l'esclavage, de mères en filles. C'est à travers cette scène représentant le soin communal entre femmes afrodescendantes que Chaillon met en exergue l'acte de prendre soin de ces corps, de laver ces corps, de masser ces corps...

Suivant cette scène, les autres comédiennes, précédemment assises sur les canapés où les femmes afrodescendantes du public sont installées, montent sur scène et se mettent à tresser des nattes extrêmement longues (deux ou trois mètres chacune) dont les cordes forment des rajouts. Ces rajouts sont si longs et lourds que Chaillon aura ensuite à les accrocher à un dispositif similaire à un porte-perfusion. Pour les femmes afrodescendantes, les soins capillaires représentent un aspect crucial de l'apparence alliant bien-être et identité culturelle[43]. La sociabilité noire autour de la coiffure et du tressage des cheveux constitue un moment d'intimité et de convivialité reproduit sur le plateau. Rébecca Chaillon recrée l'intimité du salon de coiffure et du tressage sur scène. C'est ce moment intime habituellement préservé que des spectateurs *outsiders* sont invités à observer.

L'une des dernières scènes sur laquelle nous nous attarderons est la performance d'une danse de zouk, entre Mac et Chaillon, sur la chanson d'amour de Fanny J, « Ancrée à ton port[44] », remixée à la harpe par la comédienne soprano Makeda Monnet. La pratique du zouk réitère un ordre hétéronormatif de couple et de sexualité. Cette scène est non seulement une déclaration audacieuse de la diversité des expériences et des identités au sein des communautés noires, mais elle sert également à critiquer l'hétéronormativité omniprésente dans de nombreux aspects de la culture populaire antillaise. En posant un regard critique sur ces normes sociales et culturelles, la performance cherche à redéfinir et à élargir les notions restrictives et homophobes de sexualité au sein des communautés noires[45]. Rébecca Chaillon cherche ici à rompre avec les stéréotypes et les attentes traditionnelles, offrant ainsi un espace de parole aux voix marginalisées et sous-représentées des femmes lesbiennes noires. Cette danse est dédiée à l'acceptation de leurs corps, souvent jugés excessifs. Mac souligne « ses fesses plates », souvent moquées dans les Caraïbes et dédie cette danse à toutes les femmes qui « voient [sa plastique] et qui l'aiment ». En confrontant le désir et l'appétit occidental pour l'autre avec le désir que les femmes noires éprouvent les unes pour les autres. Rébecca Chaillon, queer, originaire de la Martinique, introduit dans la mise en scène une nostalgie réparatrice, où les femmes noires font l'expérience d'un véritable cœur à corps.

Re-présenter pour ré-imaginer

L'œuvre artistique imaginée et mise en scène par Chaillon et son équipe nous invite à une réflexion profonde sur la façon dont le passé peut être réinterprété et mis en scène par les victimes. Plutôt que de rester prisonnier des récits traumatiques de l'esclavage et de la violence, sa pratique décoloniale forge une voie libératrice vers la joie, la rébellion et le plaisir, vers la valorisation de récits et de voix marginalisés. Les femmes afrodescendantes d'aujourd'hui sont ainsi représentées comme les architectes de leur passé et du présent, nous offrant leurs visions uniques et leur pratique créative réparatrice. Cette œuvre est profondément enracinée dans la diaspora noire, entre Afrique, Europe, et Amériques, pour elle et par elle. Elle vise à avoir un impact sur l'imaginaire social et culturel, car elle façonne et redéfinit les discours sur les expériences afrodescendantes en France. Cette performance est non seulement une célébration de la joie et de la créativité, mais aussi un puissant moyen d'affirmation des multiples identités afrodescendantes.

CHAPITRE 16

« Écrire en tant que Noire[1] »… et féministe ?

Les romancières des Antilles et de la Guyane à l'assaut des mythes patriotiques et patriarcaux

Tina Harpin

À l'heure où est désormais reconnu le rôle phare de Paulette Nardal et de son « éveil de la conscience de race[2] » dans le célèbre mouvement de la Négritude, il est impossible de nier l'importance de la création littéraire d'une part, et de l'écriture des femmes d'autre part, dans l'histoire française et transnationale des revendications de la fierté noire aux XXe et XXIe siècles. L'écriture des femmes noires antillaises et guyanaises a contribué à bousculer les imaginaires pétris de préjugés racistes et coloniaux, et a aussi permis de formuler un féminisme sans forcément en revendiquer le nom[3]. Ce féminisme noir francophone et français, qui s'exprime à travers la création littéraire, se reconnaît par la dénonciation des inégalités hommes/femmes et des mythes du patriarcat, fétichisés par les discours nationalistes. Mais il a longtemps été ignoré et s'est trouvé invisibilisé dans les années 2000 par l'intérêt porté au « *Black feminism* » africain-américain[4], alors qu'à cette époque, les recherches sur les autrices noires francophones se multiplient dans une perspective féministe. Ce paradoxe est résumé par la position ambiguë d'Elsa Dorlin en 2008 dans la préface de *Black feminism, anthologie du féminisme africain-américain, 1975-2000.* Tout en affirmant de façon très discutable[5] qu'« [i]l n'y a pas eu de "féminisme noir" en France[6] », elle souligne la portée de la littérature pour le féminisme des Antilles car, note-t-elle, si des écrivaines telles que « Maryse Condé refusent catégoriquement d'être qualifiées de féministes[7] [, t]outefois, des autrices comme Maryse Condé,

Simone Schwarz-Bart, Lucie Julia, Gisèle Pineau, ont constamment travaillé des personnages de femmes qui participent d'une véritable conscience féministe antillaise[8] ». En réalité, la place de la littérature dans l'histoire passée et présente du féminisme noir français est déterminante et il faudrait, pour s'en rendre compte, ne pas se limiter au roman, mais considérer la variété des écrits des femmes noires françaises[9]. Depuis la fin des années 1970, les écrivaines originaires des Antilles et de la Guyane ont écrit des livres pour enfants, des anthologies, des biographies, des essais ou des encyclopédies[10] qui sont autant de productions littéraires qui valorisent la reconnaissance des femmes noires jusque-là peu ou pas représentées, ou réduites à des corps caricaturés, volontiers hypersexualisés dans les discours et images véhiculés auprès du grand public[11].

Alors que dans les années 1920, « au féminin comme au pluriel, les Noirs n'étaient pas fiers d'être noirs » selon les mots de Paulette Nardal[12], des décennies plus tard, il semble urgent de revendiquer cette identité pour les femmes noires qui écrivent, ainsi que l'atteste l'essai de Gisèle Pineau de 1995. « Écrire en tant que Noire », contribution à l'ouvrage *Penser la créolité* de Maryse Condé et Madeleine Cottenet-Hage, s'inscrit dans une longue lignée de réflexions d'autrices des outre-mer exilées en France, sur la condition féminine noire au sein de sociétés françaises et créoles marquées par les stigmates de l'esclavage et de la colonisation. L'écrivaine guadeloupéenne Gisèle Pineau offre dans ce court essai un art poétique qui situe l'origine de son écriture dans sa révolte contre le racisme subi durant son enfance en banlieue parisienne, et qui met en lumière la consolation offerte par la lecture, notamment de grands auteurs noirs américains. En effet, elle avoue ignorer longtemps la littérature antillaise, à l'instar de son aînée Maryse Condé née en 1937 en Guadeloupe, qui, elle aussi, découvrit les œuvres de ses compatriotes seulement après les classiques de la littérature française et mondiale[13]. Gisèle Pineau se doute-t-elle en 1995 qu'avec ce texte clamant sa fierté noire en dépit des quolibets racistes endurés par le passé, elle est dans la continuité des protestations de Paulette Nardal, de Suzanne Césaire[14], de Suzanne Lacascade[15] et de Françoise Ega, dont l'œuvre posthume *Lettres à une Noire* écrit dans les années 1960 a été rééditée en 2021 à l'initiative d'Elsa Dorlin qui reconnaît cette fois sans hésitation l'existence du féminisme noir francophone[16] ? Le fait, que dans son essai, Pineau ne mentionne aucune écrivaine française noire tandis qu'elle cite l'Africaine-Américaine Zora Neale Hurston, et le fait qu'elle se positionne seulement vis-à-vis du mouvement très masculin de la Créolité[17] révèle l'effacement d'une généalogie littéraire féminine et féministe noire française et francophone qui reste à retracer et à rendre visible[18], et qui commence bien avant les figures incontournables de Maryse Condé et Simone Schwarz-Bart.

Ainsi, le féminisme des écrivaines antillaises et guyanaises des années 1990 à nos jours n'est pas nourri par la redécouverte et la maîtrise d'une généalogie féminine littéraire et militante, ni par la quête de « mères » symboliques comme ce fut en partie le cas dans la littérature noire des États-Unis[19]. C'est un féminisme révolté contre les fausses évidences des discours et des représentations communes, loin de la théorie et des écoles de pensée. Les autrices étudiées dans cet article, Gisèle Pineau, Suzanne Dracius, Fabienne Kanor, Sylviane Vayaboury et Marie-George Thébia, se moquent des définitions fermées et sexistes de l'identité en donnant à voir des personnages rebelles de femmes qui pensent par elles-mêmes. De leur expérience de l'exil, ces romancières d'origine antillaise et guyanaise tirent une liberté qui les apparente à la « nomade inconvenante » Maryse Condé, et à la non moins « inclassable » Simone Schwarz-Bart[20]. Cet article revient sur les traits principaux de leur féminisme qui attaque sciemment le cœur de la rhétorique « patriotico-patriarcale » : leur ralliement évident à la cause des femmes, leur critique des nationalismes machistes et du mythe ambivalent de la femme forte antillaise et guyanaise, et leur dénonciation des violences les plus taboues invitent à repenser le rapport entre corps, nation et représentation, du point de vue des femmes noires qui réclament de sortir de l'invisibilité.

Expérience de la différence et conscience féministe

Afin d'expliquer son combat pour la fierté noire et le féminisme, Paulette Nardal souligne l'importance de la découverte de sa

« différence » à son arrivée en France : pour que la « conscience de race » s'éveille chez certains Antillais, « il leur avait fallu [...] s'éloigner de leur petite patrie »[21]. L'expérience de la différence et de l'exil est un point commun à Gisèle Pineau, Suzanne Dracius, Marie-George Thébia, Sylviane Vayaboury et Fabienne Kanor. Gisèle Pineau née en 1956 à Paris, Suzanne Dracius née en Martinique en 1951 et Marie-George Thébia née en 1964 en Côte d'Ivoire d'un père guyanais et d'une mère martiniquaise, grandissent dans l'Hexagone et se souviennent avoir été les seules élèves noires et métisses de leur classe[22]. Il en est de même pour Fabienne Kanor, née à Orléans en 1970 de parents martiniquais. Toutes reviennent par la suite vivre « au pays ». Mais leur enfance « différente », entre « deux cultures »[23], française et créole, les a marquées, ce qu'exprime Pineau en ces termes : « Contrairement aux écrivains de la créolité, je n'ai pas vécu une enfance antillaise sous les tropiques. J'ai connu la cité, ses alignements d'immeubles gris, la froidure des hivers de France, la neige, les manteaux de laine et l'indicible sentiment d'être exclue, inadaptée, déplacée dans cet environnement blanc-carré-policé[24]. » Sylviane Vayaboury, née en 1960 à Cayenne d'un père guadeloupéen et d'une mère guyanaise, a vécu avec ses grands-parents adoptifs en Guadeloupe, en Martinique et en Guyane, avant de s'installer en région parisienne à l'âge adulte et de revenir en Guyane. Ces autrices n'ont ainsi jamais vécu l'ancrage identitaire parfois idéalisé dans la littérature des Antilles et de la Guyane. Elles ont expérimenté le statut de « minorité » et d'« exilée », et le paradoxe d'être à la fois hypervisible et invisible dans l'espace de la « mère Patrie » qu'était censée être la France pour les citoyens français d'outre-mer. Il est très probable que cette expérience de la différence les ait conduites à se définir en tant que femme noire[25] et les ait sensibilisées à la cause des femmes des Antilles et de la Guyane. Aussi aucune d'elles ne répudie-t-elle l'appellation « féministe », au contraire de leur aînée, récompensée par le prix Nobel alternatif de littérature[26] en 2018, Maryse Condé.

Le qualificatif « féministe » a été, et reste encore souvent rejeté comme étranger au monde noir, ce que plusieurs écrivaines africaines et américaines ont commenté. La romancière nigériane Chimamanda Ngozi Adichie raconte qu'elle a découvert ce mot enfant, quand un camarade de classe l'utilisa pour l'injurier[27]. La poétesse africaine-américaine Joan Morgan remarque quant à elle : « Je ne savais pas que féminisme c'était comme ça qu'on appelait le fait que des femmes noires guerrières déplacent des montagnes et marchent sur l'eau. Ayant grandi en leur compagnie, je trouvais ces choses ordinaires[28]. » Le terme ne paraît pas forcément nécessaire à certaines autrices pourtant favorables à l'amélioration de la condition des femmes. Maryse Condé ne s'est jamais revendiquée féministe, pas plus que Toni Morrison, première et seule femme noire Prix Nobel de littérature en 1993, et éditrice de la célèbre féministe révolutionnaire noire Angela Davis. Gisèle Pineau et Suzanne Dracius sont parmi les premières autrices antillaises à se dire « féministes ». En 2003, quand Christiane Makward demande à Gisèle Pineau : « Si on vous dit : les féministes sont contentes de vous lire, vous êtes féministe, quels sont vos rapports avec ce "gros" mot ? », celle-ci répond : « Je suis une féministe. Tout au fond de moi, je n'aime pas la domination de l'homme sur cette terre et je n'aime pas non plus l'attitude des femmes qui s'infériorisent par rapport à l'homme[29]. » En 2007, elle tempère cependant auprès de Valérie Merlin La Meslée : « Je ne suis pas spécialement féministe[30] » et à Thomas C. Spear en 2009, elle explique : « On me dit souvent que les femmes sont très présentes dans mes romans... Je ne suis pas un auteur féministe qui défend uniquement des femmes. Je m'intéresse à toutes les injustices.[31] » Ces précautions oratoires ne remettent pas en cause l'engagement profond de Gisèle Pineau pour le féminisme[32], mais montrent à quel point se revendiquer féministe a pu être complexe pour les écrivaines noires.

Pour les autrices de la génération suivante, se dire féministe est moins tabou. Fabienne Kanor, journaliste, réalisatrice, romancière et professeure d'études francophones à l'université de Pennsylvanie aux États-Unis, dit qu'elle a été féministe sans le savoir[33], se revendique comme telle, tout en s'interrogeant sur l'héritage de ces mouvements aujourd'hui. De même, Sylviane Vayaboury réclame sans détour la libération de la femme, y compris sexuelle, dans ses romans et nouvelles, et rend hommage à sa mère, « ex-soumise » jamais remise des épreuves de la vie, dans son autobiographie *Rue Lalouette prolongée*[34]. Enfin, Marie-George Thébia se dit sans ambages « féministe », et a dévoilé les violences subies par les femmes antillaises et guyanaises en France et en outre-mer dans ses nouvelles et dans ses deux romans *La Vie Bidim d'Ambrosia Nelson* et *Âmes Tembé*[35]. Pineau, Dracius, Kanor, Vayaboury et Thébia, n'ont pas fini d'écrire et d'exprimer leur féminisme, dans un engagement qui n'est pas inspiré par des lectures théoriques, mais plutôt par l'expérience vécue, la littérature, et la suspicion à l'égard de fictions nationalistes et sexistes dont elles exposent les dangers et les limites.

Contrer les nationalismes machistes et repenser le mythe de la femme *doubout*

Attaquer les discours nationalistes noirs ou révérant la mère patrie – la France –, ridiculiser les préjugés machistes des sociétés françaises et caribéennes, sont les ressorts essentiels de l'écriture féministe des autrices à l'étude, qui, en ce sens, dénoncent plus franchement que celles qui les ont précédées le problème de la « domination masculine[36] ».

Critiquer les nationalismes machistes

Gisèle Pineau, Marie-George Thébia et Fabienne Kanor dépeignent, en s'appuyant tantôt sur la satire, tantôt sur le pathétique, le patriotisme zélé ou attentiste qui clame la francité des Antillais et des Guyanais, sans réfléchir aux discriminations de race, de classe et de genre. Ainsi, Maurice, l'amant d'Ambrosia Nelson, dans le roman éponyme déjà cité, en pleins troubles liés à la guerre d'Algérie, proteste quand ils sont arrêtés par des policiers à Paris : « Monsieur l'agent, on est des gens des îles, on ne veut pas d'histoire, on est français et fiers de l'être, alors toutes ces histoires avec les Arabes[37] ! » Ambrosia s'indigne de cette docilité et du fait que le policier leur réponde en les appelant « doudou ». Son amitié pour sa camarade ouvrière Zohra, qui milite pour l'indépendance de l'Algérie, lui fait entrevoir l'hypocrisie du patriotisme affiché par Maurice et sa lâcheté. Dans *D'eaux douces*[38], Fabienne Kanor critique l'adhésion attentiste à l'idéal de la « métropole » mère patrie, au sein de la famille de son héroïne

Frida. Ses parents, « des gens avec des rêves sous vide, une mémoire en consigne », font profil bas, comme pour garder le droit d'être en France : le père « sait d'instinct » comment « courber l'échine » et répète « Il ne faut pas se faire remarquer » et la mère apprend à ses filles à « se taire, à faire ses affaires sans rien demander à personne[39] ». Gisèle Pineau est celle qui est allée le plus loin dans ce procès du patriotisme aveugle des Antillais et des Guyanais, qu'elle présente comme zélé, surtout chez la gent masculine. Elle montre combien ceux qui ont choisi de se faire les héros de la France, notamment en temps de guerre, souffrent d'être oubliés, et écrasent leurs femmes et leur terre natale d'un injuste mépris[40]. Sous le voile de la fiction d'abord, puis à travers ses entretiens, elle révèle s'être inspirée de son père militaire, inhumé en 2014 à l'âge de quatre-vingt-douze ans avec les honneurs de la ministre des Outre-mer, George Pau-Langevin, et du secrétaire d'État aux Anciens combattants et à la Mémoire, Kader Arif. Dans *Un papillon dans la cité*, *L'Exil selon Julia* et *Mes quatre femmes*[41], Gisèle Pineau dévoile les défauts de ce père ultra-francophile[42], taiseux et tyrannique. Elle raconte aussi comment ce père se voulait le sauveur de sa propre mère Man Ya, en organisant son enlèvement pour l'ôter des mains d'un mari violent surnommé « le Bourreau », un ancien soldat de la guerre de 1914-1918, revenu en Guadeloupe traumatisé. L'exil imposé à Man Ya la plonge dans la dépression et fait pendant à l'exil vécu par la petite Gisèle, au nom de la supériorité supposée de la « métropole ».

La domination masculine au nom de beaux principes politiques est décriée également à travers la satire des nationalismes noirs extrémistes. *L'Autre qui danse* de Suzanne Dracius[43] dépeint en 1989 les déchirements identitaires de Revhana, jeune Antillaise ayant grandi à Paris et en opposition avec sa famille bourgeoise. Elle s'éprend du chef d'une secte afrocentriste, les Ebonis-Vrais-Fils-d'Agar, puis d'un macho qui la ramène aux Antilles et fait d'elle une femme battue. Le roman, entre ironie et compassion, décrit sa tragique quête d'identité : Revhana se fait martyre, acceptant de ses amants le rôle sacrificiel qu'ils lui imposent pour être une soi-disant « vraie femme » noire et antillaise, acquise à la cause des siens. Avec humour, Fabienne Kanor attaque aussi, dans *D'eaux douces*, les afrocentristes sectaires dont le discours identitaire vise à contrôler le corps et la sexualité des femmes noires. Frida est ainsi giflée par Éric, le leader des Negs Panthers parce qu'elle fréquente des hommes blancs, alors que ce dernier ne réagit pas quand des femmes noires sont agressées. Comme pour l'obliger à se défier du Blanc et à aimer seulement l'homme noir, Éric rappelle à Frida qu'elle est « l'enfant d'un viol », celui ancestral de la femme noire par le maître blanc. C'est ce que Stéphanie Mulot appelle le « mythe du viol fondateur[44] » : ce mythe aurait pour fonction de préserver paradoxalement un terrain d'entente dans le couple noir antillais car « [c]e non-consentement apporterait, en effet, la preuve de [la] fidélité affective [des femmes noires] envers les hommes noirs et garantirait à ces derniers leur statut le plus précieux : rester l'objet du désir des femmes, être des sujets désirants et désirés[45] ». Ce mythe contribue à renforcer un autre mythe : celui de la femme noire forte, résistant à toutes les tribulations de la vie.

Repenser le mythe de la femme doubout *en littérature et dans la culture populaire*

Du temps des sœurs Nardal et de Suzanne Césaire, l'un des enjeux de l'écriture féministe noire était de se défaire de la figure de la doudou[46], emblématique d'une littérature de « sucre et de vanille[47] ». Depuis, la littérature féminine antillaise et guyanaise s'attache à analyser un autre mythe : celui de la femme forte, dite *doubout*, *potomitan*, ou *djok* en créole. Les réflexions sur cette image idéalisée de la femme créole occupent particulièrement la société civile comme en témoigne l'organisation d'événements récents sur ce thème[48]. Le mythe de la femme forte édifié par le discours maternaliste machiste présente une femme, généralement mère, valorisée dans sa capacité à se dévouer, à accepter les malheurs de la vie et à survivre au pire. En ce sens, c'est un symbole qui correspond peu aux attentes des femmes d'aujourd'hui, d'où les débats actuels sur son intérêt. Simone Schwarz-Bart avec *Pluie et vent sur Télumée Miracle*[49], roman si mal accueilli et qui créa tant de malentendus en 1972[50], célébrait moins Télumée la femme battue victime, que Télumée la rebelle qui parvint à renaître loin de l'emprise de son mari. L'écriture féminine noire permet de dévoiler le prix des sacrifices imposés aux femmes et la valeur de leur révolte.

Le mythe de la femme forte peut alors être réapproprié, dans le sens d'une agentivité et d'une leçon d'*empowerment*.

Dans la culture populaire des Antilles et de la Guyane, les chansons de zouk montrent cette réappropriation positive du mythe de la femme *doubout* dès les années 1980 avec des compositions féminines qui mettent en avant la résistance de la femme et sa colère contre les injustices. Jocelyne Béroard a ouvert la voie à cette veine féministe dans le zouk[51] à travers des textes qui, sans faire appel au symbolisme très consensuel de la « *manman* créole[52] », expriment l'exaspération face aux comportements volages des hommes, en réclamant le respect et la tranquillité[53] et qui proclament aussi la force en dépit de l'adversité[54]. Si les autrices contemporaines des Antilles et de la Guyane ne mobilisent pas cet intertexte culturel et populaire puisqu'elles ne citent jamais de chansons de zouk dans leurs textes, elles semblent œuvrer pareillement à une réinvention de la « femme *doubout* ». C'est le sens que revêt l'histoire d'Ambrosia Nelson contée par Marie-George Thébia. À travers le destin de cette Guyanaise débarquée en France dans les années 1960, réduite à faire des ménages, harcelée sexuellement, violée, rescapée d'un avortement clandestin, battue et violée par un époux brutal et infidèle, on perçoit l'importance de la solidarité féminine et transcommunautaire, et le cheminement vers le refus de la soumission. Le roman comprend en annexe un recueil de citations de personnalités féminines guyanaises sur la femme *djok*, et ces différentes voix tantôt reconduisent le mythe tel qu'on le connaît, tantôt le cassent et le réinventent, suggérant d'autres modèles.

La résignation présentée comme une force et une vertu dans le discours machiste sur la femme *djok* ou *potomitan* n'est plus de mise dans la littérature des Antilles et de la Guyane, pas plus que dans les chansons de zouk[55]. De fait, dans les écrits de Pineau, Dracius, Thébia, Vayaboury et Kanor, la femme forte transparaît dans toute sa vulnérabilité, comme pour dévoiler à quel point on ne naît pas forte, on le devient… Les romancières rappellent de la sorte le poids du patriarcat dans les sociétés antillaise et guyanaise. Elles montrent qu'il coexiste avec la matrifocalité, sans que ceux-ci ne s'opposent forcément. Les écrivaines se réapproprient ainsi la figure de la femme *doubout* et récusent celle de la matriarche, dénoncée en son temps par les féministes africaines-américaines comme un cliché inspiré par des représentations biaisées et racistes de la famille noire. Le matriarcat n'est pas la matrifocalité : le premier est illusoire, comme l'a démontré entre autres Angela Davis[56], le second existe et repose selon Stéphanie Mulot « sur l'absence et/ou la disqualification sociale des hommes dans les fonctions paternelles, sur leur présence attendue dans les rôles sexuels hétéronormés et sur la sacralisation sociale de mères qui se disent dévouées pour des enfants qu'elles élèvent parfois sans partenaire stable, mais avec l'aide d'autres femmes de la parentèle. L'expression des femmes antillaises qui proclament "Je suis la mère, je suis le père !" semble résumer cette définition[57]... » Si cette définition est effectivement éclairante, il n'en reste pas moins que beaucoup de familles antillaises et guyanaises sont marquées par des pères contestant l'autorité des mères, décidant de tout et reléguant leur épouse au rang de fille aînée subordonnée. De tels comportements ont été dépeints par les écrivaines. Françoise Ega, dans *Lettres à une Noire*, n'explique-t-elle pas qu'elle doit convaincre son mari pour travailler comme femme de ménage, et que celui-ci critique sa passion d'écrire ? Toujours dans la veine autobiographique, Gisèle Pineau a écrit sur les malheurs de sa mère Daisy, à qui son père a imposé des « bâtards » et un régime de tyrannie. Marie-George Thébia, également fille de militaire, a représenté, à travers la fiction, une violence similaire dans la nouvelle intitulée « Celles qui attendent[58] ». La narratrice, trompée par son mari qui lui a imposé des enfants d'une autre couche, fait part de ses regrets : « J'ai été lâche, préférant une existence de rien, enfin une demi-vie, une vie de résignation, de colère sourde camouflée. J'ai surtout été happée par la vie, les enfants, leur éducation[59]. » Elle dit aussi avoir tâché d'élever ces fils autrement dans « le respect de la femme, le respect des engagements afin de rompre avec la malédiction de celle qui attendent, enfin[60] ». Ces mots révèlent le poids de la domination masculine et la nécessité de réinventer un modèle de femme et de mère qui y résistent, sans se résigner.

En critiquant et en réinventant la femme *doubout* et en pointant les pièges des discours nationalistes, les écrivaines féministes des Antilles et de la Guyane osent briser la loi du silence qui règne sur certaines violences taboues, notamment les violences sexuelles intrafamiliales. Gisèle Pineau fut sur ce point aussi une pionnière.

Briser la loi du silence et dévoiler les violences faites aux femmes

En 1979, dans son essai *La Parole des femmes*, Maryse Condé déclarait : « On chercherait vainement à travers les romans des écrivains femmes des Antilles l'écho tapageur de revendications féministes et de la haine du mâle perçu comme dominant. Il s'agit beaucoup plus d'une dénonciation subtile de la condition des rapports homme/femme, d'une réflexion sur leurs difficultés ou leur dégradation[61]. » Cette affirmation n'est plus valable pour les œuvres de femmes parues de la fin des années 1980 à nos jours. La colère s'exprime au travers des personnages, et les écrivaines ne craignent pas de se réclamer du « tapage » des revendications féministes. Pour Gisèle Pineau, « [d]ire, fouiller, raconter encore et encore l'existence de ces femmes noires, déchirées par les hommes, trompées, violées mais debout malgré tout, n'est ni vain, ni obsolète[62] ». C'est peut-être pour cette raison qu'elle est la première écrivaine antillaise à avoir consacré une fiction romanesque au sujet tabou de l'inceste.

Si on doit à l'anthropologue Claude Lévi-Strauss d'avoir posé l'inceste comme l'interdit universel[63], les chercheuses Dorothée Dussy et Léonore Le Caisne ont montré au XXIe siècle que l'inceste est un crime tacitement admis par une société plus souvent effrayée par la révélation du scandale que par les faits qui font scandale[64]. Quand, à partir des années 1970, notamment grâce aux mouvements féministes, la parole des victimes d'inceste est médiatisée et devient audible, certaines autrices s'emparent frontalement du sujet en littérature par le biais de la fiction, et des témoignages sont aussi publiés. Mais de peur que ne soient reconduits des stéréotypes racistes sur la famille soi-disant dysfonctionnelle noire ou sur la sexualité agressive des hommes noirs, le sujet n'est pas traité aux Antilles et en Guyane jusqu'à ce que Gisèle Pineau brise ce silence avec son roman *L'Espérance-macadam* en 1995[65]. « Partout dans le monde les femmes écrivent sur l'inceste et c'était mon devoir de consacrer un roman à l'inceste parce que je ne supporte pas cette idée de violence qui est très présente dans les familles », explique-t-elle à Christiane Makward avant d'ajouter « Dans toutes les familles il y a des histoires d'inceste et j'en avais assez de ce silence, qui cache, qui protège l'homme[66]... » Pineau se dit alors inspirée par les Africaines-Américaines Toni Morrison (autrice de la fiction *The Bluest Eye* en 1970) et Maya Angelou (pour sa première autobiographie, *I Know Why the Caged Bird Sings*, en 1969). Elle semble en revanche ignorer qu'une femme antillaise a écrit en s'inspirant de son vécu de victime en 1989 : Lydia Reine qui a publié à compte d'auteur *L'Inceste ou toute une vie*[67].

L'Espérance-macadam est un « roman de colère par rapport aux femmes qui se taisent[68] ». Pineau imagine qu'Éliette, soixante-huit ans, recueille sa voisine de seize ans Angela, chassée par sa mère pour avoir dénoncé son père incestueux à la police. En l'écoutant, Éliette se remémore l'inceste qu'elle a vécu. Sa mère lui avait raconté qu'en 1928, année du cyclone Hugo, une poutre avait été projetée dans son ventre. En réalité, la fillette de huit ans avait été violée par son père. Gisèle Pineau va plus loin que la brève allusion au crime d'inceste que contient *Pluie et vent sur Télumée Miracle* et qu'elle avait d'ailleurs reproduite dans le recueil *Femmes des Antilles. Traces et voix*, sous le titre « le viol » en épigraphe du témoignage d'une femme antillaise victime d'inceste. Dans *Pluie et vent sur Télumée Miracle*, l'inceste était seulement suggéré et évité dans la fiction. Victoire, la mère de Télumée, a pris soin de renvoyer sa fille chez sa grand-mère quand elle s'éprend de Haut-Colbi, présenté comme un homme à femmes douteux. « Le premier soin de ma mère fut de m'éloigner, d'écarter ma petite chair de dix ans, pour s'éviter la peine, quelques années plus tard, de danser sur le ventre qui l'aurait trahie. Aussi décida-t-elle de m'envoyer à Fond-Zombi, auprès de ma grand-mère, loin de son nègre caraïbe[69] », explique Télumée. Implicitement, la mère paraît écarter sa fille moins pour la protéger que pour s'assurer de l'éloignement d'une rivale potentielle... Gisèle Pineau dénonce quant à elle explicitement le comportement des mères défaillantes, qu'il s'agisse de celle d'Éliette ou d'Angela. Quelques décennies plus tard, Sylviane Vayaboury témoigne de l'enseignement maternel qui se voulait sage mais qui lui a transmis la peur des hommes : « Le tableau qu'elle me brossait m'effrayait : je devais me tenir sur mes gardes, me méfier des hommes, de tous, y compris ceux qui gravitaient dans l'environnement proche. Il fallait rester vigilante face à leurs éventuelles déviances : pédophilie, inceste. Des cas étaient cités et j'étais invitée à lui en faire part au moindre dérapage[70]. » Les autrices des Antilles et de la Guyane de la fin du XXᵉ siècle et du début du XXIᵉ siècle craignent ainsi moins qu'avant d'aborder la violence taboue de l'inceste.

En 2023, la Guyanaise Marie-George Thébia imagine dans l'ethno-polar *Âmes Tembé* le destin d'une métisse brésilienne et bushinengue violée par l'un de ses demi-frères et celui d'une jeune créole guyanaise agressée enfant par un cousin plus âgé. Vingt ans plus tôt, en 2003, Fabienne Kanor nous mettait également face à ce problème, toujours en faisant entendre le point de vue des victimes, dans son premier roman *D'eaux douces*. Frida a été agressée pendant plusieurs années par le compagnon de sa tante. Cette révélation survient peu après la description du viol subi par la mère de Frida quand elle était domestique. Celle-ci écoute sa fille mais est impuissante à l'aider : elle la force à se doucher, après avoir vérifié brutalement sa virginité par un toucher vaginal… La mère dans ce roman, est encore un personnage ambigu de femme forte et faible à la fois que la narratrice critique sévèrement. Le courroux exprimé est manifeste, comme si les autrices contemporaines féministes assumaient leur indignation et suivaient en cela les conseils de la poétesse féministe africaine-américaine Audre Lorde sur les usages de la colère[71]. Oscillant entre humour et pathos, Fabienne Kanor autorise ses personnages à exprimer leur haine, et fait de Frida la meurtrière de son amant Éric – avant que Frida ne se suicide, déclenchant l'arme à feu dans son vagin. Par cette fin tragique, Kanor soulève le problème du couple noir antillais, de sa possible entente entravée par des siècles d'histoire traumatique et de violence raciste et sexiste, à rebours du portrait qu'en esquissait Maryse Condé en 1982. Celle-ci déclarait alors : « La femme antillaise ne considère pas l'homme comme l'adversaire, encore moins comme l'ennemi, mais comme une victime, au même titre qu'elle, de la société esclavagiste et du pouvoir colonialiste. L'homme et la femme ne sont pas en guerre entre eux[72]. »

***

Gisèle Pineau, Suzanne Dracius, Fabienne Kanor, Sylviane Vayaboury et Marie-George Thébia incarnent, par leurs écrits, la force d'un féminisme noir francophone qui s'élabore et se réinvente constamment dans le partage et la création que constitue la littérature. Loin des hésitations vis-à-vis du féminisme ressenties par les écrivaines des générations précédentes, plus libres aussi sans doute à l'égard des discours nationalistes et de fierté noire, elles abordent les sujets sensibles et tabous du quotidien des inégalités hommes/femmes, et questionnent l'héritage d'un passé esclavagiste et colonial. Par leur engagement dans l'écriture, elles invitent à reconsidérer combien le roman, le théâtre, la poésie, et l'art en général sont des ressources inestimables pour l'émancipation et pour lutter contre la censure et l'invisibilisation, aux Antilles, en Guyane, dans l'Hexagone, et ailleurs. Elles abattent des mythes destructeurs en dévoilant leur sexisme, et révolutionnent à leur façon la littérature antillo-guyanaise. Enfin, elles permettent de relativiser l'idée que l'on se fait de la « théorie », y compris féministe. Comme l'avait suggéré déjà à la fin des années 1980 la critique littéraire Barbara Christian[73], la théorie féministe noire est moins à produire et à asséner qu'à rechercher dans les voix d'hommes, de femmes et d'enfants réimaginées et enfouies dans l'histoire et la littérature des femmes noires.

CINQUIÈME PARTIE

Femmes noires et critiques de l'Empire

CHAPITRE 17

Recartographier la métropole

Théoriser les subjectivités des femmes noires dans le Paris de l'entre-deux-guerres

Claire Oberon Garcia

Traduit de l'anglais par Bernard Müller

Les femmes de la diaspora africaine jouèrent un rôle crucial dans les mouvements anticoloniaux et de défense des droits civiques des Noirs au début du XXe siècle, mais leur contribution ne devint un objet d'étude qu'au début du XXIe siècle. Paulette Nardal, la journaliste qui a cofondé deux des premières publications dédiées à la promotion d'une conscience diasporique noire (*La Revue du monde noir* et *La Dépêche africaine*), se plaint dans un courrier personnel : « Césaire et Senghor ont repris les idées que nous avions semées. Ils les ont exprimées avec beaucoup plus de panache et de brio. Nous n'étions que des femmes. Nous avions montré le chemin aux hommes[1]. » Ces graines ont souvent été plantées lors de conversations dans le salon de Clamart des sœurs Nardal, dans les bureaux de la rédaction, dans les salles de classe des universités et lors de conversations dans les cafés, mais on en trouve aussi trace dans des récits, des articles, des dessins et des essais parus dans des bulletins et d'autres périodiques publiés à Paris pendant l'entre-deux-guerres, tout ceci décrivant un paysage souvent dominé dans l'imaginaire occidental par des femmes et des hommes blancs, ainsi que par des hommes noirs. Les artistes, écrivains et chercheurs des mouvements du New Negro et de la Négritude avaient compris que la lutte pour la libération et l'égalité nécessitait de dépasser les catégories européennes et américaines afin d'en produire de nouvelles. La redéfinition de la signification de l'identité noire et des liens entre les peuples colonisés et anciennement mis en esclavage de la diaspora était au cœur de ces entreprises. En raison de leurs expériences vécues en tant que femmes noires dont l'accès à l'éducation leur conférait certains privilèges de classe, mais dont la race et le sexe les marginalisaient de différentes manières dans divers contextes, Paulette Nardal et d'autres écrivaines noires françaises ont dans leurs écrits développé et théorisé l'intersectionnalité *avant la lettre*. Tandis qu'elles forgeaient leurs subjectivités noires, elles ont pensé les liens entre les idéologies impérialistes, racistes et patriarcales.

Des travaux novateurs de chercheurs étatsuniens et caribéens ont intégré les questions de genre dans les généalogies des mouvements du New Negro et de la Négritude. L'article de Shireeen K. Lewis, « Gendering Négritude: Paulette Nardal's Contribution to the Birth of Modern Francophone Literature » (2000), et les ouvrages de T. Denean Sharpley-Whiting's, *Negritude Women* (2002), et *The Practice of Diaspora: Literature, Translation, and the Rise of Black Internationalism* (2003) de Brent Hayes Edwards ont attiré l'attention sur les écrits des sœurs Nardal (Paulette, Jane et Andrée), de Suzanne Césaire et d'autres femmes noires françaises dans le développement des mouvements anticoloniaux et de défense des droits civiques dans la première partie du XXe siècle. L'ouvrage de l'historienne Jennifer Anne Boittin, *Colonial Metropolis: The Urban Grounds of Anti-imperialism and Feminism in Interwar Paris* (2010), s'est penché sur la manière dont s'organisaient les relations entre les femmes noires, les femmes françaises blanches et les hommes noirs à cette époque cruciale. Ces chercheuses pionnières ont repensé les mouvements anticoloniaux et culturels noirs en mettant l'accent sur leur dimension inclusive eu égard au genre. Dans ce volume, la chercheuse antillaise Jacqueline Couti se concentre sur les défis particuliers auxquels les femmes noires françaises durent faire face en développant de puissantes démarches féministes noires émancipatrices en réaction à l'oppression exercée à la fois par les patriarcats et la culture populaire. Dans ce chapitre, j'explique comment la lutte des femmes noires françaises pour l'égalité impliquait pour elles de produire des catégories alternatives aux idéologies dominantes de l'impérialisme et de la suprématie blanche. Au cœur de cette entreprise s'articule déjà un principe décisif auquel, à peine quelques décennies plus tard, l'avocate américaine Kimberlé

Crenshaw donnerait un nom, mais qui a caractérisé et continue de façonner les réalités vécues des femmes noires du monde moderne : l'intersectionnalité.

J'examine les textes clés de Paulette Nardal et de Roberte Horth pour mettre en lumière leurs contributions à la théorisation intersectionnelle des subjectivités diasporiques féministes noires. Vous découvrirez que Paulette Nardal et Roberte Horth ont défini les bases des subjectivités féminines noires émergentes fondatrices d'agentivité politique. Ces textes mettent en scène les femmes noires dans les espaces surdéterminés et polysémiques de la ville de Paris et, ce faisant, ils revisitent les récits sociaux, politiques et culturels dans lesquels les femmes noires ont été invisibilisées, marginalisées ou systématiquement mal interprétées. Ces écrivaines – architectes œuvrant à de nouveaux cadres rhétoriques et conceptuels – recourent aux histoires pour illustrer la capacité des femmes noires à s'orienter dans les lieux et les places de Paris, la capitale de l'Empire français, et y inscrire de façon critique leur agentivité. J'aborderai en conclusion la question de la représentation dans l'espace parisien du corps des femmes noires françaises telle qu'évoquée par Jessie Fauset, une contemporaine de Nardal, ou par Horth, à partir d'un autre point de vue de la diaspora atlantique, qui montre que leur féminisme de femme noire, rendant compte d'une subjectivité incarnée, faisait partie d'un phénomène discursif plus large.

Paris : le ventre de la bête

William Edward Burghardt Du Bois dit « W. E. B. Du Bois » a surnommé Paris, la capitale de l'Empire français, « la seule vraie démocratie blanche[2] ». Pendant l'entre-deux-guerres, la capitale se fait état d'identités multiples et souvent contradictoires : tout en étant le porte-drapeau des valeurs républicaines, elle honore dans ses rues et ses monuments les hommes qui ont donné un crédit intellectuel aux théories racistes. Ville multiculturelle, elle offre un point de chute cosmopolite aux réfugiés politiques et culturels du monde entier. Centre intellectuel et artistique mondial, la ville incarne la modernité, un lieu où les mœurs sexuelles, les habitudes sociales et ou les préférences esthétiques ne semblent pas contraintes, du moins pour ceux qui disposent d'un minimum de revenus et de temps libre. Se mouvant au rythme du jazz, Paris était au lendemain de la Grande Guerre une ville à la fois mentalement diminuée et culturellement renforcée. Entre frivolité et frustration, se jouait dans les lieux de Paris une civilisation européenne à la fois en conflit avec elle-même et défiée par la modernité.

Bien que la présence de Noirs à Paris remonte au moins au XVIe siècle, le nombre de Noirs qui ont convergé vers elle du monde entier au cours de cette période est sans précédent. Certains sont poussés par le désespoir ou le désir, d'autres par le hasard. Ville « aussi importante pour sa topographie imaginaire que pour son paysage réel », Paris offrait une incontournable base à la fois réelle et imaginaire[3]. Les géographies de l'impérialisme forment les sujets coloniaux dès leur naissance. La lointaine métropole a généré chez les sujets colonisés un sentiment de soi et suggéré des objets de désir à travers les manuels scolaires, les produits de consommation et les règles formelles ou informelles qui régissent les relations sociales. La femme colonisée a compris très tôt que l'espace et le lieu sont liés au pouvoir. Dans *Space, Place, and Gender*, Doreen Massey nous encourage à « penser l'espace comme une articulation entre des relations sociales, comme une forme spatiale qui résulte des interactions entre les uns et les autres. Une fois admis ce principe, une façon de penser le lieu sera de le considérer comme un endroit particulier de ces relations sociales croisées… Penser les lieux de cette manière implique de ne pas tant les envisager comme des espaces clos mais comme des réseaux sociaux ouverts et poreux[4] ».

Les textes examinés dans ce chapitre mettent en scène des femmes noires originaires des territoires d'outre-mer qui naviguent dans les espaces du Paris de l'entre-deux-guerres en y créant de nouvelles cartographies urbaines dont les implications politiques s'étendent au-delà de la ville. Ces textes conçoivent la femme noire comme une agente et une citoyenne. Inscrire les femmes noires dans les espaces parisiens, c'est créer de nouvelles cartographies qui remettent en question les contraintes idéologiques et matérielles qui ont privé les femmes noires de leur humanité, de la reconnaissance de leur égalité et de leurs droits de citoyennes. Il nous faut aussi ajouter des approches genrées de manière à parfaire notre compréhension des mouvements d'émancipation dans la diaspora.

La plupart des femmes noires françaises qui se sont retrouvées à Paris au cours de ces années étaient soit des employées de maison, soit des membres de la première génération de femmes originaires des Caraïbes françaises à venir à Paris pour obtenir des diplômes et des certificats universitaires. Lorsque Paulette Nardal est arrivée à Paris en 1920, les possibilités d'éducation s'étaient déjà ouvertes aux femmes martiniquaises depuis plusieurs années : « Le développement de l'école laïque à partir de la fin du XIXe siècle permet l'éclosion dans la sphère intellectuelle de personnalités masculines et féminines, issues de la bourgeoisie mulâtre ou noire[5]. » Bien que, selon Nardal, l'obtention de diplômes par correspondance soit « très en vogue », la jeune Antillaise qui prend ses études au sérieux « va passer quelques années en France, de préférence à Paris[6] ». Paris joue donc un rôle important dans l'imaginaire et la formation de la femme noire française.

« Une belle arme » : l'« Histoire sans importance » de Roberte Horth

Paulette Nardal attribue à la brève nouvelle de Roberte Horth, écrivaine guyanaise, intitulée « Histoire sans importance », le mérite d'avoir parfaitement exprimé les conditions qui ont fait éclore la conscience raciale des Noirs[7]. Le récit de Horth a été publié dans le deuxième numéro de *La Revue du monde noir*, revue bilingue axée sur la diaspora noire que Paulette Nardal a cofondée et éditée avec sa sœur Jane (professeur de lettres classiques), l'universitaire haïtien Léo Sajous et la Dr Clara Shepherd (professeure étatsunienne à Howard, la première université africaine-américaine). Nardal donne un aperçu du développement de la conscience raciale parmi les écrivains, intellectuels et militants noirs du début du XXe siècle dans son essai fondamental, « L'éveil de la conscience de race », publié dans le dernier numéro de ce périodique à la vie brève mais au puissant impact.

Cet article, qui est un appel à poursuivre l'œuvre de *La Revue du monde noir* après sa disparition, est intéressant à plusieurs égards, notamment dans sa tentative de décrire les fondements et l'avenir d'une conscience diasporique africaine intraraciale, linguistique et transfrontalière. Affirmant que « les femmes de couleur vivant seules dans la métropole [...] ont certainement été moins favorisées que les hommes de couleur qui se contentent d'un certain succès facile », l'affirmation la plus radicale de Nardal dans cet essai est d'inscrire l'éveil de la conscience raciale noire moderne dans les tentatives des étudiantes déracinées et intellectuellement agitées de donner un sens à leur existence dans le monde à partir de leur position marginalisée[8].

Exclues et enfermées dans des clichés produits par la société française blanche et incapables de s'adapter correctement à la culture étudiante antillaise masculine établie, ces femmes noires de Paris revisitent les notions de race, de genre ou les attentes de classe de la bourgeoise antillaise respectable, à la lumière de cette manie parisienne qui consiste à transformer les femmes noires en ce que Jane Nardal a appelé des « pantins exotiques ». À la fois invisibles et exposées, ces jeunes femmes déracinées « comprenaient la relativité de toutes choses[9] ». En d'autres termes, elles se trouvaient en situation d'articuler et de théoriser les liens qui unissaient le patriarcat à l'impérialisme et de formuler les bases de la liberté politique, sentimentale et culturelle.

Le fait que Nardal situe le moment décisif du récit de l'évolution de la conscience noire chez les femmes noires déracinées, dispersées et marginalisées, permet d'ouvrir plusieurs axes théoriques. Tout d'abord, cela suggère que même dans un système d'enseignement qui prône l'objectivité et exige du chercheur la distance avec son objet d'étude, il est encore possible d'accorder de la valeur aux connaissances générées par l'expérience et la position située. Il s'agit là d'un aspect fondamental du féminisme noir. Deuxièmement, Nardal suggère également, de manière prémonitoire, que l'on peut concevoir une conscience noire qui n'est pas simplement enracinée dans une condition commune définie en termes matériels : les femmes, contrairement aux hommes, « ont ressenti le besoin d'une solidarité raciale qui ne serait pas simplement matérielle[10] ». Autrement dit, les femmes avaient la vision d'une conscience véritablement diasporique qui valorisait les liens entre les Noirs par-delà des frontières, forgée non seulement par l'esclavage et le colonialisme, mais aussi par l'identification d'une source culturelle qui plonge ses racines, aussi éloignées soient-elles dans le temps et l'espace, jusqu'en Afrique. Jennifer Anne Boittin reconnaît que dans cet essai, Nardal « marque un tournant dans les préoccupations intellectuelles de tous les Noirs du Paris de l'entre-deux-guerres, s'éloignant de la solidarité matérielle de la classe ouvrière qui existait avant l'Exposition coloniale pour se tourner vers une solidarité intellectuelle et culturelle que l'on découvrira bientôt sous le nom de Négritude[11] ». L'un des objectifs de *La Revue du monde noir*, énoncé dans le numéro inaugural, était d'« Étudier et faire connaître par la voix de la presse, des livres, des conférences ou des cours, tout ce qui concerne la CIVILISATION NÈGRE et les richesses naturelles de l'Afrique, patrie trois fois sacrée de la Race noire[12]. » Pour Nardal, la « grande DÉMOCRATIE », qui regroupe 200 millions de personnes d'origine africaine unies par-delà les continents, les langues et les classes sociales, est non seulement une reconnaissance de la valeur des vies et de la culture noires, mais aussi l'affirmation d'un modèle de démocratie mondiale moderne respectueux de la diversité culturelle, un problème avec lequel le monde continue de se débattre en ce début de XXIe siècle[13]. Enfin, en rejetant le dualisme identitaire, ou/ou, et en embrassant la nature « relative » des idées et des relations, Nardal prépare le terrain pour un outil conceptuel que Crenshaw appellera cinquante ans plus tard l'« intersectionnalité » : les femmes de couleur savent d'expérience qu'au sein d'un même corps les identités sont multiples et contradictoires. Nardal souligne que l'essai de Horth dans le deuxième numéro de *La Revue du monde noir* est le premier à exprimer comment la femme noire s'est trouvée en position de formuler une nouvelle conception de la conscience raciale qui admette la constitution mutuelle du genre et de la classe. Ayant vécu les liens et les ruptures qui régissaient leurs expériences sociales, politiques et culturelles, les femmes noires de Paris purent ainsi aborder la race, le genre et la citoyenneté sous un angle critique, et cela en amont des développements ultérieurs des théories féministes et de l'émancipation de la conscience noire. L'expérience de l'éparpillement et de l'errance sociale, psychologique et géographique fut un mal nécessaire à leur participation aux luttes anticoloniales et pour les droits de la citoyenneté.

Le récit de Horth retrace les pérégrinations de sa protagoniste Léa à travers trois espaces géographiques très différents : son île natale (non nommée), les salles de classe de l'école et de l'université dans une ville métropolitaine (non nommée), et les espaces sociaux publics (des salles de danse aux salons) de cette ville. L'histoire, écrite comme un conte de fées, décrit Léa comme une enfant intelligente et imaginative qui a longtemps rêvé de la métropole, « une ville de cristal et de rêve, un visage énorme, brillant et doux auquel elle donne un nom chantant [...] [C]e pays lointain est policé, courtois et les gens qui l'habitent accueillent tous les bons esprits[14] ». Pourtant, le tout premier paragraphe la définit comme quelqu'un qui ne sera jamais une citoyenne à part entière de cette ville, parce qu'elle ne peut pas y exprimer sa véritable identité. L'histoire s'ouvre sur son nom, dans une phrase qui ne compte qu'un seul mot. C'est « un nom comme un autre » (p. 48), mais ce n'est pas le nom qu'elle porte quand elle s'installe finalement dans la ville : ses amis français blancs estiment que ce nom ne rend pas justice à l'identité exotique qu'ils lui imposent : « Ils la baptisent de quelques onomatopées évocatrices de fruits étranges, de senteurs inconnues, de danses bizarres et de pays ignorés » (p. 48). En changeant son nom, ils la dépouillent de son identité de fille aimée de sa mère, ainsi que d'« une femme comme toutes les autres » (p. 50). Ils reproduisent la violence rhétorique de l'esclavage en remplaçant le prénom d'une personne noire par un nouveau nom et donc une nouvelle identité.

Dans son introduction, le récit évoque l'héritage de l'esclavage africain et pose ainsi le socle des tensions interprétatives entre différence et ressemblance perçues, colonial et métropolitain, entre le fait d'être compris et d'être mal compris. Léa est « une enfant comme les autres », bien que sa personnalité soit unique (p. 47, p. 48 ; p. 19). Le marqueur central de la différence, cependant, est la race de Léa, son « sang mêlé », « la petite chose sans importance » qui produit du « non-sens » et de l'indéchiffrable : « âme occidentale vêtue d'une peau scandaleuse » (p. 50). Bien que Horth mette l'accent sur les tensions entre voir et être vu, être sujet ou objet tout au long du texte, le choix que fait Nardal de traduire « non-sens » – qui suggère le problème de lisibilité ou de sens pour autrui – par le terme plus philosophique d'« absurde » – qui implique un état d'être – vide quelque peu l'idée de Horth de son dynamisme et de son intersubjectivité. Il est également intéressant de noter le choix de Nardal de traduire le mot « histoire » dans le titre par « chose », évoquant tout en l'éludant le titre de la pièce d'Oscar Wilde *A Woman of No Importance* (1893), étant donné la plainte centrale de Léa sur le fait qu'elle n'est pas perçue et traitée comme les autres femmes françaises.

Tout au long du récit, la narratrice met l'accent sur les agissements et l'intelligence de Léa. En tant que jeune fille sur une île tropicale, elle « construit » et « nomme » la ville de ses rêves et projette ses propres idéaux d'une société où l'humanité et l'intelligence d'une femme non blanche sont reconnues et appréciées. Étudiante dans la métropole, elle est nourrie par « des femmes au grand cœur qui ont formé son intelligence » pour la préparer à entrer à l'université (p. 49). L'« âme virile » de Léa lui permet d'accéder à un monde que W. E. B. Du Bois décrit dans *The Souls of Black Folk* comme le royaume de la culture et de la vérité qui transcende les différences raciales[15]. Léa peut participer et contribuer, en tant qu'égale, aux idées glorieuses et aux formes d'art de la civilisation occidentale « sans aucune distinction de classe et de race » et, pourrait-on ajouter, sans distinction de genre (p. 48).

Une juxtaposition railleuse d'images de liberté et de servitude imprègne ce récit : par exemple, l'école où elle passe son baccalauréat ressemble à une prison tout en la préparant à être une citoyenne à part entière dans le royaume de la culture ; la « courtoisie et la liberté » dont elle fait l'expérience à l'université servent à la lier « corps et âme » à une nation qui nourrit son âme de ses richesses culturelles – décrites en termes spirituels dans la traduction anglaise de Nardal comme du « manna » – mais qui lui refuse la satisfaction émotionnelle et, vraisemblablement sexuelle à laquelle aspire son corps de femme noire, comme nous pouvons nous en rendre compte dans le final du récit. Dans cette histoire, le monde universitaire et la culture qui s'y exprime semblent insensibles à la race ou au genre, comme si la seule personnalité de Léa lui valait reconnaissance académique : « N'a-t-elle pas surpris dans le regard de ceux qu'elle essaie de comprendre une lueur de satisfaction ? […] Elle est heureuse […], heureuse d'un bonheur tout intellectuel dans ce royaume où les bons esprits se reconnaissent […] » (p. 49). Léa se sent reconnue comme une citoyenne du monde intellectuel. Cependant, la cité à l'extérieur des murs de la salle de classe n'est pas aussi accueillante. Si elle peut être acceptée et appréciée en tant qu'« esprit » désincarné au sein de l'université, cet esprit vit dans le corps d'une femme noire, ce qui, dans le Paris des années 1930, évoque l'exotisme, la luxure et un danger.

La métropole est un lieu de plaisirs du corps (« le monde et ses plaisirs »), de rencontres et de relations sexuelles. Léa, une jeune femme qui aime suivre la mode de manière originale sans toutefois aller à la rencontre du bon goût, est une danseuse accomplie et pétillante qui se connecte à la musique d'une manière qui évoque à la fois la danse classique et l'idée des plus primitives que les Blancs se font de la musique noire : « La musique a pour elle un charme étrange qui réveille en elle un je-ne-sais-quoi venu de la profondeur des âges. Elle en épouse le rythme qui rend sa danse si aérienne. Au bal, elle est toute sensation, toute légèreté, instinctivement » (p. 50).

Bien qu'elle possède ce qui serait un atout social pour toute autre femme, Léa n'est pas traitée comme une « femme comme les autres », une femme avec des sentiments et des aspirations romantiques. Son corps paré à la mode est exotisé et considéré à la fois comme attirant et menaçant : « On la regarde comme on le fait d'une belle arme, pièce de cabinet que l'on montre aux curieux » (p. 49). Sa différence est interprétée comme étant à la fois belle et potentiellement destructrice : « Les vues courtes ne peuvent concevoir que dans une gaine si charmante se cache une lame polie et tranchante » (p. 49, p. 50 ; p. 20). L'ironie pour la narratrice est que ce sont les Français les plus civilisés et les plus ouverts d'esprit qui, tout en partageant « leur trésor spirituel », ne peuvent jamais voir en elle plus qu'un « fétiche » (un objet religieux « païen ») qui est invité à des réceptions comme « une poupée qu'on est fier de montrer à ses hôtes, un fruit étrange que l'on est flatté d'avoir découvert » (p. 50). En France, elle ne sera jamais « une femme comme toutes les autres femmes » (p. 60). La présence de « sang » africain dans son corps de femme, « simple » enveloppe d'un esprit viril et d'un cœur tendre, d'une âme occidentale à la peau scandaleuse, construit une barrière infranchissable qui diminue Léa dans l'estime du Blanc.

Nardal a noté dans un article sur les étudiantes antillaises à Paris publié dans *Le Soir* en juin 1930 :

> « Par la formation reçue dans la colonie, l'étudiante antillaise est latine. Au fond, elle se sent aussi française que ses camarades métropolitains... Mais elle est trop fine pour ne pas discerner chez des Français, trop nombreux hélas ! le dédain que, suivant leur éducation, ils cachent plus ou moins. Il faut bien le dire que le fait de sa couleur passe toujours avant sa qualité de Française[16]. »

En réalité, aux yeux des Français blancs, la couleur de peau l'emportera toujours sur toutes les autres qualités, même sur la personnalité. Alors que la femme de couleur venue des territoires d'outre-mer *est* française parce qu'elle se sent française : elle a été faite française, comme elle a été faite noire. En raison de son intersectionnalité existentielle, elle est « à la fois/et », et non « soit/soit ».

Léa évolue différemment à l'intérieur de ces trois espaces métropolitains : l'île de la périphérie, les salles de classe de la métropole et les espaces sociaux publics où elle interagit avec les membres blancs de la société française. Dans chacun de ces espaces sont valorisées des qualités différentes de son identité et, bien qu'elles soient reconnues par la culture dominante, elles ne lui permettent nulle part d'être pleinement elle-même, en se retrouvant finalement complètement exclue de cet espace symbolique des relations sociales françaises qu'est « leur cœur ». On peut suggérer que le cœur, dans ce contexte, concerne le domaine de l'hétérosexualité bourgeoise, puisque l'exil social et géographique de Léa l'empêche d'exprimer « de vagues rêves de tendresse oubliés, refoulés par les études » dans des espaces familiaux plus intimes. Comme le note Sharpley-Whiting, « cet isolement ramène certaines spécificités raciales et racistes de la métropole à une crise d'identité dont on comprend qu'elle va muer en un désir de fonder une communauté et créer une nouvelle identité. Elle n'est pas une Française comme les autres : elle est une femme racialisée franco-antillaise[17] ».

Cette nouvelle est davantage qu'une complainte sur la marginalisation, et plus qu'une illustration du fait que « les femmes noires ont vu leur intellect et leur féminité simultanément niés[18] ». Elle cherche à articuler le « à la fois » de la réalité vécue par une femme intellectuelle noire, à savoir qu'elle possède un intellect puissant et un corps qui désire le plaisir selon ses propres termes, et non selon ceux imposés par les constructions exotisantes de la sexualité des femmes noires.

Naviguer l'exil : « En exil » de Paulette Nardal

Malheureusement, nous ne saurons jamais comment Horth aurait développé son propos sur la femme noire naviguant dans la métropole et développant un moi authentique dans la relation à autrui. Elle est décédée à l'âge de vingt-sept ans, moins d'un an après la publication de sa nouvelle. En 1929, un an avant la parution du récit de Horth, Nardal porta déjà, dans sa nouvelle « En exil », qui a été publiée dans le journal *La Dépêche africaine*, un regard cru sur la femme antillaise voguant dans des espaces métropolitains. Comme *La Revue du monde noir*, cette publication anticoloniale était axée sur l'actualité, la politique et la culture de la diaspora africaine et paraissait en français et en anglais (mais non traduits). La brève histoire de Nardal suit une domestique depuis la maison de son employeur, rue Cuvier, jusqu'à son propre immeuble de six étages, près de la rue Pasteur. Comme « Histoire sans importance », cette très courte histoire est centrée sur les tensions entre la subjectivité d'Élisa (son passé, sa vie intérieure, sa solitude intense dans « le mirage de Paris », ses désirs) et les perceptions qu'ont les Parisiens blancs de son corps de femme noire lorsqu'elle le meut dans divers espaces métropolitains (des rues particulières, un bus public, et les espaces domestiques partagés, le hall et l'escalier de son immeuble). Bien que perçue comme un spectacle étrange, déracinée et « en exil » de son île natale, elle incarne les relations coloniales tels qu'elles surgissent en plein cœur de Paris, en résonance avec la culture française.

L'histoire s'articule autour de réalités parallèles : le « monologue intérieur » d'Élisa et l'indifférence des Français blancs qui l'entourent à l'égard de son humanité, exprimée tour à tour par l'hostilité, la dérision ou la curiosité à l'égard de son apparence exotique. C'est la tête prise dans le nuage intérieur des voix et des sensations de son île natale qu'Élisa traverse le Quartier latin, dont chaque rue, statue ou monument commémore un « grand homme » de la science et des arts français.

La rue Cuvier, où elle nettoie l'« appartement obscur » de ses employeurs, a été nommée par décret royal en l'honneur du célèbre anatomiste Georges Cuvier, l'un des développeurs les plus influents et les plus toxiques de la théorie raciale française. Cuvier décrivait les Africains comme « la plus dégradée des races humaines, dont les formes s'approchent le plus de la brute, et dont l'intelligence ne s'est élevée nulle part au point d'arriver à un gouvernement régulier[19] ». L'héritage violemment irrespectueux de Cuvier, notamment illustré par les sévices qu'il a infligés à des corps vivants et à des cadavres, à l'instar du corps de la femme africaine Saartjie Baartman, trouve un nouvel écho au moment où Élisa s'engage dans la rue des Écoles, l'une des rues principales de ce quartier universitaire : elle est attaquée physiquement par le vent et la pluie, et assaillie émotionnellement par les railleries racistes d'un jeune Blanc[20]. Trop légèrement vêtue pour un tel voyage sous la pluie et dans le froid, elle se dit : « Ce pays ne conviendra jamais à une vieille négresse[21]. » Alors qu'elle se dirige vers l'arrêt de bus, elle se sent encerclée par des « visages tendus, des regards durs, des physionomies fermées et indifférentes de Blancs ». Malgré la rigueur du climat, elle marche jusqu'à la rue Racine pour économiser un ticket de bus. Le nom de cette rue résonne aussi : Racine est considéré comme le maître de la tragédie française et de la langue poétique, mais c'est l'humanisme de ses personnages qui l'a rendu si influent pour les écrivains du monde entier. L'œuvre de Racine incarne la civilisation et l'humanisme français ; cependant, le spectacle de la femme noire se déplaçant dans la rue qui lui rend hommage problématise l'idée que la société française se fait d'elle-même en tant que porte-drapeau des valeurs des Lumières. L'évolution de l'attitude du contrôleur à l'égard d'Élisa reflète cette dynamique au niveau de l'expérience quotidienne d'une femme noire. Au début, « pendant quelques semaines [il] s'amusait à la faire enrager », mais il adopte finalement une attitude condescendante et « protectrice » à son égard, tandis que les autres passagers, qui fixaient du regard son madras martiniquais, « n'avaient pas l'air de se douter que cela pût la gêner ».

Alors que la jeune et célibataire Léa se trouve vulnérable et donc ravagée par ses confrontations avec la suprématie blanche française, Élisa, plus âgée, se protège de cette ambiance et de ce comportement hostiles et déshumanisants en se réfugiant dans un univers martiniquais onirique qui se situe à l'opposé du Paris réglementé, asocial et froid (métaphoriquement et littéralement). Par son imagination, elle se figure se détendre avec des amis lors d'une soirée chaleureuse à la maison, en racontant « des contes africains adaptés à l'âme antillaise », introduits par les « formules traditionnelles », et en mangeant de délicieux plats régionaux. La représentation de la scène souligne les liens de la communauté avec l'Afrique, depuis les contes jusqu'à la musique du « noir » dont les battements de tambour « dans le lointain, retentissent comme un appel angoissant. C'est toute l'âme de la vieille Afrique qui passe, dans ce tam-tam antillais, éveillant chez les causeurs soudain attentifs, une obscure émotion ». La rêverie d'Élisa est violemment interrompue par le conducteur quand il annonce la station : rue de Rennes. Alors qu'elle est ramenée à sa « réalité » – les yeux durs et les visages indifférents de ses compagnons de voyage – elle sent que « le fardeau de son existence retombe plus lourdement sur ses épaules ».

Le seul point positif dans la vie parisienne d'Élisa est l'espoir d'avoir des nouvelles de son fils, qui travaille pour des Américains à Colomb ; s'il réussit là-bas, elle pourra avoir assez d'argent pour retourner en Martinique. Le fait que leur petite famille soit dispersée entre la métropole française et une périphérie coloniale où un jeune Martiniquais s'échine pendant des années dans l'espoir d'être reconnu par l'entreprise américaine pour laquelle il travaille montre comment les intérêts coloniaux vont jusqu'à organiser notre vie intime[22]. Le dernier paragraphe du récit raconte le retour d'Élisa dans son appartement rue Pasteur. Une lettre remise par le concierge l'informe que les Américains ont proposé à son fils un prix intéressant pour le rachat de son entreprise de maroquinerie, et qu'il arrivera bientôt pour ramener sa mère à la Martinique. La dernière image que le lecteur se fait d'Élisa, c'est à travers les yeux et les oreilles de ses voisins. D'habitude, ils la plaignent lorsqu'ils entendent ses pas lourds monter les six étages qui mènent à son appartement, mais ce soir-là, ils sont perplexes d'entendre dans sa voix, « ce refrain étrange, au rythme saccadé, aux syllabes gutturales et douces ». Tout au long du récit, Élisa perturbe par sa présence l'espace parisien dans lequel elle fait une apparition exotique et énigmatique. Les Parisiens trouvent bizarre, primitive, insolite, l'expression de sa joie. Élisa reste toutefois bien elle-même, et malgré la souffrance ressentie en traversant un Paris hostile, elle n'oublie pas qu'elle est issue d'une culture riche en traditions, orientée vers la communauté, qui a survécu à une dispersion violente et qui maintient, à travers des récits et la musique, un sens de l'humanité noire encore et toujours renié par l'impérialisme blanc. Comme l'écrit Shireen K. Lewis dans *Race, Culture, and Identity*, « Nardal affirme catégoriquement que le folklore martiniquais est basé sur l'adaptation de contes africains et elle décrit l'instrument de musique martiniquais, le tambour, comme la version caribéenne du tam-tam africain[23] ». Même dans des moments tristes et solitaires à Paris, cette employée de maison âgée a préservé son identité, son espoir et sa dignité, en puisant dans ses racines culturelles, depuis le merveilleux café (« dont seules les Antillaises ont la recette ») qu'elle prend le temps de préparer le matin jusqu'aux rêveries qui la protègent de la violence sociale et symbolique des Blancs qui l'entourent.

Dans son chapitre inclus dans cet ouvrage, « Dois-je répondre de ma sœur ? La politique de la bienséance et la lutte pour l'égalité dans les œuvres des écrivaines antillaises dans les années 1920-1940 », Jacqueline Couti soutient que l'approche de Lewis tend à masquer l'approche classiste de Nardal que trahit l'instrumentation « élitiste » et déplacée de la souffrance d'une femme de la classe ouvrière afin d'incarner une culture africaine pure (et sans fondement, puisque la culture populaire martiniquaise est créole et donc très mélangée). Plutôt que de « se concentrer sur le sort de cette *négresse* martiniquaise défavorisée principalement pour dénoncer les inégalités raciales et socio-économiques », Couti considère que Nardal « reflète la négrophilie métropolitaine de l'époque » en romançant et en fétichisant l'africanité pure[24]. On pourrait dire que l'« Afrique » dans ce récit n'apparaît pas comme « pure » mais comme réappropriée, transformée et, comme le précise Nardal, « adaptée » par les Antillais qui, comme d'autres peuples asservis et leurs descendants, ont tenté, dans des conditions brutales, de conserver comme outils de survie des bribes de leurs cultures et modes de pensées africaines. Ma lecture, qui met en évidence l'œuvre épistémologique que cette nouvelle accomplit au regard de l'intérêt que Nardal porte aux constructions transnationales et intradiasporiques de l'identité noire et de ses explorations, ne nie pas celle de Couti, mais offre un prisme supplémentaire pour mieux observer ce personnage. Sous cet angle, la trajectoire du corps vieillissant d'Élisa qui se déplace dans les rues de la métropole déploie une critique intersectionnelle du soi-disant savoir impérialiste français et des idées suprémacistes blanches qui fondent la supposée « civilisation ».

Paulette Nardal, malgré les avantages que lui procurait son éducation, n'appartenait pas à la classe de l'élite métisse de la Martinique, et les expériences de son père, qui lui a donné son nom, ont influencé sa manière de se penser sur l'échiquier social. Emily Musil, dans sa thèse intitulée « *La Marianne Noire* : comment le genre et la race dans le monde atlantique du XXe siècle ont remodelé le débat sur les droits de l'homme », affirme que « parce que Paul Nardal était considéré comme noir en Martinique, plutôt que comme métis, il n'a pas pu accéder aux plus hauts rangs de l'administration[25] ». Selon l'historienne Micheline Marlin-Godier, la famille Nardal de la génération de Paulette, bien qu'instruite et relativement aisée, était considérée comme « noire » et non comme « gens de couleur »[26]. L'histoire personnelle de Nardal, à la fois/et simultanément membre de l'élite et noire, ainsi que son humanisme catholique, brouillent les pistes quant à sa relation avec les classes laborieuses. En mettant l'accent sur la violence épistémologique, le portrait d'Élisa construit la base théorique à partir de laquelle il devient possible de perturber un système oppressif d'idées et de pratiques qui dénient leur humanité aux Noirs, Nardal s'intéressant particulièrement à la façon dont les femmes noires y faisaient face. L'oscillation des identités de race et de classe qui se croisent est au centre d'une autre nouvelle que Nardal a publiée sept ans plus tard dans *L'Étudiant noir*, le journal fondé par Aimé Césaire pour les étudiants martiniquais de Paris et qui est considéré comme l'endroit où a pu s'articuler le concept d'identité noire diasporique avec celui de négritude.

Nardal explore les stratégies de survie des membres de la diaspora africaine à Paris pour interroger et théoriser la manière dont les constructions genrées de l'identité noire se renouvellent dans son récit « Guignol Oulouf ». Celui-ci décrit la rencontre entre un groupe de femmes antillaises éduquées et un homme sénégalais dans le cadre emblématique d'une terrasse de café parisien. Le narrateur est attablé dans un café du Quartier latin pour un « déjeuner rapide » sous un « un bariolage barbare des tubes de néon », quand soudain, vêtu du costume d'un général d'opérette, « entre la lumière et moi s'interpose la silhouette d'un Noir immense »[27]. Le contraste avec un jeune vendeur de cigarettes blanc sur la terrasse au même moment, « son collègue métropolitain, éphèbe blond à la sobre livrée marron », accentue la performance grotesque et indigne du cliché du « Noir » incarné par le vendeur de cacahuètes. Le « Noir caricatural » qui s'interpose entre les néons déclenche à ce moment, à la fois sur le plan métaphorique et réel, une « panique raciale » chez « une Noire antillaise trop occidentalisée ». Il est important de noter ici, étant donné les nuances hiérarchiques de couleurs dans la société martiniquaise de l'époque et l'identité à la fois raciale et de classe de Nardal, qu'elle s'identifie comme « Noire » avec un « N » majuscule en ayant aussi identifié précédemment l'Africain comme « Noir » alors que, selon la description qu'elle fera plus tard d'elle-même, elle est une *mulâtresse*. La génération des étudiants martiniquais de Césaire a été la première à essayer de théoriser sa relation à l'Afrique plutôt qu'à la France : traditionnellement, les bourgeois de *couleur* et les *mulâtres* s'alignaient culturellement sur la société française blanche, rejetant leurs liens avec les Africains et l'africanité. L'analyse détaillée que propose la narratrice de son comportement devant l'Africain lorsqu'il s'approche d'elle souligne ironiquement les problèmes de calibrage que rencontre l'identité antillaise dans la métropole : se situe-t-elle du côté des clients blancs qui rient, fait-elle semblant de ne pas le voir (en prétendant qu'il est invisible dans le regard noir occidentalisé), ou lui reproche-t-elle de jouer un jeu qui mettrait de l'eau au moulin des stéréotypes blancs, et saperait ainsi le combat social et politique que les Noirs assimilés (*évolués*) mènent ? La narratrice décide qu'elle ne peut pas faire autrement que de reconnaître qu'elle et ses compagnes sont liées à lui au moins autant qu'aux Blancs de la terrasse : « Il y a cependant, entre nous et lui, un défaut de solidarité réelle. Et puis, rejetant cette mauvaise gêne, pour ne penser qu'à la fraternité réelle qui nous unit aussi bien à ce Noir qu'à ces Blancs pleins d'illusions, nous répondons gentiment au vendeur de cacahuètes. »

Elle décide alors d'engager avec lui une relation de type professionnel, au titre de journaliste et en lui posant des questions. Lorsque la narratrice lui demande pourquoi il porte un costume aussi dégradant, caricature du Noir pour un Blanc, il répond qu'il a été acteur de théâtre et que cette expérience a au moins le mérite de lui permettre aujourd'hui de lui donner un gagne-pain : « J'aime autant faire ce métier ridicule, qu'être chômeur ou de vivre des femmes. Les Blancs veulent que l'on fasse rire ; moi, je veux bien… [A]u moins, je peux manger ».

La reconnaissance mutuelle de la « respectable » Antillaise, qui a informé le lecteur qu'elle avait, elle aussi, une « profession » (elle est journaliste ou universitaire, ou peut-être, si elle est Nardal elle-même, les deux), et de l'Africain respectueux de soi qui joue la caricature du Noir, les révèle *tous deux* comme des acteurs dans un espace blanc. Cependant, l'action et le sens des responsabilités des Noirs se cachent sous ce qui ressemble à première vue à une capitulation devant le regard raciste des Blancs. L'homme wolof se voit comme un professionnel déployant ses compétences disciplinaires et maintenant, plutôt que de compromettre, son autonomie et son respect de soi. Le dernier paragraphe de l'article suggère que la journaliste et l'ancien comédien jouent tous deux des rôles qui leur permettent de survivre avec une certaine dignité dans une société raciste, en remettant en question à la fois les « illusions » que les Blancs se font des Noirs et celles auxquelles les Antillais bourgeois s'accrochent pour protéger leur propre humanité et leur sens de l'identité. La femme antillaise noire anxieuse, bien habillée et se comportant avec bienséance se sent-elle alors plus embarrassée par le regard blanc que par le vendeur de cacahuètes qui se livre à des pitreries qui lui permettent néanmoins de se nourrir[28] ? Les Antillaises font-elles aussi de telles cabrioles, bien que plus discrètes et plus modernes, en venant en métropole pour acquérir leurs diplômes et certificats ?

Horth et Nardal ont tenté non seulement de décrire, mais aussi de fournir de nouveaux outils théoriques pour analyser la subjectivité féminine noire à un moment historique décisif pour la diaspora africaine : la genèse puis le développement des mouvements anticoloniaux et des mouvements pour les droits qui émergèrent après la Première Guerre mondiale pour aboutir après la Seconde Guerre mondiale. Les écrivaines françaises de la diaspora africaine de l'entre-deux-guerres ont inscrit la subjectivité féminine noire dans des discours de libération psychologique, culturelle et politique. C'est une femme, écrivaine d'un autre point géographique de l'Atlantique noir, qui a offert une vision de la présence transformatrice de la femme noire francophone dans les espaces parisiens : l'écrivaine africaine-américaine Jessie Fauset. Dans son essai « L'énigme de la Sorbonne », Fauset inscrit les femmes noires francophones dans l'histoire et la société françaises en exigeant qu'elles soient reconnues comme le dernier chapitre d'un récit de la civilisation française et comme un signe de la modernité elle-même. Cet essai a été publié dans la revue de la National Association for the Advancement of Colored People (NAACP), *Crisis : A Record of the Darker Races*, en 1925, l'année même où l'éducatrice et activiste américaine Anna Julia Cooper a soutenu avec succès sa thèse sur la Révolution haïtienne et est devenue la première femme noire à obtenir un doctorat à la Sorbonne. Parlant couramment le français, Fauset a écrit l'article pendant l'année qu'elle a passée à Paris pour préparer un certificat de langue et de culture françaises. La majeure partie de l'article est un résumé de l'histoire de l'une des universités les plus prestigieuses du monde pour le lecteur africain-américain bourgeois, mais Fauset termine l'essai par une vision des étudiants haïtiens qu'elle voit sur la place de la Sorbonne : « deux filles absolument noires […] leurs cheveux, rigides, leurs cadres noirs et flous […] leurs voix claires […] et staccato ; leurs mouvements libres et débridés », sous les regards tolérants et indifférents de Louis Pasteur et de Victor Hugo[29]. Pour Fauset, les jeunes Haïtiennes qu'elle plante dans le décor de la place de la Sorbonne ne sont pas les bénéficiaires passives de la tolérance républicaine française, mais des agentes actives dont la présence même témoigne d'une étape historique : « Dans cette atmosphère, ils sont si complètement eux-mêmes que la tolérance est une qualité qu'ils ne reconnaissent que lorsqu'ils l'exercent à l'égard des autres[30]. » Fauset prend soin de mettre l'accent sur leur agentivité et la maîtrise de soi des étudiants : « Bien dans leurs peaux », ce sont eux qui « reconnaissent » et « exercent » la tolérance. Fauset elle-même, en tant qu'étudiante et touriste noire américaine médiatisant et façonnant l'histoire de la Sorbonne pour ses lecteurs noirs américains, assume à son tour une puissance d'observation qui lui confère le pouvoir de mettre en scène les étudiantes haïtiennes. Le corps et la chevelure des jeunes femmes, manifestement noirs, ainsi que le travail universitaire dans lequel elles sont engagées, perturbent et réorientent le récit historique des identités et valeurs françaises, tout comme Cooper affirmait que la Révolution haïtienne continuait à remettre en question et de subvertir ces mêmes récits nationaux français de l'identité et de l'appartenance.

CHAPITRE 18

Des imaginaires sociaux en tension ?

La lutte des Camerounaises sous domination française pour l'égalité des droits, au tournant des années 1940-1950

Rose Ndengue

À la fin de la Seconde Guerre mondiale, les autorités françaises entreprennent de réorganiser les relations entre la métropole et les territoires d'outre-mer sous sa domination. Elles souhaitent mettre en place un nouveau cadre juridique qui régit, d'une part, les rapports entre les différents territoires qui composent l'Empire colonial français, et d'autre part les droits des personnes qui y vivent. Ce changement est censé s'incarner à travers une mutation de la dénomination de cet ensemble, anciennement désigné par le vocable d'Empire français qui se transforme en « Union française[1] ». Le Cameroun et le Togo – jusque-là territoires sous mandat franco-britannique – voient ainsi une partie de leurs territoires respectifs, celle sous domination française, intégrée à cette nouvelle organisation. Tout en permettant une relative libéralisation de la vie sociale et politique, les réformes de 1946 perpétuent, dans une certaine mesure la vision impériale qui régit les relations sociales dans ces territoires. En effet, suivant les dispositions des articles 80 à 82, la Constitution française de 1946 érige une citoyenneté à double volet qui constituera la base de l'organisation sociale et politique des territoires colonisés pendant la décennie qui suit. Les droits sociaux et politiques des ressortissant·e·s de la métropole et de ceux des outre-mer disposant de la nationalité française sont régis par le statut de citoyen·ne français·e, alors que celles et ceux issu·e·s des autres territoires sont régis par le statut ambigu de citoyen·ne de l'Union[2]. Celui-ci conditionne l'accès aux droits civiques et sociaux des populations colonisées, au respect de certaines conditions[3]. Ce qui maintient une forme d'inégalité entre populations locales et métropolitaines, mais également au sein même des colonisé·e·s, dont seule une infime minorité accède à la « modernité coloniale ». Cette situation trahit les promesses d'égalité sociale et civique entre les différentes catégories de populations qui peuplent l'Union et génère des frustrations sources de nombreuses mobilisations chez les Africain·e·s. Saisissant la fenêtre d'opportunité offerte par les réformes de 1946, des activistes camerounaises s'organisent pour agrandir cette « petite ouverture[4] » et exiger une égalité de traitement. Alors que l'historiographie sur le Cameroun privilégie – à quelques exceptions près[5] – les luttes masculines pour l'égalité en rendant compte des mobilisations syndicales ou nationalistes[6], cette contribution vise à rendre compte de la manière dont des Camerounaises se sont engagées, elles aussi, dans la lutte pour l'égalité en contexte colonial. Ces femmes appartiennent pour l'essentiel à la génération des premières lettrées camerounaises, qui émerge après la Seconde Guerre mondiale. Il s'agit alors de saisir le sens des luttes des Camerounaises pour l'égalité dans un contexte où la majorité de la population locale est marginalisée. Mon analyse repose sur l'examen d'archives d'organisations féminines formelles actives à l'aube des indépendances africaines. Ces documents issus de l'administration coloniale, sont conservés aux Archives nationales de Yaoundé (ANY). Le corpus étudié est contenu dans quatre dossiers d'archives, contenant principalement les pétitions des organisations féminines adressées à l'ONU, les comptes rendus de leurs activités, ainsi que les courriers adressés à l'administration coloniale. Il révèle que, reposant sur des ressorts apparemment ambivalents, le combat des lettrées pour l'égalité s'inscrit pourtant dans un processus de subjectivation politique. Pour analyser cette apparente contradiction, je mobilise la notion d'imaginaire social, qui rend compte du fait que les institutions sociales résultent d'un processus de construction qui fait intervenir « un univers de significations imaginaires » qui leur donne sens, et qui permet également leur contestation, puisque les signifiés imaginaires peuvent être questionnés[7]. Partant de l'hypothèse que les Camerounaises articulent des imaginaires sociaux en tension pour questionner l'ordre social colonial et patriarcal, et se faire entendre, ma contribution articule l'histoire coloniale aux études de genre pour éclairer ce qui apparaît, à première vue, comme un paradoxe.

Améliorer les droits socio-économiques par une promotion des valeurs coloniales dominantes

Par le biais de l'école et du dispensaire, les colonisateurs ont introduit un nouvel imaginaire social dans les territoires qu'ils administraient. L'objectif était de faire adopter aux populations locales de nouvelles normes sociales et sanitaires, lesquelles ont contribué à redéfinir le rôle et la place des femmes dans les sociétés africaines, en les confinant à la sphère privée. En effet, dans le contexte global de sous-scolarisation des populations africaines, la proportion de filles qui ont accès à l'instruction scolaire est encore plus infime. Ce sont principalement les filles des élites notabiliaires et sociales locales (chefs, notables, fonctionnaires, « évolués »), qui sont sélectionnées à cette fin. Elles reçoivent un enseignement qui les définit prioritairement comme de futures épouses et mères, destinées à transmettre les nouvelles normes sociales. À l'image de ce qui s'est passé en France dans la première moitié du xxe siècle, l'objectif est de donner aux Africaines « l'illusion d'un enseignement propre à la femme au foyer » en présentant le travail maternel et domestique comme une « évolution des mœurs en matière d'éducation »[8]. Dans ce contexte, les premières lettrées s'organisent en saisissant les opportunités offertes par leur position et par les réformes de 1946, permettant notamment la liberté d'association. Elles exigent la réalisation des promesses contenues dans l'énoncé des valeurs « modernisatrices » promues par les autorités coloniales. Elles réclament notamment une transposition, dans les territoires colonisés d'Afrique française, des droits rattachés à l'État-providence[9]. Ainsi, à rebours de l'administration coloniale pour qui l'accès à ces droits relève d'une logique arbitraire et raciste, ces femmes promeuvent une vision égalitaire et inclusive de l'accès aux droits sociaux.

Promouvoir des normes socio-sanitaires et dénoncer l'arbitraire colonial

Les archives des années 1950 révèlent une certaine effervescence au sein de l'élite colonisée, masculine et féminine, quant à la question de l'« évolution de la femme » camerounaise[10]. Les lettrées créent des associations, à l'instar de l'Union des femmes camerounaises (UFC), et de l'Union démocratique des femmes camerounaises (UDEFEC) qui réclament l'extension des droits sociaux relatifs à l'État-providence, à toutes les femmes, mais, également, à l'ensemble de la population. Ainsi, alors que ces deux organisations s'opposent quant à l'objectif final de leur démarche – maintenir le Cameroun dans le cadre de l'Union française pour l'UFC, et obtenir l'indépendance et la réunification du territoire pour l'UDEFEC – leurs discours convergent quant à la nécessité de reconnaître aux colonisées le droit de bénéficier d'une citoyenneté sociale similaire à celle en vigueur en Occident, et inscrite dans le « modèle de féminité coloniale[11] ».

Il faut dire qu'au départ, les dirigeantes des deux mouvements sont proches. À l'origine l'UFC est codirigée par un triumvirat d'enseignantes : Julienne Niat, la présidente-fondatrice, Marie-Irène Ngapeth-Biyong, secrétaire générale et Marthe Ouandié, trésorière. Ces dernières sont par ailleurs futures dirigeantes de l'UDEFEC[12].

L'administration attribue à l'UFC l'objectif d'instruire les Africaines sur la fonction sociale qui leur est dévolue. Elle écrit :

> « Cette association a pour but d'enseigner aux femmes africaines leurs devoirs de mère et d'épouse sur les plans familial et social notamment, de leur apprendre à bien se conduire en société et d'acquérir des connaissances en tous les domaines à l'exemple des Européennes[13]. »

À la lecture des statuts de l'UDEFEC, on constate que les objectifs qui lui sont assignés se rapprochent de cette logique, à savoir, qu'elle souhaite favoriser l'« organisation et [l']éducation de femmes citoyennes, mères et épouses », et « défen[dre] la famille camerounaise dans le domaine matériel, moral, intellectuel et culturel[14] ».

Par ailleurs, le processus de politisation de certaines responsables et militantes de ces associations semble relever d'une « politisation par l'intime[15] ». En effet, l'administation tend à corréler l'engagement de ces militantes à leur relation conjugale/familiale avec des militants nationalistes pour l'UDEFEC, ou des militants et notables proches de l'administration pour l'UFC. Cette donnée doit être considérée avec une distance critique, bien que les témoignages de deux dirigeantes de l'UDEFEC – Marthe Moumié et Marie-Irène Ngapeth Biyong notamment – corroborent cette idée, puisqu'elles attribuent leur politisation à une incitation conjugale[16]. En effet, ces témoignages peuvent être analysés comme une volonté de légitimer leur comportement social, en faisant coïncider leurs motifs avec les conventions et les attentes patriarcales, dans un contexte où les lettrées sont socialisées en vue de former avec leurs conjoints un « couple évolué[17] ».

La promotion de l'extension du modèle colonial de la féminité par les dirigeantes de l'UFC et de l'UDEFEC vise à faire bénéficier à l'ensemble des Camerounaises les retombées qui y sont liées. À cet effet, Julienne Niat introduit auprès des autorités des requêtes visant à obtenir un soutien, financier notamment, pour « les œuvres à tendance sociale » que l'UFC mène en faveur de l'éducation des femmes[18]. Elle présente sa démarche comme complémentaire de la « mission civilisatrice ». Elle souligne que son objectif est de « faire l'éducation de base de[s] jeunes épouses », à travers des cours du soir dispensant des leçons de puériculture et de couture notamment ; et milite également en faveur de l'introduction de « l'enseignement ménager sanctionné par un examen », dans le programme des écoles de filles[19]. Cette démarche rencontre un écho favorable auprès des autorités coloniales. Celles-ci souhaitent manifester leur intérêt pour les conduites conformes aux valeurs qu'elles diffusent sur le plan du mariage et de la famille[20]. Elles incitent alors l'Assemblée territoriale du Cameroun (ATCAM) – à qui sont adressées les demandes de subvention – à répondre favorablement aux requêtes de Juliette Niat.

Dans la même perspective, l'UDEFEC milite pour l'extension aux femmes des cours pour adultes, ainsi que la création d'écoles ménagères sur toute l'étendue du territoire, à l'échelle des quartiers et des cantons, afin d'enseigner aux femmes « la tenue de leur ménage et les soins pour les enfants avant et après la naissance[21] ».

Toutefois, loin de se contenter d'une simple assimilation du « modèle de la féminité respectable[22] » diffusée par les colonisateurs, l'élite féminine lettrée s'en sert comme tremplin pour élaborer une critique, plus ou moins ouverte, du système colonial.

Les requêtes de l'UFC et de l'UDEFEC révèlent que les dirigeantes de ces organisations conçoivent l'accès de toutes les Camerounaises à l'idéal domestique comme un signe d'égalité. Selon elles, les limites dans la réalisation de cet idéal révèlent les carences de l'administration coloniale. Les deux organisations adoptent alors une approche critique de son bilan en matière de politiques relatives à l'enfance et à la condition des femmes.

Ces militantes reprennent les préoccupations populationnistes et hygiénistes de l'administration[23] coloniale – héritées du discours médical qui a émergé au XIXe siècle[24] – pour dénoncer l'insuffisance des infrastructures sociales et sanitaires sur le territoire, et les défaillances de celles qui existent.

Dans une motion adressée à la Mission de visite de l'ONU en 1952, la section UFC de Nkongsamba, qui corrèle la santé de l'enfant à celle de la mère, déplore le taux élevé de mortalité infantile. Elle l'attribue aux défaillances d'organisation du système de santé par l'administration, et déclare notamment :

> « Des enfants sains, naissant seulement des mères saines, la protection de l'enfance implique celle des mères. Partout, [le] manque des visites prénatales obligatoires, l'insuffisance ou le manque total de maternité, ont eu des répercussions sur les accouchements, il en est résulté un nombre considérable des enfants mort-nés et des enfants chétifs. Les mères n'ont pas de connaissances suffisantes pour élever leurs bébés[25]. »

Les doléances de la pétition de l'UDEFEC adressée à la même Mission de visite corroborent ce constat :

> « Au Cameroun, l'enfance autochtone est très malheureuse. Les maternités sont insuffisantes, à tel point que [...] beaucoup de femmes enceintes

ne reçoivent aucun soin durant leur grossesse et accouchent loin de toute assistance médicale. Dans les centres urbains, et les localités pourvues de dispensaires, les soins accordés à la maternité sont très minimes. [...] le régime alimentaire est très médiocre. Tout cela entraîne une forte mortalité infantile[26]. »

L'organisation dénonce également le manque d'infrastructures scolaires qui aboutit à la sous-scolarisation des enfants camerounais, ainsi que la politique éducative appliquée (renvois abusifs, contenus empreints d'« esprit colonial »). Elle établit une forte corrélation entre cette réalité et celle du travail des enfants au sein des « sociétés colonialistes » qu'elle déplore également[27]. Par ailleurs l'UDEFEC condamne la discrimination raciale qui s'opère dans la différence de prise en charge entre les enfants métis et les orphelins autochtones. Les premiers en bénéficient d'une, à la différence des seconds[28].

Enfin, l'UDEFEC soulève le problème de l'absence de généralisation de l'état civil, dû au non-recensement (automatique) des nouveau-nés et des populations de manière globale. Cette revendication montre que les responsables de l'organisation ont conscience des conséquences discriminantes – en matière d'accès aux droits sociaux et politiques – qu'engendre cette situation pour les populations locales[29].

Pour remédier au bilan déplorable de la colonisation, l'UFC et l'UDEFEC proposent des solutions qui visent à renforcer les capacités des Africain·e·s.

Renforcer des capacités de tous et toutes

Tout en préconisant sa diffusion sur l'ensemble du territoire, les responsables de l'UFC et de l'UDEFEC ont conscience des limites de l'enseignement ménager et des savoirs en matière d'hygiène et de santé quant à l'amélioration des conditions de vie des populations, dont les femmes. Aussi, les deux organisations intègrent dans leurs motions des doléances d'ordre social et économique afin de renforcer les capacités des colonisé·e·s. Elles établissent une corrélation entre un égal accès aux institutions sociales et économiques, le bien-être des femmes et celui de l'ensemble de la population.

L'UDEFEC exige des « logements sains [...] permettant le plein développement physique et mental » des enfants pour les familles modestes[30]. Par ailleurs, les deux organisations recommandent l'instauration d'une scolarité obligatoire pour les enfants des deux sexes, « à l'image de la France, de l'Égypte, et de beaucoup d'autres pays »[31]. Elles préconisent également la création et la multiplication d'institutions – crèches, écoles, cantines, voyages et transport scolaires, centres d'apprentissage, orphelinats, bourses d'études, etc. – prenant en charge l'instruction et les loisirs des enfants, « sans distinction de race [...,] de classes sociales », et de sexe[32]. Le recrutement d'un personnel qualifié doit accompagner la mise en place de ces institutions.

Militant pour l'autonomisation économique des femmes – à l'instar de la démarche des féministes maternalistes en Occident à la fin du XIXe siècle et au début du XXe siècle[33] – avec les réformes relatives à la protection sociale des familles introduites en France en 1946 en miroir, les deux organisations réclament l'extension de ces mesures aux colonisé·e·s. Au nom de l'appartenance du Cameroun à la « grande famille de l'Union française »[34], l'UFC exige :

> « [le] paiement aux mères de famille sans exception et sans distinctions des allocations familiales pour l'entretien et l'éducation de leurs enfants à l'image de la France. [Et la] prime de natalité pour encourager les naissances en vue de repeupler [le] territoire. »

L'UDEFEC quant à elle considère que « [l]'institution d'un régime démocratique de sécurité sociale et de prestations familiales » au Cameroun, et, de manière générale, la satisfaction de toutes leurs revendications, relèverait d'une application « loyale » du régime de tutelle d'une part. Cela constituerait également, un début de réponse aux « problèmes délicats » relatifs à la dot, ou encore à la polygamie, d'autre part[35]. Il faut dire que ces pratiques, présentées par les colonisateurs (administration et missions religieuses) comme des fléaux sociaux prouvant le statut subordonné des Africaines dans leurs sociétés, deviennent une préoccupation croissante dans les années 1950.

Il s'agit alors d'émanciper les femmes en instaurant des dispositifs juridiques et sociaux visant à abolir le mariage précoce, la dot, la polygamie[36], etc.

Les deux organisations souhaitent voir toutes les femmes accéder à une autonomie sociale et économique.

Adoptant une approche moralisatrice, l'UFC revendique :

> « [l'] établissement de mesures pour assurer un emploi à toutes les femmes, tendant ainsi à faire disparaître la prostitution. [Ainsi que la mise en place] d'un système d'assurance sociale garantissant aux femmes des secours suffisants pour leur assurer une existence normale dans le cas où elles sont privées de leur gagne-pain [...] à l'image de la France[37]. »

Conscientes de la diversité de l'expérience des femmes sur le territoire, l'UFC et l'UDEFEC émettent des revendications catégorielles tenant compte de la situation spécifique de chaque Camerounaise : qu'elle soit citadine et appartienne à l'élite, aux classes urbaines populaires, ou qu'elle vive en zone rurale. L'UFC dénonce, par exemple, l'injustice subie par les fonctionnaires camerounaises par rapport à leurs collègues européennes, en matière d'assurance sociale et maladie. Préoccupées également par le sort des paysannes, les deux organisations – dans le prolongement des revendications du mouvement syndical des années 1940 – réclament une modernisation des campagnes et de l'agriculture. Elles souhaitent à la fois, améliorer les conditions de vie des populations rurales, augmenter le rendement de l'agriculture vivrière, et « libérer la femme camerounaise[38] ». L'UDEFEC dénonce également la dépossession des veuves de la région du Mungo de leurs terres, au profit de la colonisation agricole européenne, et n'oublie pas la situation des marchandes pour lesquelles elle exige la liberté de pratiquer le commerce. L'objectif ici est d'assurer à toutes un revenu. Dans la même logique, l'organisation réclame un assainissement des places de marchés, ainsi que la multiplication des marchés périodiques.

Le recours à la promotion de l'idéal domestique est un moyen pour les femmes lettrées de s'engager sur la scène publique, en affichant un respect des hiérarchies de genre. Leur mobilisation ne relève pas pour autant d'une attitude conventionnelle, loin de là. Leur présence dans l'espace public remet en cause l'imaginaire social dominant et contribue à étendre la définition de la participation politique au-delà du seul exercice du droit de vote. À travers leur engagement, les militantes de l'UFC et de l'UDEFEC posent un acte politique et commencent un processus de subjectivation, en s'érigeant en « sujet de vouloir dans une relation de pouvoir[39] ».

Des luttes synonymes d'une subjectivation politique des femmes

Pour les lettrées camerounaises, les rôles de mère et d'épouse servent d'instruments d'action politiques, qui permettent de déployer une capacité d'agir dans l'espace politique. Ces femmes essayent en effet de s'émanciper en vertu même des leviers symboliques et identitaires du monde social dans lequel elles vivent. Chaque groupe de femmes mobilise les référentiels propres aux idéaux qu'il défend – la promesse d'une égalité citoyenne au sein de l'Union française, d'une part, et la matrice inclusive et émancipatrice du mouvement nationaliste, d'autre part – comme « un arsenal symbolique » servant à fustiger la domination dont elles s'estiment victimes[40]. Cette démarche induit une mise à distance des contraintes sociales et injonctions afférentes. Elle érige les femmes « en sujet politique et moral, à même d'observer le monde dans lequel elles vivent[41] ». Ce processus de subjectivation se fait en deux étapes, en fonction de l'évolution du contexte politique camerounais.

Une contestation politique féminine balbutiante (1945-1952)

Entre 1946 et 1952, des lettrées se mobilisent, à travers l'Association des femmes camerounaises (ASSOFECAM), puis l'UFC, pour dénoncer les discriminations implicites et explicites dont sont victimes les femmes sur le plan politique. Elles souhaitent instituer une société au sein de laquelle les femmes assument pleinement le statut de sujet politique.

En 1946, Laurence Eteki Maladi – une des premières sages-femmes camerounaises – fonde l'ASSOFECAM, présenté par Patricia Chamukong comme l'un des premiers partis politiques créés au Cameroun dans les années 1940[42]. Cette association – à propos de laquelle les informations proviennent essentiellement de sources de seconde main – souhaite lever les restrictions au droit de vote des femmes[43]. Elle adopte alors une démarche qui remet en cause la conception genrée et raciste contenue dans la citoyenneté capacitaire mise en place en 1946. À cette période en effet, n'ont accès à la citoyenneté que les colonisé·e·s « pouvant faire la preuve de leurs mérites personnels », ainsi que de leur état civil[44]. Ce qui exclut la majorité de la population du suffrage, dont la quasi-totalité des femmes. Seule une infime minorité parmi elles – ayant eu accès non seulement à l'instruction, mais également aux métiers d'infirmière, monitrice et sage-femme qui leur sont réservés – appartient à la catégorie des capacitaires. Pourtant, malgré leur proximité relative avec la « modernité coloniale », les autorités coloniales éprouvent des difficultés à les penser comme des citoyennes. En 1944 par exemple, Pierre Cournarie, gouverneur de l'A.-O. F, use d'arguments assez classiques de disqualification de la capacité civique des femmes africaines pour exprimer sa réticence à voir les Sénégalaises des Quatre Communes, bénéficier du droit de vote qui venait pourtant d'être accordé aux Françaises[45]. Deux ans plus tard, en 1946, un courrier du ministre de la France d'outre-mer adressé au gouverneur du Cameroun rend compte de la persistance des réticences des autorités en la matière. Il révèle que la réalisation des opportunités d'emploi, accordées à une poignée de lettrées, relève de l'exception, et par conséquent, que l'espace d'action féminin reste essentiellement domestique[46].

En se mobilisant pour l'accès de toutes les Camerounaises au droit de vote, Laurence Eteki Maladi sape doublement la logique binaire qui sous-tend la colonisation et qui consiste à construire des catégories antagoniques servant à classer les colonisé·e·s – en usant des termes tels qu'« évolué » et « arriéré » – pour justifier leur accès parcimonieux aux droits. Sa démarche, d'une part, présume une égale capacité civique des Camerounaises, et, d'autre part, exhorte les lettrées à dépasser les valeurs domestiques acquises au cours de leur instruction.

Du fait de son approche trop subversive, cette organisation a été interdite l'année même de sa création[47].

Le combat mené par cette organisation est repris par l'UFC, bien que la loi du 23 mai 1951 qui élargit le corps électoral – à travers, notamment, la disposition spécifique évoquant « les mères de deux enfants vivants ou morts pour la France » – semble satisfaire, partiellement, la principale revendication de l'ASSOFECAM.

En effet, comme de nombreuses autres organisations camerounaises, l'UFC dénonce les carences de cette loi. Dans sa pétition de 1952, elle critique l'institution du « privilège [des] mères de deux enfants », et ce faisant, le fait que le droit de vote des femmes soit corrélé à leur « qualité de reproductrices[48] ». Elle réclame alors l'accès de toutes les Camerounaises majeures au droit de vote[49], dans un projet de société sous-tendu par les principes de démocratie, liberté et égalité des droits. Les rédactrices de la pétition écrivent :

> « Nous nous efforçons par notre activité d'obtenir des droits égaux à ceux des hommes dans les domaines de la vie économique, sociale et culturelle[50]. »

Dans cette perspective, l'organisation réclame un accès des femmes à tous les postes administratifs et aux fonctions politiques.

Il est par ailleurs, particulièrement intéressant de relever le fait que Julienne Niat a créé l'UFC à la suite de ses échecs électoraux de 1951 et 1952, du fait du sexisme de ses adversaires masculins[51]. Le témoignage d'Henriette Ekwe[52] sur le parcours de cette militante révèle qu'il a été émaillé de tentatives permanentes de remise en cause de l'ordre social. Elle déclare :

> « Julienne Niat va mener une campagne avec son bébé au bras, pour entrer à l'ATCAM. Elle sera la première à mener ce type de campagne. Il ne faut pas oublier que des femmes comme Mme Niat, elle part en France, elle obtient le bac. Elle réussit au concours d'entrée de Sciences Po Paris et l'administration coloniale dit que non les femmes

sont destinées à l'enseignement, elles ne peuvent pas faire science politique. Et donc elle devient institutrice[53]. »

Alors que les membres de l'ASSOFECAM et de l'UFC semblent situer l'épanouissement de leur subjectivité politique dans le cadre colonial, il en va tout autrement des militantes de l'UDEFEC. Alliées aux premiers organes nationalistes du territoire – l'Union des populations du Cameroun (UPC) et l'Union des syndicats confédérés du Cameroun (USCC) – elles proposent un projet dont l'horizon est l'indépendance du territoire, pour assurer une égalité entre tous et toutes.

L'engagement nationaliste : consolider l'activisme contestataire des femmes (1952-1955)

Créé le 3 août 1952 par un groupe de lettrées, dont Marie-Irène Ngapeth Biyong et Marthe Ouandié – quelque temps après que celles-ci ont été exclues de l'UFC – l'UDEFEC invite les Camerounaises à se rassembler par-delà les clivages ethniques, sociaux et géographiques[54]. Tel est le sens de l'appel lancé le 1er mai 1952 lors d'un meeting organisé par le mouvement syndical, par Emma Ngom, une des cofondatrices de l'organisation. Elle interpelle l'assistance en ces termes :

> « Croyez-vous par exemple que la tribu Bassa peut sauver le Cameroun ? Il en est de même pour n'importe laquelle, qu'elle soit bamiléké, boulou, etc. Il serait donc fou pour une Camerounaise de croire qu'elle peut sauver notre pays rien qu'en groupant les femmes de sa tribu[55]. »

Elle souhaite ainsi inviter les Camerounaises à s'unir au sein « [d']une organisation nationale des femmes », visant à libérer le pays dans une démarche solidaire avec le mouvement anticolonial. Dans la même dynamique que d'autres organisations féminines africaines alliées aux partis nationalistes affiliés au Rassemblement démocratique africain (RDA), la démarche de l'UDEFEC se veut panafricaine et transnationale, dans le prolongement de l'approche entreprise par les comités féminins de l'UPC qui l'ont précédée[56].

En février 1950, les nationalistes camerounaises ont exprimé leur solidarité aux « vaillantes [...] Ivoiriennes qui [ont] men[é] une lutte historique contre l'oppression[57] », en manifestant contre l'incarcération de leurs maris, militants du PDCI-RDA à la prison de Bassam. Relatant sa participation au congrès de Vienne d'avril 1952 sur la défense de l'Enfance, Emma Ngom précise avoir été « la seule femme venant d'Afrique noire française » et, ce faisant, avoir été la porte-parole de toutes les colonisées vivant sur ces territoires[58]. L'organisation noue des relations avec des organisations féminines affiliées au bloc de l'Est, à l'instar de l'Union des femmes françaises (UFF) et la Fédération démocratique internationale des femmes (FDIF). Ces relations sont présentées comme étant à la fois politiques et amicales, fondées sur le principe d'une « solidarité agissante », qui permet de rendre visibles les luttes des colonisées et d'élaborer des mots d'ordre communs[59]. Cette démarche permet de sortir les enjeux des luttes des Camerounaises de la seule confrontation entre leur territoire et la métropole[60].

Les comptes rendus d'activité de l'UDEFEC révèlent que ses dirigeantes souhaitent la reconnaissance de l'implication réelle et indispensable des femmes dans la lutte nationaliste. Tout en confirmant l'existence d'une solidarité de conditions entre militant·e·s nationalistes, elles affirment aussi une égale capacité de participation politique des femmes.

L'expression de la solidarité militante nationaliste prend diverses formes[61]. On peut notamment citer l'initiative d'une militante qui « a mis à disposition de l'Union régionale des syndicats, un local » inauguré en présence de 400 personnes[62]. Quelles que soient les formes empruntées, cette posture n'induit cependant pas une inféodation des militantes aux hommes. Si l'alliance entre militant·e·s nationalistes relève « [d']un partenariat équivoque[63] », l'engagement des femmes au sein de l'UDEFEC comporte aussi une exigence d'égalité des sexes dans l'espace politique. Emma Ngom présente le premier congrès du mouvement comme :

« [...] la preuve de l'existence au Cameroun d'un mouvement féminin anticolonialiste. [Signe] que les femmes du Cameroun sont décidées à mieux s'organiser pour prendre leur part dans la lutte qui conduira [leurs] enfants vers le bonheur et [le] pays vers les lumières de la liberté[64]. »

Par ailleurs, à de nombreuses reprises, et ce, dès sa création, l'organisation rappelle qu'elle est « un mouvement [...] indépendant de tout mouvement politique[65] ». Les militantes nationalistes affirment alors leur autonomie tant à l'égard de leurs camarades masculins – dont certains essayent de mettre l'organisation féminine sous tutelle[66] – qu'envers les organisations féminines internationalistes. Dans ce dernier cas, il s'agit d'une tentative vaine pour dissiper tout soupçon de communisme[67], dans le contexte de guerre froide où l'usage du qualificatif « communiste » par les autorités coloniales relève d'une stratégie de disqualification du mouvement nationaliste et de délégitimation de ses revendications.

***

Alors qu'une grande majorité de colonisé·e·s est disqualifiée pour agir dans l'espace politique colonial hégémonique d'après la Seconde Guerre mondiale, des Camerounaises insérées à la marge de la modernité coloniale bravent l'ordre patriarcal. Elles usent de leur position d'intermédiaires pour exiger l'inclusion de toutes les femmes dans le modèle de féminité valorisé. Elles réclament ainsi la mise en application d'une réelle égalité de droits entre les territoires colonisés et la métropole. Celle-ci passe par un renforcement des capacités des colonisé·e·s sur les plans social, économique et politique. Dès lors, loin de se contenter de diffuser les normes dominantes et d'inviter les populations à s'y conformer, ces femmes questionnent le « système de positions, de fonctions et de normes » dans lequel elles sont inscrites[68]. Qu'elles optent pour une position réformiste, en ayant comme horizon l'amélioration des conditions de vie des populations, au sein de l'Union française, ou qu'elles adoptent une posture plus radicale, celle du nationalisme, leur démarche vise principalement à obtenir l'égalité sociale, économique et politique. En invitant les colonisé·e·s, et plus encore les femmes, à déconstruire leur position et leur fonction dans la société, l'UFC et l'UDEFEC transforment les Camerounaises et l'ensemble des colonisé·e·s en sujets politiques. Dans un contexte où ce statut leur est dénié, elles les invitent à se créer une nouvelle identité politique[69].

CHAPITRE 19

Le discours sur l'immigration

Fatou Diome et la défense des droits humains dans *Le Ventre de l'Atlantique*

Joseph Diémé

Traduit de l'anglais par Arianne Dorval

> « Dans le temps, après la Seconde Guerre mondiale, ils accueillaient beaucoup de monde, parce qu'ils avaient besoin d'ouvriers pour reconstruire le pays. Ils engageaient en masse des immigrés d'origines diverses qui, chassés par la misère, acceptaient d'aller tutoyer la mort au fond des mines de charbon. [...] Les Africains, toutes vagues confondues, vivent en majorité dans des taudis. [...] Leurs enfants, bercés par le refrain Liberté, Égalité, Fraternité, perdent leurs illusions lorsque, après un combat de longue haleine, ils se rendent compte que la naturalisation enfin obtenue n'ouvre pas davantage leur horizon[1]. »

Dans cet extrait du *Ventre de l'Atlantique*, Salie, Strasbourgeoise en visite dans son île natale de Niodior au Sénégal, interrompt une discussion animée sur l'émigration en France entre de jeunes hommes rassemblés sous l'arbre à palabres[2]. Faisant fi des règles qui interdisent aux femmes de s'exprimer dans une sphère dominée par les hommes, elle prend la parole pour rendre compte des conditions de vie des migrants africains en France. Cet essai replace le roman à succès de Fatou Diome dans le contexte d'un discours et d'une législation de plus en plus hostiles aux immigrés en Europe, et met ainsi en lumière la contribution de l'écrivaine franco-sénégalaise à la diversité des voix qui s'expriment sur la question de l'ouverture des frontières européennes aux migrants issus des pays du Sud. Initialement paru en français avant d'être traduit en plusieurs langues, *Le Ventre de l'Atlantique* présente la migration illégale de sujets africains vers la

France comme la conséquence des relations qu'entretient celle-ci avec l'Afrique depuis la fin de la Seconde Guerre mondiale. Il s'intéresse en outre au quotidien de ces immigrés en France, proposant une histoire à rebours des représentations généralement péjoratives qui circulent dans la société française à propos du mode de vie des Africains. Salie, personnage principal et narratrice du roman, contribue de manière significative au réexamen des expériences africaines en France. Les différentes épreuves qu'elle traverse obligent en effet le lecteur à prendre conscience du fait que la situation coloniale continue de structurer les relations entre la France et l'Afrique. En donnant la voix aux femmes africaines vivant dans l'Hexagone, *Le Ventre de l'Atlantique* offre un nouveau paradigme pour permettre aux sujets postcoloniaux de se libérer des chaînes mentales induites par l'hégémonie socio-économique et culturelle française en Afrique.

Les Indigènes de la République

Fatou Diome a écrit neuf romans qui tous abordent les thèmes de l'immigration, du racisme, de l'identité nationale, du néocolonialisme et de la mondialisation[3]. L'écrivaine est bien connue en France, où elle passe régulièrement à la télévision. Elle y a souvent remis en cause le *statu quo* inéquitable entre l'Europe et l'Afrique, revendiquant la justice sociale pour les Africains et les autres habitants de la planète. *Le Ventre de l'Atlantique* est paru en 2003, deux ans avant les émeutes de novembre 2005 en France. Ces événements ont montré que les habitants des banlieues – notamment les personnes racisées – n'acceptaient plus d'être traités comme des citoyens de seconde zone (pauvreté, chômage, échec scolaire et racisme). Ils ont également permis au monde de découvrir les ghettos français, qui, tant dans leur forme architecturale que dans la stigmatisation de leurs habitants, présentent de nombreuses similitudes avec les sociétés de plantation. Selon Édouard Glissant, la plantation est un espace qui s'empare des corps et bloque l'ascension sociale : « un lieu clos : chaque Plantation est désignée par des limites dont il est strictement interdit de sortir, sauf si on en a la permission écrite ou si des exceptions rituelles, comme à la saison du Carnaval, y autorisent. Chapelle ou église, atelier de distribution de vivres ou plus tard boutique d'alimentation, hospice ou hôpital : tout s'y traite en cercle fermé[4]. » Ainsi, la plantation comme le ghetto sont conçus de telle sorte qu'ils fonctionnent en autarcie et sont tenus à l'écart de la culture dominante – à savoir la culture blanche[5].

Comme le suggère Fatou Diome dans la citation d'ouverture, les Africains et leurs descendants en métropole sont soumis à un statut de seconde zone depuis la période coloniale – constat venant appuyer la thèse qu'ils sont les nouveaux indigènes de la République. De ce point de vue, les émeutes de 2005 peuvent être considérées comme un symbole de la résistance aux rapports coloniaux. Didier Lapeyronnie l'exprimait en ces termes : « certes, les "banlieues" ne sont pas un territoire conquis et occupé par l'armée, et les colons ne sont pas venus s'installer pour "exploiter" les ressources et la population en la maintenant dans une situation de subordination et de dépendance justifiée par le racisme. Mais, il n'empêche. Le vécu de la discrimination et de la ségrégation, et peut-être plus encore le sentiment d'être défini par un déficit permanent de "civilisation" dans les discours du pouvoir, d'être soumis à des injonctions d'intégration au moment même où la société vous prive des moyens de la construire, évoquent directement la "colonie" et donc, pour nombre d'habitants issus de l'immigration, un "passé qui ne passe pas[6]" ».

En replaçant les émeutes dans leur contexte, Fatou Diome en explore les implications et en fait une question de droits humains[7]. Ce faisant, elle offre un contre-récit à la diabolisation dont font l'objet les immigrés africains de la part des femmes et des hommes politiques français – le plus hostile d'entre eux étant Jean-Marie Le Pen. Si les excès de la rhétorique lepéniste sont généralement rejetés par les politiciens de droite, il n'en demeure pas moins que ces derniers ont permis aux idées d'extrême droite d'exercer une influence grandissante sur la politique française. Ainsi, Nicolas Sarkozy a remporté la présidence en 2007 après avoir mené une campagne électorale qui déformait l'histoire des immigrés africains dans l'Hexagone. Ses discours de campagne présentaient ces derniers comme des parasites qui avaient fui leurs pays du tiers-monde pour venir profiter de la Sécurité sociale en France ; les Africains étant décrits comme un fardeau pour l'État, leur présence dans le pays devenait illégitime.

Dans *Le Ventre de l'Atlantique*, Salie interroge la « politique d'intégration » de la France, notamment en tant qu'elle vise les citoyens français d'origine africaine : « Quant à leur politique d'intégration, elle vaut tout au plus par leur équipe nationale de football. *Blacks, Blancs, Beurs*, ce n'est qu'un slogan placardé sur leur vitrine mondiale, comme une mauvaise publicité de Benetton, juste une recette : *Bœuf, Braisé, Beurré*, que les chaînes de télévision s'arrachent à coups de millions » (p. 178). À travers le personnage de Salie, Fatou Diome s'insurge contre son pays, la France, s'inscrivant dans une longue lignée de militants qui ont lutté contre les violations des droits humains perpétrées par l'État, que ce soit pendant l'esclavage et la colonisation ou à l'époque moderne. Plus précisément, elle se révolte contre une sorte de racisme larvé encouragé par de nombreux gouvernements en France, y compris sous la présidence de Giscard d'Estaing lors de l'Année du patrimoine.

Blanchité et francité

La devise de la France – Liberté, Égalité, Fraternité – implique que tous les citoyens, quels que soient leur race, leur religion, leur genre ou leur orientation sexuelle, doivent être traités sur un pied d'égalité. Ces principes n'ont pourtant pas empêché Giscard d'Estaing, président de la République française de 1974 à 1981, de lancer en 1980 une initiative clairement discriminatoire : l'Année du patrimoine[8]. Comme le rappelle Herman Lebovics, « à aucun moment lors de l'Année du patrimoine les traditions, ou même l'existence, des millions d'immigrés d'Afrique du Nord ou subsaharienne n'ont été évoquées[9] ». Selon l'historien, cette initiative politique visait délibérément à exclure les minorités africaines de l'identité nationale française.

L'effacement des identités africaines lors de l'Année du patrimoine reflétait une conception de la « francité » comme nécessairement blanche. En effet, sous Giscard d'Estaing, les élites politiques faisaient une lecture « éliminativiste » de l'identité nationale[10]. Ils définissaient celle-ci sur la base de critères raciaux, la francité apparaissant comme le résultat d'une filiation biologique avec des ancêtres mythiques et comme le produit de moments historiques partagés[11]. Or, cette approche « révisionniste » occultait le fait que l'Afrique de l'Ouest et la France ont une histoire commune, laquelle a commencé avant même le développement des sociétés de plantation. À l'inverse, *Le Ventre de l'Atlantique* défend une francité qui reconnaît les apports des immigrés africains et relève, selon les termes de Dayna Oscherwitz, d'une « identité civique postnationale qui coexiste harmonieusement avec des identités culturelles multiples[12] ».

L'irruption de Fatou Diome sur la scène nationale coïncide avec un tournant dans l'histoire de la France. L'écrivaine a acquis sa notoriété au moment même où de nombreux Français d'origine africaine décidaient de rompre le silence sur la reproduction des injustices sociales dans leur pays. Contrairement à leurs parents, arrivés dans les années 1950 et 1960 et invisibilisés en raison de barrières linguistiques et éducatives, les Noirs nés et éduqués en France souhaitent aujourd'hui prendre part aux débats sur l'identité nationale. Or, ils ont souvent du mal à se faire entendre. Dans ce contexte, Fatou Diome s'efforce de donner la voix aux Africains de France afin de pallier le manque d'attention portée par les institutions (y compris l'école) à leurs conditions de vie. Elle invite la nation à se transformer[13], faisant écho aux mots d'Homi Bhabha, pour qui « la nation n'est plus le signe de cette modernité qui implique l'homogénéisation des différences culturelles dans une vision "horizontale" de la société. Dans sa représentation ambivalente et vacillante, la nation révèle l'ethnographie de sa propre historicité et ouvre la voie à d'autres récits sur le peuple et sa diversité »[14]. Tout en plaidant pour une représentation historique des immigrés africains dans *Le Ventre de l'Atlantique*, Fatou Diome dessine des pistes pour l'étude de l'intersection entre l'immigration, le néocolonialisme et le néolibéralisme dans son pays natal, le Sénégal, lequel entretient des liens transnationaux avec la France depuis des siècles.

Néocolonialisme, néolibéralisme et immigration

Dans *Le Ventre de l'Atlantique*, Fatou Diome met en lumière l'impact du néocolonialisme et du néolibéralisme sur la vie des Africains, sans toutefois recourir au langage abscons des universitaires. C'est à travers la description des lieux et des interactions entre les personnages que les lecteurs saisissent la réalité de ces phénomènes. Salie, qui vit en France depuis plus de dix ans, visite son île natale pendant l'été. Dans son village, tous les jeunes rêvent d'émigrer en Europe, de préférence en France. Ce rêve est alimenté non seulement par l'architecture de l'État postcolonial, mais aussi par les histoires que racontent les « been-tos[15] ». Dans le roman, la figure du « been-to » est incarnée par le personnage surnommé « l'homme de Barbès ». Les récits que celui-ci relate sous l'arbre à palabres s'inscrivent dans une longue histoire d'illusions rappelant la littérature caribéenne de l'époque des plantations, une littérature élitiste qui, comme l'a montré Édouard Glissant, s'appliquait à « pousser à l'extrême la convention du paysage, de sa douceur, de sa beauté. [Il y avait] la même propension à effacer sous la splendeur convenue du décor le frémissement de la vie, c'est-à-dire les réalités turbulentes de la Plantation[16] ». L'homme de Barbès est perçu et traité comme un modèle de réussite. Il bénéficie ainsi d'une promotion accélérée au statut « d'ancien » – statut qui, dans la tradition, repose sur des critères tels que l'âge, l'expérience, la sagesse et un comportement exemplaire.

L'homme de Barbès n'a pas les qualités traditionnellement requises pour devenir un ancien. Mais il est rentré de France avec d'abondantes richesses, et il les étale avec ostentation. Sous l'arbre à palabres, le public l'écoute avec attention. La psychologie de l'homme de Barbès ressemble à s'y méprendre à l'habitus de l'homme noir antillais rentré de métropole que Fanon décrivait dans *Peau noire, masques blancs*. Fanon avait en effet observé que « beaucoup d'Antillais, après un séjour plus ou moins long dans la métropole, reviennent se faire consacrer. Avec eux l'indigène, celui qui n'est jamais sorti de son trou, le "bitaco", adopte la forme la plus éloquente de l'ambivalence. Le Noir qui pendant quelque temps a vécu en France revient radicalement transformé[17] ». Il refuse de parler créole, parle doucement, surveille sa diction et, surtout, s'applique « non seulement à rouler les "R", mais à les ourler[18] ».

L'homme de Barbès met la France sur un piédestal, tout comme les migrants antillais décrits par Fanon louaient celle-ci pour les opportunités économiques qu'elle offrait. Il est l'exemple même du sujet colonial qui, comme l'a montré Albert Memmi, rêve « d'égaler ce modèle prestigieux [le colonisateur], de lui ressembler jusqu'à disparaître en lui[19] ». De retour dans son pays natal, l'homme de Barbès, désormais un « been-to », devient le griot de l'ancien colonisateur[20]. Son « pouvoir d'achat, faramineux par rapport à la moyenne de l'île [et] son imposante demeure [...] lui [assure] à jamais le respect et l'admiration des villageois » (p. 32-33). Dans son répertoire, la France équivaut à « la tour Eiffel et l'Obélisque, [qui] touchent le ciel [...] Les Champs-Élysées [...] l'Arc de triomphe [...] le Panthéon [...] la cathédrale Notre-Dame » (p. 84). La France est un pays où « chaque couple habite, avec ses enfants, dans un appartement luxueux [...] Il n'y a pas de pauvres, car même à ceux qui n'ont pas de travail, l'État paie un salaire : ils appellent ça le RMI, le revenu minimum d'insertion » (p. 85-86). La psychologie de l'homme de Barbès illustre clairement le fait que la décolonisation n'a pas éradiqué les perceptions de la France issues de l'époque coloniale, ce que vient d'ailleurs confirmer l'architecture politique actuelle du Sénégal.

Dans le Sénégal postcolonial, la langue officielle du pays, le français, rappelle constamment la présence de l'ancien colonisateur. Comme l'écrit Fatou Diome, la langue française « porte des pantalons, des costumes, des cravates, des chaussures fermées ; ou alors des jupes, des tailleurs, des lunettes et de hauts talons » (p. 21). En outre, l'identité sénégalaise contemporaine est toujours influencée par la France. Les sujets sénégalais continuent de penser et de se comporter comme des citoyens français, un héritage de la politique assimilationniste mise en œuvre par la France dans le cadre de sa mission civilisatrice (1885-1962). Salie poursuit son analyse de la sémiotique du néocolonialisme en ces termes :

> « Tenez par exemple, la seule télévision qui leur permet [aux jeunes] de voir les matchs, elle vient de la France. Son propriétaire [l'homme de Barbès], devenu un notable au village, a vécu en France. L'instituteur, très savant, a fait une partie de ses études en France. Tous ceux qui occupent des postes importants au pays ont étudié en France. Les femmes de nos présidents successifs sont toutes françaises. Pour gagner les élections, le

> Père-de-la-nation gagne d'abord la France. Les quelques joueurs sénégalais riches et célèbres jouent en France. Pour entraîner l'équipe nationale, on a toujours été chercher un Français. Même notre ex-président, pour vivre plus longtemps, s'était octroyé une retraite française. Alors, sur l'île, même si on ne sait pas distinguer, sur une carte, la France du Pérou, on sait en revanche qu'elle rime franchement avec chance » (p. 53).

Fatou Diome invite le lecteur à s'interroger sur la présence de la France au Sénégal et, plus généralement, en Afrique francophone. À travers cette citation, elle se joint aux nombreuses voix qui dénoncent l'influence négative de la France sur ses ex-colonies africaines depuis l'aube des indépendances. Aux yeux des critiques, l'ancien colonisateur porte atteinte à la souveraineté des pays africains en exploitant leurs ressources avec la complicité des élites locales. Ce phénomène, qui conduit à l'enrichissement de l'élite et à l'appauvrissement du peuple, a pour nom la Françafrique[21]. Comme l'observe François Gèze, « cette alliance entre le cœur de l'État français, ses grands groupes industriels et les chefs d'État inamovibles des ex-colonies africaines [...] constituera – avec la "force de frappe" nucléaire – le socle principal de la "puissance française" au cours des décennies suivantes. Une alliance néocoloniale durablement cimentée par l'argent (du pétrole, de l'uranium, des matières premières agricoles, des ventes d'armes, du financement de partis politiques)[22] ».

Fatou Diome lève le voile sur une nouvelle forme de colonisation en Afrique francophone, une sorte de machine néocoloniale qui engendre une culture de la dépendance et perpétue la croyance que les Africains ne peuvent survivre sans l'aide de l'ancien colonisateur. *Le Ventre de l'Atlantique* offre de nombreux exemples de situations néocoloniales : « une pompe à eau offerte par nos amis les Japonais [...] un cargo de riz offert par la France [qui] s'apprête à reconsidérer prochainement la dette du Sénégal » (p. 50). Le roman détaille les conditions de l'oppression, donnant à voir une situation de dépendance dans laquelle des Africains démunis perçoivent l'Occident comme la seule voie vers la réussite. Il laisse aussi entendre que la pauvreté des Africains est aggravée par l'adhésion funeste des élites francophones au modèle de développement néolibéral.

Les amis du néolibéralisme

Fatou Diome décrit l'impact du néolibéralisme sur le Sénégal, s'attardant notamment sur la profanation de la terre :

> « Les hôtels sont plantés là, monstrueux sur leur socle doré. Comme l'État tient énormément aux devises du tourisme, il laisse les investisseurs étrangers s'approprier les plus beaux sites côtiers et payer leurs employés au lance-pierres. Le steak pour le puissant, l'os pour le pauvre ! Ainsi soit-il au royaume du capitalisme qui s'étend jusque sous les cocotiers. [...] Laissez fonctionner l'hôtellerie, au bon plaisir des touristes occidentaux ! Ne soyez pas trop regardants sur ce qu'ils y font, il ne faut surtout pas les froisser. Il faut fidéliser la clientèle ! Tant pis si quelques libidineux viennent uniquement visiter des paysages de fesses noires, au lieu d'admirer le Lac rose, l'île aux oiseaux, nos greniers vides et nos bidonvilles si pittoresques. D'ailleurs, pour arrondir leurs fins de mois, certains réceptionnistes, lassés de soupeser les cartes de crédit, savent dénicher, sur demande, quelques beautés cannelle, des poules de luxe au sourire mielleux, habituées à danser le rigaudon » (p. 198-199).

L'écrivaine suggère ici que le capitalisme occupe le devant de la scène du « développement » au détriment des êtres humains qui ne sont qu'un élément du décor. Mis au service de cette idéologie, les gens peuvent être jetés du jour en lendemain. Le Sénégal postcolonial semble à la merci d'entreprises dont la préoccupation première est le profit. Cette situation rappelle étrangement l'esclavage et la colonisation, périodes où les Européens avaient pour principal souci de tirer profit de la terre en exploitant le corps de l'esclave ou du sujet colonial. *Le Ventre de l'Atlantique* laisse entendre que, au cours de la période d'après-guerre, la France a pareillement exploité les travailleurs africains tout en les entassant dans des bidonvilles.

À l'instar de critiques sénégalais tels que le cinéaste et écrivain Ousmane Sembene, Fatou Diome dénonce le néolibéralisme. Elle critique l'agenda du Fonds monétaire international et de la Banque mondiale, deux agences contrôlées par la France et les États-Unis qui exercent une influence majeure sur son pays d'origine. Sans surprise, la narratrice Salie déplore que le Sénégal soit contraint, en raison de son endettement, à ouvrir ses frontières aux investisseurs étrangers, entraînant une nouvelle ruée sur les ressources du pays et, plus généralement, du continent africain[23].

Figurant tous deux en bonne place dans *Le Ventre de l'Atlantique*, le néocolonialisme et le néolibéralisme apparaissent comme les causes profondes de l'émigration. D'une part, les citoyens sénégalais sont conditionnés à se tourner vers la France pour construire leur identité propre ; d'autre part, ils deviennent des instruments au service du développement des élites. Or, le roman soulève aussi de nouvelles questions. Fatou Diome s'interroge entre autres sur la pertinence de l'idée de souveraineté nationale. L'indépendance de 1960 était-elle une fausse promesse ? Ne devait-elle pas offrir aux citoyens sénégalais une vie digne et prospère ? La nation et son peuple doivent-ils continuer à servir les intérêts du capitalisme ? La jeunesse, ressource humaine indispensable au développement de la nation, est-elle condamnée à émigrer vers l'Europe, où ceux qui l'ont précédée sont traités comme des citoyens de seconde zone ? *Le Ventre de l'Atlantique* conclut en proposant une autre voie. L'optimisme de Fatou Diome fait ainsi écho à l'espoir suscité par les mouvements sociaux qui ont secoué le monde à partir de 2010. Au lieu de promouvoir le changement social par la violence, *Le Ventre de l'Atlantique* plaide pour une révolution mentale qui s'attaque aux causes profondes de l'émigration et qui garantisse la paix et la prospérité à la nation postcoloniale. Cette révolution est incarnée dans le roman par le personnage de Madické, le frère de Salie.

Un changement de perspective

Dans *Le Ventre de l'Atlantique*, Madické subit une métamorphose – l'illustration d'un tournant dans la psychologie des jeunes qui rêvent d'émigrer en Europe. Tout au long du roman, Madické et ses amis sont subjugués par l'homme de Barbès, dont les histoires perpétuent l'idée d'une supériorité de la France. Or, à la fin du récit, Madické change de perspective dans un moment d'émancipation qui, pour reprendre les termes de Robert Young, « affirme non seulement le droit des peuples africains, asiatiques et latino-américains à accéder aux ressources et au bien-être matériel de l'Occident, mais aussi la puissance dynamique de leurs cultures[24] ». Le nouvel espoir de Madické rappelle la mobilisation des jeunes contre les politiques néolibérales dans de nombreuses régions du monde. Lors d'une conversation téléphonique avec sa sœur, le jeune homme réaffirme que son centre de gravité s'est déplacé de Paris vers Dakar :

> « Eh, attends ! Je disais que j'aimerais tellement, à l'occasion, les voir jouer [l'équipe nationale de football sénégalaise] pour de vrai au stade Léopold Sédar Senghor de Dakar, par exemple. Qui te parle de partir ? Peut-être que certains copains y pensent encore, mais moi, ça ne m'intéresse plus. J'ai beaucoup de travail à la boutique, il faut sans cesse renouveler le stock ; je crois que je vais l'agrandir, elle marche très bien. J'ai même pu louer une belle télé, si bien que nous avons tous suivi la Coupe du monde chez moi. Écoute, la grand-mère demande de tes nouvelles, as-tu reçu son colis ? Elle n'arrête pas de parler de toi, tu lui manques. Franchement, tu devrais rentrer, il y a tellement de choses à faire ici » (p. 251-252).

Le processus d'émancipation de Madické s'effectue en plusieurs étapes qu'il convient de détailler ici. Le fait qu'il n'ait plus besoin d'aller chez l'homme de Barbès pour regarder la télévision signifie qu'il a démystifié les récits concernant la « grandeur » de la France. Enfin sorti de cette prison mentale, le jeune homme porte un nouveau regard sur sa patrie : il ne la voit plus à travers les yeux de cet Occident que symbolise l'homme de Barbès. Par ailleurs, en choisissant d'aller voir jouer l'équipe nationale de football sénégalaise dans un stade local qui porte le nom du premier président du Sénégal, Léopold Sédar Senghor, il fait preuve de patriotisme[25]. Sa patrie a désormais autant de valeur que la France. Le patriotisme de Madické s'incarne également dans la boutique qu'il a récemment ouverte grâce au soutien financier de sa sœur et qu'il prévoit d'agrandir dans le futur. En tant que propriétaire, il peut décider lui-même de ce qu'il veut vendre : il gère *sa* boutique ; il investit dans *son* pays.

Le transfert de l'agentivité de Madické de l'échelle du village à celle de la nation est en soi un acte révolutionnaire. Sur le plan symbolique, cet acte vise à démanteler le néocolonialisme et à protéger le pays des convoitises étrangères. Or, Madické n'aurait sans doute pas changé de perspective sans la contribution de sa sœur installée à Strasbourg. Le jeune homme invite Salie à rentrer à la maison, lui rappelant qu'il y a beaucoup de travail à faire dans le pays. Ce *travail* auquel il fait allusion a pour visée un développement centré sur le Sénégal.

L'invitation de Madické véhicule l'idée que la diaspora sénégalaise joue un rôle essentiel dans le développement du continent. Le retour des migrants, qui ont accumulé des expériences et un capital intellectuel et économique en France, constitue une valeur ajoutée pour le pays. En affirmant qu'il est possible de réussir chez soi, le message de Madické devrait pouvoir en finir avec la croyance que le développement du Sénégal passe nécessairement par l'émigration en France.

Le Ventre de l'Atlantique est un témoignage puissant de l'engagement de Fatou Diome envers les droits humains dans ses deux pays : la France et le Sénégal. Dans le contexte de la crise migratoire entre l'Europe et l'Afrique, le roman est une contribution essentielle au débat sur l'immigration. Tout en levant le voile sur la relation paternaliste que la France entretient avec le Sénégal, Fatou Diome interroge, avec courage, la nature même des inégalités systémiques entre le Nord et le Sud. Elle suggère que la France est elle aussi responsable des vagues migratoires – anciennes et actuelles – en provenance du Sénégal, et elle invite son public à réfléchir aux sources des discours anti-immigration d'aujourd'hui. En tant que Franco-Sénégalaise, l'écrivaine revendique et incarne un espace postcolonial que seules des figures politiques fulgurantes telles que Patrice Lumumba et Thomas Sankara ont su occuper avant elle[26]. Ses écrits laissent entendre en filigrane qu'elle n'appartient à aucun camp, son ambition étant avant tout de donner une voix aux Africains marginalisés. En somme, Fatou Diome offre une feuille de route pour réaliser les principes de liberté, d'égalité et de fraternité qui échappent encore à la plupart des sujets africains, qu'ils vivent en France ou au Sénégal.

Notes et références bibliographiques

INTRODUCTION : UN RÉCIT COUSU DE FIL BLANC. FEMMES NOIRES ET HISTOIRE DES LUTTES D'ÉMANCIPATION EN FRANCE

1. Discours du président de la République à l'occasion de la cérémonie d'entrée au Panthéon de Joséphine Baker, 30 novembre 2021. Voir : https://elysee.fr/emmanuel-macron/2021/11/30/josephine-baker-entre-au-pantheon
2. « Know Your History: Josephine Baker became first Black woman honored at the Pantheon in Paris », 6 décembre 2021, URL : https://aframnews.com/know-your-history-josephine-baker-becomes-first-black-woman-honored-at-the-pantheon-in-paris/
3. Jennifer Anne Boittin, Christy Pichichero, « "Ma France, c'est Joséphine" : The Crucible of Race in French and Francophone Studies », *Journal of Western Society for French History*, 48, 2022, p. 1-19 ; Rachel Gillett, « What Josephine Baker's induction to the French Panthéon reveals – and obscures », *The Washington Post*, 3 décembre 2021.
4. Ceci est très bien vu par Rachel Gillett, « An Acceptable Hero », *History Today*, vol. 72, n° 3, mars 2022.
5. Marie-Alice Legrand, Annah Akhoun-Murat, Joe Sullivan, « The Backlash to CRT in France », transcription, *CRT2. Studio for Law and Culture*, Columbia Law School, https://crt2.podcasts.library.columbia.edu/podcast/the-backlash-to-crt-in-france/
6. Régis Debray, « Et si Joséphine Baker entrait au Panthéon ? », *Le Monde*, 16 décembre 2013.
7. Félix Germain, Silyane Larcher (dir.) *Black French Women and the Struggle for Equality (1848-2016)*, Lincoln, University of Nebraska Press, 2018, p. XI-XII.
8. Nicolas Bancel, Pascal Blanchard, « The invention of the Native », *in* P. Blanchard, N. Bancel, Sandrine Lemaire, Dominic Thomas (dir.), *Colonial Culture in France since the Revolution*, Bloomington, Indiana University Press, 2013, p. 174.

9. Pour aller plus loin, voir Jacqueline Couti, « La Doudou contre-attaque. Féminisme noir, sexualisation et doudouisme en question dans l'entre-deux-guerres », *Comment s'en sortir ?*, n° 1, 2015, p. 111-139.
10. Jane Nardal, « Pantins exotiques », *La Dépêche africaine*, octobre, 1928, p. 2.
11. *Ibid.*
12. Expression empruntée à Mireille Eberhard, « Habitus républicain et traitement de la discrimination raciste en France », *Regards sociologiques*, n° 39, 2010, p. 71-83.
13. S. Larcher, *L'Autre Citoyen. L'idéal républicain et les Antilles après l'esclavage* (2014), Paris, Points, 2022.
14. F. Cooper, *Français et Africains ? Être citoyen au temps de la décolonisation*, Paris, Payot, 2014 ; S. Larcher, Jean-Numa Ducange, Stephen W. Sawyer, chapitre 6 : « La République multiple. Une histoire globale et transnationale », *in* Quentin Deluermoz (dir.), *D'ici et d'ailleurs. Histoires globales de la France contemporaine,* Paris, La Découverte, 2021, p. 247-284.
15. Voir Christopher L. Miller, *The French Atlantic Triangle. Literature and Culture of the Slave Trade*, Durham, Duke University Press, 2008 ; Laurent Dubois, « The French Atlantic », *in* Jack Greene, Philip Morgan (dir.), *The Atlantic World. A Critical Appraisal*, Oxford, Oxford University Press, 2008. En français, dans une perspective d'ego-histoire, voir Maboula Soumahoro, *Le Triangle et l'Hexagone. Réflexions sur une identité noire*, Paris, La Découverte, 2020.
16. F. Germain, *Decolonizing the Republic. African and Caribbean in Postwar Paris, 1946-1974*, East Lansing, Michigan State University Press, 2016.
17. Leonora Miano, *Habiter la frontière*, Montreuil, L'Arche, 2012.
18. Voir Rose-Marie Lagrave, « Recherches féministes ou recherches sur les femmes ? », *Actes de la recherche en sciences sociales*, vol. 83, n° 1, 1990, p. 27-39 ; Christine Bard, « Jalons pour une histoire des études féministes en France (1970-2002) », *Nouvelles Questions féministes*, vol. 22, n° 1, 2003, p. 14-30.
19. Sur les difficultés de traduction de *gender* en français et la réception de la catégorie de genre, objet de vifs débats dans les sciences sociales en France, voir parmi une riche littérature : Éric Fassin, *Genre et sexualité au miroir transatlantique*, Éditions de l'EHESS, Paris, 2009. On notera, par une linguiste : Josiane Hay, « Le casse-tête de la traduction du mot *gender* en français », *Les Cahiers de l'ILCEA*, n° 3, 2002, p. 113-126.
20. Carole Sweeney, « Resisting the Primitive: The Nardal Sisters, *La Revue du monde noir* et *La Dépêche africaine* », *Nottingham French Studies*, 43-2, 2004, p. 45-55.
21. Christophe Charle, « "Les sociétés impériales" d'hier à aujourd'hui. Quelques propositions pour repenser l'histoire du second XXe siècle en Europe », *Journal of Modern European History*, vol. 3 n° 2, 2005, p. 123-139.
22. Suivant l'ordre de l'ouvrage, il s'agit des chapitres de Jennifer Anne Boittin, Myriam Paris, Pamela Ohene-Nyako, Silyane Larcher, Mamaye Idriss, Johanna Montlouis-Gabriel et Tina Harpin.

23. Outre R.-M. Lagrave, « Recherches féministes ou recherches sur les femmes ? », art. cité, et C. Bard, « Jalons pour une histoire des études féministes en France (1970-2002) », art. cité, voir aussi Isabelle Clair, Elsa Dorlin (dir.), *Photo de famille. Penser des vies intellectuelles d'un point de vue féministe*, Paris, Éditions de l'EHESS, 2022.
24. D'abord paru aux Éditions caribéennes, l'ouvrage fut réédité sous le titre : *Sœurs de Solitude. Femmes et esclavage aux Antilles du XVIIe au XIXe siècle*, Rennes, Presses universitaires de Rennes, 2010.Voir aussi, en anglais, Bernard Moitt, *Women and Slavery in the French Antilles, 1635-1848*, Bloomington et Indianapolis, Indiana University Press, 2001.
25. Il faut signaler l'article alors isolé, dans les années 1990, de Myriam Cottias et Annie Fitte-Duval, historienne et juriste, toutes deux Martiniquaises, paru dans un dossier sur la recherche et l'action féministe dans la Caraïbe à l'initiative de chercheuses hispanophones et anglophones : « Femme, famille et politique dans les Antilles françaises de 1828 à nos jours », *Caribbean Studies*, vol. 28, n° 1, 1995, p. 76-100.
26. France Alibar, Pierrette Lembeye-Boy, *Le Couteau seul… Sé kouto sel… La condition féminine aux Antilles*, 2 vol., Paris, Éditions caribéennes, 1981-1982.
27. Catherine Coquery-Vidrovitch, *Les Africaines. Histoire des femmes d'Afrique noire du XIXe au XXe siècle*, Paris, Desjonquères, 1994 ; Anne Hugon (dir.), *Histoire des femmes en situation coloniale, Afrique et Asie, XXe siècle*, Paris, Karthala, 2004 ; Odile Goerg (dir.), *Perspectives historiques sur le genre en Afrique*, Paris, L'Harmattan, 2007 ; Fatou Sow (dir.), *La Recherche féministe francophone. Langues, identités, enjeux*, Paris, Karthala, 2009 ; Marie Rodet, *Les Migrantes ignorées du Haut-Sénégal, 1900-1946*, Paris, Karthala, 2009 ; Pascale Barthélémy, *Africaines et diplômées à l'école coloniale, 1918-1957*, Rennes, Presses universitaires de Rennes, 2010.
28. À noter, un dossier pluridisciplinaire paru en 1987 de la revue *Présence africaine*, « La femme noire dans la vie moderne », consacré aux femmes d'Afrique et de la Caraïbe à partir de réflexions sur le développementalisme, les mutilations sexuelles, la division internationale du travail, l'immigration, la littérature, ou la politique.
29. Pascale Barthélémy, Luc Capdevila, Michelle Zancarini-Fournel, « Femmes, genre et colonisations », *Clio. Histoire, femmes et sociétés*, vol. 33, n° 1, 2011, p. 7-22.
30. Réflexion ouverte plus tard, sans la focale du genre, dans Cécile Vidal (dir.), *Français ? La nation en débat entre colonies et métropole (XVIe-XIXe siècle)*, Paris, Éditions de l'EHESS, 2014.
31. C'est tout le défi que pose aux chercheur·e·s en sciences sociales l'ouvrage de Pierre Singaravelou et *al.*, *Colonisations. Notre histoire*, Paris, Seuil, 2023.
32. Pour une vue récente de l'histoire francophone de ce domaine de recherches, voir Hélène Bertheleu, « Actualité théorique des relations interethniques. Ethnicité et race dans la sociologie francophone », *Revue européenne des migrations internationales*, vol. 37, n° 3, 2021, p. 179-204.

33. Parmi une abondante littérature, voir Catherine Quiminal, « Genre, travail et migrations en Europe », *Revue européenne des migrations internationales*, vol. 21, n° 1, 2005, p. 1-14 ; Jules Falquet, Aude Rabaud, « Femmes, genre, migrations et mondialisation. Un état des problématiques », *Cahiers du CEDREF*, n° 16, 2008, p. 7-32 ; Marion Manier, « Cause des femmes *vs* cause des minorités : tensions autour de la question des "femmes de l'immigration" dans l'action publique française », *Revue européenne de l'immigration*, vol. 29, n° 4, 2013, p. 89-110 ; Linda Guerry, Françoise Thébaud, « Femmes et genre en migration », *Clio. Femmes, Genre, Histoire*, vol. 51, n° 1, 2020, p. 19-32.
34. Nacira Guénif, « L'altérité de l'intérieur », *in* Marie-Claude Smouts (dir.), *La Situation postcoloniale. Les postcolonial studies dans le débat français*, Paris, Presses de Sciences Po, 2007, p. 344-352.
35. Abdellali Hajjat, « Des discours républicains aveugles à la race ? La question raciale entre texte public et texte caché », *Sociologie*, vol. 12, n° 4, 2021, p. 419-426.
36. E. Dorlin (dir.), *Black Feminism. Anthologie du féminisme africain-américain, 1975-2000*, Paris, L'Harmattan, 2008.
37. Voir A. Hajjat, S. Larcher (dir.), « Intersectionnalité », *Mouvements*, 2019, disponible en ligne à l'adresse : https://mouvements.info/intersectionnalite/ Voir aussi Éléonore Lépinard, Sarah Mazouz, *Pour l'intersectionnalité*, Paris, Anamosa, 2021.
38. Ce point est bien vu par Sébastien Chauvin, Alexandre Jaunet, « L'intersectionnalité contre l'intersection », *Raisons politiques*, 58-2, 2015, p. 55-74.
39. Fatima Aït Ben Lmadani, Nasima Moujoud, « Peut-on faire de l'intersectionnalité sans les ex-colonisées ? », *Mouvements*, vol. 72, n° 4, 2012, p. 11-21. Voir aussi Silma Bilge, « Le blanchiment de l'intersectionnalité », *Recherches féministes*, vol. 28, n° 2, 2015, p. 9-32 ; Evélia Mayenga, « Les traductions françaises de l'intersectionnalité : race, mondes académiques et profits intellectuels », *Marronnages*, vol. 2, n° 1, 2023, p. 139-163.
40. Yann Le Bihan, *Construction sociale et stigmatisation de la femme noire. Imaginaires coloniaux et sélection matrimoniale*, Paris, L'Harmattan, 2007 ; du même auteur, *Femme noire et désir blanc. Racisme et sexisme dans la presse française actuelle*, Paris, Hermann, 2011.
41. Florence Rochefort, Bibia Pavard, M. Zancarini-Fournel, *Ne nous libérez pas, on s'en charge. Une histoire des féminismes de 1789 à nos jours*, Paris, La Découverte, 2020. On notera également Clara Palmiste, M. Zancarini-Fournel (dir.) « Le genre dans les mondes caribéens », dossier spécial *Clio. Femmes, Genre, Histoire*, vol. 50, n° 2, 2019.
42. « Des féminismes noirs en contexte (post)impérial français ? Histoires, expériences et théories », colloque international et pluridisciplinaire, 3-5 mars 2020, campus Condorcet Paris-Aubervilliers, coordonné par Jennifer Anne Boittin, Jacqueline Couti, Lucia Direnberger, Silyane

Larcher (à l'initiative du projet), Myriam Paris et Rose Ndengue. Une sélection des communications est parue dans J. A. Boittin, J. Couti (dir.) « "*Debout & Déter*"/ Standing Up & Determined: Black Women on the Move, Black Feminisms in French (Post)Imperial Contexts », numéro spécial du *Journal of Women's History*, vol. 35, n° 3, 2023.

43. Notamment *Mariannes noires* (2016) de Mame-Fatou Niang et *Ouvrir la voix* (2017) d'Amandine Gay.
44. APAC : colloque « Les transformations contemporaines des mouvements féministes », coordonné par Catherine Achin, Lucie Anselmi, Marion Charpenel, Mathilde Guellier, Alban Jacquemart, Lucie Longuet, 22-23 mai 2024, université Paris-Dauphine PSL ; APAC : colloque « (Ne pas) se dire féministe. France et territoires (post)coloniaux, XIXe-XXIe siècle », coordonné par Viviane Albenga, Pauline Delage et Fanny Gallot, novembre 2024, Paris.
45. E. Dorlin, *Black Feminism...*, *op. cit.*, p. 12. Ce point a fait l'objet de deux mémoires de master : Ingrid Chateau, « Les luttes et organisations de femmes noires en France. Émergence d'un féminisme noir », mémoire de Master 2 en études de genre, EHESS, 2019 ; Théophile Coppet, « "Négresses, regroupons-nous !" Mouvements de femmes noires en France dans les années 1970 », mémoire de Master 2 en études de genre, Université Paris 8, 2019.

PREMIÈRE PARTIE : FEMMES NOIRES EN POLITIQUE ET DANS LA SPHÈRE PUBLIQUE

CHAPITRE 1 : FEMMES *ORIGINAIRES* ET VIE POLITIQUE DANS LES QUATRE COMMUNES DU SÉNÉGAL

1. La loi sur la parité a été promulguée au Sénégal dix ans après l'adoption en France de la loi tendant à favoriser l'égal accès des femmes et des hommes aux mandats électoraux et fonctions électives. « Senegal Adoption of Gender Parity Law », Global Legal Monitor, U.S. Library of Congress, 7 juin 2010 (dernière consultation le 29 juin 2016), http://www.loc.gov/law/foreignnews/article /senegal-adoption-of-gender-parity-law/ ; Alan Hirsch, « Has Senegal's Gender Parity Law for MPs Helped Women? », *Guardian*, 15 novembre 2012 (dernière consultation le 29 juin 2016), https://www.theguardian.com/global-development/2012/nov/15 /senegal-gender-parity-law-mps-women ; Fatou Sarr Sow, « La parité au Sénégal : Leçons d'hypocrisie », *Le Soleil*, 5 août 2014 (dernière consultation le 9 juillet 2016), http://www.ndarinfo.com/La-parite-au-Senegal-Lecons-d-hypocrisie-Par-Fatou-SARR-SOW _a9964.html.
2. Les villes de Gorée, Saint-Louis, Dakar et Rufisque étaient les Quatre Communes de plein exercice. La loi qui a créé les premières communes énonçait qu'elles seraient régies par le droit français, contrairement au Protectorat, qui englobait l'immense paysannerie des campagnes sénégalaises et qui était

administré par le Bureau des affaires politiques. Le droit des Africains à participer à ce gouvernement était extrêmement limité.

3. Michael Crowder, *Senegal: A Study in French Assimilation Policy*, Londres, Methuen, 1967 ; Raymond Betts, *Assimilation and Association in French Colonial Theory, 1890-1914*, New York, Columbia University Press, 1961 ; Alice Conklin, *A Mission to Civilize : The Republican Idea of Empire in France and West Africa, 1895-1930*, Stanford, Stanford University Press, 1997 ; Catherine Coquery-Vidrovitch, « Nationalité et citoyenneté en Afrique-Occidentale française : *Originaires* et citoyens dans le Sénégal colonial », *Journal of African History*, vol. 42, n° 2, 2001, p. 285-305.
4. Dans ses travaux les plus récents, Frederick Cooper a repris l'idée selon laquelle la citoyenneté a structuré l'approche française du pouvoir, différenciant ainsi l'État colonial français de son homologue britannique. Pour en savoir plus sur l'histoire de cette idée, voir Frederick Cooper, *Citizenship between Empire and Nation : Remaking France and French Africa, 1945-1960*, Princeton, Princeton University Press, 2014, p. 11-21.
5. Mamadou Diouf, « The French Colonial Policy of Assimilation and the Civility of the *Originaires* of the Four Communes (Senegal) : A Nineteenth Century Globalization Project », *Development and Change*, vol. 29, n° 4 1998, p. 671-96. Selon Cooper, le précédent créé par les *Originaires* des Quatre Communes a fait naître l'idée que les Africains pouvaient être reconnus comme citoyens sans renoncer à leur statut coutumier ou personnel. Ce principe a été appliqué à l'Afrique-Occidentale française et à l'Afrique-Équatoriale française dans le cadre de la loi Lamine Guèye de 1946. Voir F. Cooper, *Citizenship…*, *op. cit.*, p. 8.
6. Dans ma monographie, je soutiens que la vie politique dans les villes coloniales du Sénégal ne peut être pleinement comprise sans un examen attentif de l'intersection entre le personnel et le politique. Voir Hilary Jones, *The Métis of Senegal: Urban Life and Politics in French West Africa*, Bloomington, Indiana University Press, 2013, Introduction.
7. G. Wesley Johnson, *The Emergence of Black Politics in Senegal: The Struggle for Power in the Four Communes*, Stanford, Hoover Institution Press, 1971, chapitre 9.
8. Depuis les années 1980, les études sur les femmes et le nationalisme africain se sont multipliées. De même, plusieurs historiens ont examiné la nature genrée du pouvoir dans l'Afrique précoloniale. La question des femmes et de la politique urbaine dans l'Afrique coloniale a été moins étudiée pour les raisons mentionnées ci-dessous. Pour quelques exemples de travaux sur les femmes et le nationalisme africain, voir Susan Geiger, *TANU Women: Gender and Culture in the Making of Tanganyikan Nationalism, 1955-1964*, Portsmouth, Heinemann, 1997 ; et Elizabeth Schmidt, *Mobilizing the Masses: Gender, Ethnicity, and Class in the Nationalist Movement of Guinea, 1939-1958*, Portsmouth, Heinemann, 2005. Sur les silences et les lacunes concernant

les femmes et la lutte pour le nationalisme africain, voir Jean Allman, « The Disappearing of Hannah Kudjoe: Nationalism, Feminism, and the Tyranny of History », *Journal of Women's History*, vol. 22, n° 3, 2009, p. 13-35.

9. Obioma Nnaemeka, « Neo-feminism: Theorizing, Practicing, and Pruning Africa's Way », *Signs: Journal of Women in Culture and Society*, vol. 29, n° 2, hiver 2004, p. 357-88 ; Drew Allison, « Female Consciousness and Feminism in Africa », *Theory and Society*, vol. 24, n° 1, février 1995, p. 1-33 ; Ali Mari Tripp, « Rethinking Difference: Comparative Perspectives from Africa », *Signs : Journal of Women in Culture and Society*, vol. 25, n° 3, printemps 2000, p. 649-76 ; et Nwando Achebe, *Uhebi Ugbabe: The Female King of Colonial Nigeria*, Bloomington, Indiana University Press, 201 ; surtout « Nkwado (Preparation) », https://www.youtube.com/watch?v=S6e-q8CMBnpY, (consulté le 15 juillet 2024).
10. Elizabeth Schmidt, « Emancipate Your Husbands! Women and Nationalism in Guinea », *in* Jean Allman, Susan Geiger et Nakanyike Musisi (dir.), *Women in African Colonial Histories*, Bloomington, Indiana University Press, 2002, p. 283-304.
11. David Robinson, *Paths of Accommodation: Muslim Societies and French Colonial Authorities in Senegal and Mauritania, 1880-1920*, Athens, Ohio University Press, 2000 ; Régine Bonnadel, *Saint-Louis du Sénégal. Mort ou naissance ?* Paris, L'Harmattan, 2000.
12. H. Jones, *The Métis of Senegal…*, *op. cit.*, chapitres 1-3 ; et James Searing, *West African Slavery and Atlantic Commerce: The Senegal River Valley (1800-1863)*, Cambridge, Cambridge University Press, 1993.
13. Mamadou Diouf, « Traitants ou négociants ? Les commerçants Saint-Louisiens (2e moitié du XXe siècle-début XXe siècle) Hamet Gora Diop (1846-1910), étude de cas », *in* Boubacar Barry et Leonhard Harding (dir.), *Commerce et commerçants en Afrique de l'Ouest : le Sénégal*, Paris, L'Harmattan, 1992, p. 107-53.
14. Le mot *originaire* apparaît dans les rapports administratifs des années qui ont précédé les campagnes électorales du tournant du siècle – soit avant l'élection en 1914 de Blaise Diagne, premier Africain à représenter le Sénégal à la Chambre des députés de l'Assemblée nationale française. L'élection de Diagne consacrait la victoire des *Originaires* contre le monopole que les politiciens français et « créoles » avaient exercé sur cette fonction législative depuis sa création en 1848. Si le terme *Originaire* peut être considéré comme un terme inclusif désignant tous les résidents permanents des Quatre Communes, il est souvent associé à la lutte des Africains noirs pour briser le monopole des Français et des métis sur la vie politique. Dans le cadre de cet essai, je l'utilise pour désigner tous les résidents permanents des Quatre Communes du Sénégal.
15. G. W. Johnson, *The Emergence…*, *op. cit.*, chapitre 2.
16. La loi de 1871 a conféré le statut de commune à Gorée et à Saint-Louis en 1872. En 1880, Paris a accordé le statut de commune à Rufisque, qui

était devenu le port principal pour les exportations des cultures de rente du bassin arachidier sénégalais. Dakar s'est joint aux Quatre Communes lorsque Paris lui a accordé le statut de commune en 1887.

17. Voir en particulier, le cas de Mody Mbaye, *Originaire* qui travaillait comme écrivain public dans le district rural de Baol. Mbaye, qui adressait des plaintes à l'administration au nom de ses clients du Protectorat, a mis en cause l'administration pour avoir refusé le droit de vote et les droits légaux aux *Originaires* vivant dans le Protectorat. Pour plus de détails sur l'attitude des autorités à l'égard du vote des *Originaires* dans les années 1890 et 1900, voir « Mon Cher Amiral, Saint-Louis 7 Décembre 1892 » et « Envoi d'un projet de décret réglementant les conditions de l'électorat au Sénégal, Saint-Louis 7 Avril 1891 », 4pa, Archives nationales d'outre-mer (ANOM), Aix-en-Provence, France. La réunion s'est tenue dans le bâtiment du « citoyen Hamet Gueye ». Voir « Ordre du Jour, les membres du Bureau Justin Devès, Pierre Chimère, Jaques Blondin », Saint-Louis, 29 juillet 1906, 4e6, #86, Archives nationales du Sénégal, Dakar.
18. Lieutenant-gouverneur du Sénégal au gouverneur général de l'Afrique-Occidentale française, 18 avril 1903, 4e6, #4, Archives nationales du Sénégal.
19. Pathe Diagne, *Pouvoir politique traditionnel en Afrique Occidentale*, Paris, Présence africaine, 1967, p. 110-11 et 130-31 ; et Boubacar Barry, *The Kingdom of Waalo: Senegal before the Conquest*, New York, Diasporic Africa Press, 2012, publié à l'origine sous le titre *Le Royaume du Waalo. Le Sénégal avant la conquête*, Paris, Karthala, 1985, p. 45-47.
20. B. Barry, *The Kingdom of Waalo…*, *op. cit.*, p. 212-13. Par exemple, en 1841, la Linguère Njömbot a offert des cadeaux somptueux à l'assemblée des notables du Waalo afin d'influencer leur décision quant à la succession au titre de *brak*, ou « souverain », du royaume.
21. B. Barry, *The Kingdom of Waalo…*, *op. cit.*, chapitres 11 et 12.
22. Aissatou Diop-Hashim, *Sannikaddu. À la redécouverte du discours féministe au Sénégal*, thèse de doctorat, université du Maryland, College Park, 2010.
23. Blaise Diagne a également fait campagne pour combattre les rumeurs que son adversaire François Carpot répandait sur lui afin de semer le doute au sein de la population *originaire*. Malgré ces rumeurs, les Jeunes Sénégalais, l'organisation de jeunes hommes *originaires* soutenant Diagne, voyaient en lui un homme qui comprenait la tradition locale de la politique et de la palabre ou du plaver (réunion). Pour en savoir plus sur la campagne de Diagne, voir G. W. Johnson, *The Emergence of Black Politics in Senegal*, *op. cit.*, p. 166-72.
24. Pour en savoir plus sur les signares, voir George Brooks, *Eurafricans in Western Africa*, Athens, Ohio University Press, 2003, p. 101, p. 124-29, et p. 206-21.
25. G. W. Johnson, *The Emergence of Black Politics in Senegal*, *op. cit.*, chapitre 11 ; François Zuccarelli, *La Vie politique sénégalaise : 1798-1940*, Paris, Centre des hautes études sur l'Afrique et l'Asie modernes (CHEAM), 1987 ; et H. Jones, *The Métis of Senegal…*, *op. cit.*, chapitre 7.

26. « À Monsieur le gouverneur des Dames, mères de familles », Saint-Louis, Sénégal, 15 mars 1887, 3g3/4, #272, et « À ministre de la Marine », 19 mars 1887, 3g3/4, #336, Archives nationales du Sénégal.
27. F. Zuccarelli, *La Vie politique sénégalaise…*, *op. cit.*, p. 80-85 ; et Fatou Niang Siga, *Reflets de modes et traditions saint-louisiennes*, Dakar, Éditions Khoudia, 1990, p. 28-29.
28. Né de parents *Originaires* du Sénégal, Lamine Guèye (1891-1968) a été chef du Parti sénégalais d'action socialiste et a été élu représentant du Sénégal à l'Assemblée nationale française en 1945 aux côtés de Léopold Senghor. La loi Lamine Guèye de 1946 a accordé la citoyenneté française à tous les habitants des colonies françaises d'outre-mer. Né à Saint-Louis, Galandou Diouf a travaillé comme receveur des postes et comme négociant en arachides. En 1906, il a été le premier candidat noir à être élu au Conseil général (l'assemblée départementale du Sénégal), où il a représenté la commune de Rufisque. La candidature de Diouf a mis les politiciens métis au défi d'ouvrir leurs listes électorales à des candidats noirs.
29. F. Sarr Sow, « La parité au Sénégal… », *art. cit.*
30. Les deux femmes sont devenues des figures politiques de premier plan dans le Sénégal postcolonial. Caroline Faye Diop a suivi une formation d'enseignante à l'École normale de jeunes filles de Rufisque. Son mari, Demba Diop, a joué un rôle clé dans le Bloc démocratique sénégalais (le parti politique nationaliste fondé par Léopold Senghor et Mamadou Dia) et a servi comme ministre de la Jeunesse et des Sports sous Senghor. Née à Dakar, Marie-Angélique Savané a travaillé pour l'Institut de recherche des Nations unies et occupé le poste de rédactrice en chef de la revue *Famille et développement*. Elle a épousé Landing Savané, qui a fondé le Parti communiste d'opposition And-Jëf (Agir ensemble) en 1974. Marie-Angélique Savané a dirigé le parti tout au long de la période où son mari a été emprisonné pour ses opinions politiques (1974-1975).

CHAPITRE 2 : LES FEMMES SÉNÉGALAISES ET LE SUFFRAGE FRANÇAIS

1. Sur le suffrage outre-mer, voir C. Palmiste, « Le vote féminin et la transformation des colonies françaises d'Amérique en départements en 1946 », *Nuevo Mundo Mudos Nuevos*, 2014, p. 76-81, https://doi.org/https://doi.org/10.4000/nuevomundo.66842 ; J. A. Boittin, Christina Elizabeth Firpo et Emily Musil Church, « Hierarchies of Race and Gender in the French Colonial Empire, 1914-1946 », *Historical Reflections/Réflexions historiques*, vol. 37, n° 1, mars 2011 ; Myriam Paris, *Nous qui versons la vie goutte à goutte. Féminismes, économie reproductive et pouvoir colonial à La Réunion*, Paris, Éditions Dalloz, 2020 ; Pascale Barthélémy et Violaine Sebillotte Cuchet, « Sous la citoyenneté, le genre », *Clio. Histoire, femmes et sociétés*,

vol. 43, n° 1, 2016, p. 7-22 ; Oruno D. Lara, *Suffrage universel et colonisation, 1848-1852*, Paris, L'Harmattan, 2007.

2. Sur le vote des femmes au Sénégal, voir Frederick Cooper, *Citizenship between Empire and Nation: Remaking France and French Africa, op. cit.*, chapitre 1 ; Saliou M'Baye et Jean-Bernard Lacroix, « Le vote des femmes au Sénégal », *Éthiopiques : revue socialiste de culture négro-africaine*, n° 6, Dakar, avril 1976, p. 26-43.
3. Pascale Barthélémy, *Sororité et colonialisme. Françaises et Africaines au temps de la Guerre froide (1944-1962)*, Paris, Éditions de la Sorbonne, 2022 ; Emily Lord Fransee, « "I May Vote Like All Women": Protest, Gender, and Suffrage in French Senegal, 1944-1945 », *French Colonial History*, 20, 2021, p. 119-144 ; C. Coquery-Vidrovitch, « Le vote des femmes en A.-O.F., de la Seconde Guerre mondiale à 1958 », in *Les Élections législatives et sénatoriales outre-mer (1848-1981)*, Laurent Jalabert, Bertrand Joly et Jacques Weber (dir.), Paris, Les Indes savantes, 2010 ; Seynabou Ndiaye Sylla, « Femmes et politique au Sénégal. Contribution à la réflexion sur la participation des femmes sénégalaises à la vie politique de 1945 à 2001 », Mémoire de DEA, université de Paris I, 2001. Sur les mouvements de femmes au Sénégal : Odile Goerg, « Femmes africaines et politique : les colonisées au féminin en Afrique occidentale », *Clio. Histoire, femmes et sociétés*, vol. 6, n° 2, 1997, p. 7 ; Jean Allman, Susan Geiger et Nakanyike Musisi (dir.), *Women in African Colonial Histories*, Bloomington, Indiana University Press, 2002 ; Fatou Sow, « Féminismes en Afrique occidentale ? Prise de conscience et lutte politique et sociale », dans *Vents d'Est, vents d'Ouest. Mouvements de femmes et féminismes anticoloniaux*, Christine Verschuur (dir.), Berne, Commission suisse pour l'Unesco, 2009 ; Rose Ndengue, « Mobilisations féminines au Cameroun français dans les années 1940-1950. L'ordre du genre et l'ordre colonial fissurés », *Le Mouvement Social*, n° 255, avril-juin 2016, p. 71-85.
4. « Compte-rendu de la réunion publique du 7 mars 1945 », 13G44_108, Archives nationales du Sénégal (ci-après ANS) à Dakar.
5. Concernant les élections du 4 mai 1930 : 200MI2881/20G83, Archives nationales (ci-après AN) à Paris.
6. Renseignements, P. Barlet, chef du service de la législation et des affaires civiles, Saint-Louis, 5 mars 1945, 1AFFPOL211, Archives nationales d'outre-mer (ci-après ANOM) à Aix-en-Provence. Deux Françaises soutenaient les Sénégalaises, Charlier et Claver.
7. Voir les réunions du 4, 6, 7, 8, 9 et 10 mars. « Motion » remise par Amadou Cissé au gouverneur, n° 1806 AP/1, 1AFFPOL211, ANOM.
8. Sur les *Originaires*, voir C. Coquery-Vidrovitch, « Nationalité et citoyenneté en Afrique-Occidentale française : *Originaires* et citoyens dans le Sénégal colonial », art. cité ; Mamadou Diouf, « The French Colonial Policy of Assimilation and the Civility of the Originaires of the Four Communes (Senegal): A Nineteenth Century Globalization Project », *Development and*

Change, vol. 29, n° 4, 1998 ; H. Jones, « *Originaire* Women and Political Life in Senegal's Four Communes », *in* F. Germain et S. Larcher (dir.), *Black French Women and the Struggle for Equality (1848-2016)*, *op. cit.* ; Lorelle D. Semley, *To Be Free and French: Citizenship in France's Atlantic Empire*, New York, Cambridge University Press, 2017, chapitre 6.

9. Sur les métis·ses en A.-O.F., voir H. Jones, *The Métis of Senegal…*, *op. cit.* ; Owen White, *Children of the French Empire: Miscegenation and Colonial Society in French West Africa, 1895-1960*, Oxford, Oxford University Press, 1999. Voir également, Christina Elizabeth Firpo, *The Uprooted: Race, Children, and Imperialism in French Indochina, 1890-1980*, Honolulu, University of Hawai'i Press, 2017 ; Emmanuelle Saada, *Les Enfants de la colonie. Les métis de l'Empire français entre sujétion et citoyenneté*, Paris, La Découverte, 2007.
10. Gregory Mann, « What Was the *Indigénat*? The "Empire of Law" in French West Africa », *Journal of African History*, vol. 50, n° 3, 2009, p. 331-353.
11. F. Cooper, *Citizenship…*, *op. cit.*, p. 28.
12. Pierre Cournarie pour Paris – Colonies, Câblogramme chiffré, octobre 1944, 1AFFPOL211, ANOM.
13. Au moins un *Originaire* voulait que les non *Originaires* donnent leurs avis ; d'autres étaient contre. Voir P. Barthélémy, *Sororité et colonialisme…*, *op. cit.*, p. 55-56 ; E. L. Fransee, « "I May Vote Like All Women"… », art. cité, *loc. cit.*, p. 131.
14. Lamine Guèye à Pierre Cournarie, Dakar, 1er mars 1945, 1AFFPOL211, ANOM.
15. Pierre Cournarie à Lamine Guèye, n° 134 Cab. Dakar, 2 mars 1945, 1AFFPOL211, ANOM.
16. Cournarie à Paris, n° 313 Cab. surchiffré, Dakar, 7 février 1945, 200MI2865/20G85, AN.
17. P. Barthélémy, *Sororité et colonialisme…*, *op. cit.*, p. 56.
18. *Ibid.*, p. 48.
19. Lettre de conseillers coloniaux élus du Sénégal, Dakar, 2 mars 1945, 1977AP, 1AFFPOL211, ANOM.
20. Gouverneur général de l'A.-O.F. à ministre des Colonies, n° 1467AP, Dakar, 8 mars 1945, 1AFFPOL211, ANOM.
21. Mme Charlier, Front national de lutte pour la libération et l'indépendance de la France de l'A.-O.F., Dakar, 9 mars 1945, 1AFFPOL211, ANOM.
22. Note au crayon en marge, télégramme, Gougal Dakar à Colonies Paris, n° 743, 8 mars 1945, 1AFFPOL211, ANOM.
23. Service de la Sûreté, Dakar, Renseignements, Source Indigène, 1AFFPOL211, ANOM.
24. Laugier, Note pour chef du 1er Bureau, Saint-Louis, 28 janvier 1945, 13G44_108, ANS.
25. Il continua à s'intéresser à ces droits puisque le 7 mai 1946, la loi dite « Lamine Guèye » étendit la citoyenneté à tous les ressortissants des

territoires d'outre-mer. Néanmoins des lois particulières y mirent des limites.

26. Charles-Cros partagea la nouvelle avec un collègue, qui la diffusa. Télégramme, Amadou Cissé à Lamine Guèye, 1AFFPOL211, ANOM.
27. Renseignements, Saint-Louis, 11 mars 1945, n° 255C/SU, 13G44_108, ANS.
28. P. Barthélémy, *Sororité et colonialisme...*, *op. cit.*, p. 50.
29. Fatou Diop, le 20 avril 1945, *in* F. Cooper, *Citizenship...*, *op. cit.*, p. 48. La Sénégalaise Alsine Fall écrit aussi pour *L'AOF.*
30. Extrait de lettre du gouverneur général Pierre Cournarie, 24 août 1944, 1AFFPOL211, ANOM.
31. W. G. Johnson, *The Emergence of Black Politics in Senegal...*, *op. cit.*, p. 213-214. Sur l'impopularité de Diagne, voir Alice L. Conklin, « Who Speaks for Africa? The René Maran-Blaise Diagne Trial in 1920s Paris », dans *The Color of Liberty: Histories of Race in France*, Sue Peabody et Tyler Stovall (dir.), Durham, Duke University Press, 2003. Sur les troupes de l'A.-O.F., voir Joe Lunn, *Memoirs of the Maelstrom: A Senegalese Oral History of the First World War*, Oxford, James Currey, 1999 ; Marc Michel, *Les Africains et la Grande Guerre. L'appel à l'Afrique (1914-1918)*, Paris, Karthala, 2003 ; Gregory Mann, *Native Sons: West African Veterans and France in the Twentieth Century*, Durham, Duke University Press, 2006 ; Sarah J. Zimmerman, *Militarizing Marriage: West African Soldiers' Conjugal Traditions in Modern French Empire*, Athens, Ohio University Press, 2020.
32. F. Zuccarelli, *La Vie politique sénégalaise (1789-1940)*, *op. cit.*, p. 133.
33. Sur Konaré, voir J. A. Boittin, *Undesirable: Passionate Mobility and Women's Defiance of French Colonial Policing, 1919-1952*, Chicago, University of Chicago Press, 2022, chapitre 3 et épilogue.
34. Renseignements, Dakar, 17 juin 1930, 200MI3076_21G137, AN.
35. Leur ascendant était Bacre Waly Guèye.
36. Sur l'influence politique des femmes et de Konaré, voir H. Jones, « *Originaire* Women and Political Life in Senegal's Four Communes », *in* F. Germain et S. Larcher (dir.), *Black French Women and the Struggle for Equality (1848-2016)*, *op. cit.*, p. 5 et p. 13. Guèye ne mentionne pas de femmes de sa connaissance comme agentes politiques dans son autobiographie : Lamine Guèye, *Itinéraire africain*, Paris, Présence africaine, 1966. Certaines reprochaient à Guèye d'avoir épousé une Guadeloupéenne au lieu d'une « indigène évoluée ». Droit électoral des femmes indigènes, Dakar, n° 56AP, 12 avril 1945, 200MI2865/20G85, AN.
37. P. Barthélémy, *Sororité et colonialisme...*, *op. cit.*, p. 50.
38. Vingt français sur 2 300 inscrits y participèrent. *Ibid.*, p. 46 et p. 57. La Française Marie-Joseph de Fournier née Aubignac se présenta à Abidjan pour le collège des citoyens en septembre 1945, sans parti politique mais avec cette plateforme : « Suppression totale de la main-d'œuvre recrutée de force. Création d'un corps d'assistantes sociales indigènes. Ouverture

de crèches et garderies d'enfants dans les centres importants ». Poirier à Aubignac, 230AP/I, 25 septembre 1945, 200MI2865/20G24, AN.

39. P. Barthélémy, *Sororité et colonialisme…*, *op. cit.*, p. 59 et 60.
40. *Ibid.*, p. 60.
41. E. L. Fransee, « "I May Vote Like All Women"… », art. cité, p. 135.
42. Emily Marker, « Obscuring Race: Franco-African Conversations about Colonial Reform and Racism after World War II and the Making of Colorblind France, 1945-1950 », *French Politics, Culture & Society*, vol. 33, n° 3, hiver 2015, p. 1-23.
43. Renseignements, n° 256 C/54, APAS, Saint-Louis, 16 mars 1945, 200MI2865/20G85, AN.
44. Intervention de Marie-Louise Gaspard Kâ, 16 mars 1945, 200MI2865/20G85, AN.
45. Plusieurs femmes étaient propriétaires, y compris Konaré et Fama Touré, dont l'immeuble servit à une réunion. Cinéma Rex, 11 mars 1945, 200MI2865/20G85, AN. Sarah Zimmerman, « The Gendered Consequences of Abolition and Citizenship on Nineteenth-Century Gorée Island », in « *Debout & Déter* / Standing Up & Determined: Black Women on the Move, Black Feminisms in French (Post)Imperial Contexts », J. A. Boittin et J. Couti (dir.), *Journal of Women's History*, vol. 35, n° 3, septembre 2023, p. 9-18.
46. Lettre de conseillers coloniaux élus du Sénégal, Dakar, 2 mars 1945, 1977AP, 1AFFPOL2011, ANOM.
47. Par exemple Ibrahima Seydou N'Daw et Joseph Turpin, Télégramme, Section Kaolack à Gougal, Dakar, 5 mars 1945, 200MI2865/20G85, AN.
48. E. L. Fransee, « "I May Vote Like All Women"… », art. cité, p. 137.
49. Elizabeth Jacob, « The Ministry of Women's Affairs Will Not Be Feminist: Jeanne Gervais and Gender Complementarity in Côte d'Ivoire », p. 39-61 ; Rose Ndengue et S. C., « Deprovincializing the Feminine/Feminist Cameroonian Nationalism of the 1950: The UDEFEC and Pluriversal Black Feminism », p. 62-80, et Charlotte Grabli, « Elegant Incursions: Fashion, Music and Gender Dissidence in 1950s Brazzaville and Kinshasa », p. 81-102, *in* J. A. Boittin et J. Couti (dir.), *Journal of Women's History*, vol. 35, n° 3, septembre 2023.
50. Naminata Diabate, *Naked Agency: Genital Cursing and Biopolitics in Africa*, Durham, Duke Uniersity Press, 2020.
51. Cinéma « Rex », Soukeyna Konaré, Nord, propriétaire, puis Anta Gaye, 11 mars 1945, 200MI2865/20G85, AN.

CHAPITRE 3 : RENDRE JUSTICE DANS LA MARTINIQUE DES ANNÉES 1930 : LE RÔLE DES FEMMES DANS L'AFFAIRE ALIKER

1. Bibliothèque nationale de France (BnF), JO 9097, *Justice*, 1er février 1934.

2. *Journal officiel de la Martinique* (JOM), n° 45, 27 octobre 1928, p. 659. Les huit conseillers élus font plus de 1 000 voix. http://gallica.bnf.fr/ark:/12148/cb34418558f/, (consulté le 27 décembre 2016).
3. BnF Gallica, JOM, n° 52, 13 décembre 1924, p. 625. http://gallica.bnf.fr/ark:/12148/cb34418558f/, (consulté le 27 décembre 2016).
4. BnF Gallica, Délibérations du conseil général, séance du 7 juin 1933, p. 91. Voir à l'adresse : http://catalogue.bnf.fr/ark:/12148/cb412714400/, (consulté le 27 décembre 2016).
5. Camille Darsières, *Des origines de la nation martiniquaise*, Pointe-à-Pitre, Désormeaux, 1974, p. 113.
6. Le Docteur Pierre Aliker est décédé à l'âge de cent six ans.
7. Nos remerciements pour le partage des souvenirs à Alexandre Aliker, fils d'André Aliker, ainsi qu'à Georges Aliker, fils de Marcel dit « Souloute » et Christine Aliker, petite-fille d'Evrard Aliker, ayant grandi avec Renée, la seule fille de la fratrie Aliker.
8. Armand Nicolas, *Histoire de la Martinique*, tome 2 : *De 1848 à 1939*, Paris, L'Harmattan, 1996, p. 223.
9. Cécile Celma, « La vie politique en Martinique des années 1910-1939 », *Historial antillais*, vol. 5, Roland Suvélor (dir.), Fort-de-France, Société Dajani, 1981, p. 317-359, *loc. cit.*, p. 339.
10. *Ibid.*
11. Archives Territoriales de Martinique (ATM), 1M922, procès-verbal de la déclaration de Marcel et Emmanuel Aliker, 26 mars 1936.
12. Marie Antonine Émilie Tenitri est née le 5 mai 1905 à Fond Panier dans la commune de Ducos. André et Émilie se sont mariés le 24 juillet 1928 à Fort-de-France (Archives municipales de Fort-de-France, 23W54-55, acte n° 145 de l'année 1928.
13. ATM, 3K96, JOM, n° 48, 30 novembre 1929, p. 1085.
14. A. Nicolas, *Histoire de la Martinique*, *op. cit.*, 225-226.
15. Il semble qu'il y ait une différence entre la date du 3 novembre généralement mentionnée dans les écrits sur l'affaire Aliker, et celle du 6 novembre indiquée dans les rapports de police ou de justice.
16. ATM, 6J2, plainte d'Eugène Aubéry contre André Aliker, 16 octobre 1933.
17. Ibid.
18. ATM, 6J3, appel des jugements formulés par André Aliker, 9 janvier 1934.
19. ATM, 1M1612, procès-verbal du brigadier, 10 janvier 1934.
20. Elle est citée par exemple dans le journal *L'Humanité* du 22 janvier 1934.
21. ATM, 38J9, André Aliker à son frère Ernest, 6 janvier 1934.
22. ATM, 1M3622, rapport de gendarmerie.
23. André Scholastique Hermann Aliker est né le 10 février 1894 dans la commune du Lamentin.
24. Souvenir de Philibert Duféal, militant communiste, syndicaliste, âgé de neuf ans lors des faits et présent à l'enterrement d'André Aliker. http://madjoumbev2.free.fr/aliker.html

25. ATM, 38J47, sans date.
26. Ibid.
27. ATM, 1M923/A, lettre de l'agent de la compagnie nationale au Procureur général, 26 mars 1934.
28. ATM, 38J10, Expertise médico-légale : copie du rapport des médecins, 16 janvier 1934.
29. ATM, 1M3622, extrait d'article de *L'Action nouvelle*, 14 avril 1934.
30. *Idem*.
31. ATM, 1M3622, rapport du juge d'instruction au procureur de la République, 15 janvier 1934.
32. *Ibid.*, extrait des minutes du greffe de la cour d'appel de la Martinique.
33. Hervé Piant, « Victime, partie civile ou accusateur ? Quelques réflexions sur la notion de victime particulièrement dans la justice d'Ancien Régime », in *Les Victimes des oubliées de l'histoire ?*, Benoît Garnot (dir.), Rennes, Presses universitaires de Rennes, 2000, (consulté le 27 décembre 2016), voir : http://www.openedition.org/6540
34. ATM, 1M3622, lettre au juge d'instruction Duchemin, 19 mars 1934.
35. BnF Gallica, JOM, n° 15, 14 avril 1934, p. 217. http://catalogue.bnf.fr/ark:/12148/cb34418558f, (consulté le 27 décembre 2016). Le départ d'Adolphe Duchemin de Martinique, d'abord prévu comme provisoire, est en réalité définitif, par une mise à disposition du magistrat auprès du ministre des Colonies.
36. ATM, 1M3622, lettre du procureur de la République au procureur général, 6 mars 1934.
37. ATM, 1M11467/A, lettre du procureur général au secrétaire général du gouvernement de la Martinique, 4 juillet 1934.
38. *Ibid.*
39. BnF Gallica, *Le Populaire*, article du 21 janvier 1936, http://catalogue.bnf.fr/ark:/12148/cb34393339w
40. Eugène Aubéry et son gendre Lavigne, cités à comparaître devant la cour d'assises, ne sont pas venus.
41. BnF Gallica, *Le Populaire*, 23 janvier 1936, http://catalogue.bnf.fr/ark:/12148/cb34393339w
42. ATM, 38J101, procès des accusés Céphinis et Mellon, ordonnance de l'acquittement et arrêt de la cour déboutant la partie civile de son action.
43. Pressentie pour témoigner dans le procès de Marcel Aliker, elle n'est finalement pas entendue.
44. ATM, 1M922/E, lettre au ministre des Colonies.
45. Voir Georges Aliker, « Pélagie Aliker (1764-1854) de l'Ouganda à la Martinique », AMARHISFA – Association martiniquaise de recherche sur l'histoire des familles, *Bulletin* 28, 2014, p. 8-11.
46. Ce sont trois enfants sur une fratrie de sept (Emmanuel, André, Ernest, Marcel, Evrard, Pierre, Andrée) qui disparaissent.

47. Marcel Aliker est acquitté le 21 juillet 1936.
48. « Pourquoi le Bon Dieu m'en veut-il ? Dès qu'un de mes enfants peut m'aider, il le prend ». Entretien avec Alexandre Aliker, Fort-de-France, 27 mai 2016.
49. Georges Mauvois, *Château Aubéry*, Fort-de-France, K Éditions 2008, p. 13
50. Muriel Descas-Ravoteur et Micheline Marlin-Godier, *Femmes de la Martinique : quelle histoire ?* Fort-de-France, conseil général de la Martinique/ Archives départementales, 2009, p. 5.

CHAPITRE 4 : GERTY ARCHIMÈDE ET LA LUTTE POUR UNE CITOYENNETÉ DÉCOLONIALE AUX ANTILLES (1946-1951)

1. Christiane Taubira, https://twitter.com/ChTaubira/status/692259706572795905, (dernière consultation le 27 janvier 2016).
2. Voir, par exemple, Gary Wilder, *Freedom Time: Negritude, Decolonization, and the Future of the World*, Durham, Duke University Press, 2015 ; et Nick Nesbitt, « Départementalisation et logique de la décolonisation » [« Departmentalization and the Logic of Decolonization »], *L'Esprit créateur*, vol. 47, n° 1, 2007, p. 32-43.
3. Sur les contributions intellectuelles des femmes antillaises, voir notamment J. A. Boittin, *Colonial Metropolis: The Urban Grounds of Anti-imperialism and Feminism in Interwar Paris*, Lincoln, University of Nebraska Press, 2010 ; T. Denean Sharpley-Whiting, *Negritude Women*, Minneapolis, University of Minnesota Press, 2002 ; et Jennifer M. Wilks, *Race, Gender, & Comparative Black Modernism: Suzanne Lacascade, Marita Bonner, Suzanne Césaire, Dorothy West*, Bâton-Rouge, Louisiana State University Press (Presses universitaires de l'État de Louisiane), 2008.
4. Homi Bhabha, « Of Mimicry and Man: The Ambivalence of Colonial Discourse », *October*, vol. 28, printemps 1984, p. 125-133, *loc. cit.*, p. 126.
5. C. Palmiste, « Le vote féminin et la transformation des colonies françaises d'Amérique en départements en 1946 », *Nuevomundo*, 2014, p. 9.
6. Pour plus d'informations biographiques, voir Gerty Archimède et Laurent Farrugia, *Gerty Archimède, Interview*, Basse-Terre, Éditions Jeunes Antilles, 1976 ; *Gerty Archimède, La candidate du peuple*, film réalisé par Mariette Monpierre, Les Productions de la Lanterne, 2005, DVD ; et « Gerty, Marie, Bernadette Archimède », *Base de données des députés français depuis 1789*, http://www2.assemblee-nationale.fr/sycomore/fiche/(num_dept)/186, (dernière consultation le 29 juin 2016).
7. G. Archimède et L. Farrugia, *Gerty Archimède*, *op. cit.*, p. 16-17.
8. *Id.*, *ibid.*, p. 18. Pour plus d'informations sur cette affaire, voir *Les 16 de Basse-Pointe*, film réalisé par Camile Mauduech, Paris ; Gros-Morne, Martinique, Les Films du Marigot : mp Productions ; Les Films du Dorlis, 2009.

9. G. Archimède et L. Farrugia, *Gerty Archimède, op. cit.*, p. 49.
10. *Ibid.*, p. 52.
11. *Ibid.*, p. 55.
12. G. Archimède, *Journal officiel de la République française* (*JORF*), n° 115, 1950. Toutes les citations du *Journal officiel* sont disponibles sur http://4e.republique.jo-an.fr, (dernière consultation le 20 juin 2016).
13. Angela Davis, *Angela Davis: An Autobiography*, New York, Random House, 1974, p. 215.
14. G. Archimède, *JORF*, n° 110, 1948, p. 6057.
15. *Gerty Archimède, La candidate du peuple* ; et G. Archimède et L. Farrugia, *Gerty Archimède, op. cit.*, p. 7.
16. Aníbal Quijano, « Coloniality of Power, Eurocentrism, and Latin America », *Nepantla: Views from South*, vol. 1, n° 3, 2000, p. 533-534.
17. *Id.*, *ibid.*, p. 536.
18. *Ibid.*, p. 567.
19. Aaron Kamugisha, « The Coloniality of Citizenship in the Contemporary Anglophone Caribbean », *Race & Class*, vol. 49, n° 2, 2007, p. 22.
20. *Ibid.*, p. 35.
21. Aimé Césaire, *JORF*, n° 23, 1946, p. 660.
22. *Id.*, *ibid.*, p. 660.
23. G. Wilder, *Freedom Time…*, *op. cit.* p. 2.
24. N. Nesbitt, « Départementalisation et logique de la décolonisation », *art. cit.* p. 39.
25. G. Archimède, *JORF*, n° 114, 1948, p. 6298.
26. G. Archimède, *JORF*, n° 125, 1946, p. 299.
27. M. le ministre du Travail et de la Sécurité sociale, *JORF*, n° 125, 1946, p. 299.
28. JORF, n° 301, 1946, p. 10935.
29. Rosan Girard, *JORF*, n° 110, 1948, p. 6058.
30. G. Archimède, *JORF*, n° 112, 1949, p. 6925.
31. G. Archimède, *JORF*, n° 124, 1948, p. 6679.
32. *Id.*, *JORF*, n° 52, 1948, p. 2922 ; et G. Archimède et L. Farrugia, *Gerty Archimède, op. cit.*, p. 42.
33. Archimède fait valoir que les CRS, force de police très majoritairement blanche, ont bénéficié de formes de compensation qui ont été refusées aux enseignants des Antilles. Voir G. Archimède, *JORF*, n° 11, 1950, p. 535.
34. G. Archimède, *JORF*, n° 75, 1951, p. 4706.
35. G. Archimède, *JORF*, n° 75, 1951, p. 4728.
36. P. Nardal, *Beyond Negritude: Essays from « Woman in the City »*, trad. T. Denean Sharpley-Whiting, Albany, Suny Press, 2009, p. 81-82.
37. Voir le documentaire de Mariette Monpierre, *Gerty Archimède, la candidate du peuple*, 52 min, Les Productions de la Lanterne, 2006.
38. R. Girard, *JORF*, n° 22, 1951, p. 1080.
39. G. Archimède, *JORF*, n° 73, 1951, p. 4574.

40. G. Archimède, *JORF*, n° 35, 1948, p. 1731.
41. Pour une analyse plus approfondie des représentations sexualisées des femmes noires dans la culture littéraire et populaire française, voir T. Denean Sharpley-Whiting, *Black Venus: Sexualized Savages, Primal Fears, and Primitive Narratives in French*, Durham, Duke University Press, 1999.
42. G. Archimède et L. Farrugia, *Gerty Archimède*, *op. cit.*, p. 31.
43. F. Germain, « Jezebels and Victims: Antillean Women in Postwar France, 1946-1974 », *French Historical Studies*, vol. 33, n° 3, 2010, p. 475-96.
44. G. Archimède, *JORF*, n° 15, 1948, p. 504.
45. Voir Suzanne Césaire et Daniel Maximin, *Le Grand Camouflage. Écrits de dissidence, 1941-1945*, Paris, Seuil, 2009, p. 84-94.
46. Pour des informations biographiques sur Éboué-Tell et son travail en tant que députée et sénatrice, voir http://www.senat.fr/evenement/archives/D35/eboue.html. Voir aussi f22/26–f22/28, Papiers personnels d'Eugénie Éboué-Tell, Fonds Éboué, Fondation Charles-de-Gaulle, Paris.
47. Pour une analyse approfondie des mouvements syndicaux et de leurs implications pour les citoyennetés contestées dans le contexte de la départementalisation en Guadeloupe, voir Yarimar Bonilla, *Non-sovereign Futures: French Caribbean Politics in the Wake of Disenchantment*, Chicago, University of Chicago Press, 2015.
48. G. Archimède et L. Farrugia, *Gerty Archimède*, *op. cit.*, p. 110.

CHAPITRE 5 : CHRISTIANE TAUBIRA, FEMME NOIRE EN POLITIQUE EN GUYANE ET DANS L'HEXAGONE

1. Sous la Troisième République, un homme noir, le Martiniquais Henri Lémery, fut brièvement garde des Sceaux du 15 octobre au 7 novembre 1934.
2. Cet article reprend certains éléments de Stéphanie Guyon, « Des marges ultra-marines de la République au Parlement : trajectoires de députées guyanaises », *Parlement[s], Revue d'histoire politique*, vol. 19, n° 1, 2013, p. 91-106.
3. Christiane Taubira a été députée de la 1re circonscription de Guyane de 1993 – quand elle a battu Rodolphe Alexandre (Parti socialiste guyanais) – jusqu'en 2012.
4. L'appellation « créole » désigne la descendance locale de toute population importée vivant dans un cadre colonial que ce soient les descendants des colons blancs ou des esclaves noirs. En Guyane, en l'absence de population créole blanche, on appelle « Créoles » les descendants des esclaves noirs et des différents groupes migrants du XIXe siècle. La population créole guyanaise a en effet absorbé à la fin du XIXe et dans la première moitié du XXe siècle les Créoles originaires de Sainte-Lucie et des Antilles françaises et les migrants coloniaux (Chinois et Libanais principalement).
5. Les départements sont à l'époque le premier échelon local de circonscription administrative et politique français.

6. INSEE, Résultats du recensement de la population des départements d'outre-mer, 9 mars 1982 Guyane, mai 1983.
7. Jusque dans les années 1970, les jeunes Amérindiens étaient scolarisés dans des institutions religieuses à part – les « homes indiens » – et ne pouvaient accéder au lycée général et encore moins à l'université.
8. Treize militants indépendantistes guyanais ont été emprisonnés et déférés devant la Cour de sûreté de l'État, une juridiction d'exception créée en 1963 par le général de Gaulle. Les militants incriminés seront libérés en janvier 1975, les charges retenues contre eux étant infondées.
9. En particulier, l'occupation le 2 mai 1968 de La Jeune Guyane, une organisation liée au sénateur de Guyane, Robert Vignon et, à partir du 4 mai, celle du BUMIDOM, service dédié aux migrations des ressortissants des DOM vers la métropole. Entretien de l'autrice avec Alain Michel, ancien dirigeant de l'UEG puis leader indépendantiste guyanais, Cayenne, décembre 2005.
10. Le PSG est un parti guyanais fondé en 1956 à partir d'une scission de la SFIO. D'abord favorable à une simple réforme du statut départemental, il adopte une position autonomiste en 1979.
11. Entretien de l'autrice avec Antoine Karam, Cayenne, 2005.
12. *Ibid.*
13. Elizabeth Drévillon et Christiane Taubira, *Une campagne de folie, comment j'en suis arrivée là*, Paris, Éditions First, 2002, p. 93-95.
14. Militant à l'UEG de 1966 à 1972, puis pendant deux ans coopérant au Gabon, Roland Delannon revient en Guyane pour participer à la naissance du MOGUYDE. Enseignant en biologie et mathématiques, en LEP et en collège, puis agriculteur, il contribue à l'implantation du MOGUYDE parmi les communautés Businenge (« Noirs-marrons ») et amérindiennes à l'ouest de la Guyane, à la fin des années 1970. Entretien de l'autrice avec Roland Delannon, Cayenne, 2016.
15. Le Kromanti est une langue marronne de Jamaïque.
16. C. Taubira, *Mes météores, combats politiques au long cours*, Paris, Flammarion, 2012, p. 207.
17. E. Drévillon et C. Taubira, *Une campagne de folie*..., *op. cit.*, p. 103.
18. Sur la reconversion de dispositions contestataires dans la sphère professionnelle, voir Julie Pagis, « Incidences biographiques du militantisme en Mai 68 », *Sociétés contemporaines*, vol. 84, n° 4, 2011, p. 25-51.
19. Charte pour un souffle nouveau, dignité/créativité/efficacité, Walwari, élections législatives des 21 et 28 mars 1993, p. 13.
20. Entretien de l'autrice avec Roland Delannon, Cayenne, 2016.
21. Renaud Hourcade, « L'esclavage dans la mémoire nationale française : cadres et enjeux d'une politique mémorielle en mutation », *Droit et cultures*, vol. 66, n° 2, 2013, p. 71-86.
22. Cette incapacité à l'universalité a été prêtée aux femmes pour justifier leur exclusion de la représentation. Voir Laure Bereni, *La Bataille de la*

parité. Mobilisations pour la féminisation du pouvoir, Paris, Economica, coll. « Études politiques », 2015.

23. E. Drévillon et C. Taubira, *Une campagne de folie…*, *op. cit.*, p. 192.
24. *Ibid.*, p. 194.
25. *Ibid.*, p. 216.
26. *Ibid.*, p. 214.
27. *Ibid.*, p. 218.
28. Martina Avanza, « Qui représentent les élus de la diversité. Croyances partisanes et points de vue des "divers", *Revue française de science politique*, vol. 60, n° 4, 2010, p. 745-767.
29. Patrick Simon et Angéline Escafré-Dublet, « Représenter la diversité en politique : une reformulation de la dialectique de la différence et de l'égalité par la doxa républicaine », *Raisons politiques*, vol. 35, n° 3, 2009, p. 125-141, *loc. cit.*, p. 127.
30. Ces émeutes ont fait l'objet d'une lecture raciale que ce soit par les intellectuels et hommes politiques de droite qui mettent en avant les particularités culturelles des familles de banlieue comme explication du recours à la violence ou ceux qui, à gauche, se focalisent sur les discriminations dont sont victimes les émeutiers. Voir Éric Fassin et Didier Fassin, *De la question sociale à la question raciale ?*, Paris, La Découverte, 2006.
31. Frédérique Matonti, *Le Genre présidentiel. Enquête sur l'ordre des sexes en politique*, chapitre 5 (p. 161 à 188) : « De Rachida Dati à Christiane Taubira. Diversité et racisation », Paris, La Découverte, 2017.
32. Nantes fut l'un des principaux ports négriers de France du XVIIe au XIXe siècle et la ville de Nantes fut l'une des premières métropoles à mettre en œuvre dans les années 1990 une importante politique mémorielle de l'esclavage.
33. *Ibid.*
34. Discours de ChristineTaubira, compte-rendu de la séance de l'Assemblée nationale du 29 janvier 2013, http://www.assembleenationale.fr/14/cri/provisoire/P20130118.asp
35. Elle cite par cœur le poème « Nous les gueux » de Léon Gontran-Damas auquel elle avait déjà fait référence lors de son discours d'ouverture du débat parlementaire.
36. Jean-Michel Eymeri-Douzans, Xavier Bioy et Stéphane Mouton, *Le Règne des entourages. Cabinets et conseillers de l'exécutif*, Paris, Presses de Sciences Po, coll. « Académique », 2015.
37. C. Vigouroux, C. Moguée, G. Le Châtelier, A. Christnacht sont proches du Parti socialiste et/ou appartiennent au réseau personnel de F. Hollande. Il en est de même pour ses directeurs de cabinet adjoints, J.-F. Beynel, F. Pion et A. Berriat.
38. Franck Johannès, « Les départs se succèdent au cabinet de Christiane Taubira », *Le Monde*, 20 mars 2013.

39. Les autres ministres incarnant l'aile gauche du gouvernement l'ont, eux et elles, quitté en 2014.
40. C. Taubira, *Murmures à la jeunesse*, Paris, Philippe Rey, 2016.
41. Députée non-inscrite, Christiane Taubira rejoint par exemple lors de son premier mandat le groupe parlementaire République et Liberté, puis le groupe socialiste lors de son second mandat pour enfin s'établir lors de ses deux derniers mandats avec le groupe RCV qui réunit principalement le PRG, les Verts et le MDC. Députée de gauche, elle a voté la confiance au gouvernement de droite d'Édouard Balladur en 1993.
42. W. E. B. Du Bois, *The Souls of Black Folk: Essays and Sketches*, Chicago, A.C. McClurg and Co, 1903 (Londres, Penguin, 1989), p. 63.
43. William B. Cohen, *The French Encounter with Africans: White Response to Blacks, 1530-1880*, Bloomington, Indiana University Press, 1980.

DEUXIÈME PARTIE : FÉMINISMES POSTCOLONIAUX EN PRATIQUE

CHAPITRE 6 : LE FÉMINISME CARIBÉEN FRANÇAIS À L'ÈRE DE LA DÉPARTEMENTALISATION

1. En 1946, le statut politique de la Martinique et de la Guadeloupe est passé de celui de colonies à celui de départements français d'outre-mer, ce qui a permis aux Martiniquais et aux Guadeloupéens d'obtenir la citoyenneté française à part entière.
2. Dana Simmons, « Wages and the Politics of Life in Postwar France », *Journal of Modern History*, vol. 81, n° 3, 2009, p. 579-606 ; Janine Mossuz-Lavau, « Les électrices françaises de 1945 à 1993 », *Vingtième siècle. Revue d'histoire*, vol. 42, n° 2, 1994, p. 67-76.
3. Voir Gérard Bossuat, « L'aide américaine à la France après la Seconde Guerre mondiale », *Vingtième siècle. Revue d'histoire*, n° 9, janvier-mars 1986, p. 17-36 ; et Chris Howell, *Regulating Labor: The State and Industrial Relations Reform in Postwar France*, Princeton, Princeton University Press, 1992.
4. Susan Weiner, « Two Modernities: From "Elle" to "Mademoiselle" ; Women's Magazines in Postwar France », *Contemporary European History*, vol. 8, n° 3, 1999, p. 395-409.
5. Pour une brève discussion sur les mouvements féministes et les intellectuels dans la France d'après-guerre, voir Christine Delphy, « Les origines du mouvement de libération des femmes en France », *Nouvelles Questions féministes*, vol. 18, n° 16, 1991, p. 137-148 ; Catherine Rodgers, « Elle et Elle : Antoinette Fouque et Simone de Beauvoir », *MLN*, vol. 115, n° 4, septembre 2000, p. 741-760.
6. En raison du manque de données sur les femmes de Guyane, ce chapitre explore les expériences des féministes de Martinique et de Guadeloupe.

7. Amartya Sen, *Development as Freedom*, Oxford, Oxford University Press, 1999, p. 87.
8. Frantz Fanon, *Peau noire, masques blancs*, Paris, Seuil, 1952, p. 58.
9. Voir Félix-Hilaire Fortuné, *La France et l'outre-mer antillais*, Paris, L'Harmattan, 2001 ; et Laurent Jalabert, « Les mouvements sociaux en Martinique dans les années 1960 et la réaction des pouvoirs publics », *Études caribéennes*, 17 décembre 2010, [en ligne].
10. Au XIXe siècle, les femmes des classes populaires ont déjà affirmé leur présence en tant qu'agents politiques. Lumina Sophie, une Martiniquaise qui a participé à des manifestations pour l'égalité et a ensuite été emprisonnée, s'est vu attribuer les titres d'« instigatrice » et de « haïsseuse d'hommes ». Voir Gilbert Pago, *Lumina Sophie dite « Surprise », 1848-1879. Insurgée et bagnarde*, Éditions Ibis rouge (Martinique), 2009.
11. T. Denean Sharpley-Whiting décrit avec éloquence la contribution de Nardal à la négritude in *Negritude Women*, Minneapolis, University of Minnesota Press, 2002.
12. *La Femme dans la cité*, n° 1, 15 janvier 1945.
13. Emily Musil, « À la recherche de sept sœurs : une biographie des sœurs Nardal de Martinique », *Callaloo*, vol. 36, n° 2, 2013, p. 375-90. »
14. Pour une discussion sur le féminisme postchrétien, voir Lisa Isherwood et Kathleen McPhillips (dir.), *Post-Christian Feminisms: A Critical Approach*, Burlington, Aldershot, 2008.
15. Quelques numéros de *La Femme dans la cité* sont disponibles sur le site de la Bibliothèque nationale de France. Nardal a cessé de publier la revue en 1951, mais la bibliothèque propose des numéros publiés jusqu'en 1950.
16. William Miles, *Paradoxe au paradis. De la politique à la Martinique*, trad. Loïza Nellec-Miles, Paris, L'Harmattan, 1992.
17. *La Femme dans la cité*, n° 1, 15 janvier 1945.
18. Union des Femmes de la Martinique, *Mémoires*, Fort-de-France, UFM, 2000. Pour plus d'informations sur l'Union des femmes de France, voir *Union des Femmes de France, Conférence faite à Chartres*, Chartres, Imprimerie de Durand, 1989, disponible à la Bibliothèque nationale de France, Paris.
19. Archimède s'oppose à ses homologues gaullistes en Guadeloupe, y compris à Albertine Baclet, la première femme maire de la Guadeloupe. Leur rivalité s'est intensifiée à la fin des années 1960, lorsque les courants nationalistes et le malaise politique français se sont répandus en Guadeloupe. Voir Martin Laventure, « Les femmes prennent doucement mais sûrement le pouvoir », *France-Antilles Guadeloupe*, 15 février 2008. Pour une étude plus complète des femmes en politique de 1828 au début des années 1990, voir M. Cottias et A. Fitte-Duval, « Femme, famille et politique dans les Antilles françaises de 1828 à nos jours », *Caribbean Studies* 28, n° 1, 1995, p. 76-100.
20. Selon Rita Bonheur, l'actuelle présidente de l'UFM, les membres de l'UFM ont passé beaucoup de temps à sensibiliser les femmes à leurs responsabilités

civiques, notamment en les incitant à voter et en convainquant les hommes que les femmes étaient des personnes politiquement avisées, capables de choisir leur propre candidat sans le patronage de leur mari. Entretien de l'auteur avec Rita Bonheur, 21 avril 2016.

21. Rapport d'activité du Dr Perronette, médecin du P.M.I., document 9j68, Archives départementales de la Martinique.
22. Pour une discussion sur la féminité, la maternité et le nationalisme dans la France d'après-guerre, voir Kristin Ross, *Fast Cars, Clean Bodies: Decolonization and the Reordering of French Culture*, Cambridge, MA, et Londres, MIT Press, 1995.
23. F. Germain, *Decolonizing the Republic: African and Caribbean Migrants in Postwar Paris, 1946-1974*, *op. cit.*, East Lansing, Michigan State University Press, 2016.
24. G. Archimède, *Fleur et perle de Guadeloupe*, Pointe-à-Pitre, Jasor, 1996 ; par ailleurs, la Banque numérique du patrimoine martiniquais propose un dossier sur Solange Fitte-Duval, ancienne présidente de l'UFM, qui précise la date du changement de nom de l'association. Voir http://www.patrimoines-martinique.org /?id=198.
25. Le terme « Domien » est souvent utilisé en France pour désigner les Réunionnais et les Antillais. Il est également utilisé dans les Caraïbes françaises, bien que les personnes situées à gauche de l'échiquier politique préfèrent utiliser le terme « Antillais ».
26. Rapport d'activité du Dr Perronette.
27. Entretien avec Rita Bonheur.
28. Voir Françoise Picq, *Libération des femmes : Les années-mouvement*, Paris, Seuil, 1993. Pour les fondements idéologiques et théoriques du féminisme français, consulter Dani Cavallaro, *French Feminist Theory: An Introduction*, New York, Continuum, 2003.
29. Entretien avec Rita Bonheur.
30. *Femmes martiniquaises*, un bulletin publié par l'UFM, détaille comment les femmes ont manifesté pour obtenir des logements décents et un meilleur accès à des transports publics abordables. *Femmes martiniquaises*, Fort-de-France, août-septembre 1985.
31. Yarimar Bonilla, *Non-sovereign Futures: French Caribbean Politics in the Wake of Disenchantment*, Chicago, University of Chicago Press, 2015.
32. La déclaration de soutien est apparue dans tout le monde virtuel, un espace de plus en plus utilisé pour la protestation sociale.
33. F. Germain, *Décoloniser la République*..., *op. cit.*, p. 90.
34. Dans le chapitre 9 de ce volume, Stéphanie Mulot et Nadine Lefaucheur utilisent l'exemple d'une femme qui échappe à une relation de violence physique. Mon entretien avec l'actuelle directrice de l'Union des femmes de la Martinique a également été très instructif. Elle a affirmé que de nombreuses femmes subissent des violences domestiques mais n'en parlent pas. C'est en

lisant entre les lignes qu'elle a découvert que les femmes étaient et continuent toujours à être battues. En d'autres termes, elle et ses collègues décryptent le langage codé des femmes martiniquaises. Entretien avec Rita Bonheur.

35. L'un des rares ouvrages sérieux traitant de la violence domestique dans les Caraïbes françaises est celui de Nadine Lefaucheur (dir.), *Pouvoir dans la Caraibe. Genre et violence interpersonnelle en Martinique*, Paris, L'Harmattan, 2012.
36. « Un appel contre la violence », *France-Antilles Guadeloupe*, 28 avril 2008.
37. « Droits des femmes : La route est encore longue », *France- Antilles Guadeloupe*, 3 juillet, 2015. Parmi les plus petites organisations, on peut citer l'Association Agape Guadeloupe, Culture et Égalité (Martinique). Par ailleurs, comme il existe de nombreuses organisations de femmes en Guadeloupe qui partagent des intérêts divers, les femmes ont créé une fédération intitulée FORCES (Fédération Féminine d'Organisation et de Revalorisation Culturelle Économique et Sociale).
38. En 2005, un Martiniquais a immolé son ex-compagne en pleine capitale, obligeant de nombreux Antillais à accepter, ou du moins à reconnaître, la présence de violences fatales à l'encontre des femmes dans leur société. En 2013, les violences conjugales en France et dans les départements d'outre-mer ont entraîné la mort de 146 femmes.
39. En Martinique et en Guadeloupe, le *préfet*, fonctionnaire chargé des forces de sécurité des îles, est presque exclusivement un homme blanc. Aucune femme n'a jamais été *préfète*. L'interview du préfet est disponible sur le site de Martinique Première (chaîne de télévision). Voir Martinique Première, « "La maison de Solange" accueille les femmes victimes de violence », http://la1ere.francetvinfo.fr/martinique/2014/11/25/la-maison-de-solange-accueille-les-femmes-victimes-de-violence -210004.html.
40. Entretien avec Rita Bonheur.
41. « La parentalité au cœur des discussions », *France-Antilles Guadeloupe*, 11 mars 2015.
42. La citation est tirée d'un dépliant publié par l'Union des femmes de Martinique détaillant leur programme pour 2016. Le tract est intitulé « *Konfyans nou sé fos nou* : actrices dans nos vies ! » (Notre estime de soi est notre force : actrices dans nos vies !). On retrouve des thèmes similaires sur les prospectus et les annonces de réunions parrainées par d'autres organisations.
43. « L'autre visage de la communauté dominicaine », *France-Antilles Guadeloupe*, 13 août 2013.
44. « Meurtre d'une prostituée : L'accusé vide son sac », *France-Antilles Guadeloupe*, 6 juin 2011 ; « Commémoration de la mort de Sandra », *France-Antilles*, 13 juin 2015.
45. Pour une description de la femme *poto mitan*, voir Bonnie Thomas, « Identity at the Crossroads: An Exploration of French Caribbean Gender Identity », *Caribbean Studies*, vol. 32, n° 2, juillet-décembre 2004, p. 45-62. Brenda

Berrian utilise les chansons contemporaines de zouk et la vieille musique de béguine pour décrire l'idée de la *belle kreyol* dans la société caribéenne française. Voir Brenda Berrian, *Awakening Spaces: French Caribbean Popular Songs, Music, and Culture*, Chicago, University of Chicago Press, 2000, p. 76.

46. Dans son excellente thèse, Vanessa Agard-Jones traite du genre et de la sexualité en Martinique et en Guadeloupe : *Sovereign Intimacies: Scaling Sexual Politics in Martinique*, thèse de doctorat, New York University, 2013.
47. Il existe de nombreux parallèles entre les relations homosexuelles dans les communautés africaines-américaines du Sud et les Caraïbes françaises. Comme le démontre Patrick E. Johnson, elles font partie du tissu culturel de la communauté. Voir *Sweet Tea: Black Gay Men of the South*, Chapel Hill, University of North Carolina Press, 2008.
48. Namascar Shaktini, « Monique Wittig's New Language », *Pacific Coast Philology*, vol. 24, n° 1/2, novembre 1989, p. 83-93.
49. Voir Lycinaïs Jean, *Mwen enmé'w*, https://www.youtube.com/watch?v=l2fE2KZnvcU

CHAPITRE 7 : « L'ÉTRANGLEMENT DU SUFFRAGE UNIVERSEL » : LA MOBILISATION DE L'UNION DES FEMMES DE LA RÉUNION POUR LA CITOYENNETÉ ÉLECTORALE APRÈS 1945

1. Ce chapitre reprend des développements contenus dans l'ouvrage issu de ma thèse : M. Paris, *Nous qui versons la vie goutte à goutte. Féminismes, économie reproductive et pouvoir colonial à La Réunion*, Paris, Dalloz, 2020.
2. « La motion adoptée par le comité directeur de l'Union des femmes de La Réunion », *Témoignages*, 21 août 1958.
3. « Colonies départementalisées » est un terme proposé et théorisé par João Gabriel : « ce sont des territoires dont le développement endogène, ainsi que toute perspective d'autosuffisance sont bridés. Pourquoi ? Pour qu'ils soient maintenus dépendants vis-à-vis de la France, qui est appelée “métropole”, et ce n'est pas pour rien. S'il y a “métropole”, c'est qu'il y a “colonie” ». João Gabriel et Aminata Aidara, « Nous avons besoin d'une révolution qui secoue l'ordre du monde », *Africultures*, 25 septembre 2017, URL : https://africultures.com/avons-besoin-dune-revolution-secoue-lordre-monde-de-changer-de-gouvernants/
4. « La motion adoptée par le comité directeur de l'Union des femmes de La Réunion », *Témoignages*, art. cité.
5. Gilles Gauvin, « Approche de l'identité réunionnaise par l'étude d'une culture politique : le R.P.F. à l'île de la Réunion (1947-1958) », *Outre-Mers. Revue d'histoire*, vol. 87, n° 326-327, 2000, p. 287-315 ; G. Gauvin, *Miche Debré et l'île de La Réunion : une certaine idée de la plus grande France*, Villeneuve d'Ascq, Presses universitaires du Septentrion, 2006 ; Eugène Rousse, *Combat des Réunionnais pour la liberté*, Saint-Denis, Éditions CNH, 1993 ;

Voir également le film documentaire de Yann Le Masson, *Sucre amer*, 1963 (documentaire censuré en France jusqu'en 1975).

6. Archives départementales de Seine-Saint-Denis (dorénavant ADSS), 261J9/4, Archives du PCF, Section du « travail parmi les femmes », FDIF, Intervention de Clélie Gamaleya pour la délégation de l'UFR au Congrès de la FDIF, Moscou, 23-29 juin 1963.
7. S. Larcher, *L'Autre Citoyen. L'idéal républicain et les Antilles après l'esclavage*, Paris, Armand Colin, 2014.
8. S. Larcher, « L'égalité divisée. La race au cœur de la ségrégation juridique entre citoyens de la métropole et citoyens des "vieilles colonies" après 1848 », *Le Mouvement Social*, vol. 252, n° 3, 2015, p. 137-158.
9. Comité de préparation du Congrès de l'UFR, « Congrès de l'Union des femmes de La Réunion », *Témoignages*, 4 septembre 1958.
10. C. Palmiste, « Des sociétés féminines de secours mutuel aux premières organisations féminines politisées en Guadeloupe et en Martinique au début du xxe siècle », *Bulletin de la Société d'histoire de la Guadeloupe*, n° 154, septembre-décembre 2009, p. 79-92 ; C. Palmiste, « L'engagement pour le suffrage féminin en Guadeloupe au début du xxe siècle », *Gaïac. Revue de l'IUFM de Martinique*, n° 2, décembre 2010, p. 72-81.
11. « Féminisme colonial », *La Française*, 21 mai 1927.
12. Léona Revest, « Causerie sur le féminisme », *Bulletin de la Société des Sciences et des Arts de La Réunion*, 2e semestre 1921.
13. Télégramme du gouverneur de Guadeloupe au ministre des Colonies, 11 et 12 juillet 1944, cité par Clara Palmiste, « Le vote féminin et la transformation des colonies françaises d'Amérique en départements en 1946 », *Nuevo Mundo Mundos Nuevos,* 2014, URL : http://nuevomundo.revues.org/66842.
14. Yvan Combeau, « Les élections municipales de mai 1945 : les femmes dans le renouveau politique », *in* Gillette Staudacher-Valliamée (dir.), *La Femme et les sociétés pluriculturelles de l'océan Indien*, Paris, Sedes, 2002, p. 157.
15. M. de Moen, « Arithmétique électorale », *Le Progrès*, 4 juin 1945.
16. Dans certaines communes, hommes et femmes votaient dans des bureaux séparés, c'est pourquoi, même en l'absence de sondages, des analyses des comportements électoraux ont pu être esquissés.
17. C. Palmiste, « Le vote féminin et la transformation des colonies françaises d'Amérique en départements en 1946 », art. cité.
18. « Après la bataille », *Le Combat*, 27 octobre 1945.
19. Marius-Ary Leblond, *La Kermesse noire, roman d'une élection aux colonies*, Paris, Éditions Jean Crès, 1934. Ce roman a été publié pour la première fois en 1904 sous le titre *La Sarabande : roman de mœurs électorales*, et son titre initial était *La Voix des Noirs*.
20. « Après la bataille », *Le Combat*, 27 octobre 1945.
21. « Bourrage de crânes », *Le Cri du peuple*, 26 juillet 1946.
22. « Après la bataille », *Le Combat*, 17 octobre 1945.

23. « Un crime odieux », *Le Cri du peuple*, 26 mai 1946.
24. « Un crime odieux et sans précédent dans la démocratie française », *Le Combat*, 29 mai 1946.
25. « Les élections municipales de Saint-Denis », *Le Cri du peuple*, 9 juillet 1946.
26. *L'Avenir du Sud*, 11 septembre 1946.
27. Archives départementales de La Réunion, 1M4018, Lettre du préfet André Capagorry au ministre de la France d'outre-mer Marius Moutet, 10 juin 1946.
28. Vanessa Codaccioni, *Punir les opposants : PCF et procès politiques (1947-1962)*, Paris, CNRS, 2013, p. 8.
29. « Acquittez Saramito ainsi que Marie Gamel », *Témoignages*, 24 août 1950.
30. Eugène Rousse, « Alice Pévérelly, de nombreuses responsabilités », *Témoignages*, 8 et 9 avril 2000.
31. *Id.*, « Margot Payet. Trois grandes figures de l'Union des femmes de La Réunion des premiers temps », *Témoignages*, 30 septembre 1998.
32. « Isnelle Amelin : "L'union des curés et des réactionnaires était terrible" », *Témoignage chrétien de La Réunion*, n° 163, 10-16 octobre 1977, p. 3.
33. Gabrielle Baret, « Poésie et réalité. La perle de la mer des Indes », *Femmes Françaises – hebdomadaire de l'UFF*, 22 mars 1947.
34. G. Gauvin, « Approche de l'identité réunionnaise par l'étude d'une culture politique : le R.P.F. à l'île de la Réunion (1947-1958) », art. cité, p. 299.
35. *Ibid.*
36. *Ibid.*, p. 306.
37. Eugène Rousse, « Conscience historique et citoyenneté », *Témoignages*, 7 avril 2000.
38. G. Gauvin, *Michel Debré et l'île de La Réunion. Une certaine idée de la plus grande France*, Villeneuve-d'Ascq, Presses universitaires du Septentrion, 2006, p. 76.
39. « La motion adoptée par le comité directeur de l'Union des femmes de La Réunion », *Témoignages*, art. cité.
40. Jean-Pierre Peyroulou, « L'impossible réforme : de l'impunité à la fraude électorale », in *Guelma, 1945*, Paris, La Découverte, p. 335.
41. « Congrès des femmes à Saint-Paul : les femmes de toute l'île dénoncent l'immense misère des familles créoles », *Témoignages*, 25 septembre 1958.
42. « La motion adoptée par le comité directeur de l'Union des femmes de La Réunion », *Témoignages*, art. cité.
43. « Communiqué du comité directeur de l'Union des femmes de La Réunion », *Témoignages*, 21 août 1958.
44. « Isnelle Amelin : "L'union des curés et des réactionnaires était terrible" », *Témoignage chrétien de La Réunion*, n° 163, 10-16 octobre 1977, p. 3.
45. E. Rousse, « Alice Pévérelly dans la tourmente des années 1950 », *Témoignages*, 10 avril 2000.

46. Jean-Claude Leloutre, *La Réunion : département français*, Paris, François Maspero, 1968, p. 111.
47. ADSS, 261 J7/20, « Mémoire sur l'exercice du suffrage universel à La Réunion à l'occasion des élections législatives partielles du 17 novembre 1957, présenté par Jean Hinglo, candidat progressiste, et le Comité de défense des libertés républicaines, en vue d'obtenir de l'Assemblée nationale l'invalidation de l'élection de Monsieur Cerneau "député" de La Réunion ».
48. « Communiqué de la fédération communiste (10 août 1958) », *Témoignages*, 12 août 1958.
49. Voir par exemple ADSS, 261 J7/ 19, Parti communiste réunionnais, « Les élections cantonales des 7 et 14 mars, 27 mars 1976 », Dossier pour recours en annulation auprès du tribunal administratif de Saint-Denis concernant les résultats de 7 cantons.
50. ADSS, 261J9/4, Archives du PCF, Section du « travail parmi les femmes », FDIF, Intervention de Clélie Gamaleya pour la délégation de l'UFR au congrès de la FDIF, Moscou, 23-29 juin 1963.
51. « La motion adoptée par le comité directeur de l'Union des femmes de La Réunion », *Témoignages*, art. cité.
52. « Les femmes de Saint-Denis protestent contre les violations continues du suffrage universel », *Témoignages*, 7 août 1958.
53. Comité de préparation du congrès de l'UFR, « Congrès de l'Union des femmes de La Réunion », *Témoignages*, 4 septembre 1958.
54. « Congrès des femmes à Saint-Paul », *Témoignages*, 27 septembre 1958.
55. ADSS, 261 J7/ 19, Archives du PCF/ Section de la politique extérieure du PCF/ DOM-TOM/ Réunion, Mémoire présenté par l'UFR à l'occasion de la visite du président de la République française à l'île de La Réunion, Saint-Denis, 17 octobre 1979.

CHAPITRE 8 : LA COORDINATION DES FEMMES NOIRES (1976-1982). RETOUR SUR DES FÉMINISTES OUBLIÉES

1. L'autrice tient à remercier Silyane Larcher pour sa relecture minutieuse, ses apports intellectuels et pour son enrichissement lexical du texte.
2. Cette fin correspond au moment où la plupart des membres ont quitté l'Hexagone. Elles ont néanmoins continué de publier dans *Sans Frontière* jusqu'en 1985. Dans son entretien accordé à Schieweck, Gerty Dambury mentionne que la Coordination des femmes noires a été enregistrée comme association. Je n'ai pu vérifier cette information, mais si elle se révèle vraie, elle témoigne du fait que la plupart des membres initiatrices étaient de nationalité française puisque seul·e·s les citoye·ne·s avaient le droit légal de se constituer en association sous la loi de 1901 jusqu'en 1981. Voir Nicola Schieweck, « L'articulation de la catégorie race et du racisme dans le mouvement féministe des années 1970 en France » (dissertation/Master 2, Paris, université Paris 8, 2011), p. 33.

3. La Coordination s'est présentée par le passé comme regroupant des femmes « étudiantes, travailleuses, chômeuses, femmes au foyer » ; voir Bibliothèque Marguerite Durand (BMD), Dossier FEM396 « femmes noires », Annonce de la journée des femmes noires, 1977.
4. N. Schieweck, « L'articulation de la catégorie race et du racisme... », *op. cit.* ; Théophile Coppet, « "Négresses, regroupons-nous". Mouvements de femmes noires à Paris 1976-82 » (mémoire de Master, Paris, Paris 8, 2019) ; Ingrid Chateau, « Les luttes et organisations de femmes noires en France. Émergence d'un féminisme noir » (mémoire de Master 2, Paris, EHESS, 2019). Pamela Ohene-Nyako, « Mobilisations de femmes afrodescendantes en France hexagonale dans la lutte contre le racisme et le sexisme, années 1970-1990 », *Les études de la Chaire Diasporas Africaines*, n° 1, 2022, p. 7-8 ; Mrs Roots, « 1976, L'affirmation d'un féminisme noir en France. Propos de Laura Nsafou en discussion avec Gerty Dambury », in *Afrofem*, éd. par Mwasi, collectif afroféministe, Paris, Syllepse, 2019, p. 113-23.
5. G. Dambury *et al.*, « Reconnaître les spécificités des expériences vécues des femmes noires en France : l'intersectionnalité "en pratiques" des années 1970 à aujourd'hui », *Cahiers du Genre*, vol. 70, n° 1, 2021, p. 195-197.
6. Aux travaux précités de Schieweck, Chateau, Coppet et Ohene-Nyako s'ajoutent des articles sociologiques qui mentionnent la Coordination pour cartographier des groupes et généalogies de luttes. Voir Nadia Châabane, « Diversité des mouvements de "femmes dans l'immigration" », *Les Cahiers du CEDREF. Centre d'enseignement, d'études et de recherches pour les études féministes*, n° 16, 1er janvier 2008, p. 231-50. ; Emmanuelle Bruneel et Tauana Olivia Gomes Silva, « Paroles de femmes noires », *Réseaux*, vol. 201, n° 1, 2 mai 2017, p. 59-85.
7. Dans le cas hexagonal, un constat et travail similaires ont été nécessaires pour documenter le parcours militant de Lydie Dooh-Bunya, fondatrice du Mouvement pour la Défense des droits de la femme noire (MODEFEN) ; voir P. Ohene-Nyako, « Contexts and Spaces of Intersectionality : The Black Feminism and Internationalism of Lydie Dooh-Bunya, 1970-1990 », *Journal of Women's History*, vol. 35, n° 3, 2023, p. 125-45. Sur l'enjeu des archives des femmes noires et racisées aux Pays-Bas par exemple, voir Chandra Frank, « Sister Outsider and Audre Lorde in the Netherlands : On Transnational Queer Feminisms and Archival Methodological Practices », *Feminist Review*, vol. 121, n° 1, 2019, p. 9-23.
8. Photographe féministe blanche française réputée pour sa documentation visuelle du Mouvement de libération des femmes des années 1970-1980.
9. Par exemple, lors de mon entretien avec Gerty Dambury (28 janvier 2021), cette dernière remarquait à juste titre le peu d'archives relatives à Maria Kala Lobé.
10. Encore récemment, l'analyse littéraire proposée par Coudy Kane sur le livre *La Parole aux négresses* a avancé l'influence du féminisme africain-américain

sur la pensée intersectionnelle d'Awa Thiam alors que la seule référence dans le livre est l'autobiographie d'Angela Davis qui traite peu d'intersectionnalité et surtout du racisme au sein du système pénal et carcéral étatsunien.

11. Par exemple, Gerty Dambury avait une licence en anglais et des relations amicales, artistiques et militantes avec des anglophones de Londres, des Caraïbes et des États-Unis. Toutefois, la Jamaïque était sa « référence mythique ». Voir à ce propos G. Dambury, *La Jamaïque est mon Afrique*, Montreuil, Éditions du Manguier, 2015.
12. G. Dambury *et al.*, « Reconnaître les spécificités des expériences vécues des femmes noires en France : l'intersectionnalité "en pratiques" des années 1970 à aujourd'hui », art. cité, p. 193.
13. T. Denean Sharpley-Whiting, *Negritude Women*, Minneapolis, University of Minnesota Press, 2002 ; J. A. Boittin, « "Among them Complicit"? Life and Politics in France's Black Communities, 1919-1939 », in *Africa in Europe. Studies in Transnational Practice in the Long Twentieth Century*, Eve Rosenhaft et Robbie Aitken (dir.), Liverpool, Liverpool University Press, 2013, p. 55-75 ; Annette K. Joseph-Gabriel, *Reimagining Liberation. How Black Women Transformed Citizenship in the French Empire*, Urbana, Chicago et Springfield, University of Illinois Press, 2020.
14. Sur les mobilisations des femmes réunionnaises, voir M. Paris, « L'Union des femmes de La Réunion (1946-1981) », *Mouvements*, vol. 91, n° 3, 2017, p. 141-49. Sur la question de l'identité collective de la Coordination, Schieweck (*op. cit.*, p. 18) insiste sur la spécificité de la Coordination comme seule organisation de l'époque à s'être constituée sous l'identité collective noire, tandis que les autres groupes étaient en majorité organisés par « nationalités ». J'émets pour le moment une réserve face à cette conclusion, par absence de données.
15. P. Ohene-Nyako, « Mobilisations de femmes afrodescendantes en France hexagonale dans la lutte contre le racisme et le sexisme, années 1970-1990 », *op. cit.* ; P. Ohene-Nyako, « Contexts and Spaces of Intersectionality », *op. cit.* De nombreuses initiatives apparaissent notamment dans les pages et agendas culturels des journaux *Sans Frontière* et *Amina* (numéros consultables à la Bibliothèque Marguerite Durand).
16. Françoise Ega, *Lettres à une Noire. Récit antillais*, Paris, Lux, 2021. *Sans Frontière*, n° 31, spécial été 1981, p. 16
17. Cette expression s'inspire en l'adaptant et la mettant au pluriel de la notion d'une « chambre à soi » développée par Virginia Woolf.
18. Entretien personnel avec Gerty Dambury le 28 janvier 2021 ; voir aussi l'extrait d'entretien cité dans N. Schieweck, *op. cit.*, p. 15.
19. N. Schieweck, *op. cit.*, p. 15.
20. BMD, *Brochure de la Coordination des femmes noires*, 1978, p. 3 ; Entretien avec Gerty Dambury, *op. cit.*

21. Entretien avec G. Dambury, *op. cit.* ; BMD, *Brochure de la Coordination…*, *op. cit.*, p. 3 ; Gerty Dambury on Radio Street Diamond, « Afro-féministe et alors ?! », 9 juin 2018.
[En ligne] https://streetdiamond.fr/index.php/2018/10/10/afro-feministe-et-alors-gerty-dambury-sur-street-diamond/ (consulté le 17 juin 2023) ; « Gerty Dambury : Pionnière de l'afroféminisme en France », Podcast l'Esprit des Pionnières, 5 décembre 2019. [En ligne] https://podcasts.apple.com/ca/podcast/gerty-dambury-pionni%C3%A8re-de-lafrof%C3%A9minisme-en-france/id1484074539?i=1000458788094 (consulté le 19 juin 2023).
22. Entretien de l'autrice avec Gerty Dambury (28 janvier 2021).
23. G. Dambury *et al.*, « Reconnaître les spécificités… », art. cité, p. 191.
24. Entretien de l'autrice avec Gerty Dambury (28 janvier 2021).
25. G. Dambury *et al.*, « Reconnaître les spécificités… », art. cité, p. 191.
26. « Gerty Dambury : Pionnière de l'afroféminisme en France », Podcast l'Esprit des Pionnières, 5 décembre 2019.
27. Véronique Hélénon, « Aimer ses cheveux, s'aimer : une proposition radicale de Josépha Labbé. Femmes afro-caribéennes et esthétique capillaire dans le Paris des années 70 », *Recherches féministes*, vol. 34, n° 2 (13 septembre 2022, p. 85-106, https://doi.org/10.7202/1092232ar. ; Sarah Fila-Bakabadio, « Media and the Politics of "Re-presentation" of the Black Female Body », *in* F. Germain et S. Larcher (dir.), *Black French Women and the Struggle for Equality (1848-2016)*, *op. cit.*, p. 169-83.
28. N. Schieweck, « L'articulation de la catégorie race et du racisme dans le mouvement féministe des années 1970 en France », *op. cit.*, p. 25, p. 29-30. Ceci est aussi évoqué par G. Dambury *et al.*, « Reconnaître les spécificités… », art. cité, p. 197.
29. Fait analysé déjà à l'époque par Maria Elemva dans *Sans Frontière* ; en lien avec la notion de spectacle « (s)exotisant », voir Jovita dos Santos Pinto, « Tilo Frey et l'inclusion non performative », in *Un/Doing Race. Racialisation en Suisse*, sous la direction de Jovita dos Santos Pinto *et al.*, Zurich et Genève, Seismo, 2022, p. 53-73.
30. Voir N. Schieweck, *op. cit.*, p. 29-34 ; I. Château, « Les luttes et organisations de femmes noires en France. Émergence d'un féminisme noir », *op. cit.*, p. 97-125.
31. « Gerty Dambury : Pionnière de l'afroféminisme en France », *op. cit.*
32. BMD, photographie de Catherine Deudon, *La Coordination des Femmes noires dans la manifestation de la journée internationale des femmes*, Paris, 8 mars 1980.
33. « Gerty Dambury : Pionnière de l'afroféminisme en France », Podcast l'Esprit des Pionnières, 5 décembre 2019.
34. G. Dambury *et al.*, « Reconnaître les spécificités… », art. cité, p. 192.
35. Annonce de gala de soutien par la Coordination des femmes noires dans *Sans Frontière,* 4 décembre 1979, p. 15 et n° 12, 22 avril 1980.

36. Aline Ngoala pour la Coordination des femmes noires dans *Sans Frontière*, n° 13, 6 mai 1980.
37. Entretien de l'autrice avec Gerty Dambury (28 janvier 2021).
38. Sylvain Pattieu, « Un traitement spécifique des migrations d'outre-mer : le BUMIDOM (1963-1982) et ses ambiguités », *Politix*, vol. 4, n° 116, 2016, p. 81-113. ; Stéphanie Condon, « Entre stratégies individuelles et stratégies de l'État : le genre de l'émigration antillaise dans les années 1960 », *Clio*, n° 51, 2020, p. 119-41 ; Monique Milia-Marie-Luce, « De l'Outre-mer au continent : étude comparée de l'émigration puertoricaine et antillo-guyanaise de l'après-guerre aux années 1960 », Paris, EHESS, 2002.
39. BMD, *Brochure de la Coordination des femmes noires*, 1978, p. 16.
40. Une de leurs pancartes mentionnait « Stoléru c'est fichu, les négresses sont dans la rue », BMD, photographie de C. Deudon, *La Coordination des Femmes noires dans la manifestation de la journée internationale des femmes*, Paris, 8 mars 1980 ; voir aussi BMD, *Brochure de la Coordination des femmes noires*, 1978, p. 30-31.
41. BMD, *Brochure de la Coordination des femmes noires*, 1978, p. 31.
42. BMD, *Brochure de la Coordination des femmes noires*, 1978, p. 11-12. Voir M. Paris, « Un féminisme anticolonial… », art. cité.
43. « Gerty Dambury : Pionnière de l'afroféminisme en France », Podcast l'Esprit des Pionnières, 5 décembre 2019.
44. BMD, *Brochure de la Coordination des femmes noires*, 1978, p. 11-12.
45. *Id.*, *ibid.*, p. 9-12.
46. Sur les mobilisations de femmes camerounaises face à l'administration française, voir notamment le chapitre de Rose Ndengue dans le présent ouvrage. Sur le Sénégal, voir notamment Emily Lord Fransee, « "I May Vote Like All Women": Protest, Gender, and Suffrage in French Senegal, 1944-1945 », French Colonial History, vol. 20, 2021, p. 119-144. Sur d'autres cas de rapports des femmes noires francophones à la citoyenneté, voir A. K. Joseph-Gabriel, *Reimagining Liberation. How Black Women Transformed Citizenship in the French Empire*, Champaign, University of Illinois Press, 2019.
47. Conclusion partagée par N. Schieweck, « L'articulation de la catégorie race et du racisme dans le mouvement féministe des années 1970 en France », *op. cit.*, p. 70-75.

CHAPITRE 9 : LA FIN DU SILENCE. DE QUELQUES TRANSFORMATIONS CONTEMPORAINES DE L'AFROFÉMINISME EN FRANCE

1. Laure Bereni, « Penser la transversalité des mobilisations féministes : l'espace de la cause des femmes », *in* C. Bard (dir.), *Les Féministes de la deuxième vague*, Rennes, Presses universitaires de Rennes, p. 27-41 ; Lilian Mathieu, « L'espace des mouvements sociaux », *Politix*, 77-1, 2007, p. 131-151.

2. « Défaire l'empire : féminismes et critiques postcoloniales », journée d'étude organisée par Malek Bouyahia, Franck Freitas et Karima Ramdani (CRESPPA-GTM).
3. Sur la dimension plurielle et hétérogène du féminisme en France, voir C. Bard, *Les Filles de Marianne : histoire des féminismes, 1914-1940*, Paris, Fayard, 1995 ; Françoise Picq, *Libération des femmes : les années-Mouvement*, Paris, Seuil, 1993 et B. Pavard, F. Rochefort, M. Zancarani-Fournel, *Ne nous libérez pas, on s'en charge. Une histoire des féminismes en France de 1789 à nos jours, op. cit.*
4. Pour le texte original, se reporter à S. Larcher, « The End of Silence. On the Revival of Afrofeminism in Contemporary France », *in* F. Germain, S. Larcher (dir), *Black French Women and the Struggle for Equality (1848-2016), op. cit.*, p. 69-88. En français, une brève analyse de cette séquence est aussi disponible dans S. Larcher, « Ne suis-je pas ta sœur ? Femmes noires et récit féministe », *in* P. Singaravelou *et al.* (dir.), *Colonisations. Notre histoire, op. cit.*, p. 186-188.
5. Sur la Coordination des femmes noires, voir l'article de Pamela Ohene-Nyako dans ce volume.
6. I. Clair, E. Dorlin (dir.), *op. cit.*, 2022.
7. Est exemplaire de cette posture l'ouvrage de Martine Storti, *Pour un féminisme universel*, Paris, Seuil, 2020. On peut considérer en ce sens que l'ouvrage, sorti la même année, de B. Pavard, F. Rochefort et M. Zancarini-Fournel (*op. cit.*) constitue l'effort de contourner cet écueil de la généralité ethnocentrée et de l'hégémonie de surplomb. Dans la même entreprise, voir aussi, C. Bard, *Féminismes : 150 ans d'idées reçues*, Paris, Le Cavalier bleu, 2023 (chapitre « Les féministes "racisées" desservent leur cause », p. 291-305.)
8. Pour une vue d'ensemble, voir notamment Pierre Rosanvallon, *Le Sacre du citoyen. Histoire intellectuelle du suffrage universel en France*, Paris, Gallimard, 1992 et *La Démocratie inachevée. Histoire de la souveraineté du peuple en France*, Paris, Gallimard, 2000. Pour une perspective féministe, mais polarisée, sur l'exclusion civique des femmes en France hexagonale, voir Geneviève Fraisse, « La démocratie exclusive : un paradigme français », *Pouvoirs*, 82, 1997, p. 5-16 et Joan W. Scott, *La citoyenne paradoxale. Les féministes françaises et les droits de l'homme*, Paris, Albin Michel, 1998.
9. S. Larcher, *L'Autre Citoyen. L'idéal républicain et les Antilles après l'esclavage, op. cit.*, introduction.
10. C'est l'un des enjeux théoriques centraux de *L'Autre Citoyen, op. cit.*, tous les fondements historiques et anthropologiques de la dissemblance étant construits par l'État en obstacles à l'égalité civique entre citoyens des « vieilles colonies » et de la métropole.
11. L'observation ethnographique a été conduite entre 2016 et 2020 en Île-de-France et en régions, l'année de pandémie ayant contribué à un retrait progressif du terrain et des liens avec les enquêté·e·s. Des entretiens

(biographiques non ou peu structurés d'une durée moyenne de plus de 3 heures) ont été conduits pour l'essentiel à cette période, puis reconduits avec certaines enquêtées entre l'automne 2021 et le printemps 2022 (8 personnes sur un total de 36 interviewées).

12. Je reviens sur ce point dans *Afroféministes. Luttes féministes noires d'émancipation en France postcoloniale*, Paris, Seuil (à paraître).
13. Collectif Mwasi, *Afrofem, op. cit.*, p. 11.
14. Site belge dont l'autrice est alors en lien régulier avec des afroféministes françaises.
15. Plus d'un quart des personnes interviewées (11 sur 36) ont un blog, d'activité variable, au moment de l'entretien.
16. Entretien collectif conduit avec quatre blogueuses (Mrs Roots, Many Chroniques, Péri-phériques et Le Kitambala agité) le 28 octobre 2017.
17. https://manychroniques.blogspot.com/2009/05/celib-25-ans.html
18. Lorsque je la rencontre pour un entretien en deux temps les 11 et 23 octobre 2016 à son domicile, elle a trente-deux ans et est professeure certifiée titulaire depuis deux ans.
19. Je me permets de renvoyer à S. Larcher, « Trouble dans la "race". De quelques fractures et points aveugles de l'antiracisme contemporain », *L'Homme et la Société*, 198-4, 2015, p. 213-229. Voir aussi Maxime Cervulle, « Exposer le racisme. Exhibit B et le public oppositionnel », *Études de communication*, 48-1, 2017, p. 37-54.
20. Amandine Gay, « "Exhibit B" : Oui, un spectacle qui se veut antiraciste peut être raciste », *Slate*, 29 novembre 2014 ; https://www.slate.fr/story/95219/exhibit-b-raciste
21. Notion forgée en 1991 par Philomena Essed, *Comprendre le racisme quotidien*, Paris, Syllepse, 2024.
22. Pour aller plus loin sur l'analyse de cette logique sociale, voir Philomena Essed, *op. cit.*
23. *JORF*, lois et décrets, 147e année, n°28, Annexes, annonce n° 1295, p. 3379. Parution en date du 11 juillet 2015. La domiciliation administrative du collectif est alors enregistrée à l'adresse de Sharone Omankoy à Paris.
24. La cause est notamment incarnée par le Dr Mukwege, gynécologue engagé contre les crimes sexuels de guerre au Congo, qui reçoit le prix Sakharov en 2014, puis le prix Nobel de la paix en 2018. Voir les documentaires d'Angèle Diabang, *Congo : un médecin pour sauver les femmes* (2014) et Thierry Michel et Colette Braeckman, *L'Homme qui répare les femmes : la colère d'Hippocrate* (2015).
25. Collectif Mwasi, *op. cit.* p. 9.
26. Entretien conduit le 15 juin 2016.
27. Olivier Fillieule, Catherine Leclercq, Rémi Lefebvre (dir.), *Le Malheur militant*, Louvain-La-Neuve, De Boeck Supérieur, 2022.

28. Extrait d'un échange informel en mars 2022 au cours duquel elle me fait part de son refus d'un nouvel entretien.
29. Voir Patrick Dewitte, « La condition des femmes noires en France. Entretien avec Lydie Dooh-Bunya », *Hommes & Migrations*, p. 43-48 et Pamela Ohene-Nyako, « Contexts and Spaces of Intersectionality: The Black Feminism and Internationalism of Lydie Doo-Bunya, 1970-1990 », *Journal of Womens' History*, 35-3, 2023, p. 125-145.
30. Sur ce sujet, voir Jaercio Da Silva, « L'*empowerment* féminin noir sur YouTube en France », *Terminal. Technologie de l'information, cultures et sociétés*, p. 125-126, 2019.
31. Mwasi Collectif, *Afrofem*, *op. cit.*
32. https://x.com/NzingaBandida/status/1051535909877895173 ; https://x.com/pettypiment/status/1067790814439530497 ; https://www.instagram.com/fanmkachayeko/p/CucTqO3q86P/
33. Sur le contrôle de la natalité dans les Antilles françaises et à La Réunion, voir M. Zancarini-Fournel, « Contraception et avortement dans les Antilles françaises », *Clio. Femmes, Genre, Histoire*, 50-2, 2019, p. 87-108 ; Myriam Paris, « La racialisation d'une politique publique : le contrôle de la natalité à La Réunion (années 1960-1970) », *Politix*, 131-3, 2020, p. 29-52.
34. Entretien réalisé avec N. le 6 novembre 2021 : « Mais Françoise Vergès, chez elle, elle n'est pas noire. [...] Les afroféministes belges ne savent pas qui elle est Françoise Vergès. » Il convient de noter en toute rigueur que l'ouvrage de Françoise Vergès, *Le Ventre des femmes. Capitalisme, racialisation, féminisme* (Paris, Albin Michel, 2017) ne fait nulle part mention de « l'afroféminisme ».
35. Entretien réalisé avec M. le 31 octobre 2019. Il ne m'a pas été possible de vérifier la validité empirique de ces propos.
36. Françoise Vergès indique dans des interventions publiques n'avoir jamais eu de poste académique (comme titulaire) en France. Toutefois, son nom et ses origines sociales, les positions institutionnelles qu'elle a occupées en France et à La Réunion, les ouvrages qu'elle a publiés avec l'historien Pascal Blanchard (situé aussi en dehors du champ universitaire) ou à titre personnel sont autant de sources d'opportunités que de capitaux lui conférant un pouvoir social aux yeux de ses détractrices, moins dotées socialement pour la plupart.
37. Parfaitement consciente de cet enjeu, une enquêtée d'origine sénégalaise me dit d'emblée au début de notre entretien : « J'ai accepté de participer [à l'enquête] parce que j'ai bien vu que tu n'as pas besoin de l'afroféminisme pour manger. » Entretien avec C. effectué le 11 novembre 2021.
38. Les pages qui suivent s'appuient sur une exploitation des bases de données Europresse et Généralis pour la période de 2015 à 2023. On dénombre 43 articles qui usent des termes « afroféminisme » et « afroféministes » dans de grands quotidiens (*Libération, L'Humanité, Le Figaro* et *Le Monde*) et 13 articles ou dossiers dans des magazines généralistes ou spécialisés (*Les Inrockuptibles, Causette, Politis, L'Obs, M le magazine du Monde, L'Express, Jeune Afrique,*

mais aussi *La Revue dessinée* et *La Revue des livres pour enfants*). Le corpus a été complété d'une recherche sur Google d'articles issus de webzines généralistes ou spécialisés (féministes ou dédiés à une audience africaine et caribéenne).

39. Sans exhaustivité, voir : Collectif Mwasi, *op. cit* ; Laura Nsafou, *À mains nues*, Paris, Synapse, 2018 ; *id.*, *Comme un million de papillons noirs*, Paris, Cambourakis, 2018 ; Jo Güstin, *Ah Sissi, il faut souffrir pour être française*, Paris, Présence africaine, 2019 ; Fania Noël-Thomassaint, *Afro-communautaire. Appartenir à nous-mêmes*, Paris, Syllepse, 2019 ; Kiyémis, *À nos humanités révoltées*, Paris, Premiers matins de novembre, 2020 ; Fania Noël, *Et maintenant le pouvoir. Un horizon politique afroféministe*, Paris, Cambourakis, 2022.
40. Par exemple, la journaliste Audrey Pulvar, qui n'a jamais caché ses convictions féministes, autrice d'un ouvrage compilant des portraits de femmes symboles d'émancipation féminine (*Libres comme elles. Portraits de femmes singulières*, Paris, La Martinière, 2014), est assimilée au « féminisme blanc » par les membres de Mwasi en raison de la rhétorique dite « universaliste » dans laquelle elle a condamné les ateliers non mixtes de leur premier festival afroféministe organisé à Paris en 2017. La journaliste n'était pas encore aux côtés d'Anne Hidalgo à la mairie de Paris. En 2021, elle apportera son soutien aux ateliers non mixtes de l'UNEF. Cf. Collectif Mwasi, *op. cit.*
41. Johanna Lhuyssen, « Portrait : Hapsatou Sy. L'enfant peul de la télé », *Libération*, 25 avril, p. 54.
42. C'est-à-dire frisés ou crépus, par opposition aux cheveux chimiquement défrisés ou cachés par des perruques, tissages ou extensions de cheveux lisses.
43. Il faut rappeler que l'animatrice-entrepreneure a quitté la télévision en 2021 après une attaque verbale du journaliste d'extrême droite Éric Zemmour lors d'une émission de Thierry Ardisson en 2018. Le journaliste avait déclaré que son « prénom était une insulte à la France » lui opposant que sa « mère aurait dû l'appeler Corinne ». L'échange fut coupé au montage, mais Hapsatou Sy diffusa la séquence sur les réseaux sociaux et lança une pétition qui obtint près de 300 000 signatures. Elle réclama, sans succès, l'exclusion d'Éric Zemmour de l'espace médiatique. Suite aux poursuites d'Hapsatou Sy, il fut condamné pour injure raciste en 2023.
44. D'après une étude dont le webzine *Slate* publie les résultats en 2013, la présence de mannequins afrodescendants dans la presse féminine européenne oscillerait entre 0 et 6 %. https://www.slate.fr/culture/79500/mannequins-couleur-magazines-feminins
45. Lucile Quillet, « Musulmanes, femmes noires : les féministes accusées d'ignorer les minorités », *Figaro Madame*, 9 juin 2015 ; https://madame.lefigaro.fr/societe/le-feminisme-exclut-il-les-minorites-090615-96897
46. Contraction de « patriarcale » et « blanche » ; souligné dans le texte. Méghane Ghorbani, « Afroféminisme en France : lutter pour s'auto-émanciper », AWID : https://www.awid.org/fr/news-and-analysis/afrofeminisme-en-france-lutter-pour-sauto-emanciper. Consulté le 12 novembre 2016.

47. Sur le modèle du *communauty organizing* des militants issus des minorités aux États-Unis, le camp fut organisé par Sihame Assbague (ancienne porte-parole du collectif Stop le contrôle au faciès) et Fania Noël. Voir Sihame Assbague, Fania Noël, « Camp d'été décolonial : qui a peur de la non-mixité et de l'antiracisme politique ? », in *Décoloniser ! Notions, enjeux et horizons politiques*, Passerelles, p. 180-188
48. Anne-Charlotte Dancourt, « On a parlé féminisme avec Rokhaya Diallo », *Les Inrockuptibles*, 8 janvier 2017.
49. Cf. Gayatri C. Spivak, *Les Subalternes peuvent-elles parler ?* Paris, Ed. Amsterdam, 2009.
50. https://mrsroots.fr/2017/04/04/afro-feminismenest-pas-afrofeminisme/ Ce point était déjà signalé dans S. Larcher, « "Nos vies sont politiques !" L'afroféminisme en France ou la riposte des petites-filles de l'empire », *Participations*, 19-3, 2017, p. 105-106.
51. Fania Noël, *Et maintenant le pouvoir : l'horizon politique afroféministe*, Paris, Cambourakis, 2022, p. 28-29.
52. L'Europe non anglophone toutefois ; les féministes noires britanniques pour des raisons linguistiques évidentes et pour se distinguer de leurs homologues des États-Unis formulent dès les années 1990 un « Black British feminism ».
53. Voir Aurora Vergara-Figueroa, Katherine Arboleda Hurtado, « Afrodiasporic Feminist Conspiracy : Motivations and Paths forward from the First International Seminar », *Meridians*, 14-2, 2016, p. 118-129.
54. Pour une introduction en français, voir Rama Sala Dieng, *Féminismes africains. Une histoire décoloniale*, Paris, Présence africaine, 2021. Parmi une littérature pléthorique, voir entre autres : Gwendolyn Mikell, *African Feminism. The Politics of Survival in Sub-Saharan African*, Philadelphia, The University of Pennsylvania Press, 1997 ; Oyèrónkẹ́ Oyěwùmí, *The Invention of Gender. Making an African Sense of Western Gender Discourses*, Minneapolis, University of Minesota Press, 1997 ; Amina Mama, *Beyond the Masks. Race, Gender and Subjectivity*, Londres, Routledge, 1995. On notera que l'ouvrage récent de Sylvia Tamale, *Decolonization and Afro-Feminism* (Québec, Daraja Press, 2020) s'inscrit dans les débats théoriques du féminisme africain (*African feminism*).
55. *Loc. cit.*
56. Chandra Mohanty, « Under Western Eyes : Feminist Scholarship and Colonial Discourses », *Feminist Review*, vol. 30, n° 1, p. 61-88.
57. Eleni Varikas, « Sentiment national, genre et ethnicité », *Tumultes*, 11, 1998, p. 89.
58. A. Césaire, *Lettre à Maurice Thorez*, Paris, Présence africaine, 1956, s.p.
59. Collectif Mwasi, *op. cit.*, chapitre 3 « De la lutte des classes : qui fait le ménage à la fête de l'Huma ? », p. 47-52.
60. F. Noël, *op. cit.*, p. 36-38.
61. E. Lépinard, « Malaise dans le concept. Différence, identité et théorie féministe », *Cahiers du genre*, 39-2, 2005, p. 123.

62. Association de lutte pour la dépénalisation de l'avortement fondée par Gisèle Halimi et Simone de Beauvoir en 1971 après la publication du « Manifeste des 343 ». Jaqueline Manicom est longtemps restée occultée du récit de la genèse de l'association.
63. Jacqueline Manicom, *Mon examen de Blanc*, Paris, Éditions Sarrazin, 1972.

TROISIÈME PARTIE : RESPECTABILITÉ, RÉSISTANCES ET IDENTITÉS TRANSNATIONALES

CHAPITRE 10 : DOIS-JE RÉPONDRE DE MA SŒUR ? LA POLITIQUE DE LA BIENSÉANCE ET LA LUTTE POUR L'ÉGALITÉ DANS LES ŒUVRES DES ÉCRIVAINES ANTILLAISES FRANÇAISES DANS LES ANNÉES 1920-1940

1. À propos des contributions de ces femmes, voir Shireen K. Lewis, *Race, Culture, and Identity: Francophone West African and Caribbean Literature and Theory from Négritude to Créolité*, Lanham, Lexington Books, 2006. T. Denean Sharpley-Whiting, *Negritude Women*..., *op. cit.* Brent Hayes Edwards, *The Practice of Diaspora: Literature, Translation, and the Rise of Black Internationalism*, Cambridge: Harvard University Press, 2003. Christiane Makward, *Mayotte Capécia ou l'aliénation selon Fanon*, Paris, Karthala, 1999. M. Cottias et M. Dobie, *Relire Mayotte Capécia. Une femme des Antilles dans l'espace colonial français*, Paris, Armand Colin, 2012. Sur les débats concernant leur activisme, voir *Small Axe*, vol. 9, n° 1, 2005, dans la section « Book Discussion » consacrée à *The Practice of Diaspora*, en particulier B. Hayes Edwards, « Pebbles of Consonance: A Reply to Critics », p. 134-149, et T. Denean Sharpley-Whiting, « Erasures and the Practice of Diaspora Feminism », p. 129-133.
2. Sur l'activisme des femmes noires et le pouvoir institutionnel, voir Patricia Hill Collins, *Black Feminist Thought: Knowledge, Consciousness, and the Politics of Empowerment*, New York, Routledge Classics, 2008, p. 217.
3. Pour une autre étude de ce motif, voir J. Couti, « La Doudou contre-attaque. Féminisme noir, sexualisation et doudouisme en question dans l'entre deux-guerres », art. cité, p. 111-139 ; certains thèmes et idées discutés de façon approfondie ici sont introduits dans cet article de 2015 et revisité dans *Sex, Sea and Self*, Liverpool, University Press of Liverpool, 2021. Voir aussi le chapitre 3 de J. Couti, *Dangerous Creole Liaisons: Sexuality and Nationalism in French Caribbean Discourses from 1806 to 1897*, Oxford, Oxford University Press, 2016, p. 121-160.
4. Sur les défis particuliers du féminisme noir, voir Audre Lorde, *Sister Outsider: Essays and Speeches,* Berkeley, University of California Press, 2007, p. 61-71 et p. 110-114.
5. Par « Antilles françaises », j'entends principalement la Martinique et la Guadeloupe. Pour simplifier, j'utiliserai également les termes « Antilles » et « Antillais » ou « Antillaises » sans « français » ou « françaises ».

6. B. Moitt, *Women and Slavery in the French Antilles*, *op. cit.*, p. 99-100.
7. A. Davis, *Women, Race and Class*, New York, Vintage Books, 1981, p. 26.
8. *Id.*, *ibid.*, p. 128-148. Evelyn Brooks Higginbotham, *Righteous Discontent: The Women's Movement in the Black Baptist Church, 1880-1920,* Cambridge, Harvard University Press, 1993. Erin Chapman, *Prove It on Me,* Oxford, Oxford University Press, 2012.
9. A. Davis, *Women, Race and Class*, *op. cit.*, p. 183.
10. Sur la classe et le manque de solidarité entre les femmes en Martinique entre 1848 et 1852, voir le chapitre 1 de Gilbert Pago, *Les Femmes et la liquidation du système esclavagiste,* Petit-Bourg (Guadeloupe), Ibis rouge, 1998, p. 19-33. Pour les préjugés classistes et la respectabilité dans les années 1890, voir M. Cottias, « Un genre colonial ? Mariage et citoyenneté dans les Antilles françaises (XVIIe-XXe siècle) », *in* Anne Berger et Eleni Varikas (dir.), *Genre et postcolonialisme. Dialogues transcontinentaux*, Paris, Édition des Archives contemporaines, 2011, p. 67-70.
11. Pour une discussion sur la politique de respectabilité des sœurs Nardal, voir Rachel Anne Gillett, « Jazz Women, Gender Politics, and the Francophone Atlantic », *Atlantic Studies*, vol. 10, n° 1, 2013, p. 109- 30.
12. A. Nicolas, *Histoire de la Martinique*, vol. 2 : *De 1848 à 1939*, *op. cit.*, p. 245.
13. *Id.*, *ibid.*, p. 120 et p. 128.
14. Parmi les enfants Nardal, il y avait sept sœurs. Pour plus d'informations, voir le documentaire de Jil Servant *Paulette Nardal, la fierté d'être négresse,* 2004.
15. George Athénas et Aimé Merlo, deux cousins nés à La Réunion, ont écrit sous ce nom de plume. Voir M.-A. Leblond, *Écrits sur la littérature coloniale*, Paris, L'Harmattan, 2012, p. 185.
16. Maryse Condé, *La Parole des femmes. Essai sur des romancières des Antilles de langue française*, Paris, L'Harmattan, 1979, p. 29 ; T. Denean Sharpley-Whiting, *Negritude Women…*, *op. cit.*, p. 16. Pour une étude plus récente, voir le chapitre 1 de J. M. Wilks, *Race, Gender and Comparative Black Modernism*, *op. cit.*, p. 26-67.
17. Suzanne Lacascade, *Claire-Solange, âme africaine*, Paris, Eugène Figuière, 1924, p. 37. Les pages citées ci-après sont placées entre parenthèses dans le texte.
18. Benedict R. Anderson, *Imagined Communities: Reflections on the Origin and Spread of Nationalism*, éd. révisée, New York, Verso, 2006, p. 141.
19. Albert Savine, *Saint-Domingue à la veille de la Révolution (souvenirs du baron de Wimpffen*, Paris, Louis-Michaud éditeur, 1911, p. 76-77. Lafcadio Hearn, *Two Years in the West Indies,* New York, Harper and Brothers Publishers, 1890, p. 332.
20. P. Nardal, « En exil », *La Dépêche africaine*, n° 19 (15 décembre 1929), p. 6.
21. S. K. Lewis, « Gendering Négritude: Paulette Nardal's Contribution to the Birth of Modern Francophone Literature », *Romance Languages Annual*, vol. XI, 1er janvier 1999, p. 69, [en ligne], https://sistermentors.org/gendering-negritutde-paulette-nardals-contribution-to-the-birth-of-modern-francophone-literature/

22. P. Nardal, « En exil », p. 6.
23. *Id.*, *ibid.*, p. 6.
24. S. K. Lewis, « Gendering Négritude… », art. cité, p. 70.
25. G. Pago, *Les Femmes et la liquidation du système esclavagiste, op. cit.*, p. 192.
26. A. Nicolas, *Histoire de la Martinique, op. cit.*, p. 117.
27. P. Nardal, « L'éveil de la conscience de race », *La Revue du monde noir*, n° 6, avril 1932, p. 29-30.
28. Eslanda Goode Robeson citée dans B. H. Edwards, *The Practice of Diaspora…*, *op. cit.*, p. 155.
29. Sur ces prouesses sexuelles masculines, voir J. A. Boittin, « Reverse Exoticism and Masculinity », in *Colonial Metropolis…*, *op. cit.*, p. 111-132.
30. Voir J. Couti, « La Doudou-contre attaque… », art. cité, p. 25.
31. P. Nardal, « L'éveil de la conscience de race », art. cité, p. 28.
32. *Id.*, *ibid.*
33. *Id.*, *ibid.*, p. 31.
34. J. Nardal, « Pantins exotiques », *La Dépêche africaine*, n° 8 (15 octobre 1928), p. 2.
35. Léon Werth, *Danses, danseurs et dancings*, Paris, F. Rieder et Cie éditeurs, 1925, p. 117-118.
36. L. Hearn, *Two Years in the French West Indies*, *op. cit.*, p. 38 et p. 314. Réimpr. sous le titre *Aux vents caraïbes. Deux années dans les Antilles françaises*, Paris, Hoëbeke, 2004.
37. L. Werth, *Danses, danseurs et dancings*, *op. cit.*, p. 118-119.
38. R. A. Gillett, « Jazz Women, Gender Politics, and the Francophone Atlantic », art. cité, p. 13 ; J. Nardal, « Pantins exotiques », *La Dépêche africaine*, n° 8 (15 octobre 1928), p. 2. Dans son article, Jane Nardal confond Mississippi et Missouri.
39. La réfutation par Jennifer Anne Boittin de la notion d'« inconscient colonial » d'Elizabeth Ezra dans son ouvrage *The Colonial Unconscious, Race and Culture in Interwar France* (2000) est utile pour comprendre que la soif de l'autre est aussi une « étreinte consciente du colonial » et non quelque chose de caché dans la psyché. Voir J. A. Boittin, *Colonial Metropolis: The Urban Grounds of Anti-imperialism and Feminism in Interwar Paris*, *op. cit.*, p. 3.
40. B. H. Edwards, *The Practice of Diaspora…*, *op. cit.*, p. 162. Sur la généalogie de Joséphine Baker en tant que symbole de la femme colonisée, voir J. A. Boittin, *Colonial Metropolis…*, *op. cit.*, p. 1-35.
41. Pour en savoir plus, voir T. Stovall, « The New Woman and the New Empire: Josephine Baker and Changing Views of Femininity in Interwar France », (« La nouvelle femme et le nouvel empire : Joséphine Baker et l'évolution des conceptions de la féminité dans la France de l'entre-deux-guerres »), The Scholar & Feminist (S&F) Online, n° 6.1-6.2, automne 2007/printemps 2008, [en ligne], URL : https://sfonline.barnard.edu/

the-new-woman-and-the-new-empirejosephine-baker-and-changing-views-of-femininity-in-interwar-france/3/

42. J. Nardal, « Pantins exotiques », art. cité, p. 2.
43. Le mot *nègre* provient d'un carnet de Combette, cité dans M. Cottias et M. Dobie, *Relire Mayotte Capécia*, p. 57. Voir l'entretien de Capécia avec le journaliste Léo Larguier, cité dans M. Cottias et M. Dobie, *Relire Mayotte Capécia. Une femme des Antilles dans l'espace colonial français*, *op. cit.*, p. 56.
44. M. Cottias et M. Dobie, *Relire Mayotte Capécia*..., *op. cit.*, p. 51 et p. 53.
45. C. Makward, *Mayotte Capécia ou l'aliénation selon Fanon*, *op. cit.*, p. 181-208.
46. Également tiré d'une interview de Mayotte Capécia, citée dans M. Cottias et M. Dobie, *Relire Mayotte Capécia*..., *op. cit.*, p. 56.
47. Donaldo Macedo, « Introduction to the Anniversary Edition », in *The Pedagogy of the Oppressed*, Londres, Continuum, 2000, p. 19.
48. Voir James C. Scott, *Domination and the Arts of Resistance, Hidden Transcripts,* New Haven, Yale University Press, 1992, p. 10.
49. M. Cottias et M. Dobie ont soigneusement transcrit certains de ces entretiens, voir *Relire Mayotte Capécia*..., *op. cit.*, p. 56.
50. Mayotte Capécia, *Je suis martiniquaise*, Paris, Corrêa, 1948, p. 131. Citée ci-après entre parenthèses dans le texte.
51. Voir les collections des Archives départementales de la Martinique et du Musée ethnographique et historique de la Martinique pour des cartes postales similaires.
52. L'essai de Jenny Alpha a été publié pour la première fois dans *Présence africaine* 5 (1948), cité dans C. Makward, *Mayotte Capécia*, p. 39. Voir aussi F. Fanon, *Peau noire, masques blancs*, *op. cit.*, p. 34, p. 58.
53. M. Condé, *Le Roman antillais*, vol. 1, Paris, Nathan, 1978, p. 14 et p. 48. Voir aussi M. Condé, « Order, Disorder, Freedom, and the West Indian Writer », *Yale French Studies*, vol. 83, n° 2, 1993, p. 121-135.

CHAPITRE 11 : LES CHATOUILLEUSES DE MAYOTTE : ÉMERGENCE D'UN FÉMINISME RADICAL, SÉPARATISTE ET ASSIMILATIONNISTE (1966-1976)

1. De 1945 à 1975, l'archipel des Comores composé d'Anjouan, Mohéli, la Grande Comore et Mayotte forme une unité administrative coloniale au sein de l'Union française. En tant que territoire d'outre-mer, elles possèdent une administration propre ainsi que des instances de représentation locales. Cf : Mamaye Idriss, *Le Combat pour Mayotte française*, Paris, Karthala, 2018.
2. C. Palmiste, « Analyse du rapport de Paulette Nardal sur le féminisme colonial (1944-1946) par une approche postcoloniale et intersectionnelle », *Flamme*, n° 1, 2021, 10.25965/flamme.274.
3. M. Paris, « Un féminisme anticolonial : l'Union des femmes de La Réunion (1946-1981) », *Mouvements*, n° 91, 2017, p. 141-149.

4. Sara Panata, « "It Is Not Breasts or Vaginas that Women Use to Wash Dishes" Gender, Class and Neocolonialism Through the Women In Nigeria Movement (1980s-1990s) », *Journal of International Women's Studies*, vol. 23, n° 4, mars 2022, p. 87-102.
5. M. J. Arthur, « Mozambique: Women in the Armed Struggle », *in* P. McFadden (dir.), *Gender in Southern Africa: A Gender Perspective*, Harare, Sapes Books, 1998, p. 67-82.
6. Sara Panata, *Le Nigeria en mouvement(s). La place des mouvements féminins et féministes dans les luttes sociopolitiques nationales (1944-1994)*, thèse de doctorat en histoire contemporaine, université Paris 1 Panthéon-Sorbonne, sous la direction d'Anne Hugon, soutenue le 11 septembre 2020.
7. J'ai conscience qu'il y a eu des mouvements plus radicaux (socialistes, antibourgeois, postcolonial, anticapitaliste). Néanmoins, je l'apparente à un féminisme radical car ce mouvement prônait la restructuration complète de la société. Je remercie Sara Panata et Silyane Larcher pour les discussions et échanges sur l'épistémologie des féminismes.
8. Mamaye Idriss, « Le mouvement des chatouilleuses : genre et violence dans l'action politique à Mayotte (1966-1976) », *Le Mouvement Social*, vol. 255, n° 2, 2016, p. 57-70.
9. Ces mobilisations ont été bien recensées par l'historiographie. On peut citer entre autres : Susan Geiger, « Tanganyikan Nationalism as "Women's Work": Life Histories, Collective Biography and Changing Historiography », *Journal of African History*, 1996, vol. 37, n° 3, p. 465-478 ; Cora Ann Presley, *Kikuyu women, the Mau Mau Rebellion and Social Change in Kenya*, Boulder, Westview press, 1992 ; Sita Ranchod-Nilsson, « This Too Is a Way of Fighting : Rural Women's Participation in Zimbabwe's Liberation War », *in* M. A. Tétréault (dir.), *Women and Revolution in Africa, Asia and the New World*, Columbia, University of South California Press, 1994, p. 62-88 ; M. J. Arthur, « Mozambique : Women in the Armed Struggle », *in* P. McFadden (dir.), *Gender in Southern Africa : A Gender Perspective*, *op. cit.*, p. 67-82 ; Emmanuelle Bouilly, Ophélie Rillon et Hannah Cross, « African women's struggles in a gender perspective », *The Review of African Political Economy*, 2016, vol. 43, n° 149 ; Emmanuelle Bouilly et Ophélie Rillon (dir.), « Femmes africaines et mobilisations collectives (années 1940-1970) », *Le Mouvement Social*, vol. 255, n° 2, avril-juin 2016 ; Rose Ndengue, *Femmes, sphère publique et pouvoir politique en postcolonie : Le cas du Cameroun (1945-années 2000)*, thèse de doctorat, Paris Cité Sorbonne, Paris, 2018.
10. C'est le cas par exemple du socialisme qui progresse en Afrique orientale et du communisme à La Réunion et en Guadeloupe, voir Françoise Blum, Alexis Roy, Ophélie Rillon *et al.* (dir.), *Socialismes en Afrique, Socialisms in Africa*, Paris, Éditions de la Maison des sciences de l'homme, 2021.
11. M. Paris, *Nous qui versons la vie goutte à goutte. Féminismes, économie reproductive et pouvoir colonial à La Réunion*, *op. cit.*, p. 221.

12. Ce qui diffère de La Réunion où « la revendication autonomiste [réclamée à partir de 1958] relève d'un compromis entre le choix de l'assimilation et le choix de l'indépendance », voir M. Paris, *Nous qui versons la vie goutte à goutte. Féminismes, économie reproductive et pouvoir colonial à La Réunion*, *op. cit.*, p. 266.
13. Entretien avec Coco Djoumoi, Labattoir (commune de Dzaoudzi, Mayotte), 2013.
14. Cette loi octroie une autonomie de gestion aux territoires d'outre-mer français, nouvelle appellation des colonies françaises au sein de l'Union française instaurée par la Constitution de la Quatrième République. On assiste à la création d'institutions représentatives locales (un Conseil de gouvernement et une Assemblée territoriale).
15. L'entêtement du président du Conseil de gouvernement de l'époque à acquérir les fonctions régaliennes d'un chef d'État montre justement la subordination de ces instances à l'État français. Voir Mahmoud Ibrahime, *Saïd Mohamed Cheikh (1904-1970). Parcours d'un conservateur. Une histoire des Comores au XXe siècle*, Moroni, Komedit, 2008.
16. À l'Assemblée territoriale, seuls 4 députés représentent Mayotte sur 30 pour l'ensemble de l'archipel.
17. Cette réclamation apparaît comme un slogan. Elle est scandée de façon injonctive *Wassi Risitsaha Departeman !* (« Nous voulons le département ! »), mais aussi par écrit sur des banderoles lors de manifestations. C'est le cas par exemple le 2 août 1966 lorsqu'elles manifestent contre la venue du président du Conseil de gouvernement, Saïd Mohamed Cheikh. Voir Archives nationales d'outre-mer, Delco 3, lettre du haut-commissaire au ministre des Territoires d'outre-mer, 3 août 1966, objet : situation à Mayotte, p. 1.
18. J'ai montré que plusieurs femmes dans les années 1960 avaient accédé à la propriété après en avoir formulé la demande au service des domaines.
19. Entretien avec Coco Madi (Pamandzi, commune à Petite-Terre, Mayotte), 2012.
20. Les droits détenus par les colonisés différaient selon leur statut de citoyens de droit commun, d'une part, et de droit local, d'autre part. Seule une partie infime détenait la citoyenneté de droit commun. À Mayotte, il s'agit principalement de descendants d'immigré·e·s venu·e·s de l'île de Sainte-Marie. Le rattachement de l'île de Sainte-Marie à la France était intervenu à la fin du XVIIIe siècle. L'accord de cession conclu avec la reine de Sainte-Marie, île située à l'est de Madagascar, a conféré à ses habitants une citoyenneté de droit commun. Ce statut de citoyenneté de droit commun les exemptait du Code de l'indigénat réglementant Madagascar.
21. Frederick Cooper a montré que les revendications pour l'égalité de droits sociaux se fondent sur la citoyenneté au sortir du régime de l'indigénat. Voir F. Cooper, *Citizenship...*, *op. cit.*

22. À Anjouan, cette élite prend le nom de *mungwana*, « homme libre », ou encore de *kabaila* « en référence à l'origine géographique et généalogique, réelle ou revendiquée ». Voir Sophie Blanchy, « Intégrations et exclusions : la production différenciée des hiérarchies sociales aux Comores », *Études rurales*, 2014, n° 194, p. 53.
23. Mahmoud Ibrahime, « Les "chatouilleuses" maoraises. De la lutte contre l'indépendance à la départementalisation (1960-1975) », communication dans le cadre du colloque international « Femmes, genre, colonisations (XIXe-XXe siècle) », Centre d'histoire de Sciences Po, Paris, 19-21 janvier 2012. Enregistrement audio en ligne, http://genrecol.hypotheses.org/209, (consulté le 28 juillet 2015) ; Jean Charpantier, « Référendums mahorais, lois françaises et hégémonie politique comorienne », *Revue française d'études politiques africaines*, 1976, vol. 11, n° 126, p. 96-116. ; Sophie Bouffart, *La Possession comme lieu et mode d'expression de la complexité sociale : le cas de Mayotte*, thèse de doctorat, université Paris Ouest Nanterre La Défense, Nanterre, 2009.
24. Les quatre îles des Comores constituaient au début des années 1960 un Territoire d'outre-mer.
25. J. Charpantier, « Référendums mahorais, lois françaises... », art. cité.
26. *Id.*, *ibid.*
27. Mamaye Idriss, « "Des colliers de fleurs pour les hommes... et pour les femmes !" L'insertion des femmes dans les institutions politiques de Mayotte (1976-2018), *Carnets de recherches de l'océan Indien*, n° 5, 2020, p. 81-99. Dans cet article, j'examine les différentes étapes de l'insertion des femmes dans les nouvelles institutions du territoire de 1976 à 2018.
28. Une archive signale le cas d'un rassemblement de 25 à 30 femmes devant le bureau du chef de canton contre le paiement des impôts et que du « travail soit donné aux hommes », voir Archives départementales de Mayotte, 1W69, gendarmerie nationale, groupement des Comores, brigade de Pamandzi, n° 185 du 10 juillet 1967, procès-verbal « renseignements administratifs », manifestation à Pamandzi, p. 1.
29. Institution locale représentative n'ayant pas de pouvoir décisionnel.
30. La grande majorité des militantes ne maîtrisent pas le français.
31. Olivier Fillieule et Patricia Roux (dir.), *Le Sexe du militantisme*, Paris, Presses de Sciences Po, 2012.
32. Naminata Diabate, *Naked Agency: Genital Cursing and Biopolitics in Africa*, Durham, Duke University Press, 2020 ; Florence Ebila et Aili Mari Tripp, « Naked Transgressions: Gendered Symbolism in Ugandan Land Protests », *Politics, Groups, and Identities*, 2017, vol. 5, n 1, p. 25-45. ; Bastian Misty, « The Naked and the Nude: Historically Multiple Meanings of Oto (Undress) in Southeastern Nigeria », *in* Adeline Marie Masquelier (dir.), *Dirt, Undress, and Difference: Critical Perspectives on the Body's Surface*, Bloomington, Indiana University Press, 2005, p. 34-60.

33. Entretien avec Zaïna Méresse *in* Yves Bruneaux, « Le commando des chatouilleuses », *Jana na Leo*, n° 15, 1990, p. 16.
34. Interview en français de Zaïna Méresse réalisée par un journaliste métropolitain et en partie retranscrite dans l'article qu'il publie, offrant une des descriptions les plus détaillées de la chatouille (Y. Bruneaux, « Le commando des chatouilleuses », art. cité, p. 14-18).
35. Cela s'inscrit dans le processus de virilisation des femmes esclaves décrit par Stéphanie Mulot aux Antilles, voir S. Mulot, « Redevenir un homme en contexte antillais post-esclavagiste et matrifocal », *Autrepart*, vol. 49, n° 1, 2019, p. 117-135, *loc. cit.*, p. 125.
36. Mayotte est composée de l'île de la Grande-Terre (363 km^2) et des îles de l'archipel de la Petite-Terre (11 km^2).
37. Archives départementales de Mayotte ADM, 1W37, tribunal de section de Mamoudzou, réquisitoire à fin d'ordonnance de renvoi en police correctionnelle. Exposé des faits [février 1967], p. 2. On compte également la présence d'hommes, en nombre réduit dans les actions de rue.
38. Interview de Zena M'Déré, Mouchoula, Bweni M'Titi, *in* Yves Bruneaux, « Le commando des chatouilleuses », art. cité, p. 14.
39. Une chatouilleuse assure la supériorité des femmes sur les hommes en termes de fiabilité et d'intelligence. Elle argue que « si le combat de Mayotte avait été mené par les hommes, il se serait éteint très vite et depuis longtemps ». Entretien avec Coco Djoumoi, Labattoir (commune de Dzaoudzi, Mayotte), 2013.
40. Cette accusation des femmes anjouanaises, voleuses de maris, est, de nos jours, exprimée avec plus de facilité. Voir Myriam Hachimi Alaoui, Élise Lemercier et Élise Palomarès, « Reconfigurations ethniques à Mayotte. Frontière avancée de l'Europe dans l'Océan indien », *Hommes & migrations. Revue française de référence sur les dynamiques migratoires*, 2013, n° 1304, p. 63.
41. Le récent roman de Touhfat Mouhtare décrit bien ces représentations sociales. Voir Touhfat Mouhtare, *Le Feu du milieu*, Marseille, Le Bruit du monde, 2022.
42. Dans la continuité des travaux de Stéphanie Mulot sur la construction des identités masculines en contexte post-esclavagiste aux Antilles, il est nécessaire de penser celles des identités féminines. Voir S. Mulot, « Redevenir un homme en contexte antillais post-esclavagiste et matrifocal », art. cité, p. 123.
43. Eleni Varikas, *Penser le sexe et le genre*, Paris, PUF, 2006.
44. Zena M'Déré était allée en Grande Comore avec des leaders masculins du MPM. Des marques de soutien sont exprimées par les femmes de Grande Comore qui ne concluent pas à la réalisation de partenariats ou d'alliances.
45. « [...] citadin appartenant à un patrilignage (*kabaila*) d'origine shirazi ou arabe hadrami et, pour la plupart sharif [...] » S. Blanchy, « Intégrations et exclusions : la production différenciée des hiérarchies sociales aux Comores », art. cité, p. 52.

46. S. Blanchy, *Dictionnaire mahorais-français, français-mahorais*, Paris, L'Harmattan, 1996, p. 70.
47. Archives nationales d'outre-mer, Caom, Delco 3, lettre du haut-commissaire au ministre des Territoires d'outre-mer, 30 juillet 1966, objet : situation à Mayotte, p. 3.
48. « La moralité, la religion, l'éducation sont *a priori* les piliers de cette respectabilité. Elle qualifie les classes moyennes et supérieures qui ont à cœur de se distinguer des plus populaires. » Voir S. Mulot, « Redevenir un homme en contexte antillais post-esclavagiste et matrifocal », art. cité, p. 119.
49. ANOM, Delco 3, lettre d'Antoine Colombani, haut-commissaire aux Comores, au ministre d'État chargé des Départements et Territoires d'outre-mer, s.l., 14 septembre 1966, p. 4.
50. Du point de vue de l'élite notabiliaire et des normes sociales, le statut d'épouse et de mère était privilégié à l'exercice d'un métier. « [L]a préoccupation fondamentale [jusqu'à la Seconde Guerre mondiale] rest[ait] la formation de mères et de maîtresses de maison, susceptibles de devenir les dignes conjointes de notables. » Voir Faranirina V. Rajaonah, « Prestige et métier dans la société malgache à Tananarive aux XIXe-XXe siècles », *Le Mouvement Social*, vol. 204, n° 3, 2003, p. 76.
51. Pascale Barthélémy, « Macoucou à Pékin. L'arène internationale : une ressource politique pour les Africaines dans les années 1940-1950 », *Le Mouvement Social*, vol. 255, n° 2, 2016, p. 17-33.

CHAPITRE 12 : LA VIE D'UNE FEMME NOIRE DANS LE COMBAT POUR LA JUSTICE ET L'ÉGALITÉ : JEAN MCNAIR EN FRANCE

1. Je remercie tous ceux qui m'ont aidé à rédiger ce texte : Maia Wechsler, Waldo Martin, Paola Bacchetta, et surtout Melvin McNair.
2. « Caen : Melvin McNair avec les habitants de la Grâce-de-Dieu à l'Assemblée nationale », France 3 Normandie, 2 février 2015.
3. *Liberté-Caen*, 27 octobre 2014, URL : https://actu.fr/normandie/caen_14118/necrologie-jean-mcnair-est-decedee_2786817.html. *N.d.T.* : L'association créée par Jean McNair s'appelle en réalité Espérance et Jeunesse.
4. T. Denean Sharpley-Whiting, *Negritude Women…*, *op. cit.* ; Trica Keaton, *Muslim Girls and the Other France: Race, Identity, Politics, and Social Exclusion*, Bloomington, Indiana University Press, 2006.
5. Phyllis Rose, *Jazz Cleopatra: Josephine Baker in Her Time*, New York, Vintage, 1991 ; T. Denean Sharpley-Whiting, *Bricktop's Paris : African American Women in Paris between the Two World Wars*, Albany, State University of New York Press, 2015.
6. James Campbell, *Exiled in Paris: Richard Wright, James Baldwin, Samuel Beckett, and Others on the Left Bank*, Berkeley, University of California Press, 2003.

7. Entretien téléphonique avec Melvin McNair, 20 juillet 2016.
8. Juan Williams, *Eyes on the Prize: America's Civil Rights Years, 1954-1965*, New York, Penguin, 2013.
9. *Melvin and Jean: An American Story*, film réalisé par Maia Wechsler, Red Triangle Productions et What's Up Films, France, 2012.
10. Danielle L. McGuire, *At the Dark End of the Street: Black Women, Rape, and Resistance – a New History of the Civil Rights Movement from Rosa Parks to the Rise of Black Power*, New York, Vintage, 2011.
11. Melvin McNair, Joyce Tillerson, George Brown, et Jean McNair, *Nous, Noirs américains évadés du ghetto*, préface de Marie Cardinal, Paris, Seuil, 1978.
12. Cheryl Streeter Harry, *Winston-Salem's African American Legacy*, Charleston, Arcadia Publishers, 2007.
13. Sur les mouvements étudiants noirs, voir Martha Biondi, *The Black Revolution on Campus*, Berkeley, University of California Press, 2012.
14. Sur les émeutes raciales des années 1960, voir U. S. Kerner Commission, *Report of the National Advisory Commission on Civil Disorders*, New York, Bantam Books, 1968 ; Max Arthur Helman, *Summer of Rage: An Oral History of the 1967 Newark and Detroit Riots*, New York, Peter Lang, 2013.
15. Winston-Salem a joué un rôle important dans la lutte de libération des Noirs au cours des années 1960. Elle a été la première ville du Sud à accueillir une section des Black Panthers. Voir Judson L. Jeffries, *Comrades: A Local History of the Black Panther Party*, Bloomington, Indiana University Press, 2007.
16. Voir Maria Höhn et Martin Klimke, *A Breath of Freedom: The Civil Rights Struggle, African American GIs, and Germany*, New York, Palgrave Macmillan, 2010.
17. Sur l'histoire du mouvement contre la guerre du Viêt Nam, voir Clara Bingham, *Witness to the Revolution: Radicals, Resisters, Vets, Hippies, and the Year America Lost Its Mind and Found Its Soul*, New York, Random House, 2016 ; Simon Hall, *Peace and Freedom: The Civil Rights and Antiwar Movements in the 1960s*, Philadelphie, University of Pennsylvania Press, 2006.
18. Sidney Fine, *Violence in the Model City: The Cavanaugh Administration, Race Relations, and the Détroit Riot of 1967*, East Lansing, Michigan State University Press, 2007.
19. Waldo E. Martin Jr. et Joshua Bloom, *Black against Empire: The History and Politics of the Black Panther Party*, Berkeley, University of California Press, 2014.
20. Elaine Brown, *A Taste of Power: A Black Woman's Story*, New York, Anchor, 2015.
21. Sur l'histoire du STRESS, voir Heather Thompson, *Whose Détroit? Politics, Labor, and Race in a Modern American City*, Ithaca, Cornell University Press, 2004 ; Joe T. Darden et Richard W. Thomas, *Détroit: Race Riots,*

Racial Conflicts and Efforts to Bridge the Racial Divide, East Lansing, Michigan State University Press, 2013.

22. Brendan I. Koerner, *The Skies Belong to US: Love and Terror in the Golden Age of Hijacking*, New York, Crown Publishers, 2013, p. 192.
23. Voir Ward Churchill et Jim Vander Wall, *Agents of Repression: The FBI's Secret Wars against the Black Panther Party and the American Indian Movement*, Boston, South End Press, 2002.
24. J. McNair *et al.*, *Nous, Noirs américains…*, *op. cit.*, p. 270-71. *N.d.T.* : Toutes les citations tirées de cet ouvrage publié en français ont été traduites depuis la traduction anglaise qu'en avait faite l'auteur de ce texte.
25. B. I. Koerner, *The Skies Belong to Us…*, *op. cit.*, p. 212-14.
26. J. McNair *et al.*, *Nous, Noirs américains…*, *op. cit.*, p. 108.
27. Sur l'exil d'Eldridge Cleaver et son retour en Amérique, voir Eldridge Cleaver, *Soul on Fire*, Waco, TX, Word Books, 1978.
28. « Henri Curiel, Citizen of the Third World », *Le Monde diplomatique*, édition anglaise, avril 1998 ; Joel Beinin, *The Dispersion of Egyptian Jewry: Culture, Politics, and the Formation of Modern Diaspora*, Berkeley, University of California Press, 1998.
29. J. McNair *et al.*, *Nous, Noirs américains…*, *op. cit.*, p. 276.
30. *Id.*, *ibid.*, p. 272.
31. B. I. Koerner, *The Skies Belong to Us…*, *op. cit.*, p. 247-48.
32. J. McNair *et al.*, *Nous, Noirs américains…*, *op. cit.*, p. 287.
33. Leopoldo Nuti *et al.*, *The Euromissile Crisis and the End of the Cold War*, Stanford, Stanford University Press, 2015 ; Diana Johnstone, *The Politics of Euromissiles: Europe's Role in America's World*, Londres, Verso, 1984.
34. Judylyn S. Ryan, *Spirituality and Ideology in Black Women's Film and Literature*, Charlottesville, University of Virginia Press, 2005 ; Charles Marsh, *The Beloved Community: How Faith Shapes Social Justice from the Civil Rights Movement to Today*, New York, Basic Books, 2006.
35. « Des habitants parlent de leur vie à La Grâce-de-Dieu », *Ouest-France*, 5 novembre 2015.
36. Alec Hargreaves, *Immigration, « Race », and Ethnicity in Contemporary France*, New York, Routledge, 1995.
37. T. Keaton, *Muslim Girls and the Other France…*, *op. cit.* ; Susan Terrio, *Judging Mohammed: Juvenile Delinquency, Immigration, and Exclusion at the Paris Palais of Justice*, Stanford, Stanford University Press, 2009.
38. Ce faisant, ils s'inscrivaient dans une vieille tradition africaine-américaine où les Noirs du Nord envoient leurs enfants chez leurs grands-parents dans le Sud pendant l'été. Voir James Gregory, *The Southern Diasporas: How the Great Migrations of Black and White Southerners Transformed America*, Chapel Hill, University of North Carolina Press, 2005.
39. *Melvin and Jean: An American Story*, film réalisé par Maia Wechsler, Red Triangle Productions et What's Up Films, France, 2012.

40. Les McNair ont pris un risque important en venant assister à ma conférence. L'ambassade des États-Unis étant techniquement sur le sol américain, ils auraient pu être arrêtés. Il s'agissait d'un acte de courage et d'amitié.
41. Voir Marita Golden, *Saving Our Sons: Raising Black Children in a Turbulent World*, New York, Doubleday, 1994.
42. Sur la violence par armes à feu et les jeunes hommes africains-américains, voir Ta-Nehisi Coates, *Between the World and Me*, New York, Spiegel & Grau, 2015.
43. Angela Davis, *Women, Culture, and Politics*, New York, Vintage, 1990.

CHAPITRE 13 : ENTRE RESPECTABILITÉ ET RÉSISTANCE : MARTINIQUAISES ET GUADELOUPÉENNES FACE À LA DOMINATION MASCULINE (XX-XXIe SIÈCLE)

1. Enquêtes publiées notamment dans N. Lefaucheur (dir.), « Genre et violences interpersonnelles à la Martinique », *in* [Collectif], *Pouvoirs dans la Caraïbe*, n° 17, Paris, L'Harmattan, 1er décembre 2011 ; et S. Mulot, *« Je suis la mère, je suis le père ! » : l'énigme matrifocale. Relations familiales et rapports de sexe en Guadeloupe* », thèse d'anthropologie sociale et ethnologie, Paris, EHESS, 2000 ; et de la même autrice, « Peut-on être guadeloupéenne, *potomitan* et féministe ? » *Recherches féministes*, vol. 34, n° 2, 2021, p. 123-148.
2. Peter Wilson, « Reputation and Respectability. A Suggestion for Caribbean Ethnology », *Man*, 1969, p. 37-53.
3. N. Lefaucheur, S. Mulot, « La construction et les coûts de l'injonction à la virilité en Martinique », *in* Delphine Dulong, Christine. Guionnet et Erik Neveu (dir.), *Boys Don't Cry ! Les coûts de la domination masculine*, Rennes, Presses universitaires de Rennes, 2012, p. 207-229.
4. N. Lefaucheur, « Modes de constitution et dynamiques des configurations familiales à la Martinique », 2016, URL : http://colloque.aidelf.org/documents/1569.docx
5. S. Mulot, « Peut-on être guadeloupéenne, *potomitan* et féministe ? », art. cité, et « La matrifocalité n'est pas un mirage créole », *L'Homme. Revue française d'anthropologie*, n° 207-208, 2013, p. 159-191 ; N. Lefaucheur, « Situations monoparentales à la Martinique et idéal sacrificiel du *potomitan* », *Politiques sociales et familiales*, dossier « Vivre la monoparentalité en situation de précarité », n° 127, 2018, p. 28-35.
6. En 2009, 41 % des 1 000 répondantes martiniquaises à l'enquête « Genre et violences interpersonnelles à la Martinique » vivaient en couple (marié dans deux cas sur trois), 25 % avaient un « ami » qui ne vivait pas avec elles (dans 22 % des cas, le mari, le concubin ou l'ami était le premier et l'unique partenaire sexuel). Parmi les mères seules (29 % des répondantes), 35 % avaient un « ami », 42 % avaient déjà vécu en couple, mais 23 %

n'avaient jamais eu de relation amoureuse, sexuelle ou conjugale de plus de six mois ; voir N. Lefaucheur, Elizabeth Brown, « Relations conjugales et configurations parentales à la Martinique », *Politiques sociales et familiales*, n° 106, 2011, p. 9-23.

7. Enquêtes « Faire famille à la Martinique » (2013-2014) et « Sortir de la violence conjugale : obstacles et ressources » (2009-2010), réalisées sous la responsabilité de Nadine Lefaucheur par le Groupe Genre et Société aux Antilles du CRPLC (UMR 8053), de l'université des Antilles. Les récits de Clara, Marie, Marthe et Stéphane ont été recueillis par Mylenn Zobda-Zebina, ceux d'Andrée, Jocelyne, Marie-Josèphe et Vanessa par Myriam Thirot, ceux de Lélène, Mirette et Yveline par Paola Lavra, celui de Georges par Joëlle Kabile et celui de Sarah par Roger Cantacuzène (enquête « Faire famille »). Le récit de Jeanne a été recueilli par William Touzanne et celui de Valérie par Léoncine Ozier-Lafontaine (enquête « Sorties de la violence »).
8. France Alibar et Pierrette Lembeye-Boy, *Le couteau seul… Sé Kouto sèl… La condition féminine aux Antilles.* tome 1 : *Enfance et adolescence*, tome 2 : *Vies de femmes*, Paris, Éditions caribéennes, 1981 (t. 1), 1982 (t. 2).
9. Les *enfants-dehors* (*timoun déwô*) sont ceux qui naissent en dehors du couple considéré comme principal et que l'homme a avec une ou des partenaires secondaires (*fanm déwô*).
10. N. Lefaucheur, « Situation des femmes, pluripartenariat et violences conjugales aux Antilles », *Informations sociales* 186 (2014) 28-35 ; N. Lefaucheur (dir.), « Genre et violences interpersonnelles à la Martinique », *Pouvoirs dans la Caraïbe*, n° 17, Paris, L'Harmattan, 1er décembre 2011.
11. L. Ozier-Lafontaine, N. Lefaucheur, « Histoires de couples, histoires de violence », *Pouvoirs dans la Caraïbe*, n° 17, *op. cit.*, p. 125-160.
12. J. Kabile, « Mais pourquoi ne partent-elles pas ? », *Pouvoirs dans la Caraïbe*, n° 17, *op. cit.*, p. 161-198.
13. L'histoire de Viviane a été recueillie en 1979 par Marie-Françoise Le Drian : N. Lefaucheur et Marie-Françoise Le Drian, *Histoires de Marie Lambert*, rapport de recherche (1980) ; N. Lefaucheur, « Maternité extra-conjugale et reproduction sociale », *Annales de Vaucresson*, n° 26, p. 1987, p. 181-198.
14. Cité dans *Manman, 43 témoignages en hommage à la femme créole* recueillis par Mehdi Darlis, Pointe-à-Pitre, Jasor, 2015, p. 93-97.
15. S. Mulot, « Peut-on être guadeloupéenne, *potomitan* et féministe ? », art. cité.
16. Ce qui n'a été le cas d'aucune des femmes dont la biographie a été ici évoquée : tous leurs époux, compagnons ou partenaires étant afrodescendants.
17. S. Mulot, « Peut-on être guadeloupéenne, *potomitan* et féministe ? », art. cité.
18. S. Mulot, N. Lefaucheur, Roger Cantacuzène, Joëlle Kabile, Sally Stainier, « Accompagner les parents séparés aux Antilles : entre normes légales et pratiques culturelles », Caisse nationale des allocations familiales, *Études et recherches, L'e-ssentiel*, n° 224, 2024.

QUATRIÈME PARTIE : CORPS, NATION ET REPRÉSENTATIONS SYMBOLIQUES EN TENSION

CHAPITRE 14 : « SARAH BAARTMAN » ET LA CONSTRUCTION DE LA FRANCITÉ

1. J'approfondis ces questions dans mon livre *Vénus Noire: Black Women and Colonial Fantasies in Nineteenth-Century France*, Athens, University of Georgia Press, 2020.
2. Voir Claude Blanckaert (dir.), *La Vénus hottentote. Entre Barnum et Muséum*, Paris, Publications scientifiques du Muséum national d'histoire naturelle, 2013 ; Henri de Blainville, « Sur une femme de la race hottentote », *Bulletin des sciences par la société philomatique de Paris*, 1816, p. 183-90 ; et Georges Cuvier, « Extrait d'observations faites sur le cadavre d'une femme connue à Paris et à Londres sous le nom de Vénus Hottentotte », *Mémoires de Muséum d'histoire naturelle*, t. III, 1817. Voir également Anne Fausto-Sterling, « Gender, Race and Nation: The Comparative Anatomy of "Hottentot" Women in Europe: 1815-1817 », *in* Jennifer Terry et Jacqueline Urla (dir.), *Deviant Bodies: Critical Perspectives on Difference in Science and Popular Culture*, Bloomington, Indiana University Press, 1995. Bernth Lindfors fournit des informations utiles sur Sarah Baartman et d'autres figures noires dans « "The Hottentot Venus" and Other African Attractions in Nineteenth-Century England », *Australasian Drama Studies*, vol. 1, n° 2, 1983 ; et Lindfors, « Ethnological Show Business: Footlighting the Dark Continent », *in* Rosemarie Garland Thomson (dir.), *Freakery: Cultural Spectacles of the Extraordinary Body*, New York, New York University Press, 1996. Voir également François-Xavier Fauvelle-Aymar, *L'Invention du Hottentot. Histoire du regard occidental sur les Khoisan, XVe-XIXe siècle*, Paris, Publications de la Sorbonne, 2002.
3. Clifton C. Crais et P. Scully, *Sara Baartman and the Hottentot Venus: A Ghost Story and a Biography*, Princeton, Princeton University Press, 2008.
4. Percival Kirby a eu le mérite, surtout pour l'époque, d'attirer l'attention des historiens sur Sarah Baartman. Or, il faut également reconnaître qu'il a repris la stratégie qui consistait à en (re)faire un spectacle susceptible d'exciter le regard du public. Aussi importants soient-ils, ses écrits doivent donc être lus avec prudence et de manière critique. Voir « The Hottentot Venus », *Africana Notes and News*, vol. 6, n° 3, juin 1949, p. 55-62 ; P. Kirby, « La Venus hottentote en Angleterre », *Æsculape*, vol. 33, n° 1, janvier 1952 ; P. Kirby, « More about the Hottentot Venus », *Africana Notes and News*, vol. 10, n° 4, 1953 ; P. Kirby, « The "Hottentot Venus" of the *musée de l'Homme*, Paris », *South African Journal of Science*, vol. 50, n° 12, juillet 1954 ; et Kirby, « A Further Note on the "Hottentot Venus" », *Africana Notes and News*, vol. 11, n° 5, décembre 1954.

5. Zoë S. Strother, « Display of the Body Hottentot », *in* Bernth Lindfors (dir.), *Africans on Stage: Studies in Ethnological Show Business*, Bloomington, Indiana University Press, 1999.
6. David Avrom Bell, *The Cult of the Nation in France: Inventing Nationalism, 1680-1800*, Cambridge, Harvard University Press, 2001. Voir aussi Eric J. Hobsbawm, *Nations et nationalisme depuis 1780*, trad. Dominique Peters, Paris, Gallimard, 2001. Pour de nombreux historiens, la décennie révolutionnaire constitue une barrière presque infranchissable. Leurs travaux se focalisent soit sur la période qui précède cette décennie, soit sur celle qui la suit (ou parfois sur la décennie elle-même). Contrairement à eux, je m'intéresse à la façon dont le bouillonnement provoqué par l'esclavage colonial et la société de plantation, ainsi que la production culturelle de discours racialisés et genrés à Saint-Domingue à la veille de la Révolution, ont engendré des catégories de compréhension qui ont été réutilisées sous Napoléon et la Restauration.
7. Krishan Kumar, « English and French National Identity: Comparisons and Contrasts », *Nations and Nationalism*, vol. 12, n° 3, 2006, p. 3.
8. Les historiens de Saint-Domingue et de la République d'Haïti d'aujourd'hui ont mis en lumière le rôle joué par la Révolution haïtienne dans l'histoire de France. Ils ont montré comment la Révolution a redéfini et restructuré les notions de citoyenneté et décrit la place occupée par la France dans le monde atlantique. Mon essai s'appuie sur ces travaux et s'interroge sur ce que l'histoire d'Haïti peut encore nous apprendre sur la France elle-même. Pour des histoires générales, voir Laurent Dubois, *Les Vengeurs du Nouveau Monde. Histoire de la Révolution haïtienne*, trad. Thomas Van Ruymbeke, Paris, Les Perséides, 2022 ; L. Dubois, *A Colony of Citizen: Revolution & Slave Emancipation in the French Caribbean, 1787-1804*, Chapel Hill, Published for the Omohundro Institute of Early American History and Culture, Williamsburg, by the University of North Carolina Press, 2004 ; L. Dubois, *Les Esclaves de la République. L'histoire oubliée de la Première Émancipation, 1789-1794*, Paris, Calmann-Lévy, 1998 ; et Joan Dayans, *Haiti, History, and the Gods*, Berkeley, University of California Press, 1995. Sur l'intersection de la race et de la citoyenneté, voir John D. Garrigus, *Before Haiti: Race and Citizenship in French Saint-Domingue*, New York, Palgrave Macmillan, 2006 ; J. D. Garrigus, « Sons of the Same Father: Gender, Race and Citizenship in French Saint-Domingue, 1760-1792 », *in* Jack R. Censer, Lisa Jane Graham, et Christine Adams (dir.), *Visions and Revisions of Eighteenth-Century France*, University Park, Pennsylvania State University Press, 1997 ; Elizabeth Colwill, « Sex, Savagery, and Slavery in the Shaping of the French Body Politic », *in* Sara E. Melzer et Kathryn Norberg (dir.), *From the Royal to the Republican Body: Incorporating the Political in Seventeenth-and Eighteenth-Century France*, Berkeley, University of California Press, 1998 ; et Stewart R. King, *Blue Coat or Powdered*

Wig: Free People in Pre-revolutionary Saint Domingue, Athens, University of Georgia Press, 2001. Voir aussi David Patrick Geggus et Norman Fiering (dir.), *The World of the Haitian Revolution*, Indianapolis, Indiana University Press, 2009 ; David Barry Gaspar et D. P. Geggus (dir.), *A Turbulent Time: The French Revolution and the Greater Caribbean*, Bloomington, Indiana University Press, 1997 ; D. P. Geggus, *The Impact of the Haitian Revolution in the Atlantic World, the Carolina Lowcountry and the Atlantic World*, Columbia, University of South Carolina, 2001 ; *id.*, *Haitian Revolutionary Studies*, Bloomington, Indiana University Press, 2002 ; et Doris Lorraine Garraway (dir.), *Tree of Liberty: Cultural Legacies of the Haitian Revolution in the Atlantic World*, Charlottesville, University of Virginia Press, 2008.

9. On estime que la France comptait jusqu'à 28 millions de citoyens en 1789. Les travaux de Pierre Boulle fournissent les données les plus complètes sur le nombre de Noirs en France à la veille de la Révolution française. Selon ses calculs, les chiffres réels en 1777 étaient d'environ 765 non-Blancs à Paris et 2 239 non-Blancs dans toute la France. Voir Pierre H. Boulle, *Race et esclavage dans la France de l'Ancien Régime*, Paris, Perrin, 2007, p. 109.
10. Voir notamment Jeremy D. Popkin, *Facing Racial Revolution: Eyewitness Accounts of the Haitian Insurrection*, Chicago, University of Chicago Press, 2007.
11. P. Kirby, « More about the Hottentot Venus », art. cit., p. 125. Les documents judiciaires insistent sur le fait que Sarah Baartman a personnellement demandé l'autorisation de quitter le pays. Crais et Scully affirment que le contrat a été établi au Cap entre Alexander Dunlop et Hendrik Cesars, et non pas (malgré quelques tentatives) entre l'un ou l'autre et Sarah Baartman. D'après ces auteurs, celle-ci y aurait été déclarée « libre ». Voir C. Crais et P. Scully, *Sara Baartman…*, *op. cit.*, p. 54-57.
12. C. Crais et P. Scully, *Sara Baartman…*, *op. cit.*, p. 57, p. 59, p. 61.
13. Sur l'existence du contrat, voir P. Kirby, « More about the Hottentot Venus », art. cit., p. 125. Sur les termes de ce contrat, voir T. Denean Sharpley-Whiting, « The Dawning of Racial-Sexual Science: A One Woman Showing, a One Man Telling, Sarah and Cuvier », *Ethnography in French Literature: French Literature Series,* vol. 23, 1996, p. 117. Selon la déposition de Solly et de Moojen, il était prévu qu'elle soit la « nourrice de Caesar ». Voir « Transcripts of the Sworn Affidavits filed during the Trial of 1810 », déposition de Zachary Macaulay, Thomas Gisborne-Babington et Peter Van Wageninge, 17 octobre 1810, Record pff 747 (kb1/36/4, fol. 117), Public Records Office, National Archives, Londres, sous « Saartjie Baartman on Display » (consulté le 24 janvier 2014). Les dépositions de Solly et de Moojen font état d'une période de servitude de six ans. Voir « The Following Is the Result of the Examination of the Hottentot Venus – 27 novembre 1810 », p. 43. La déclaration sous serment de Bullock mentionne une période de deux ans. Voir « In the Kings Bench », William

Bullock, 21 novembre 1810, Record pff 723 (J18/462), Public Records Office. Les documents judiciaires font état d'une période de cinq ans.

14. C. Crais et P. Scully, *Sara Baartman…*, *op. cit.*, p. 119.
15. Dans leur quête de la femme derrière la représentation, Clifton Crais et Pamela Scully écrivent : « Nous en saurons toujours plus sur le fantôme qui hante l'imaginaire occidental, un fantôme si bien défini qu'il en est presque devenu une personne vivante, que sur la vie de Sara Baartman, cet être humain qui a finalement été détruit par une illusion » ; C. Crais et P. Scully, *Sara Baartman*, *op. cit.*, p. 6.
16. Charles-Joseph Colnet du Ravel, « Sartjee ou la Vénus hottentote, à son cousin », *in* C.-J. Colnet et A. Desenne, *L'Hermite du faubourg Saint-Germain, ou Observations sur les mœurs et les usages français au commencement du XIXe siècle*, Paris, Chez Pillet Aîné, Imprimeur Libraire, 1825, t. II, p. 50-67. Cité ci-après dans le texte. On remarquera que la lettre fictive de Sarah Baartman fait écho aux premières lignes des *Lettres persanes* de Montesquieu.
17. Sarah Baartman a également figuré dans de faux entretiens et dans d'autres écrits satiriques. Mentionnons un journal fictif publié dans *La Quotidienne* : « Nouvelles : On dit que la Vénus hottentote va faire un journal », 5 mars 1815. Citons aussi « Une exposition privée et une conversation fictive », *Journal des dames et des modes*, 25 janvier 1815, p. 37-40. J'analyse ces récits fictifs de manière beaucoup plus détaillée dans mon livre *Vénus Noire…*, *op. cit.*

CHAPITRE 15 : « CŒURS À CORPS » : LE THÉÂTRE AFROFÉMINISTE DE RÉBECCA CHAILLON ET LA REPRÉSENTATION DES FEMMES NOIRES

1. Rébecca Chaillon est une artiste performeuse queer et française d'origine martiniquaise connue pour son travail provocateur et réfléchi sur l'identité, le genre et la race. Elle a fondé en 2006 la Compagnie dans le ventre.
2. Les éléments discutés ici portent sur des performances auxquelles j'ai moi-même assisté les 3 et 4 février 2022 à la Comédie de Saint-Étienne. J'ai assisté à ces représentations du côté des femmes afrodescendantes, m'identifiant moi-même à leur expérience en tant que femme noire d'origine martiniquaise. Depuis, la performance a changé, certains éléments ont été retirés pour la sécurité et le bien-être des comédiennes.
3. Ève Beauvallet, « Violences. Avignon : Rébecca Chaillon et sa "Carte noire nommée désir" au cœur d'une bataille identitaire » 27 juillet 2023, https://www.liberation.fr/culture/scenes/lartiste-rebecca-chaillon-ciblee-par-des-agressions-racistes-selon-le-festival-davignon-20230727_LZQQH2TSCRG2PE7LV6A7Q66MLU/ (consulté le 8/12/2023).
4. Fred Guilledoux, « Festival In d'Avignon : "Carte noire nommée désir", le choc Rébecca Chaillon » 21 juillet 2023, https://www.laprovence.com/article/region/1168322999307616/festival-in-davignon-carte-noire-nomme-desir-le-choc-rebecca-chaillon (consulté le 8 décembre 2023).

5. Mina Boto, « Bouillon de culture : gros malaise à Avignon », 2 août 2023 https://www.franc-tireur.fr/bouillon-de-culture-gros-malaise-a-avignon (consulté le 8 décembre 2023).
6. Propos de l'avocat Pierre Gentillet sur la plateforme X (anciennement Twitter) : https://twitter.com/Pierre_GTIL/status/1683840154681876483?ref_src=twsrc%5Etfw%7Ctwcamp%5Etweetembed%7Ctwterm%5E1683840154681876483%7Ctwgr%5E3afc34912b79c282fbd3f738ada9ba0235955a2f%7Ctwcon%5Es1_&ref_url=https%3A%2F%2Fwww.dhnet.be%2Factu%2Fmonde%2F2023%2F07%2F26%2Finsultes-pendant-le-spectacle-coups-sur-une-comedienne-accusation-dincitation-a-la-haine-une-piece-au-centre-de-polemiques-au-festival-davignon-G66RXSLVJ5CRFPGJNAWEHTTK2I%2F (consulté le 8 septembre 2023).
7. Sylvie Chalaye et Pénélope Dechaufour. « Nudité et performance décoloniale : quand la sur-exhibition du corps racisé fait voler en éclats l'éroticolonie », *Corps*, vol. 19, n° 1, 2021, p. 262.
8. S. Larcher, « "Nos vies sont politiques !" L'afroféminisme en France ou la riposte des petites-filles de l'Empire », *Participations*, vol. 19, n° 3, 2017, p. 97-127. Camille François, Pierre Gilbert, Narguesse Keyhani, Camille Masclet, « Espaces non mixtes : l'entre-soi contre les inégalités ? », *Métropolitiques*, 25 novembre 2021. https://metropolitiques.eu/Espaces-non-mixtes-l-entre-soi-contre-les-inegalites.html (consulté le 31 mai 2024).
9. Donna Haraway, « Situated Knowledges: The Science Question in Feminism and The Privilege of Partial Perspective », *Feminist Studies*, vol. 14, automne 1988, p. 575-599.
10. « Théâtre », https://www.universalis.fr/encyclopedie/espace-theatral/ (consulté le 20 novembre 2023).
11. Mariane Haddad, « Emploi public en outre-mer : une préférence pour les métropolitains ? » 8 février 2023, https://theconversation.com/emploi-public-en-outre-mer-une-preference-pour-les-metropolitains-199024 (consulté le 14 novembre 2023).
12. Soyica Diggs Colber, Douglas A. Jones Jr., et Shane Vogel, *Race and Performance after Repetition*, Durham, Duke University Press, 2020, p. 5 ; Felwine Sarr et Bénédicte Savoy, « Rapport sur la restitution du patrimoine culturel africain – Vers une nouvelle éthique relationnelle », 29 novembre 2018, https://www.vie-publique.fr/rapport/38563-la-restitution-du-patrimoine-culturel-africain (consulté le 15 avril 2024) ; Abigail E. Celis, « Répéter le futur. Histoires potentielles et résistance dans *Liberty: A Universal Chronology of Black Protest* (2016) d'Omar Victor Diop », *Contemporary French Civilization*, vol. 48, n° 2, 10 juillet 2023, p. 83-113.
13. Voir à ce sujet Sylvain Pattieu, Emmanuelle Sibeud, et T. Stovall, *The Black Populations of France: Histories from Metropole to Colony*, Lincoln et Londres, University of Nebraska Press, 2022 ; Sue Peabody et T. Stovall, *The Color of*

Liberty: Histories of Race in France, Durham, Duke University Press, 2003 ; Mame-Fatou Niang et Julien Suaudeau, *Universalisme*, Paris, Anamosa, 2022.

14. Les domestiques en France dans les années 1960 et 1970 ont été des immigrées maghrébines, des immigrées portugaises et des immigrées africaines. Outre les servantes du BUMIDOM, les Antillaises étaient aussi dans les métiers de la fonction publique du fait de leur citoyenneté : le ménage dans les hôpitaux, les collectivités (impôts, écoles, crèches), mais aussi les métiers de service dans les postes, administrations diverses (Sécurité sociale, police, etc.), transports.
15. Soyica Diggs Colbert, Douglas A. Jones Jr., et Shane Vogel, *Race and Performance after Repetition*, *op. cit.*
16. F. Germain, *Decolonizing the Republic: African and Caribbean Migrants in Postwar Paris, 1946-1974*, *op. cit.*, p. 82. Pour une approche récente et filmique de ce thème, voir la série télévisée en deux parties de Christian Faure, *Le Rêve français*, 2017, Eloa Prod.
17. F. Germain, *Decolonizing the Republic...*, *op. cit.*, p. 82.
18. Tiphaine Guéret : « Femmes de ménage : un métier qui empoisonne », *CQFD*, mensuel de critique et d'expérimentation sociales, n° 180, octobre 2019, https://cqfd-journal.org/Femmes-de-menage-un-travail-qui (consulté le 01/06/2024).
19. « Dialogue avec Rébecca Chaillon pour *Carte noire nommée désir* », 23 juillet 2023 https://festival-avignon.com/fr/audiovisuel/dialogue-avec-rebecca-chaillon-pour-carte-noire-nommee-desir-347809 (consulté le 12 août 2023.
20. Rébecca Chaillon « En digestion », *in* Leïla Cukierman, Gerty Dambury et Françoise Vergès, *Décolonisons les arts !*, Montreuil, L'Arche, 2018, p. 21.
21. *Id.*, *ibid.*
22. Bien entendu, cette mise en danger choisie par Chaillon et ses comédiennes, ne sera pas la seule façon dont le corps des comédiennes sera lui aussi exposé au danger à la suite des réactions du public comme nous avons pu le voir plus tôt. Il y a donc une double mise en danger, celle des corps sur scène interagissant avec les produits chimiques, puis celle des corps en performance, face à un public imprévisible et parfois agressif.
23. Caroline Ibos, *Qui gardera nos enfants ? Les nounous et les mères*, Paris, Flammarion, 2012.
24. Ce thème est particulièrement présent dans la littérature, voir par exemple F. Ega, *Lettres à une Noire. Récit antillais* [1978], préface d'Elsa Dorlin, Montréal, Lux Éditeur, 2021.
25. Anne Tomiche, « *Carte noire nommée désir*, une pièce de Rébecca Chaillon », *Alarmer*, 6 décembre 2023, [en ligne], https://revue.alarmer.org/carte-noire-nommee-desir-une-piece-de-rebecca-chaillon/ (consulté le 10 janvier 2024).
26. Propos de l'avocat Pierre Gentillet sur la plateforme X (anciennement Twitter) – voir la note n° 6, ci-dessus p. 377.

27. Alastair B. Duncan, « Caricatures de noirs dans la presse humoristique européenne : 1879 à 1958 », *in* Alastair B. Duncan et Anne Chamayou, *Le Rire européen*, Perpignan, Presses universitaires de Perpignan, 2010, p. 329-347.
28. Voir en particulier « L'Assiette au beurre », https://gallica.bnf.fr/ark:/12148/bpt6k1048000r/f22.item
29. Référence ici au roman de Calixthe Beyala, *Femme nue, femme noire*, Paris, Albin Michel, 2005, roman à caractère érotique à la sensualité débridée. Beyala reprend elle-même le titre du poème d'un des chantres de la Négritude, Léopold Sédar Senghor, « Femme noire », en 1945.
30. Valérie Loichot, *The Tropics Bite Back: Culinary Coups in Caribbean Literature,* Minneapolis, University of Minnesota Press, 2013, p. 16.
31. Voir J. Couti, *Dangerous Creole Liaisons…*, *op. cit.*, p. 6 et *Sex, Sea, and Self: Sexuality and Nationalism in Contemporary French and Francophone Cultures*, Liverpool University Press, 2021. Selon Jacqueline Couti, l'imaginaire social des Antilles françaises fonctionne comme une « fabrique » qui produit et perpétue des valeurs négatives et des stéréotypes coloniaux. Ces derniers, omniprésents et nuisibles, alimentent l'exclusion et la division au sein des sociétés antillaises contemporaines. Couti compare cette fabrique à une Appellation d'origine contrôlée (AOC), préservant les préjugés coloniaux. L'imaginaire caribéen noir actuel est une réponse à cette vision préjudiciable.
32. S. Chalaye et P. Dechaufour, « Nudité et performance décoloniale : quand la sur-exhibition du corps racisé fait voler en éclats l'éroticolonie », art. cité, p. 262.
33. Serge Gainsbourg, « Couleur Café », 1964.
34. Ici, lorsque j'utilise le mot « hanter », j'utilise le cadre théorique de Jacques Derrida *Spectres de Marx. L'État de la dette, le travail du deuil et la nouvelle Internationale*, Paris, Galilée, 1993 (réédition Seuil, 2024, à paraître), mais je me fonde tout aussi bien sur la conceptualisation d'Aya A. Coly de « hantologie postcoloniale », c'est-à-dire le retour (ou la possibilité du retour) du passé (les spectres des corps nus des femmes noires) dans le futur qui continue à hanter les productions culturelles et artistiques. Voir Ayo A. Coly, *Postcolonial Hauntology: African Women's Discourses of the Female Body*, Lincoln et Londres, University of Nebraska Press, 2019.
35. Sarah Fila-Bakabadio « Media and Re-presentation », *in* F. Germain et S. Larcher (dir.), *Black French Women and the Struggle for Equality (1848-2016)*, *op. cit.*, p. 172 ; R. Mitchell, *Vénus Noire: Black Women and Colonial Fantasies in Nineteenth-Century France*, *op. cit.*, p. 46 ; Sabrina Strings, *Fearing the Black Body: The Racial Origins of Fat Phobia*, New York, New York University Press, 2019, p. 92-97.
36. T. Denean Sharpley-Whiting, *Black Venus: Sexualized Savages, Primal Fears, and Primitive Narratives in French*, *op. cit.*, p. 31.
37. R. Mitchell, *Vénus Noire…*, *op. cit.*, p. 53.
38. S. Strings, *Fearing the Black Body…*, p. 67.

39. R. Chaillon « En digestion », *in* L. Cukierman, G. Dambury et F. Vergès, *Décolonisons les arts !*, *op. cit.*, p. 23.
40. S. Chalaye et P. Dechaufour. « Nudité et performance décoloniale… », art. cité, p. 267.
41. Jasmine Nichole Cobb, *New Growth: The Art and Texture of Black Hair*, Durham, Duke University Press, 2022, p. 8.
42. R. Chaillon « En digestion », art. cité, p. 24.
43. À ce sujet, voir Juliette Sméralda, *Du cheveu défrisé au cheveu crépu : de la désidentification à la revendication*, Paris, Publibook, 2012 ; Véronique Hélénon, « Aimer ses cheveux, s'aimer : une proposition radicale de Josépha Labbé. Femmes afro-caribéennes et esthétique capillaire dans le Paris des années 70 », art. cité ; Johanna Montlouis-Gabriel, « Reading "Hairstories" and "Hairitages", *in* Léonora Miano et Rokhaya Diallo's Works », *Études littéraires africaines*, n° 47, 2019, p. 85-99.
44. Fanny J, « Ancrée à ton port », 2007.
45. Nadia Chonville, « L'homophobie aux Antilles : réappropriation d'un obscur héritage colonial », *Archipélies*, n° 6, 11 décembre 2018, https://www.archipelies.org/279 (consulté le 21 février 2019).

CHAPITRE 16 : « ÉCRIRE EN TANT QUE NOIRE »… ET FÉMINISTE ? LES ROMANCIÈRES DES ANTILLES ET DE LA GUYANE À L'ASSAUT DES MYTHES PATRIOTIQUES ET PATRIARCAUX

1. Gisèle Pineau, « Écrire en tant que Noire », *in* M. Condé et Madeleine Cottenet-Hage, *Penser la créolité*, Paris, Khartala, 1995, p. 289-295.
2. Paulette Nardal (1896-1985) est née dans une famille de sept filles en Martinique, de Louise Achille et de Paul Nardal (1864-1960), premier Noir français à être diplômé de l'École nationale supérieure d'Arts et Métiers et qui deviendra ingénieur des ponts et chaussées. Comme ses sœurs, elle est poussée à faire des études et devient la première étudiante noire en anglais à la Sorbonne. Son bilinguisme lui permet de mettre en liens intellectuels noirs francophones et anglophones dans le salon littéraire qu'elle anime avec sa sœur Jane à Clamart et au sein de *La Revue du monde noir* cofondée avec le Dr Léo Sajous. « Éveil de la conscience de race » est l'un de ses articles, paru en 1932 dans *La Revue du monde noir*. Personnage clé de l'histoire de l'internationalisme noir et du féminisme, Paulette Nardal est sortie de l'ombre grâce aux recherches notamment de Tracey Denean Sharpley-Whiting, de Brent Hayes Edwards, de Jennifer A. Boittin, et d'Eve Gianoncelli. Ses mémoires retranscrits par Philippe Grollemund en 2018 permettent de mieux la faire connaître de même que le combat de l'association « Paulette Nardal au Panthéon ».
3. Voir le panel consacré à ce sujet au colloque « Des féminismes noirs en contexte (post)impérial français ? Histoires, expériences et théories »,

organisé par Jennifer A. Boittin, Jacqueline Couti, Lucia Direnberger, Silyane Larcher, Rose Ndengue, Myriam Paris, en mars 2020, URL : https://www.canal-u.tv/video/ehess/peut_on_parler_de_feminisme_avant_le_mot_ou_sans_le_mot.58045 (consulté le 10 juin 2023).

4. Sur la réception en France des textes et idées du féminisme noir africain-américain, voir Evélia Mayenga « Les traductions françaises de l'intersectionnalité : race, mondes académiques et profits intellectuels », *Marronnages*, vol. 2, n° 1, 2023, p. 139-163.
5. Sur ce point, voir l'introduction du présent ouvrage. Plusieurs travaux des années 2010 contestent l'absence de féminisme noir français, voir notamment J. Couti, « La Doudou contre-attaque. Féminisme noir, sexualisation et doudouisme en question dans l'entre deux-guerres », art. cité, p. 111-139 ; S. Larcher, « "Nos vies sont politiques !" L'afroféminisme en France ou la riposte des petites-filles de l'Empire », art. cité, p. 97-127 ; F. Germain et S. Larcher (dir.), *Black French Women and the Struggle for Equality (1848-2016), op. cit.* ; I. Chateau, « Les luttes et organisations de femmes noires en France. Émergence d'un féminisme noir dans les années 1970 », mémoire de Master 2, précité.
6. E. Dorlin (dir.), *Black Feminism. Anthologie du féminisme africain-américain 1975-2000, op. cit.*, p. 12.
7. Sur le refus du qualificatif « féministe » par Maryse Condé, voir Sam Haigh, « L'écriture féminine aux Antilles : une tradition "féministe" ? », *LittéRéalité*, vol. 13, n° 1, 2001, p. 21-38, et Julie Brugier, « "Une féministe ! Qu'est-ce que c'est que cela ?" Penser le féminisme et l'écriture féminine dans *Moi, Tituba sorcière… Noire de Salem* (1986) et *Célanire cou-coupé* (2001) de Maryse Condé », Actes de la Journée d'Etudes de la SELF XXe-XXIe : « Écriture féminine aux XXe et XXIe siècles, entre stéréotype et concept ». URL : https://self.hypotheses.org/publications-en-ligne/ecriture-feminine-aux-xxe-et-xxie-siecles-entre-stereotype-et-concept/rapports-ambivalents-a-lheritage-feministe-2 (consulté le 10 février 2020).
8. E. Dorlin, *Black Feminism, op. cit.*, p. 14.
9. A. K. Joseph-Gabriel est également sensible à la diversité des productions écrites de femmes antillaises, guyanaises, africaines et africaines-américaines engagées dans la réflexion sur leur condition à partir de la deuxième moitié du XXe siècle. A. K. Joseph-Gabriel, *Reimagining Liberation : How Black Women Transformed Citizenship in the French Empire, op. cit.*, traduit par Jean-Baptiste Naudy sous le titre *Imaginer la libération : des femmes noires face à l'empire*, Sète, Éditions Ròt-Bò-Krik, 2023.
10. M. Condé (*Haïti chérie* [1989], Paris, Bayard, 1991) et G. Pineau (*Case mensonge* [2001], Paris, Bayard, 2004) ont publié de la littérature jeunesse avec des héroïnes noires ; et Marie-George Thébia a écrit des récits pour enfants dont l'un met en avant une jeune Amérindienne (*Aïyana, chasseuse de fourmis*, Rémire Montjoly, Plume verte jeunesse, 2020). Comptent

aussi : l'essai de M. Condé, *La Parole des femmes. Essai sur les romancières des Antilles de langue française* (Paris, L'Harmattan, 1979) ; l'encyclopédie en six volumes *Hommage à la femme noire* de Simone et André Schwarz-Bart (Paris, Éd. consulaires, 1988-1989) ; la biographie par Lucie Julia, *Gerty Archimède : fleur et perle de Guadeloupe* (Pointe-à-Pitre, Édition Jasor, 1996) ; et le recueil de textes *Femmes des Antilles. Traces et voix : cent cinquante ans après l'abolition de l'esclavage*, dirigé par G. Pineau et Marie Abraham, avec des photographies de Thomas Dorn (Paris, Stock, 1998).

11. Voir l'article de Robin Mitchell dans le présent ouvrage.
12. Philippe Grollemund, *Fiertés de femme noire : entretiens-mémoires de Paulette Nardal*, Paris, L'Harmattan, p. 49.
13. M. Condé, *Le Cœur à rire et à pleurer : contes vrais de mon enfance*, Paris, Robert Laffont, 1998.
14. Autre grande oubliée de l'histoire littéraire et de la Négritude, Suzanne Césaire hante cependant notre imaginaire (voir Anny-Dominique Curtius, *Suzanne Césaire, Archéologie littéraire et artistique d'une mémoire empêchée*, Paris, Karthala, 2020). Ses textes ont été republiés grâce à Daniel Maximin (S. Césaire, *Le Grand Camouflage. Écrits de dissidence, 1941-1945*, édition établie par Daniel Maximin, Paris, Seuil, 2009).
15. Son roman paru en 1924 *Claire-Solange, âme africaine* met en scène une mulâtresse fière de son ascendance noire, heureuse de parler créole, et nostalgique de son île des Caraïbes même si la Première Guerre mondiale réveille son patriotisme. Pour son bien-aimé, revenu mutilé du front, elle accepte « l'existence emprisonnée d'Europe ». Cette fiction a été rééditée en 2019 par deux maisons d'édition : Suzanne Lacascade, *Claire-Solange, âme africaine* [1924] *suivi de documents inédits*, présentation d'Emmanuelle Gall, avec la collaboration de Roger Little, Paris, L'Harmattan, 2019 ; Suzanne Lacascade, *Claire-Solange, âme africaine* [1924], préface par Valérie K. Orlando, édition, notes et glossaire par Gérard Lamoureux, Le Gosier, Éditions Long cours, 2019.
16. Elsa Dorlin explique dans la préface de cet ouvrage que sa réédition en 2021 vise à « faire justice à ce texte qui apporte une contribution majeure à l'histoire du féminisme noir francophone » (F. Ega, *Lettres à une Noire. Récit antillais* [1978], Montréal, LuxEditeur, 2021, p. 5). À travers ce roman épistolaire et autobiographique paru après sa mort, Françoise Ega décrit son expérience de femme de ménage en France hexagonale à une autre femme noire, Carolina Maria de Jésus. Cette écrivaine brésilienne avait publié en 1960 son journal, *Quarto de despejo, diário de uma favelada* qu'Ega avait lu en traduction française (Carolina Maria de Jésus, *Le Dépotoir*, trad. du brésilien par Violante Do Canto, présentation par Audálio Dantas, illustrations de Cyro Del Nero, Paris, Stock, 1962).
17. James Arnold, « The Gendering of créolité », *in* M. Condé et M. Cottenet-Hage, *Penser la créolité*, *op. cit.*, p. 20-40. S. Haigh (« L'écriture féminine

aux Antilles : une tradition “féministe” ? », art. cité), ne semble pas avoir pris la mesure de la distance critique affichée par Maryse Condé et Gisèle Pineau vis-à-vis du mouvement de la Créolité.

18. De jeunes chercheuses françaises s'attellent à relire ces autrices oubliées, telle Stéphanie Vélin qui a soutenu sa thèse de doctorat en littérature et civilsation française, *L'écriture de la couleur dans l'œuvre de Michèle Lacrosil*, à Sorbonne université, sous la direction de Romuald Fonkoua, en 2022. Notons en outre les rééditions de Drasta Houël, Suzanne Lacascade et Renée Lacascade, et celle du couple d'autrices martiniquaises Claude et Magdeleine Carbet chez L'Harmattan dans la collection « Autrement mêmes » dirigée par Roger Little. Mayotte Capécia a été aussi rééditée : *Relire Mayotte Capécia. Une femme des Antilles dans l'espace colonial français (1916-1955), Je suis Martiniquaise et La Négresse blanche*, textes intégraux, introduction de M. Cottias et M. Dobie, Paris, Armand Colin, 2012. En revanche, les romans de Michèle Lacrosil, *Sapotille et le serin d'argile* (Paris, Gallimard, 1960, réédité en 1973 à Fort-de-France par les Éditions Désormeaux) et *Cajou* (Paris, Gallimard, 1961) restent introuvables et ne sont disponibles respectivement que dans quelques bibliothèques universitaires françaises.
19. Alice Walker, *In Search of Our Mothers' Gardens: Womanist Prose*, San Diego, Harcourt Brace, 1983 ; Suzanne Dracius fait référence à ce recueil quand elle se penche sur l'héritage de Suzanne Césaire dans « In Search of Suzanne Césaire's Garden », *Research in African Literatures*, vol. 41, n° 1, printemps 2010, p. 155-165.
20. M. Cottenet-Hage et Lydie Moudileno, *Maryse Condé, une nomade inconvenante. Mélanges offerts à Maryse Condé*, Matoury, Éditions Ibis rouge, 2002 ; Christiane Ndiaye « Simone Schwarz-Bart : quel intérêt ? Classer l'inclassable », *Présence francophone*, vol. 61, n° 1, 2003, p. 112-120. Sur les liens complexes entre ces deux écrivaines, voir Kathleen Gyssels, « Du côté de chez Schwarz-Bart : [R]apports et [r]accords entre Maryse Condé et Simone Schwarz-Bart », *in* Françoise Simasotchi-Bronès (dir.), *Maryse Condé en tous ses ailleurs*, Paris, L'improviste, 2014, p. 99-113.
21. P. Nardal, « Éveil de la conscience de race » (1932), *in* P. Grollemund, *Fiertés de femme noire, op. cit.*, p. 62.
22. Marie-George Thébia n'est restée qu'un an en Côte d'Ivoire avec ses parents. Ceux-ci se sont ensuite installés en France métropolitaine. Voir la page de présentation de l'autrice sur le site de L'Harmattan : https://www.editions-harmattan.fr/index.asp?navig=auteurs&obj=artiste&no=20173 (consulté le 9 février 2024).
23. Expression de Marie-George Thébia sur le site de L'Harmattan, *ibid.*
24. G. Pineau, « Écrire en tant que Noire », art. cité, p. 289.
25. À noter que Suzanne Dracius se dit « *kalazaza* gréco-latine » associant ainsi un mot créole qui décrit son phénotype de femme à la peau claire « *kalazaza* »,

et l'expression « gréco-latine » qui la rapproche de la figure admirée d'Aimé Césaire. Voir T. Harpin, « Suzanne Dracius "*Kalazaza* gréco-latine" », *in* Christiane Chaulet-Achour, Julie Assier, Marie Fremin, Cécile Jest (dir.), *Jeux de dames : postures et positionnements des écrivaines francophones*, Cergy-Pontoise, CRTF, Amiens, Encrage université, 2014, p. 75-92.

26. En plein mouvement *#MeToo*, l'Académie suédoise du prix Nobel de littérature fut éclaboussée par les accusations d'agression sexuelle visant Jean-Claude Arnault, époux de la poétesse et immortelle Katarina Frostenson. Un « Nouveau prix de littérature de l'Académie » dit aussi « prix Nobel alternatif de littérature » fut créé et décerné à Maryse Condé par une Académie dissoute la même année. En 2019, l'Académie suédoise reconstituée du prix Nobel de littérature décida de récompenser *a posteriori* pour 2018 l'écrivaine polonaise Olga Tokarczuk. Ainsi, depuis 1901, seules 15 femmes ont remporté le prix Nobel de littérature et parmi elles, une seule femme noire, l'Africaine-Américaine Toni Morrison (en 1993).
27. Conférence TEDx de Chimamanda Ngozi Adichie, « We should all be feminists » publiée par la suite sous le même titre : URL : https://www.ted.com/talks/chimamanda_ngozi_adichie_we_should_all_be_feminists?language=en (consulté le 10 mars 2020).
28. Ma traduction. Joan Morgan, *When Chickenheads Come Home to Roost* [1999], Simon & Schuster Paperback, New York, 2017, p. 35.
29. C. Makward, « Entretien avec Gisèle Pineau », *The French Review*, vol. 76, n° 6, numéro spécial « Martinique et Guadeloupe », mai 2003, p. 1202-1215, *loc. cit.*, p. 1207.
30. Valérie Marin La Meslée, « Gisèle Pineau : en mémoire des mortes. La romancière renoue par l'écriture le lien avec ses ancêtres », 19 avril 2007, URL : https://www.lemonde.fr/livres/article/2007/04/19/gisele-pineau-en-memoire-des-mortes_898254_3260.html (consulté le 10 mars 2020).
31. Thomas C. Spear, « Pineau, Gisèle, 5 questions pour Île en île » ; voir le site Île en île, 2009, URL : http://ile-en-ile.org/gisele-pineau-5-questions-pour-ile-en-ile/ (consulté le 10 mars 2020).
32. Gisèle Pineau affirme avec force en 2024 : « Je suis féministe et je soutiens la cause des féministes. Écrire est pour moi une forme d'engagement. » (Communication personnelle avec l'autrice de cet article, e-mail du 15 février 2024.)
33. Gladys Francis, « Quand l'invisible s'affiche. Entretien avec Fabienne Kanor », *Francosphères*, vol. 8, n° 1, p. 85-100, URL : https://scholarworks.gsu.edu/mcl_facpub/64/ (consulté le 14 juin 2023).
34. Sylviane Vayaboury, *Rue Lallouette prolongée*, Paris, L'Harmattan, 2006.
35. M.-G. Thébia, *La Vie Bidim d'Ambrosia Nelson*, Paris, l'Harmattan, 2016, *Âmes Tembé*, Paris, Éditions Feed Back, 2023.
36. Pierre Bourdieu, *De la domination masculine* [1998], Paris, Seuil, 2002.
37. Marie-George Thébia, *La Vie Bidim d'Ambrosia Nelson, op. cit*, p. 140.

38. Fabienne Kanor, *D'eaux douces*, Paris, Gallimard, 2003.
39. *Ibid.*, p. 8 et p. 49.
40. T. Harpin, « Menteries sur la patrie, violence et exils : la guerre selon les narratrices de G. Pineau dans *Paroles de terres en larmes* (1987) et *L'Exil selon Julia* (1996) », *Études littéraires africaines* n° 40, mars 2016, p. 91-110, URL : http://www.erudit.org/fr/revues/ela/2015-n40-ela02450/1035983ar/ (consulté le 14 juin 2023).
41. G. Pineau, *Un papillon dans la cité*, Saint-Maur, Sépia, 1992 ; *L'Exil selon Julia*, Paris, Stock, 1996 ; *Mes quatre femmes*, Paris, Éditions Philippe Rey, 2007.
42. La critique de la francophilie sans limites de ses parents est aussi centrale dans l'écriture autobiographique de Maryse Condé, mais cette dénonciation ne s'articule pas à une réflexion sur le machisme et les discriminations de genre, à la différence de Gisèle Pineau.
43. S. Dracius, *L'Autre qui danse* [1989], Paris, Le Rocher, 2007.
44. S. Mulot, « Le mythe du viol fondateur aux Antilles françaises », *Ethnologie française*, 2007, vol. 37, n° 3, p. 517-524.
45. *Id.*, « La matrifocalité caribéenne n'est pas un mirage », *L'Homme*, 2013, vol. 207-208, n° 3-4, p. 159-191, *loc. cit.*, p. 178.
46. J. Couti, « La Doudou contre-attaque. Féminisme noir, sexualisation et doudouisme en question dans l'entre deux-guerres », art. cité.
47. S. Césaire, « Misère d'une poésie. John Antoine Nau » ([1942], in *Le Grand Camouflage. Écrits de dissidence, 1941-1945*, *op. cit.*, p. 65).
48. Voir par exemple le webinaire « Potomitan ? Et si nous déconstruisions le mythe ? » organisé par l'association *Koumbit Fanm Caraïbes* le 20 mai 2021, visible sur YouTube : URL : https://www.youtube.com/watch?v=p-6daYlqhAnY (consulté le 14 juin 2023).
49. S. Schwarz-Bart, *Pluie et vent sur Télumée Miracle*, Paris, Seuil, 1972.
50. Kathleen Gyssels, *Filles de Solitude. Essai sur l'identité antillaise dans les [auto-]biographies fictives de Simone et André Schwarz-Bart*, Paris, L'Harmattan, 1996, p. 30.
51. Les organisatrices du colloque de mars 2020 déjà cité « Des féminismes noirs en contexte (post)impérial français ? Histoires, expériences et théories », avaient invité Jocelyn Béroard à juste titre dans la table ronde « Chemins féminins de traverse : formes de l'engagement politique et production de savoirs. » Les textes de cette chanteuse mériteraient une analyse à part entière.
52. C'est autour de cette image et de l'idée de respectabilité que tourne la chanson de Valérie Odina précisément intitulée « *Fanm Fô* » (1997, album *Jeux de dames* vol. II), chantée par elle, Léa Galva et Danielle René-Corail. Le texte scande le refrain « *Fanm fô* » (« les femmes sont fortes »), réclame plus d'égalité, tout en mettant en garde les femmes contre leur comportement parfois « mauvais » : elles sont invitées à suivre le modèle alors sacralisé de la mère créole forte et valeureuse.

53. Écouter ses chansons « Mové Jou » (1985) de l'album *An ba chenn la* de Kassav et « Sa ki ta la » (1986) de l'album *Siwo.*
54. Écouter sa chanson « Man ké sa lévé » (1995) de l'album *Difé* de Kassav.
55. On note l'écart qui existe entre la souffrance mise en avant dans les chansons d'amour (« *zouk love* ») de Nathalie Perroni ou de Sonia Dersion dans les décennies 1990 et 2000 et le droit au plaisir (y compris dans l'adultère) revendiqué par des chanteuses plus jeunes. Le morceau de Fanny J « Le gars d'une autre » (2022) met ainsi à mal la figure habituelle de la mère créole qui ne vit qu'en se sacrifiant.
56. A. Davis, « Reflections on the Black Woman's Role in the Community of Slaves » (1971), *The Massachusetts Review*, vol. 13, n° 1-2, 1971-1972, p. 81-100.
57. S. Mulot, « La matrifocalité caribéenne n'est pas un mirage », art. cité, p. 160.
58. Marie-George Thébia, *Bois d'ébène et autres nouvelles*, Paris, L'Harmattan, 2010.
59. *Ibid.*, p. 104.
60. *Ibid.*, p. 105.
61. M. Condé, *La Parole des femmes, op. cit.*, p. 29.
62. G. Pineau, « Écrire en tant que Noire », art. cité, p. 292.
63. Claude Lévi-Strauss, *Les Structures élémentaires de la parenté* (1949), Berlin, New York, Mouton de Gruyter, 2002. Pour cet anthropologue, l'interdit de l'inceste s'explique par la pratique de « l'échange des femmes », ce qui fut critiqué entre autres par Françoise Héritier, *Les Deux Sœurs et leur mère. Anthropologie de l'inceste*, Paris, Odile Jacob, 1994, et par Chantal Collard, « Femmes échangées, femmes échangistes, à propos de la théorie de l'alliance de Claude Lévi-Strauss », *L'Homme*, « Questions de parenté », n° 154-155, avril-septembre 2000, p. 101-116.
64. Léonore Le Caisne, *Un inceste ordinaire. Et pourtant tout le monde savait*, Paris, Belin, 2014. Dorothée Dussy, *Le Berceau des dominations. Anthropologie de l'inceste* (2013), éd. revue et augmentée par l'autrice, préface inédite de Charlotte Pudlowski, Paris, Pocket, 2021.
65. G. Pineau, *L'Espérance-macadam*, Paris, Stock, 1995.
66. C. Makward, « Entretien avec Gisèle Pineau », art. cité, p. 1211.
67. Lydia Reine, *L'Inceste ou toute une vie*, Paris, La Pensée universelle, 1989. Sur ce texte et son autrice, je me permets de renvoyer à mon article « *Parler pour ne pas mourir* de Lydia Reine : briser le tabou du dire de l'inceste aux Antilles et en Guyane françaises », *Revue TrOPICS*, https://tropics.univ-reunion.fr/, « Relations de famille et nouvelles configurations familiales dans les littératures francophones du XXIe siècle », numéro à paraître en 2024 dirigé par Marc Arino et Valérie Magdelaine-Andrianjafitrimo.
68. C. Makward, « Entretien avec Gisèle Pineau », art. cité, p. 1206.
69. S. Schwarz-Bart, *Pluie et vent sur Télumée Miracle, op. cit.*, p. 40.
70. S. Vayaboury, *Rue Lallouette prolongée, op. cit.*, p. 72.

71. A. Lorde « The Uses of Anger: Women Responding to Racism » (1981), *Sister Outsider. Essays & Speeches*, Berkeley, Crossing Press, 2007, p. 124-133.
72. M. Condé, « La femme antillaise et l'avenir des Antilles françaises », *Croissance des jeunes nations*, n° 241, 1982, p. 33-35, *loc. cit.*, p. 35, cité par S. Haigh, « L'écriture féminine aux Antilles : une tradition "féministe" ? », art. cité, p. 31.
73. Barbara Christian, « The Race for Theory », *Feminist Studies*, vol. 14, n° 1, printemps 1988, p. 67-79. Pour une réflexion comparatiste sur littérature et féminisme noir américain et africain, voir T. Harpin et Claudine Raynaud, dossier « (Re)lire les féminismes noirs », *Études littéraires africaines* n° 51, 2021, URL : https://www.erudit.org/en/journals/ela/2021-n51-ela06216/ (consulté le 14 juin 2023).

CINQUIÈME PARTIE : FEMMES NOIRES ET CRITIQUES DE L'EMPIRE

CHAPITRE 17 : RECARTOGRAPHIER LA MÉTROPOLE. THÉORISER LES SUBJECTIVITÉS DES FEMMES NOIRES DANS LE PARIS DE L'ENTRE-DEUX-GUERRES

1. M. Condé, « Globalisation et diaspora », *Diogène*, n° 184, octobre-novembre 1998, p. 29-36, *loc. cit.*, p. 30.
2. W. E. B. Du Bois, « An Essay toward a History of the Black Man in the Great War », in *Crisis: A Record of the Darker Races*, vol. 18, n° 2, juin 1919, p. 87.
3. Jeremy Braddock et Jonathan P. Eburne, *Paris, capitale de l'Atlantique noir : Literature, Modernity, and Diaspora,* Baltimore, Johns Hopkins University Press, 2013, p. 3.
4. Doreen Massey, *Space, Place, and Gender*, Minneapolis, University of Minnesota Press, 1994, p. 120.
5. M. Descas-Ravoteur, M. Marlin-Godier et Dominique Taffin, *Femmes de la Martinique. Quelle histoire ?*, Fort-de-France, Archives départementales de la Martinique, 2008, p. 60.
6. P. Nardal, « L'Antillaise étudiante à Paris », *Le Soir*, 30 juin 1930, n.p.
7. J'utiliserai ce que je suppose être la traduction de l'histoire par Paulette Nardal. Tous les articles de *La Revue du monde noir* paraissaient en version bilingue ; je considère donc les versions anglaise et française comme un seul et même texte. Les extraits de cette histoire et toutes les autres citations de *La revue du Monde Noir* reflètent les traductions originales en anglais parues dans le magazine.
8. P. Nardal, « L'éveil de la conscience de race », art. cité, p. 29.
9. *Id.*, *ibid.*, p. 29, p. 30.
10. P. Nardal, « L'éveil de la conscience de race », art. cité, p. 29.
11. J. A. Boittin, *Colonial Metropolis…*, *op. cit.*, p. 156.

12. P. Nardal, « Ce que nous voulons faire », n.p.
13. *Id.*, *ibid.*
14. Roberte Horth, « Histoire sans importance », *La Revue du monde noir,* n° 2, 1931, p. 48-50.
15. W. E. B. Du Bois, *The Souls of Black Folk*, New York, Signet Classic, 1969, p. 139.
16. P. Nardal, « L'Antillaise étudiante à Paris », art. cité.
17. T. Denean Sharpley-Whiting, *Negritude Women…*, *op. cit.*, p. 76.
18. J. A. Boittin, *Colonial Metropolis…*, *op. cit.*, p. 154.
19. Georges Cuvier, *Recherches sur les ossements fossiles,* Deterville, Paris, 1812.
20. Après la mort de Saartjie Baartman en 1815, Cuvier a supervisé sa dissection et immortalisé ses « découvertes » dans *Observations sur le cadavre d'une femme connue à Paris et* à *Londres sous le nom de Vénus hottentote* (1817), dans lequel il affirme que son anatomie prouve l'éternelle infériorité et la sexualité dépravée des femmes noires. Sous sa direction, son cerveau et ses organes génitaux sont exposés au musée de l'Homme.
21. Paulette Nardal, « En exil », *La Dépêche africaine,* n° 19, décembre 1929, p. 1. Toutes les citations de cet article dans le texte sont tirées de la page 1.
22. Les spécialistes ne s'accordent pas sur l'endroit où son fils a exercé son activité de maroquinerie au cours des cinq dernières années. Brent Hayes Edwards le situe en Algérie, probablement dans la ville située au sud-ouest d'Alger, connue durant la colonisation française sous le nom de Colomb-Béchar (*The Practice of Diaspora…*, *op. cit.*, p. 143-144). T. Denean Sharpley-Whiting, cependant, dans la traduction de l'histoire qu'elle fournit dans *Negritude Women*, situe le fils d'Élisa en « Amérique du Sud » (p. 117, p. 118), bien que cela provienne peut-être d'une confusion entre « Columb » dans le texte original et « Columbie ». Il y a une troisième possibilité que « Columb » se réfère à Columbus, Ohio, puisque Nardal était une spécialiste de Harriet Beecher Stowe et que l'entreprise du fils d'Élisa est rachetée par « les Américains ». Qu'il s'agisse de l'Algérie, de l'Amérique du Sud ou des États-Unis, le fils d'Élisa séjourne dans les périphéries impériales blanches.
23. S. K. Lewis, *Race, Culture, and Identity: Francophone West African and Caribbean Literature and Theory from Négritude to Créolité*, *op. cit.*, p. 59.
24. Cf. le chapitre 12 *supra*.
25. E. Musil, *La Marianne Noire: How Gender and Race in the Twentieth Century Atlantic World Reshaped the Debate about Human Rights*, thèse de doctorat, université de Californie, Los Angeles, 2007, p. 17.
26. Conversation avec l'autrice, Fort-de-France, 29 mai 2015.
27. « Quick lunch » est en anglais dans le texte original ; l'argot est un signe de modernité cosmopolite. Voir P. Nardal, « Guignol Ouolouf », *L'Étudiant noir* (1935), p. 1. Toutes les citations de cette histoire dans le texte sont tirées de la page 1.

28. Une discussion animée sur la question de savoir si les Africains et les Antillais devraient ou non adopter le costume européen lorsqu'ils se trouvent en métropole s'est continuée sur trois numéros de *La Revue du monde noir*.
29. Jessie Redmond Fauset, « L'énigme de la Sorbonne », in *Crisis: A Record of the Darker Races*, mars 1925, p. 216- 219.
30. *Id.*, *ibid.*, p. 219.

CHAPITRE 18 : DES IMAGINAIRES SOCIAUX EN TENSION ? LA LUTTE DES CAMEROUNAISES SOUS DOMINATION FRANÇAISE POUR L'ÉGALITÉ DES DROITS, AU TOURNANT DES ANNÉES 1940-1950

1. F. Cooper, *Français et Africains ? Être citoyen au temps de la décolonisation*, *op. cit.*, p. 33.
2. *Ibid.*, p. 134-137.
3. La présente contribution reprend à certains égards des éléments déjà publiés dans Rose Ndengue, « Mobilisations féminines au Cameroun français dans les années 1940-1950 : l'ordre du genre et l'ordre colonial fissurés », *Le Mouvement Social*, vol. 255, n° 2, 2016, p. 71-85.
4. F. Cooper, *Français et Africains ? Être citoyen au temps de la décolonisation*, *op. cit.*, p. 39.
5. Léonard Sah, *Femmes bamiléké au maquis. Cameroun (1955-1971)*, Paris, L'Harmattan, 2008.
6. On peut notamment citer Richard A. Joseph, *Le Mouvement nationaliste au Cameroun*, Paris, Karthala, 1986 ; Léon Kaptue, *Travail et main-d'œuvre au Cameroun sous le régime français 1916-1952*, Paris, L'Harmattan, 1986 ; Achille Mbembe, *La Naissance du maquis dans le Sud-Cameroun (1920-1960)*, Paris, Karthala, 1996.
7. Le concept d'imaginaire social est mobilisé ici dans la perspective de Cornelius Castoriadis, qui souligne qu'il est à l'origine des institutions sociales, et permet de comprendre aussi bien leur permanence que leur changement, *in* Cornelius Castoriadis, *L'Imaginaire comme tel*, texte établi, annoté et présenté par Arnaud Tomès, Paris, Hermann, 2007, p. 52-53.
8. G. Fraisse, *Les Femmes et leur histoire* (1998), Paris, Gallimard, 2010, p. 507.
9. Gisela Bock, « Pauvreté féminine, droits des mères et Etats-providence », *in* F. Thébaud *et al.* (dir.), *Histoire des femmes en Occident. Le XXe siècle*, Paris, Perrin, 2002, p. 515-517.
10. On observe notamment la mobilisation d'élites masculines (lettrés, fonctionnaires, commerçants, cathéchistes, etc.) au sein d'organisations comme l'association Evacam, ANY, 2AC 8942, Evacam. Subventions 1952.
11. R. Ndengue, « Mobilisations féminines au Cameroun français », art. cité, p. 75-76 ; Anne-Marie Sohn, « Entre deux guerres. Les rôles féminins en France et en Angleterre », *in* Georges Duby, Michelle Perrot (dir.), *Histoire des femmes en Occident*, vol. V, Paris, Plon, 2002, p. 169.

12. R. Ndengue, « Mobilisations féminines au Cameroun français… », art. cité, p. 75.
13. ANY, 3AC 3520, Union des femmes camerounaises (UFC) 1952. Note de renseignements du 21 novembre 1952, 2.
14. Marie-Irène Ngapeth Biyong, *Cameroun. Combats pour l'indépendance*, Paris, L'Harmattan, 2009, p. 82-83.
15. Anne Muxel, « La politisation par l'intime », *Revue française de science politique*, vol. 65, n° 4, 2015, p 541-62, https://doi.org/10.3917/rfsp.654.0541.
16. R. Ndengue, *Femmes, sphère publique et pouvoir politique en postcolonie. le cas du Cameroun (1945-années 2000)* », thèse d'histoire, Paris, université Paris-Diderot, 2018, p. 113-19.
17. R. Ndengue, « Mobilisations féminines… », art. cité, p. 76 *sqq*.
18. ANY, 1AC 4755, lettre n° 109/ES du 16 mai 1953 relative à la demande de subvention formulée par Mme Ngoumou Félix née Niat Julienne.
19. *Ibid.*
20. R. Ndengue, "Mobilisations féminines… », art. cité, p. 76-77.
21. ANY, 2AC 7035, Union démocratique des femmes (UDEFEC). Activités 1952-1956. Note de renseignements UDEFEC, 31 octobre 1952, « Union Démocratique des Femmes Camerounaises. Motion à présenter à l'ONU », p. 3 ; Note de renseignements congrès de l'UDEFEC des 6, 7 et 8 août 1954, 4 septembre 1954, « Union Démocratique des Femmes Camerounaises. Résolutions sur les revendications », p. 1.
22. Laure Bereni, Anne Revillard, « Un mouvement social paradigmatique ? Ce que le mouvement des femmes fait à la sociologie des mouvements sociaux », *Sociétés contemporaines*, vol. 85, n° 1, 2012, p. 21.
23. A.-M. Sohn, « Entre deux guerres. Les rôles féminins en France et en Angleterre », *in* G. Duby, M. Perrot (dir.), *Histoire des femmes en Occident*, *op. cit.*, p. 168.
24. Yvonne Knibiehler, « Les médecins et la "nature féminine" au temps du Code civil », *Annales. Histoire, Sciences Sociales* 31, n° 4, 1976, p. 824-845.
25. ANY, 3AC 3520, Note, 3.
26. ANY, 2AC 7035, « Motion », 1.
27. *Ibid.*, p. 2.
28. Pour plus de développements à ce sujet consulter Emmanuelle Saada, *Les Enfants de la colonie. Les métis de l'Empire français entre sujétion et citoyenneté*, Paris, La Découverte, 2007.
29. Voir notamment F. Cooper, *Français et Africains ? Être citoyen au temps de la décolonisation*, *op. cit.*
30. ANY, 2AC 7035, « Motion », 3.
31. ANY, 3AC 3520, Note, 3.
32. *Ibid.*, p. 4-5 ; ANY, 2AC 7035, « Motion », 3 ; « Premier congrès », 6 ; « Résolutions », 1-2.

33. G. Bock, « Pauvreté féminine, droits des mères et Etats-providence », *in* F. Thébaud *et al.* (dir.), *Histoire des femmes en Occident. Le XXe siècle, op. cit.*, p. 515-554.
34. ANY, 3AC 3520, Note, 4.
35. ANY, 2AC 7035, « Motion », 3 ; « Résolutions », 2.
36. À ce sujet voir notamment Ayesha M. Iman, Amina Mama et Fatou Sow, *Sexe, genre et société. Engenrer les sciences sociales africaines*, Paris/Dakar, Karthala, 2004 ; Oyeronke Oyewumi, *African Women and Feminism Reflecting on the Politics of Sisterhood*, Trenton (NJ), African Research & Publications, 2003.
37. ANY, 3AC 3520, Note, 4.
38. R. Ndengue, « Mobilisations féminines… », art. cité, p. 78-80.
39. Romain Bertrand, « Chroniques d'une guerre morale. Subjectivation par l'ascèse et formation de l'État à Java », *in* Jean-François Bayart, Jean-Pierre Warnier (dir.), *Matière à politique. Le pouvoir, les corps et les choses*, Paris, Karthala, 2004, p. 58.
40. Federico Tarragoni, « Du rapport de la subjectivation politique au monde social. Les raisons d'une mésentente entre sociologie et philosophie politique », *Raisons politiques*, vol. 62, n° 2, 2016, p. 115-130.
41. *Ibid.*, p. 125.
42. Patricia B. Chamukong, « The evolution of Cameroonian women in politics » (MA/diss., université de Yaoundé, 1990), p. 81.
43. *Ibid.*, p. 74.
44. F. Cooper, *Français et Africains ?…*, *op. cit.*, p. 41 et suivantes.
45. *Ibid.*, p. 59-60.
46. R. Ndengue, « Mobilisations féminines… », art. cité, p. 74-75.
47. P. B. Chamukong, « The evolution of Cameroonian women in politics », art. cité, p. 82.
48. O. Goerg, « Femmes africaines et politique : les colonisées au féminin en Afrique occidentale », art. cité, p. 7.
49. R. Ndengue, « Mobilisations feminines… », art. cité, p. 78.
50. ANY, 3AC 3520, Note, 4.
51. R. Ndengue, « Mobilisations féminines », art. cité, p. 77-78.
52. Henriette Ekwe fait partie des militantes nationalistes camerounaises, dont l'engagement a commencé en France dans les années 1970, alors qu'elles y poursuivaient leurs études universitaires.
53. Entretien réalisé avec Henriette Ekwe, à son domicile, à Douala, le 8 juillet 2011.
54. R. Ndengue, « Mobilisations féminines… », art. cité, p. 75 et p. 79.
55. ANY, 2AC 7035, « Premier congrès », 2.
56. Les archives signalent l'existence d'un comité des femmes de l'UPC à Douala, sans donner plus d'informations sur sa composition. Les documents se limitent à évoquer ses activités entres 1949 et 1950. Voir : ANY,

1AC 19/10, Activités UPC, 1950-1954. voir également : Meredith Terretta, *Petitioning for Our Rights, Fighting for Our Nation. The History of the Democratic Union of Cameroonian Women, 1949-1960*, Bamenda, Langaa RPCIG, 2013, p. 35-36.
57. ANY, 1AC 19/10, « Résolution. Comité féminin de l'UPC, Section du Rassemblement démocratique africain, réunie le 5 février 1950 ».
58. *Ibid.*, 2 ; R. Ndengue, « Mobilisations féminines… », art. cité, p. 84.
59. *Id.*, *ibid.*, p. 84 ; P. Barthélémy, « Macoucou à Pékin. L'arène internationale : une ressource politique pour les Africaines dans les années 1940-1950 », art. cité, p. 17-33.
60. E. Bouilly, O. Rillon, « Relire les décolonisations d'Afrique francophone au prisme du genre », *Le Mouvement Social*, vol. 255, n° 2, 2016, p. 3-16.
61. Voir R. Ndengue, « Mobilisations féminines… », p. 81.
62. ANY, 2AC 7035, « Premier congrès », 4.
63. R. Ndengue, « Mobilisations féminines… », p. 81.
64. ANY, 2AC 7035, « Premier congrès », 1.
65. ANY, 2AC 7035, « Motion », 1.
66. Ndengue, « Mobilisations féminines… », p. 83-84.
67. ANY, 2AC 7035, Note de renseignements a/s UDEFEC, 14 octobre 1952.
68. F. Tarragoni, « Du rapport de la subjectivation politique au monde social… », art cité, p. 126.
69. En complément de lecture on pourra se reporter à : R. Ndengue, « Genre et citoyenneté en Afrique : décloisonner et décoloniser la science politique à la lumière des mobilisations des Camerounaises », *Politique et Sociétés*, vol. 42, n° 1, 2023, p. 67-88 ; R. Ndengue, « Deprovincializing the Feminine/Feminist Cameroonian Nationalism of the 1950s. The UDEFEC and Pluriversal Black Feminism », *Journal of Women's History*, vol. 35, n° 3, 2023, p. 62-80 ; R. Ndengue, « Social Imaginaries in Tension ? The Women of Cameroon's Battle for Equal Rights under French Rule at the Turn of the 1940s-50s », *in* F. Germain et S. Larcher (dir.), *Black French Women and the Struggle for Equality (1848-2016)*, *op. cit.*, p. 237-254.

CHAPITRE 19 : LE DISCOURS SUR L'IMMIGRATION. FATOU DIOME ET LA DÉFENSE DES DROITS HUMAINS DANS *LE VENTRE DE L'ATLANTIQUE*

1. Fatou Diome, *Le Ventre de l'Atlantique*, Paris, Éditions Anne Carrière, 2003, p 175-176.
2. Dans l'Afrique précoloniale, l'arbre à palabres était une véritable « institution » à travers laquelle les membres du clan, de la tribu, de l'ethnie ou du royaume prenaient les décisions les plus importantes. Les anciens, essentiellement des hommes, se réunissaient à l'ombre du baobab, réputé pour sa longévité exceptionnelle. Le baobab est l'emblème du Sénégal. Le

discours colonial a dénaturé la signification culturelle de l'arbre à palabres, le colonisateur ne voyant que du charabia dans les longues discussions des anciens.

3. Le terme « indigènes » renvoie au droit français dans les colonies. À l'époque, les relations entre les colonisateurs et les colonisés étaient régies par le Code de l'indigénat, adopté le 28 juin 1881 et maintenu jusqu'en 1962. Le statut d'indigène était un statut de seconde zone. Voir Olivier Le Cour Grandmaison, *Coloniser, exterminer. Sur la guerre et l'État colonial*, Paris, Fayard, 2005.
4. Édouard Glissant, *Poétique de la relation*, Paris, Gallimard, 1990, p. 78.
5. Voir Euzhan Palcy, *Rue Cases-Nègres*, Paris, Euzhan Palcy, 1983, DVD ; et Mathieu Kassovitz, *La Haine*, Paris, Christophe Rossignon, 1995, DVD. Les deux films dressent des parallèles importants entre la plantation et le ghetto.
6. Didier Lapeyronnie, « La banlieue comme théâtre colonial, ou la fracture coloniale dans les quartiers », *in* Pascal Blanchard, Nicolas Bancel et Sandrine Lemaire (dir.), *La Fracture coloniale. La société française au prisme de l'héritage colonial*, Paris, La Découverte, 2005, p. 210.
7. Laurent Mucchielli et Véronique Le Goaziou (dir.), *Quand les banlieues brûlent. Retour sur les émeutes de novembre 2005*, Paris, La Découverte, 2006. L'ouvrage présente une liste de critères permettant d'affirmer qu'il existe des ghettos en France : absence d'intégration sociale, difficultés de nombreux parents et enfants dans le système scolaire, discriminations de toutes sortes liées au lieu de résidence, taux de chômage bien plus élevé que dans la société dominante, problèmes de santé, absence de représentation politique et sentiment d'être abandonné et même rejeté par les dirigeants politiques.
8. Herman Lebovics, *Bringing the Empire Back Home: France in the Global Age*, Durham, Duke University Press, 2004, p. 107.
9. *Ibid.* p. 114.
10. Simon Glendinning, *Derrida: A Very Short Introduction*, New York, Oxford University Press, 2011, p. 74.
11. Dayna Oscherwitz, « Decolonizing the Past: Revisions of History and Memory and the Evolution of a (Post)Colonial Heritage », *in* Alec G. Hargreaves (dir.), *Memory, Empire, and Postcolonialism: Legacies of French Colonialism*, Lanham, Lexington Books, 2005, p. 191.
12. *Ibid.*, p. 189.
13. Nicolas Bancel, « L'histoire difficile. Esquisse d'une historiographie du fait colonial et postcolonial », *in* P. Blanchard, N. Bancel et S. Lemaire (dir.), *La Fracture coloniale…*, *op. cit.*, p. 90.
14. H. K. Bhabha, « DissemiNation: Time, Narrative, and the Margins of the Modern Nation », *in* H. K. Bhabha (dir.), *Nation and Narration*, New York, Routledge, 1990, p. 300.

15. « *Been-to* », littéralement « être allé à », est le terme employé au Ghana pour désigner ceux qui ont émigré puis sont rentrés au pays après s'être enrichis. Ce titre est accordé aux personnes qui ont « réussi ».
16. É. Glissant, *Poétique de la relation*, *op. cit.*, p. 84.
17. F. Fanon, *Peau noire, masques blancs*, *op. cit.*, p. 16.
18. *Ibid.*, p. 17.
19. Albert Memmi, *Portrait du colonisé* précédé de *Portrait du colonisateur*, Paris, Payot, 1973, p. 149.
20. En Afrique occidentale précoloniale, les griots appartenaient à une caste héréditaire connue pour occuper des positions polyvalentes au sein de la société. Ils transmettaient l'histoire des royaumes et des empires par le biais de la tradition orale.
21. Pour plus d'informations sur ce sujet, voir François-Xavier Vershave, *La Françafrique. Le plus grand scandale de la République*, Paris, Stock, 2003.
22. François Gèze, « L'héritage colonial au cœur de la politique étrangère française », *in* P. Blanchard, N. Bancel et S. Lemaire (dir.), *La Fracture coloniale*, *op. cit.*, p. 158.
23. Voir Thomas Pakenham, *The Scramble for Africa*, Boston, Little Brown Group, 1992. Cet ouvrage traite de la ruée des Européens vers l'Afrique après la conférence de Berlin de 1884-1885.
24. Robert J. C. Young, *Postcolonialism: A Very Short Introduction*, Oxford, Oxford University Press, 2003, p. 4.
25. Au Sénégal, mon pays d'origine, l'apport intellectuel de Léopold Sédar Senghor à la civilisation mondiale fait l'objet d'un consensus. Or, pour ce qui est de sa contribution politique, beaucoup considèrent qu'il a « vendu » le Sénégal à la France après l'indépendance du pays.
26. Patrice Lumumba et Thomas Sankara ont été tous deux éliminés pour avoir dénoncé les pratiques néocoloniales de la Belgique et de la France en Afrique. Patrice Lumumba, Premier ministre du Congo, ancienne colonie belge, a été assassiné en 1961. Thomas Sankara, ancien président du Burkina Faso, ancienne colonie française, a été assassiné en 1987.

Index

Présentation des contributrices et contributeurs

Jennifer Anne Boittin, historienne, est professeure à l'université de Caroline du Nord – Chapel Hill. Elle travaille sur les tensions sociopolitiques et culturelles au cœur des migrations et circulations des femmes, au croisement du genre et de la classe, en France, aux Antilles, en Afrique occidentale et en Asie du Sud-Est. Elle est l'autrice, entre autres, de *Colonial Metropolis: The Urban Grounds of Anti-imperialism and Feminism in Interwar Paris* (University of Nebraska Press, 2010) et de *Undesirable: Passionate Mobility and Women's Defiance of French Colonial Policing, 1919-1952* (The University of Chicago Press, 2022).

Jacqueline Couti, enseignante-chercheuse, est professeure à l'université Rice (Houston) où elle occupe la chaire Laurence H. Favrot d'études françaises. Elle est spécialiste des littératures et cultures francophones des anciennes colonies françaises des Amériques, d'Afrique du Nord et de l'Ouest. Elle se consacre plus spécifiquement aux questions de genre, de sexualité, d'identité et de nationalisme. Elle est, entre autres, l'autrice de *Dangerous Creole Liaisons: Sexuality and Nationalism in French Caribbean Discourses from 1806-1897* (Liverpool University Press, 2016) et de *Sex, Sea, and Self: Sexuality and Nationalism in French Caribbean Discourse, 1924-1948* (Liverpool University Press, 2021).

Joseph Diémé est professeur au département de *World Languages and Cultures* à l'université Humboldt (Californie). Docteur en études francophones de l'université d'Iowa, il est l'auteur de *De la plantation coloniale aux banlieues : la Négritude dans le discours postcolonial francophone* (Paris, L'Harmattan, 2012) ; *La répudiation du tribalisme sous l'ère Barack Hussein Obama* (Paris, L'Harmattan, 2019) et *Dans la peau d'un immigré* (Paris, Les impliqués, 2021). Il prépare actuellement un ouvrage sur l'inscription du néocolonialisme français dans les romans et films francophones de 1960 à nos jours.

Claire Oberon Garcia est professeure de *Critical Race Theory* au Colorado College. Elle a dirigé *From Uncle Tom's Cabin to The Help: Critical Perspectives on White-Authored Narratives of Black Life*, Palgrave Macmillan US, 2014, et a publié divers articles, notamment dans *Palimpsest: A Journal on Women, Gender, and the Black International* et *The International Journal of Francophone Studies*, et contribué à *Paris, Capital of the Black Atlantic* (dirigé par Jeremy Braddock et Jonathan Eburne, Johns Hopkins Press, 2013).

Félix Germain est maître de conférences en études africaines et diasporiques et directeur du département d'*Africana Studies* de l'université de Pittsburgh. Il a publié de nombreux articles sur les Caraïbes françaises, la France et les États-Unis, ainsi qu'un manuscrit intitulé *Decolonizing the Republic: African and Caribbean Migrants in Postwar France, 1946-1974* (Michigan State University Press, 2016).

Stéphanie Guyon est professeure des universités en science politique à l'université de Picardie Jules Verne, membre du CURAPP-ESS et associée à l'INED. Ses recherches ont porté sur le legs colonial dans l'espace politique local en Guyane puis sur l'État outre-mer. Dans le cadre de l'ANR ETOM, elle a étudié les carrières judiciaires dans les Outre-mer et a soutenu en 2023 son habilitation à diriger des recherches intitulée « Le privilège métropolitain ? Magistrat·es Outre-mer et hiérarchies post-coloniales ».

Tina Harpin, agrégée de lettres, docteure en littérature comparée, est maîtresse de conférences à l'université de Guyane. Elle étudie les violences historiques et intimes dans les romans africains et américains anglophones et francophones. Autrice de nombreux articles, elle a codirigé avec le collectif Write Back, l'ouvrage *Postcolonial Studies : modes d'emploi* (Presses universitaires de Lyon, 2013), et avec Claudine Raynaud, le dossier « (Re)lire les féminismes noirs » de la revue *Études littéraires africaines* (*ELA*, n° 51, 2021). Tiré de sa thèse, son premier ouvrage vient de paraître chez Classiques Garnier sous le titre *Inceste, « race » et pouvoir dans le roman états-unien et sud-africain (XXe-XXI siècles).*

Mamaye Idriss est maîtresse de conférences en histoire et didactique de l'histoire à l'Université de Mayotte. Ses recherches explorent les dynamiques du genre dans l'océan Indien occidental (Mayotte, Union des Comores, La Réunion, Madagascar) et œuvrent à une compréhension régionale et multisituée de phénomènes sociopolitiques et éducationnels. Son approche sociohistorique par la micro-histoire et l'empirie accorde une attention particulière au for intime et au processus d'individuation.

Hilary Jones est historienne et maîtresse de conférences en histoire à l'université du Kentucky, où elle est membre titulaire du programme d'études africaines-américaines et africaines. Elle est l'autrice de la monographie *The Métis of Senegal: Urban Life and Politics in French West Africa* (Indiana University Press, 2013). Jones a publié des articles dans le *Journal of African History*, dans l'*International Journal of African Historical Studies*, et dans *Cultural Geographies* et *Slavery and Abolition.* Elle a contribué à six volumes édités et à sept travaux de recherche.

Annette K. Joseph-Gabriel est maîtresse de conférences en études romanes rattachée à la chaire John Spencer Bassett et en études de genre, des sexualités et des féminismes à l'université Duke (Durham). Elle a publié *Reimagining Liberation: How Black Women Transformed Citizenship in the French Empire* (University of Illinois Press, 2020) récemment paru en français aux Éditions Ròt-Bò-Krik (*Imaginer la libération : des femmes noires face à l'empire*, 2023) et est rédactrice en chef de *Palimpsest: A Journal on Women, Gender, and the Black International.*

Silyane Larcher, politiste, est maîtresse de conférences en études de genre et des sexualités et en études diasporiques à l'université Northwestern (Chicago) et chargée de recherche au CNRS en sciences politiques. Au croisement de la théorie politique et des sciences sociales, ses travaux explorent les tensions de l'universalisme républicain à l'épreuve du passé colonial et postesclavagiste en contexte transatlantique français. Elle a notamment publié *L'Autre Citoyen. L'idéal républicain et les Antilles après l'esclavage* (Armand Colin, 2014 ; rééd. Points-Histoire, 2022). Son prochain ouvrage, *Afroféministes. Féminisme noir et émancipation en France post-coloniale,* tiré d'une enquête ethnographique menée entre 2016 et 2021 en Île-de-France et en régions, est à paraître prochainement au Seuil.

Nadine Lefaucheur est sociologue retraitée du CNRS et de l'université des Antilles. Coauteure de *La Fabrication des mâles* (Seuil, 1975), elle a travaillé sur le traitement sociohistorique des situations familiales regardées comme anormales (accouchement sous X, établissements maternels, monoparentalité). En Martinique, depuis 2000, elle a codirigé une grande enquête sur les violences interpersonnelles et animé plusieurs recherches sur la socialisation masculine, les sorties de la violence conjugale et les situations monoparentales, ainsi que sur les normes et représentations relatives à la paternité (*Idées reçues sur les familles monoparentales*, sous la dir. de Clémence Hefter et Marie-Clémence Le Pape, Le Cavalier Bleu, 2024).

Monique Milia-Marie-Luce est docteur en histoire, maîtresse de conférences en histoire contemporaine à l'université des Antilles (pôle Martinique), directrice adjointe de l'unité de recherche AIHP-GEODE Caraïbe et *fellow* de l'Institut Convergences Migrations. Elle est spécialisée sur la Caraïbe, ses principaux travaux portent sur les migrations antillaises et sur les liens entre État, colonie/département en Martinique. Après une thèse faisant la sociohistoire du BUMIDOM, ses travaux plus récents abordent la question du genre dans l'étude des migrations de domestiques entre les Antilles françaises, le Canada et la France dans la première moitié du XXe siècle, ainsi que le problème des hiérarchies domestiques dans l'historiographie féministe martiniquaise. Elle a entre autres publié dans les revues *Histoire sociale/Social History* et *Recherches féministes.* Elle est aussi autrice de divers articles sur le service militaire adapté (SMA) aux Antilles françaises.

Robin Mitchell est historienne, professeure titulaire du College of Arts and Sciences au département d'histoire de l'université de Buffalo. Historienne plusieurs fois primée de la France du XIXe siècle, elle travaille sur les représentations de la race, le genre et la sexualité. Son premier livre est *Vénus Noire: Black Women and Colonial Fantasies in Nineteenth Century France* (University of Georgia Press, 2020). Son prochain ouvrage, à paraître chez Princeton University Press, sera la première biographie de Suzanne Simon Baptiste, également connue sous le nom de Madame Toussaint Louverture.

Johanna Montlouis-Gabriel est *assistant professor* de français et d'études francophones et décoloniales à l'université Emory (Atlanta). Ancienne *fellow* de la Fondation Camargo (Cassis, France), elle s'intéresse aux liens entre afroféminisme et productions culturelles contemporaines françaises (au théâtre, en littérature et dans l'audiovisuel). Son prochain livre *The Afrofeminist Creative Praxis of French Women* est à paraître chez Nebraska University Press (coll. « Expanding Frontiers: Gender »). Elle a notamment publié dans *L'Esprit créateur, The French Review*, et *Études littéraires africaines* (*ELA*), mais aussi chez Routledge Press et The University of Wales Press.

Stéphanie Mulot est professeure de sociologie et d'anthropologie à l'université de Toulouse-Le Mirail et a publié des ouvrages sur la parenté, le genre, la sexualité et la santé en Guadeloupe et en France. Elle a édité un volume sur la sexualité, la santé et les migrations globales avec *Anthropologie et Santé.* Elle a publié de nombreux articles dans *Ethnologie française, Anthropologie et Santé, Revue française de sociologie, L'Homme, Autrepart, Clio*. Avec Nadine Lefaucheur, elle a publié « La construction et les coûts de l'injonction à la virilité en Martinique », dans *Boys Don't cry ! Les coûts de la masculinité,* Delphine Dulong, Christine Guionnet, Eric Neveu (dir.), Presses universitaires de Rennes, 2012.

Rose Ndengue, historienne et politiste féministe camerounaise, est docteure de l'université Paris-Diderot, et professeure adjointe à l'université York (Canada). Ses travaux portent sur les questions liées au genre et à la politique en Afrique, et les féminismes noirs en contexte (post)colonial, en se concentrant sur les mobilisations des femmes africaines et afrodescendantes au Cameroun et en France. Elle a publié en français et en anglais dans les revues *Journal of Women's History* ; *Politics & Gender* ; *Politique et Sociétés* ; *Le Mouvement Social* et *Politique africaine.* Son prochain ouvrage, tiré de sa thèse de doctorat à paraître aux Éditions du Remue-ménage, porte sur la contribution des femmes camerounaises à la pensée féministe noire africaine, à travers l'analyse de leurs mobilisations depuis l'ère des décolonisations.

Pamela Ohene-Nyako est assistante-doctorante au département d'histoire générale de l'université de Genève où elle a terminé une thèse sur l'internationalisme et la pensée intersectionnelle des femmes noires européennes de la fin des années 1960 à 2001. Elle est l'autrice de plusieurs articles et chapitres d'ouvrage sur le sujet, ainsi que coéditrice de l'ouvrage *Un/Doing Race: Racialisation en Suisse* (Seismo, 2022).

Myriam Paris est sociologue, chargée de recherche au CNRS, affiliée au CURAPP-ESS / Université de Picardie Jules Verne. Ses recherches croisent études féministes, études postcoloniales, et sociologie historique de l'État outre-mer. Elle a notamment publié *Nous qui versons la vie goutte à goutte : féminismes, économie reproductive et pouvoir colonial à La Réunion* (Paris, Dalloz, 2020).

Tyler Stovall† (1954-2021), historien, fut professeur à l'université Santa Cruz (1988-2001) et à Berkeley (2001-2015) en Californie, puis Dean of Graduate Studies à Fordham University (New York). Il fut également président de l'association des historiens américains (2017-2020). On lui doit de nombreux ouvrages, parmi lesquels : *The Rise of the Paris Red Belt* (1990) ; *Paris Noir: African Americans in the City of Light* (1996) ; *Black France, France Noire: The History and*

Politics of Blackness (2012), et *Paris and the Spirit of 1919: Consumer Struggles, Transnationalism, and Revolution* (2012) ; *Transnational France: The Modern History of a Universal Nation* (2015) et *White Freedom: The Racial History of an Idea* (2021).

Traduction

Arianne Dorval est docteure en anthropologie culturelle de Duke University, où elle a soutenu une thèse sur la subjectivation politique des sans-papiers de Marseille. Elle travaille depuis 2014 comme traductrice spécialisée dans les sciences humaines et les sciences sociales.

Bernard Müller, anthropologue de formation, est traducteur et chercheur, concepteur de projets culturels et scientifiques internationaux, d'expositions, de conférences et de programmes scientifiques multimédias. Il est spécialisé en sciences humaines.

Table

Cinquième partie
FEMMES NOIRES ET CRITIQUES DE L'EMPIRE

RÉALISATION : NORD COMPO À VILLENEUVE-D'ASCQ
IMPRESSION : IMPRIMERIE BUSSIÈRE À SAINT-AMAND (CHER)
DÉPÔT LÉGAL : OCTOBRE 2024. N° 150066 (2080592)
IMPRIMÉ EN FRANCE